中国社会科学院创新工程学术出版项目

社会建设蓝皮书
BLUE BOOK OF SOCIETY-BUILDING

2014年
北京社会建设分析报告

ANNUAL REPORT ON ANALYSIS OF BEIJING
SOCIETY-BUILDING (2014)

主　编／宋贵伦　冯　虹
执行主编／唐　军　岳金柱
副主编／胡建国　宋国恺

社会科学文献出版社
SOCIAL SCIENCES ACADEMIC PRESS (CHINA)

图书在版编目(CIP)数据

2014年北京社会建设分析报告/宋贵伦,冯虹主编. —北京:社会科学文献出版社,2014.7
（社会建设蓝皮书）
ISBN 978-7-5097-6184-7

Ⅰ.①2… Ⅱ.①宋… ②冯… Ⅲ.①社会发展-研究报告-北京-2014 Ⅳ.①D671

中国版本图书馆CIP数据核字（2014）第133689号

社会建设蓝皮书
2014年北京社会建设分析报告

主　　编/宋贵伦　冯　虹
执行主编/唐　军　岳金柱
副 主 编/胡建国　宋国恺

出 版 人/谢寿光
出 版 者/社会科学文献出版社
地　　址/北京市西城区北三环中路甲29号院3号楼华龙大厦
邮政编码/100029

责任部门/皮书出版分社　（010）59367127　　责任编辑/吴　丹
电子信箱/pishubu@ssap.cn　　　　　　　　　责任校对/卢江涛
项目统筹/邓泳红　　　　　　　　　　　　　　责任印制/岳　阳
经　　销/社会科学文献出版社市场营销中心　（010）59367081　59367089
读者服务/读者服务中心　（010）59367028

印　　装/北京季蜂印刷有限公司
开　　本/787mm×1092mm　1/16　　　　　　印　张/22.5
版　　次/2014年7月第1版　　　　　　　　　字　数/362千字
印　　次/2014年7月第1次印刷
书　　号/ISBN 978-7-5097-6184-7
定　　价/79.00元

本书如有破损、缺页、装订错误，请与本社读者服务中心联系更换
△ 版权所有　翻印必究

《2014年北京社会建设分析报告》编撰人员名单

编委会主任	宋贵伦　冯　虹
编委会副主任	张　坚　钱伟量　杨　茹　唐　军　李东松
编委会成员	曹飞廉　高　峰　胡建国　鞠春彦　李东松 李　升　李君甫　李晓婷　刘金伟　钱伟量 宋贵伦　宋国恺　唐　军　王丽珂　杨桂宏 杨　茹　岳金柱　张　坚　张　荆　赵丽琴 赵卫华　朱　涛
主　编	宋贵伦　冯　虹
执行主编	唐　军　岳金柱
副主编	胡建国　宋国恺
撰稿人	胡建国　博昊渊　宋贵伦　岳金柱　李　薇 李晓壮　王　飞　李　升　裴　豫　杨桂宏 杨　琪　靳玉茜　李君甫　靳　伟　赵卫华 邱鸿博　朱　涛　李晓婷　安晓旭　刘金伟 陈成干　宋国恺　高　峰　韩秀记　张　荆 马　婕　鞠春彦　赵丽琴　范园园　张胸宽 王丽珂

主要编撰者简介

宋贵伦 研究员；中共北京市委社会工作委员会书记、北京市社会建设工作办公室主任；北京师范大学本科毕业，北京市委党校在职研究生毕业；历任中央文献研究室秘书处秘书，理论研究组助理研究员，中央宣传部办公厅副处级秘书，北京市西城区委宣传部副部长（挂职）、常务副部长（正处级）、部长，北京市委宣传部副巡视员，北京市委宣传部副部长，北京市社会科学界联合会党组书记、常务副主席（2002年破格晋升为研究员）。第十一届全国人大代表，2012年7月3日当选中国共产党北京市第十一届委员会委员。

冯 虹 经济学博士，教授，博士研究生导师；北京工业大学纪委书记，首都社会建设与社会管理协同创新中心主任兼首席科学家；中国劳动科学教学研究会副会长，中国社会学会劳动社会学专业委员会副会长，中国人力资源开发研究会常务理事，国家教育行政管理学术委员会委员，教育部高等学校本科教学工作水平评估专家，北京市高级职称评审委员，北京市哲学社会科学规划项目评审专家，首都经济贸易大学经济学博士生导师；曾任首都经济贸易大学副校长、校学术委员会常务副主任，北京联合大学副校长、校学术委员会常务副主任；先后被评为北京市优秀青年知识分子、北京市中青年学科带头人；主持国家社科基金重点项目等国家级、省部级科研项目多项。

唐 军 博士、教授，硕士研究生导师；北京工业大学人文社会科学学院院长，社会学学科部主任，社会学研究所所长，首都社会建设与社会管理协同创新中心首席教授；中国社会学会理事，中国社会思想史分会理事，北京市社科院北京社会管理研究中心专家组成员；主要研究方向为社会学理论、发展社会、劳工研究、家庭研究；主持有教育部人文社会科学研究项目、法国国家科学研究中心"国际合作计划"项目、北京市教委人文社会科学重点项目等课题；成果有《蛰伏与绵延——当代华北飘荡家庭生长的历程》、《历史上最具影响力的社会学名著20种》、《仪式性的消减与事件性的加强——当代华北村落家庭生长的理性化》（《中国社会学科学》）、《对村民自治制度下家族问题的理论反思》（《社会学研究》）、《生存资源剥夺与传统体制依赖》（《江苏社会科学》）等；入选北京市社科理论中青年优秀人才"百人工程"。

岳金柱 社会学博士，中共北京市委社会工作委员会研究室主任，北京师范大学中国社会管理研究院兼职教授；研究方向为社会管理；发表《建设世界城市背景下推进北京社会组织培育发展和服务管理的转发》《加快推进社会创新发展的若干思考》《试论社会组织在社会转型中的角色与作用》《完善社会管理格局，健全社会建设体系——对北京社会建设与社会管理创新的若干思考》等重要论文。

胡建国 博士，教授，硕士研究生导师；北京工业大学人文社会科学学院副院长，社会学系主任，首都社会建设与社会管理协同创新中心秘书长；中国社会学会劳动社会学专业委员会副秘书长，中国社会学会理事；主要研究领域为社会分层与社会流动、劳动社会学；主持有国家社科基金、北京市自然科学基金、北京市社科基金、北京教育科学规划项目等国家级省部科研项目；入选北京市社科理论中青年优秀人才"百人工程"、北京市属高校人才强教"拔尖人才"、北京工业大学"京华人才"，2010年中国博士后制度设立25周年之际，被评选为北京市博士后"杰出英才"。

宋国恺 博士，副教授，硕士研究生导师；北京工业大学人文社会科学学院社会工作系副主任；主要研究领域为发展社会学、农村社会学、社会结构；主要研究成果有《中国变革：社会学在近代中国兴起的视角》、《从身份农民到职业农民》、《当代中国社会结构》（合著）、《晋江模型新发展》（合著）、《历史上最具影响力社会学名著 20 种》（合著）等，主编《新时期新型农民自我教育系列丛书》；主持有国家社科基金项目"流动人口中自雇佣者社区整合研究"、北京市委组织部优秀人才计划项目"外来流动人口社会融合研究——以建外街道为例"等；入选北京市属高校人才强教深化计划中青年骨干人才。

摘　要

本报告是北京工业大学"北京社会建设分析报告"课题组 2013~2014 年度成果。本报告主要利用北京市政府和相关部门权威数据和材料，结合蓝皮书课题组的调研，全面总结了 2013 年北京市社会建设取得的主要成就，分析了 2013 年北京社会建设存在的主要问题，对 2014 年北京社会建设的趋势进行了展望，提出了相关对策建议。

2013 年是"十二五"规划承上启下的关键年，北京市在党中央、国务院和市委、市政府的领导下，深入贯彻落实"十八大"精神，全面实施"十二五"既定规划，在社会建设方面取得了诸多新的成就，促进了经济的平稳发展和社会的和谐稳定。居民收入水平再创新高，消费价格指数基本稳定；社会建设改革不断推进，首都居民共享发展成果进一步实现；住房调控力度不断加大，差异化住房政策体系不断优化；打击违法、违章行为取得丰硕成果；环境治理被摆在更加重要的位置；养老服务体系日趋完善。当然，2013 年北京社会建设还存在一些问题，其中突出的问题主要包括首都人口规模问题、大气污染引发的环境问题、教育公平问题等。

2014 年，北京社会建设需要进一步创新社会管理体制，着力点主要涉及积极推进社会保障与公共服务的均衡化和人群全覆盖进程，从社会领域入手加强环境治理，进一步加强基础服务设施建设。

关键词： 社会建设　社会管理　和谐社会　改革发展

目录

BⅠ 总报告

B.1 深化改革，推进社会治理
——2013年北京社会建设形势分析
………… 北京工业大学"北京社会建设分析报告"课题组
执笔人：胡建国 博昊渊 / 001

BⅡ 社会管理篇

B.2 2013年北京市社会建设工作形势分析与展望 ………… 宋贵伦 / 017
B.3 北京市"十二五"时期社会建设中期评估报告
………………………………… 北京市委社会工委研究室课题组 / 027

BⅢ 民生篇

B.4 人才类集体户：北京户籍制度改革的突破口 ………… 李晓壮 / 053
B.5 北京市城乡劳动者就业政策体系分析报告 ………… 王 飞 / 069
B.6 "沙土基"支起的"橄榄"：北京社会阶层结构分析 ……… 李 升 / 086
B.7 北上广农民工状况及城市迁移意愿调查报告
………………………………… 胡建国 裴 豫 / 105
B.8 2013年北京外来务工人员社会保险状况调查
——以朝阳区P村和WSY村为例 … 杨桂宏 杨 琪 靳玉茜 / 121
B.9 2000年以来北京城镇居民住房变迁 ………… 李君甫 靳 伟 / 133

B.10 北京市居民用水调研报告 ………………………… 赵卫华 邱鸿博 / 145
B.11 京城雾霾与绕不开的汽车尾气 ……………………………… 朱 涛 / 167

B Ⅳ 社区治理篇

B.12 北京社区治理现代化的实践探索
　　——以朝阳公园社区为例 ……………………… 李晓婷 安晓旭 / 182
B.13 北京基层社会协同治理的实践模式研究
　　——以麦子店"问政"实践为例 ……………… 刘金伟 陈成干 / 193
B.14 北京市商务楼宇社区治理新进展
　　——以建外街道SOHO商务楼宇社区为个案的调研报告
　　………………………………………………………… 宋国恺 / 206
B.15 北京市朝阳区商务楼宇党建工作调查研究 ……………… 课题组 / 224
B.16 北京市保障房政策演变及实施效果分析 ………………… 韩秀记 / 239

B Ⅴ 社会稳定篇

B.17 2013年北京社会治安状况分析 ………………… 张 荆 马 婕 / 253
B.18 2013北京互联网舆情分析报告 …………………………… 鞠春彦 / 272
B.19 北京高校教师弱势心态的根源及应对机制
　　………………………………………………… 赵丽琴 范园园 / 285
B.20 北京市居民对中下社会阶层认同状况的调查报告 ……… 张胸宽 / 305

B Ⅵ 社会建设评估篇

B.21 北京郊区县社会建设评估与分析 ………………………… 王丽珂 / 320

Abstract ……………………………………………………………………… / 332
Contents ……………………………………………………………………… / 333

总报告

General Report

B.1
深化改革，推进社会治理
——2013年北京社会建设形势分析

北京工业大学"北京社会建设分析报告"课题组

执笔人：胡建国　博昊渊*

摘　要： 2013年是"十二五"规划的第三年，北京市在党中央、国务院和市委、市政府的领导下，深入贯彻落实"十八大"精神，全面实施"十二五"既定规划，在社会建设方面取得了诸多新的成就，促进了经济的平稳发展和社会的和谐稳定，但是也面临着需要进一步改善的问题。深化改革，创新社会管理体制是2014年首都社会建设依然需要突破的方向。

关键词： 北京社会建设　社会治理　改革

---

* 胡建国，北京工业大学、首都社会建设与社会管理协同创新中心，教授；博昊渊，北京工业大学社会学系，硕士研究生。

2013年是北京市"十二五"建设规划实施期中,也是党的十八大精神落实的重要一年,首都社会建设继续向前推进,社会建设格局逐步成熟。

一 2013年北京社会建设的主要成就

2013年是"十二五"规划实施的第三年,北京市在党中央、国务院和市委、市政府的领导下,深入贯彻落实"十八大"精神,全面实施"十二五"既定规划,在社会建设方面取得了诸多新的成就,促进了经济的平稳发展和社会的和谐稳定。

(一)经济增长平稳有力,产业结构优化升级

2013年,面对错综复杂的国内外形势,北京市加快转变经济发展方式,总体经济实现了平稳增长,调结构、转方式也取得了积极进展。2013年全市地区生产总值19500.6亿元,比上年增长7.7%,增幅同比持平。其中,第一季度经济增长7.9%,上半年增长7.7%,前三季度增长7.7%,增势较为平稳。第三产业比例稳中有升,三次产业结构由上年的0.8∶22.7∶76.5变为0.8∶22.3∶76.9。按2013年末常住人口2114.8万人计算,北京市人均地区生产总值达到93213元,按年平均汇率折合为15052美元,越过15000美元大关。总体来看,北京市全年经济运行平稳,基本完成2013年初制定的全年地区生产总值增长8%的既定目标,在培育产业发展新优势、创新机制体制等方面也取得了突破。

(二)居民收入水平再创新高,消费价格指数基本稳定

2013年,全市城镇居民人均可支配收入为40321元,同比增长10.6%;扣除价格因素后,实际增长7.1%。其中,20%低收入家庭人均可支配收入18514元,同比增长13.0%,高于全市平均增速2.4个百分点。城镇居民人均消费支出26275元,同比增长9.3%。八大类消费支出全面增长。其中,人均家庭设备用品及服务支出增幅最大,年均支出达到1974元,同比增长22.5%。

农村居民人均纯收入为18337元,同比增长11.3%;扣除价格因素后,实

际增长7.7%。农民低收入组的收入增长速度达到14.8%，高于平均增速3.5个百分点。农村居民人均生活消费现金支出为13553元，同比增长14.1%。其中，购买文娱设备支出增幅最大，年均支出达299元，增幅为44.4%。

农村人均现金收入增长幅度超过城镇居民收入增幅0.7个百分点。而从城乡居民收入具体构成来看，今年增幅最大的均是转移性支付。无论是城镇还是农村，转移性收入即来自各种社会保障的收入，城镇居民此项收入的增长幅度达到15.7%，农村居民转移性收入的增幅达到32.6%，这有力保证了城乡居民收入的稳定增长。

2013年，全市居民消费价格同比上涨3.3%，涨幅与上年持平。其中，消费品价格上涨1.9%，服务项目价格上涨5.5%。在八大类商品和服务中，食品类价格上涨4.7%，同比回落1.9个百分点；居住类价格上涨5.6%，同比提高1.7个百分点。尽管全年居民消费价格涨幅与上年持平，但涉及基本民生的食品类价格等涨幅依然偏高，其对低收入家庭的冲击仍不可小觑。

（三）推动社会建设改革，共享改革发展成果

1. 干部植根基层，切实为民办实事

朝阳区在全区开展"两代表一委员"民情联络工作。所谓"两代表一委员"，是指党代表、人大代表和政协委员。朝阳区现有党代表389名，区人大代表442名，区政协委员405名。2013年，朝阳区通过启动"两代表一委员"民情联络工作，尝试把党代表、人大代表和政协委员的优势发挥出来，形成为群众办事的合力。朝阳区要求每位代表、委员每月至少进社区一天，听民声、汇民意、析民情，及时收集群众最关心、最需要解决的问题，并反映给上级部门。通过整合辖区党代表、人大代表和政协委员等基层政治资源，朝阳区政府可以了解百姓所想，解决百姓所求，这样既确保了百姓的困难能在第一时间传递给相关职能部门，又能督促政府部门为民办实事的切实展开。

干部挂职社区快速解决居民困难。2013年7月，西城区选择255名干部到社区挂职，全区所有255个社区，每个社区选派一名。他们在居民与区政府间牵线搭桥，将百姓声音直接传进区政府，快速解决居民困难。西城区所遴选出的255名干部，他们在原单位的职位均是中层及以上，年富力强，他们在社

区上班,由社区直接管理。通过这种方式,既能够把百姓的声音直传进区政府,又能广泛收集民情,让区政府了解各社区的共性需求,有的放矢地解决居民实际问题。

2. 推进信息化社会服务,壮大志愿服务队伍

社区青年汇助力青年发展。所谓"社区青年汇",是团组织建在社区乡村,联系服务青少年的终端综合服务平台。在联系、服务青年的同时,"社区青年汇"引导青年积极参与社会建设,培养他们的社会认同感,开展满足青年成长发展所需要的文化活动、学习培训和人际关系拓展训练。2013年5月7日,朝阳区首家"社区青年汇"在垡头地区文化中心挂牌成立。2013年,朝阳区依托现有的街乡文化服务中心、商务楼宇服务站、社区活动用房等,建成各类"社区青年汇"60家,每家配备一名专职社工。建成后的"社区青年汇"可供居住在周边地区的青年免费享受图书阅读、文化沙龙、体育竞技等服务,并且定期参加各类文化体育活动,从而增加他们的社会认同感和幸福感,促进外地来京青年融入北京生活,提升社会归属感。

"一刻钟社区服务圈"遍布京城。根据居民群众最关心、最急需的社区就业服务、社区社会保障服务、社区社会救助服务等10大类60项社区基本公共服务项目所建立的"一刻钟社区服务圈",2013年按计划新增200处,达到822处,基本满足了周边居民的基本生活需求。到"十二五"末,"一刻钟社区服务圈"将覆盖全市六成以上的城市社区,方便越来越多的居民享受生活便利。

"北京服务您"客户端上线。在信息化的今天,北京市也将社会服务融入信息网络,惠及更多北京市民和外来游客。2013年2月,"北京服务您"手机客户端软件测试版上线,2013年4月,"北京服务您"进行了扩容,客户端新增加了交通路况、天安门广场升降旗时间、法院处置财产拍卖信息等多类型公共信息。居民在出门前便知全方位交通状况,旅游、环保、水务等内容也将逐步纳入发布范围,"北京服务您"将为市民提供更为及时、全面、权威的信息服务,方便市民出行。

志愿服务队伍不断壮大。截至2013年3月5日,本市实名注册志愿者突破200万人,达到2000216人。志愿者人数相较2012年底增长17.4%,提前两年完成"十二五"社会建设规划纲要中提出的目标。注册的志愿者组织由2013年春节前的4704个增长到7201个,增长2497个。全市街道(乡镇)"枢纽型"志愿者组织已实现全覆盖;发布的志愿服务项目包括大型活动、应急类项目和关爱服务等日常类项目,项目数量也从3620个猛增到12180个,增长8560个。同时,根据《北京市志愿者注册管理办法(试行)》,注册志愿者参加志愿服务时间累计达到100小时、200小时、500小时、800小时、1000小时的,可分别认证为北京市"一星志愿者""二星志愿者""三星志愿者""四星志愿者""五星志愿者"。"五星志愿者"参加志愿服务时间累计达到2000小时、3000小时、5000小时的,可分别参加铜质奖章、银质奖章和金质奖章的评选。根据每名志愿者提供服务的时间,朝阳区率先建立了相对应的志愿服务回馈机制,为志愿者提供免费或优惠理发、健身、旅游等服务,让志愿者享受志愿服务回馈。

3. 出租车调价方案公布,"的哥的姐"享受政策红利

2013年6月,北京市发改委公布了出租车最终调价方案。3千米以内起步价13元,基本单价每千米2.3元,燃油附加费标准调整为每运次1元,高峰时段低速等候费调整为每5分钟加收两千米租价;预约叫车服务费标准为提前4小时以上预约每次6元,4小时以内预约为每次5元。据测算,采取新的出租车价格标准后,乘客每运次平均增支约3.3元,增幅约13%。而"的哥的姐"也将获得全部调价收益,每月实际增收可达700元,预计全年月均收入与社会平均工资能基本持平,生活水平因此获得一定提升。

(四)提升住房调控力度,差异化住房政策体系逐步完善

"住有所居"一直是中国人民千百年来的梦想。2013年,北京市以出台"京十九条"、开工建设自住型商品房等措施不断调控房地产市场,努力完善"低端有保障,中端有支持,高端有市场"的差异化住房政策体系,从而保障房地产市场的正常发展和社会的和谐稳定。

1. 出台"国五条"和"京十九条",保障房地产市场的正常稳定

2013年2月,旨在加强房地产市场调控的"国五条"出台;3月,国务院办公厅发布"国五条细则"。细则规定:对出售自有住房按规定应征收的个

人所得税，通过税收征管、房屋登记等历史信息能核实房屋原值的，应依法严格按转让所得的20%计征。

2013年3月底，北京市公布"京十九条"政策，首次将二手房市场纳入北京市住房调控体系。政策规定：对个人转让自用5年以上，并且是家庭唯一生活用房取得的所得，继续免征个人所得税；本市户籍成年单身人士在本市未拥有住房的，限购1套住房；对已拥有1套及以上住房的，暂停在本市向其出售住房。

同年5月，央行营管部公布的二套房贷新政细则——二套房贷首付调至7成，贷款利率依然为基准利率的1.1倍——在北京开始全面执行。基于"京十九条"等政策规定，北京市以期完成"2013年，本市新建商品住房价格与2012年价格相比保持稳定，进一步降低自住型、改善型商品住房的价格，逐步将其纳入限价房序列管理"的年内房价控制目标，进而保障房地产市场的稳定发展。

2. 自住型商品住房开工建设，抑制房价上扬，做到"中端有支持"

2013年10月23日，北京市住建委联合四部门发布自住型商品住房政策，规定2013~2014年两年完成约7万套自住型商品房用地供给。其中，2013年年底之前将提供不低于2万套自住型商品房用地；2014年将加大自住型商品住宅供给力度，按每年商品住宅成交约10万套的量计算，2014年将会把50%以上的住宅用地用来建设自住型商品房，即预计完成5万套供应。政策同时规定，自住型商品房的售价应该低于周边同品质商品房项目的30%左右，套型以90平方米以下户型为主，最大套型建筑面积不得超过140平方米。自住型商品房的实施效果如何，还需假以时日方能判断。

3. 保障房建设提速，努力达成"低端有保障"的目标

《北京市"十二五"时期住房保障规划》要求"十二五"时期建设、收购各类保障性住房100万套，其中公开配租配售50万套，首都功能核心区人口疏解、棚户区改造等定向安置住房50万套，竣工各类保障性住房70万套，对符合保障条件的申请家庭努力做到"应保尽保"。

2013年，北京市供应的1650公顷住宅用地中，保障房用地占800公顷，占比达到48.5%。其中，公租房用地占到155公顷，限价房占65公顷，经适房占135公顷，定向安置房仍旧最多，达445公顷。2013年第一季度全市累计完成保障性安居工程新增用地328公顷，完成全年计划指标的41%。

针对北京2013年建设筹集各类保障房16万套，竣工7万套的任务，截至2013年6月7日，北京已经落实了144个保障房建设项目，涉及房源达到18万套，完成了计划任务的113%。2013年底，共计建设保障房16.2万套，竣工8.5万套，配租配售4.7万套，超额完成保障性住房建设任务。

而针对保障房房源不足的问题，海淀区出台了为保障房轮候家庭提供市场化租赁补贴的政策。大规模的保障房建设工程需要大量资金，为此，北京市财政投入也将会加大力度做好保障房红线外配套和专项资金支持。保障房建设投资中心在其中也将发挥投融资平台作用，加强金融创新，加快配租进度，确保实现应租尽租。

4. 棚户区改造速度提升，累计30余万户居民解决住房难题

北京市近年来大力推进棚户区改造工程，累计解决了30余万户居民的住房困难问题。在此基础上，北京又加大了对散落在城市中心区的棚户区的改造力度，提出了未来五年完成中心城区527个项目，惠及23万户70万人的改造计划。其中，2013年已启动了中心城区110项棚户区改造工程。

（五）打击违法、违章行为取得丰硕成果

1. "小产权房"清理整治工作逐步展开

自2012年6月以来，市政府组织国土、住建、规划等有关部门集中对全市在建在售"小产权房"开展清理整治工作。2012年9月公布了第一批79个项目，有关部门已经或正在对其实施行政处罚。针对这79个小产权房项目，目前已没收240.92万平方米的建筑物，收缴罚款2408.86万元，拆除建筑物面积2.23万平方米。在这79个项目中，有30个项目申请法院强制执行；位于房山区的5个项目和位于昌平区的3个项目被移送公安机关；31个项目移送检察机关处理；门头沟区妙峰山镇的一名主管镇长受到党内处分；4个村支部书记受到免职处分。

2. 违法用地、违章建筑遭集中整治

2013年3月底，北京市启动了严厉打击违法用地违法建设的专项行动。

同年4月至5月初，市民通过12345、96310两条热线的举报数量同比增加了40.4%和80.8%，仅96310一条热线，就接到了5926个举报电话。截至4月26日，全市共拆除违法建设1371处，67.7万平方米。其中，丰台、朝阳、昌平、顺义和大兴5个区拆除较多，占拆除总面积的74.5%；海淀区截至4月底，也已拆除了27万平方米的违法建设。5月31日至6月7日，全市共拆除违法建设555处，25.57万平方米，其中朝阳区拆除违建21处，11.01万平方米；海淀区拆除50处，4.70万平方米；密云县拆除49处，2.1万平方米。2013年6月，房山、大兴、朝阳3个区开始冻结违建房产，共计63处房屋已无法办理抵押、过户、继承等手续。

截至6月30日，经过各区县的摸底排查和指挥部办公室的整理汇总，北京市已经初步建立了违法用地违法建设台账，并全部实现了信息平台电子化管理。尽管专项行动已经取得了阶段性成果，但治理违法用地违法建设的形势依然严峻，新生违法建设仍不断出现，形式和手段更加隐蔽，专项行动的工作也将全面转入攻坚战和持久战。

（六）环境治理被摆在更加重要的位置

2013年9月，北京市发布《北京市2013~2017年清洁空气行动计划》（以下简称《计划》）。《计划》指出：现今大气污染物排放总量超过环境容量，空气质量与国家新标准和公众期盼存在较大差距，大气污染复合型特征突出，城市正常运转和市民日常生活产生的污染物所占比重越来越大，大气污染防治形势十分严峻。因此，《计划》提出清洁空气行动计划目标：经过五年努力，北京市空气质量明显改善，重污染天数较大幅度减少。到2017年，全市空气中的细颗粒物年均浓度比2012年下降25%以上，控制在60微克/立方米左右。

坚持污染减排是改善空气质量的根本措施，结合能源消费量大、生活性消耗占比高等特点，北京市立足能源结构优化、产业绿色转型和城市管理精细化的要求，在《计划》中提出了八大污染减排工程：①源头控制减排工程；②能源结构调整减排工程；③机动车结构调整减排工程；④产业结构优化减排工程；⑤末端污染治理减排工程；⑥城市精细化管理减排工程；⑦生态环境建设减排工程；⑧空气重污染应急减排工程。

为保证《计划》所提出的污染减排工程能够顺利实施和大气治理目标顺利完成，《计划》同时制订了六大实施保障措施，以确保污染减排工程落到实处、收到实效。这些措施包括：完善法规体系、创新经济政策、强化科技支撑、加强组织领导、分解落实责任、严格考核问责。

《计划》的发布为北京今后五年的空气治理既指出了方向，又提供了行动指南和操作手册。

（七）养老服务体系日趋完善

2013年9月，北京市民政局发布《北京市2012年老年人口信息和老龄事业发展状况报告》（以下简称《报告》）。《报告》统计显示，全市户籍总人口1297.5万，其中60岁及以上户籍老年人口262.9万，占总户籍人口的20.3%，该比例首次突破20%。此外，全市老年人口继续以每天410人、每年15万人左右的速度快速增长。根据预测，2020年北京市老龄人口将达到300万，2030年超过500万，2050年全市每三个人中就有一位老人。现阶段老年人口中，80岁及以上户籍老年人口42.6万，比上年增加4万人，占总人口的3.3%。按15~59岁劳动年龄户籍人口抚养60岁及以上户籍人口计算，北京市老年抚养系数为29.4%，比上年增加1.8个百分点。这表明，除去15岁以下的青少年后，社会需要3.4个劳动力才能抚养一位老人，养老形势十分严峻。

针对北京市老龄人口基数大，增长快，养老形势日益严峻的特点和老龄化社会到来的现实，北京市积极推进老龄服务产业化、社会化工作。2013年6月，北京市老龄产业协会成立。协会是由从事老龄产业生产、开发、流通、服务以及与老龄产业相关的科研、教学、培训、保险等企事业单位、社会组织和有关专家学者，自愿组织建立的非营利性社会团体。

协会成立后，将建立行业自律机制，提高行业的整体素质。同时将参与制定本市老龄产业发展规划，向政府部门提出有关产业政策、经济立法等建议；参与行业服务和质量的管理监督工作；为政府制定老龄产业政策、规范老龄产业市场提供决策依据；建立老龄产业信息网络；组织开展涉老行业从业人员的

各类培训以及与国内外老龄产业的交流与合作等，从而完善养老服务体系及其政策和配套设施的构建工作。

今后一个时期，北京市老龄产业协会将重点参与扶持发展居家和社区养老服务、引导会员单位投资建设养老机构、积极推进医养结合、为养老服务发展提供金融支持、建设发展养老服务产业园区、发展老年休闲旅游产业、发展老年文化科技产业七方面工作，为北京养老事业的发展和应对人口老龄化作出贡献。

（八）绿色"园博"唱响北京名片

2013年11月18日，历时半年的第九届中国（北京）国际园林博览会落下帷幕。开园半年来，北京兑现了申办之初许下的六项庄严承诺，实现了举办一届"国际化、精品化、高端化"园林盛会的工作目标。自开幕以来，园博会共接待游客610余万人次，日均接待3.3万余人次，单日最高游客接待量10.6万人次。贴心的游客服务，顺畅的交通出行以及有序的安全保障工作都为园博会的成功举办奠定了良好基础。同时，园博会绿化面积达348公顷，其有效减轻了噪声污染、降低了地表温度，每年吸收烟尘达10.37万吨、释放氧气8.9万吨，这使得地区生态环境得到显著改善。地区空气中污染物浓度也比之前平均下降60%以上，园博园的"京城之肺"功能得以显现。

二 2013年北京社会建设面临的问题

2013年，北京市全市地区生产总值达19500.6亿元，年增幅达7.7%；人均地区生产总值达到93213元，按年平均汇率换算后，超过15000美元大关。虽然经济稳步发展，但是，在2013年的北京社会建设中，仍然存在一些亟须解决的问题。只有有效解决这些问题，北京市社会建设成果才能更具实效，更加深入民心。

（一）人口问题是影响北京发展的大问题

人口问题是影响北京发展速度和进程的大问题，包括住房资源不足、交通拥堵、人均环境资源匮乏等在内的多方面问题均与北京市现有庞大人口数量有着密切的联系。

2013年，在北京市的积极调控下，北京市人口增长速度略有放缓。2013年末，全市常住人口2114.8万，比上年末增加45.5万，增长2.2%，增速比上年下降0.3个百分点。其中，常住外来人口802.7万。此外，从城乡构成看，城镇人口1825.1万，农村人口289.7万，城镇人口占常住人口的比重为86.3%，比上年末提高0.1个百分点。

2013年，为缓解北京市人口压力，北京市启动动物园服装批发市场的拆迁工作等一系列调控措施。2014年，北京市将继续从落实城市功能定位、优化产业结构、调控资源配置、加强规划引导等方面入手，深入研究控制人口规模的治本之策，探究切实降低常住人口增速的治理对策。

但是，北京市现有人口基数过大所造成的人口压力，及由其衍生出的连带问题正在不断显现。屡禁不止的群租房现象正是庞大人口数量所造成的实际问题之一。朝阳劲松地区由于紧邻国贸商务区，因此成为众多外来务工人员的"理想"群居地，其群租现象也较为集中普遍，这对劲松地区的环境、安全来说，也存在一定隐患。针对小区群租问题，朝阳区试水多部门联动治理，先后多次组织公安、消防、工商、城管等多个职能部门开展集中整顿。百环家园和首城国际作为两个群租"重灾区"，2012年至今共已清理群租房546套。其中，百环家园小区群租房450户，现已清理整顿了421户，清理比例达到93.6%；首城国际小区存在群租现象的有155户，现已整顿治理125户，清理比例达到80.6%。两个小区群租房流动人口从治理前的1.5万余人减少了近4000人，可防性案件同比下降50%。尽管取得一定成果，但是清理群租现象消耗了北京市大量的人力物力。长此以往，随着人口红利的消失殆尽，人口压力将严重阻碍城市和地区的发展。

（二）大气污染问题已成北京"重症"

2013年1月10~13日，雾霾天气连续四天困扰京城；1月13日，35个大气监测站点中，除个别站点外，其余站点均达到最高六级的严重污染，将近七成站点的空气质量指数达到500，濒临"爆表"，市气象台也发出北京气象史

上首个霾橙色预警信号；5月3日，"臭氧8小时"取代PM$_{2.5}$成为首要污染物；5月全月天气达标数量仅有8天，所占全月比例仅为25.8%，北京再次进入全国空气质量最差的前十名；10月28日，北京首发重污染蓝色预警……这样的环境现状对北京市民的生产和生活造成了极大的不便，雾霾天气导致呼吸道系统病人数量大量增加，也因此间接考验了北京的医疗卫生应急能力。

与此同时，北京市也在大力治理环境污染问题。2013年北京市共完成了3428蒸吨燃煤锅炉清洁能源改造；实施核心区4.4万户煤改电工程；更新老旧机动车36.6万辆；退出污染企业288家；新增垃圾日处理能力3000吨；农村地区换用优质煤36万吨、减少用煤44万吨；此外预计至2017年共更新绿色公交8000辆，减少公共交通对大气造成的污染。此外，北京市在2013年发布《北京市2013~2017年清洁空气行动计划》，为今后5年的环境和大气治理提出了操作方向和具体目标。但是，面对不断而来的雾霾天气和环境难题，如何让北京环境治理显出实效，如何缓解大气污染危机仍具有一定挑战。

（三）努力提升政府投入的公益社会服务的利用率

2012年6月，北京市推出公共自行车租还服务。截至2013年7月的一年间，北京市公共自行车已累计办卡近5万张，公租自行车网点覆盖范围从最初的2个区县扩大到东城、朝阳、丰台、石景山、通州、大兴、亦庄等7个区域，租赁点数量达到520个，一年累计租还数为170万次。但考虑到目前北京市现有公租自行车14000辆，这意味着一辆车一年的租还数量仅为120余次，利用率较低，尚不足1天1次。

公租自行车只是政府提供便民设施和社会服务的一个缩影。相反，同样是便民设施，街边公共健身器械的使用率则超过80%，部分地区则高达90%，甚至100%。与公租自行车租赁点分布不均，进而导致现阶段公租自行车利用率不高相反，街边公共健身器械正是以其广覆盖的特点著称。因此，在北京2015年才会形成5万辆公租自行车、1000个站点的公共自行车服务网络的现实下，如何有针对性地提升以公租自行车为例的某些公益社会服务的利用率也将是一道难题。

（四）异地高考逐步开放，教育困境短时间内将继续存在

2012年底，北京市发布《进城务工人员随迁子女接受义务教育后在京参加升学考试工作方案》（以下简称《方案》）。《方案》规定，2013年，在符合一定条件下，非京籍子女可先参加北京市中等职业学校的考试录取。2014年起，凡进城务工人员持有有效北京市居住证明，有合法稳定的住所，合法稳定职业已满6年，在京连续缴纳社会保险已满6年，其随迁子女具有本市学籍且已在京连续就读高中阶段教育3年学习年限的，可以在北京参加高等职业学校的考试录取。学生从高等职业学校毕业后，可以参加优秀应届毕业生升入本科阶段学习的推荐与考试录取。同时，自2014年起，满足一定条件的考生可选择在京借考高考。

北京市异地高考方案的出炉，标志着在报考高等职业学校方面，非京籍考生与北京市户籍考生享受相同的权利。非京籍考生可以参加高会统招、高职自主招生和高职单招，可以报考所有在京招生的高职院校。但是，非京籍考生禁止在北京报考本科院校的障碍依然没有放开，非京籍考生在北京报考本科院校仍需时间等待。

三　2014年北京社会建设形势分析

（一）努力推动转变经济发展方式和创新社会管理体制的双轨运行机制

新时期，北京经济社会发展活力激增，综合竞争力、国际影响力持续增加。2013年，北京市取得地区生产总值19500.6亿元（比上年增长7.7%）以及人均地区生产总值93213元（按年平均汇率折合为15052美元，越过15000美元大关）的优异成绩单。在这样的经济社会大背景下，北京市提出坚持把转变经济发展方式摆在首要位置，不单纯以地区生产总值定政绩的政府绩效考核模式，从首都城市性质、功能定位和资源优势出发，将转变经济发展方式，促进产业结构调整，优化内需结构提升到新的高度，充分发挥科技创新、文化

创新的支撑引领作用，加强规划引导和统筹协调，持续优化调整产业结构，率先形成创新驱动、城乡一体的发展新格局。

在社会治理方面，北京市强调法治在治理过程中充当的重要角色，以政府的主导作用为契机创新社会治理。加强法治保障，提高城市精细化管理水平将会是北京创新社会管理体制的重要准则。通过系统治理、依法治理、综合治理、源头治理，不断提升社会治理水平，实现政府治理和社会自我调节以及居民自治良性互动。统筹开展社区、社会组织、社工联动试点，增强基层社会治理能力。以植根于基层的"基层自治组织"为基础，探索符合北京特征的基层治理框架，让基层组织参与社会管理，分担上级政府和相关部门的工作压力，更能对北京的社会管理体制的改革和创新作出应有贡献。

通过"转变经济方法方式"和"创新社会管理体制"进行经济和社会的双轨革新，尝试探索符合北京的经济社会发展模式，对于经济稳定增长和民生稳步改善都将是重要举措。

（二）积极推进社会保障均衡化和人群全覆盖进程

北京市在2013年加大了民生投入，在住房、教育、医疗、就业、社会保障等方面为北京市民提供了多样化的基本公共服务，保障了人们的基本生活水平。从1986年持续至今的"为民办实事"工作，累计已承办1139件，不仅推动了经济社会的发展，更有效解决了群众迫切需要解决的民生问题，获得了北京市民的大力支持和拥护。

2013年初，北京市再次提高最低社会保障发放标准，家庭月人均从520元上调至580元，涨幅达到11.5%，同时这也是北京市低保在五年来的第7次提标过程。农村最低社会保障发放标准也从家庭月人均380元上调至460元，涨幅高达21.1%，城乡总受益人群达17.83万人。

北京市多次提升低保标准，既是源于食品、天然气等生活必备品价格水平的上涨，同时也是其尝试提升社会保障水平，促进社会保障人群全覆盖的积极信号。保基本、兜底线、促公平、可持续，稳步提高各项社会保障待遇标准一直是北京市坚持和推动社会保障发展与完善的指导方针。2014年1月1日，北京市再次提升最低工资标准，由原来的每月1260元提升至1400元，上调

140元，涨幅达到11.1%。同时，城乡居民基础养老金和福利养老金每月增加32.5元，社会保障水平和受益人群生活质量再次获得提升。但是，尽管社会保障水平不断提升，包括低保家庭在内的社会成员都需要面对北京市年内CPI达到3.3%的消费压力。因此，北京市在2014年如何为低保人群提供更好的社会保障服务，如何为北京市民提供更为均衡的社会保障服务，仍将考验北京市的社会治理与服务水平。

（三）积极满足居民基本住房需求，不断完善保障房监管机制

2013年，北京市保障性住房建设超额完成任务，共计建设保障房16.2万套，竣工8.5万套，配租配售4.7万套。同时，北京市启动了中心城区110项棚户区改造工程；完成了1390万平方米老旧小区综合改造；推出了2万套自住型商品住房，一定程度上缓解了北京市民的住房压力，满足了居民的基本住房需求。

2014年，保障性住房建设依然将是北京市解决居民住房难题的重要办法。北京市计划在2014年完成建设保障性住房7万套，年内竣工10万套，"十二五"期间提供100万套保障性住房的目标。同时，北京市将推进自住型商品住房的建设计划，加快已供地项目实施进度，年内计划新增5万套自住型商品住房，缓解居民住房压力。

如此大规模的住房建设工程，如何理清其建设管理体制？如何在保障房申请家庭资质审核、保障房分配等方面做到公平公正？如何强化保障房申领分配过程中的透明机制？如何强化政府的应急机制的反应能力？这在申请保障房家庭已达9万户的今天，都将是北京市政府和有关部门需要面临和重点解决的新问题。

（四）着力生态文明建设，全力解决大气污染问题

党的十八大报告第八部分开篇即指出："建设生态文明，是关系人民福祉、关乎民族未来的长远大计"。生态文明建设，也与经济建设、政治建设、文化建设、社会建设一并成为构成五位一体的中国特色社会主义总体布局的组成部分。2013年，北京遭遇极端的雾霾天气，市政府也不断表达出要以"断

腕之心"治理大气污染的决心。因此,如何有效缓解大气污染问题;如何提高生态文明建设水平,提升北京的环境质量;如何促进北京的环境资源可持续发展已成为2014年北京需要着力解决的社会问题。

对此,2014年北京市政府工作报告中明确指出:2014年北京市要全力治理大气污染问题,认真落实大气污染防治条例,扎实推进各项治理工程,确保完成清洁空气行动计划年度任务。同时,全面展开垃圾污水治理的三年行动计划,加快垃圾、污水处理设施建设;以及全面开展城乡环境综合整治行动等计划以提升北京的环境质量。优质的生态环境和空气质量,这既是北京的名片,同时也是北京市民的诉求,更是北京建设"宜居"城市的基本要求。

(五)加强基础服务设施建设,为申办冬奥助力

2013年11月,中国奥委会正式致函国际奥委会,提名北京市为2022年冬奥会的申办城市。这是北京成功举办2008年奥运会后,又一次申办世界性大型综合运动会。如果北京和张家口最终申办成功,北京将成为历史上第一个完成举办夏奥会和冬奥会的城市。

2008年北京奥运会的召开,既是中国综合实力的提升,同时也是北京基础服务设施建设的进步。包括国家体育场、奥林匹克公园、北京南站等大量基础设施在后奥运时期服务于北京市民和外来游客。借申办冬奥会的契机,北京市也将建造更多的基础服务设施为成功申办奥运会增添砝码。原计划2009年开工建设,而最后延期的北京至张家口城际铁路,也将借申办冬奥会开工建设。乘火车从张家口到北京的时间将由目前的4~5个小时缩短至1个小时之内,张家口市也由此进入"首都一小时经济圈",促进了城市的发展。此外,基础服务设施建设对提升公共服务水平,完成北京市提出的提供更加均衡的基本公共服务的目标也会产生实际作用。

社会管理篇

Report on Social Management

B.2
2013年北京市社会建设工作形势分析与展望

宋贵伦*

摘　要： 2013年，首都社会建设在已有工作基础上，深入学习贯彻党的十八大、十八届三中全会精神，扎实推进社会服务取得新进展，扎实推进社会治理取得新突破，扎实推进社会领域党建工作水平取得新提高，深入开展党的群众路线教育实践活动取得新成效。2014年，首都社会建设将深入学习贯彻习近平总书记考察北京工作等一系列重要讲话精神，贯彻落实党的十八届三中全会和市委十一届三次、四次、五次全会精神，巩固发展党的群众路线教育实践活动成果，不断完善社会服务体系，全面深化社会体制改革，着力创新社会治理体制，深化社会领域党建工作改革创新，加快推进社会治理体系和治理能力现代化，为推

---

* 宋贵伦，研究员，中共北京市委社会工作委员会书记、北京市社会建设办公室主任。

动首都全面深化改革、科学发展、社会和谐作出新的更大贡献。

关键词：

社会建设　社会治理　社会体制　全面深化改革

一　2013年主要工作情况

2013年，是深入贯彻党的十八大精神开局之年，是实施"十二五"规划中期之年。在市委市政府领导下，在全市上下共同努力下，首都社会建设工作以党的十八大、十八届三中全会精神为指导，以深入开展党的群众路线教育实践活动为动力，在已有工作基础上，抓巩固提高、拓展延伸、改革创新、务实高效，取得了新进展。

（一）深入学习贯彻党的十八大、十八届三中全会精神取得新成果

一是举办了一系列培训班，深入学习党的十八大、十八届三中全会精神。举办了全市局级领导干部社会建设专题研讨班、市级"枢纽型"社会组织负责人培训班、全市非公有制企业党组织负责人示范培训班、全市街道工委书记、街道办事处主任培训班、全市社区党委书记示范培训班，系统学习党的十八大、十八届三中全会精神。二是开展一系列研讨调研活动，努力推动社会体制改革创新。围绕社会体制改革和社会治理体制创新，调查研究活动贯穿全年，理论和现实问题研讨活动贯穿全年，产生了一系列重要成果，为市委、市政府决策提供了参考，为起草市委、市政府有关文件，筹备召开全市社会体制改革和创新社会治理体制大会做了充分准备。三是结合"十二五"规划中期评估，深入总结宣传近几年全市社会建设工作经验，形成了高质量的评估报告，制作了一系列宣传品，研究制定了《北京社会建设综合评价指标体系》，定期、持续研创北京《社会建设蓝皮书》。

（二）扎实推进社会服务取得新进展

一是保障和改善民生工作取得新进展。全面完成了市政府为民办实事和市

政府折子工程、"十二五"规划折子工程有关社会建设任务。二是社区公共服务体系建设取得新进展。在800个社区推进基本公共服务全覆盖试点，全市36个部门和各区（县）经过四年的持续努力，基本实现城市社区基本公共服务试点全面覆盖。新建200个"一刻钟社区服务圈"示范点，总量达822个，覆盖全市55%的社区，社区居民满意度达97%。加快推进人防工程服务社区公益，用于社区公益便民的人防工程2674处，1005万平方米，占在用人防工程总面积的81.3%。以社区系列活动为载体，建立市民参与长效机制，开展第六届"魅力社区"评选、"周末社区大讲堂"、第七届"和谐杯"乒乓球比赛、"十大感动社区人物"评选等活动，产生了良好效果。三是社会组织服务水平不断提升。使用市级社会建设专项资金购买社会组织服务体制进一步完善，申报服务项目2120个，投入资金7571万元，购买项目515个。四是社会公益服务常态化不断推进。成功举办"2013年北京社会组织公益行"系列活动，活动贯穿全年，12000多家社会组织参加，共举办活动3000多场次。志愿者实名注册超过220万人，提前完成"十二五"社会建设规划目标。举办"让志愿服务走进生活"——北京志愿服务推动日活动，集中征集对接志愿服务项目12180个。建立22支专业志愿者队伍。启动全市志愿服务计时，开展志愿服务星级徽章评选工作。组织开展"12·5"国际志愿者日活动，召开2013中国志愿服务国际交流会。

（三）扎实推进社会治理取得新突破

一是社会服务管理精细化扎实推进。研究制定《北京市社会服务与城市管理精细化测评指标体系》和《"北京城市管理奖"评选表彰办法》。以街道（乡镇）为突破口，全面推进网格化社会服务管理体系建设，试点工作扩大到244个街道（乡镇）和4724个社区（村），覆盖率分别达到75.3%、70.4%。全市网格实名制工作人员13.79万人，全年上报事件692.4万件，处理615.9万件，解决率为88.9%。加快推进社会建设信息化。全市星级智慧社区达524个。全市建成350个"社区青年汇"。二是社区规范化建设再上新台阶。在社区规范化试点实现全覆盖的基础上，新建120个社区规范化示范点，累计达331个。社区办公服务用房建设完成第二批627个，全市达到350平方米以上标准的社区累计达到81%。第三批200余个项目完成立项申报。在网上首批公示了400个建成项目，接受社会监督，防止挪用和挤占。三是社会组织改革发展取得新成效。"枢纽型"社会组织工作体系进一步完善，27家市级"枢纽型"社会组织联系、服务和管理的社会组织，由认定之前的4367家增加到26236家，增长5倍多。全市已认定208家区（县）级、143家街道（乡镇）级"枢纽型"社会组织，市、区县、街道（乡镇）三级工作网络格局初步形成。社会组织登记管理改革力度加大，行业协会商会类、科技类、公益慈善类、城乡社区服务类社会组织试行直接登记。社会组织培育力度进一步加大，市社会组织孵化中心全年共孵化42家公益性组织，西城、朝阳等7个区也建立了社会组织孵化（服务）基地，"一中心、多基地"的社会组织服务网络不断完善。四是扎实推进社会工作队伍专业化职业化。2013年度社会工作职业水平考试3706人通过考试，全市获证者累计达15429人。实施"万名社区工作者培训计划"，培训20415人。新培育11家社工事务所，全市累计达61家。举办2013年"国际社工日"活动暨首届北京社工队伍建设论坛。开展第二届"最美社工"评选活动。五是社会动员工作迈出新步伐。在全市22个街道、35个社区开展第一批社会动员工作试点。推进市民劝导队工作，全市劝导队2200多支，队员73500多人，积极参与交通、治安、环境三大秩序治理工作和维护首都稳定工作。

（四）扎实推进社会领域党建工作水平取得新提高

一是街道社区区域化党建工作有效推进，实现全市街道（乡镇）社会工作党委全覆盖。二是社会组织党建有效推进，召开10家市级"枢纽型"社会组织党建工作委员会成立大会，实现27家市级"枢纽型"社会组织党建工作机制全覆盖。在现有208个区（县）级、143个街道（乡镇）级"枢纽型"社会组织开展党建工作试点，建立党建工作示范点46个。三是非公有制企业党建工作进一步完善。实现全市1297座商务楼宇工作站"五站合一"全覆盖。聘请1200名离退休党员干部担任非公有制企业党建工作指导员。创建非公有制企业党建"五个好"示范点1775个。四是成立社会领域党建研究会，努力推动社会领域党建理论和现实问题研究。

（五）深入开展党的群众路线教育实践活动取得新成效

一是把学习教育贯穿活动始终，思想认识明显提高。二是把整风精神贯穿始终，查摆问题取得实效。三是把边查边改贯穿始终，知行统一取得实效。市委社会工委、市社会办领导班子及其成员针对领导指出、群众提出、同志摆出和个人找出的问题，按照有关规定要求，坚持立行立改、能改快改。对班子和个人查摆出的"四风"问题，明确"路线图""时间表""任务书"，提出了整改落实的思路和措施。按照市委要求，认真开展了五个方面的专项整治。加强制度建设，将本委办原有32项制度重新规范调整为26项。认真改进文风，进一步精简文件、合并简报。针对会风问题，在减少大型会议、合并会议内容、压缩会议规模等方面进行了认真改进。2013年本委办发文数量、会议次数、会议费支出与上年同期相比均有明显下降，其中发文减少37件，下降50%；会议减少48次，下降55.2%；会议费减少8.03万元，下降18.3%。通过边查边改，班子成员和全体党员干部将改进作风与履职尽责、服务群众有机结合，实现了教育实践活动与社会建设工作两促进、两见效的目标。

总之，在市委、市政府的领导下，在全市共同努力下，2013年全市社会建设工作取得了明显成效。2013年底，根据"北京社会建设综合评价指标体系"测试，横向比较，我市社会建设总指数均列全国各省市和13个千万人口以上的大城市之首，专项指标也均列前3名；纵向比较，2008~2012年五年间，北京市社会建设指数呈现快速增长态势，特别是从2011年开始，绝大多数指数大幅度攀升。这也表明，全市社会建设基本实现了2008年底确定的"一年打基础、两年有突破、三年见成效、五年上台阶"的目标。五年多来，在市委、市政府领导下，北京市社会建设一手抓顶层设计、推动社会治理体系建设，一手抓夯实基础、推动社会治理能力建设，坚持一年接着一年干、一件事连着一件事办，总体工作已迈上了一个新台阶，走在了全国前列，站在了一个新的历史起点上。这是市委、市政府正确领导的结果，这是全市上下共同努力的结果，这是北京体制产生的实效。

但我们也清醒地认识到，成绩还是初步的。贯彻党的十八大和十八届三中全会精神，北京市全面深化社会体制改革、创新社会治理体制的任务还很艰

巨；满足广大人民群众对幸福生活的新期待，工作中还有不少差距。特别是市社会建设工作领导小组办公室综合协调作用发挥得还不够，各成员单位积极性调动得还不够，在治理"大城市病"解决党和政府揪心的问题面前办法还不多，在社会治理工作中动员社会参与、加强基层自治方面还有很大差距。这一系列问题，都需要结合落实群众路线教育实践活动整改措施，在今后工作中不断加强和改进。

二 2014年北京市社会建设工作展望

2014年，全市社会建设工作的指导思想是，在市委、市政府领导下，高举中国特色社会主义伟大旗帜，深入学习贯彻习近平总书记考察北京工作等一系列重要讲话精神、贯彻落实党的十八届三中全会和市委十一届三次、四次、五次全会精神，全面深化社会体制改革，加快推进社会治理体系和治理能力现代化，进一步开创具有时代特征、中国特色、首都特点的北京社会建设新局面，为建设国际一流的和谐宜居首善之都作出新的更大贡献。

（一）巩固发展党的群众路线教育实践活动成果

一是认真搞好第一批教育实践活动整改任务落实。市属有关单位要按照中央和市委要求，认真搞好整改任务落实工作。按照任务书、时间表、路线图，完成近、中期整改任务，并适时组织整改"回头看"，加快推进长期整改任务的落实，确保教育实践成果不断巩固、转化、发展。

二是认真搞好第二批教育实践活动。区（县）社会建设工作部门和全市各街道、社区、"两新"组织党组织，要按照中央要求和市委统一部署，密切联系实际，认真落实"照镜子、正衣冠、洗洗澡、治治病"的总要求，着力反对形式主义、官僚主义、享乐主义和奢靡之风，着力在转变作风、联系群众、服务社会和建立长效方面下功夫、求实效。

（二）不断完善社会服务体系

一是不断完善基本公共服务体系。进一步实施《北京市"十二五"时期社会公共服务发展规划》，着力办实事、惠民生，推进基本公共服务覆盖面不断扩大、服务能力水平不断提升。

二是不断完善社区公共服务体系。巩固发展城市社区基本公共服务全覆盖成果，制定试行《北京市社区基本公共服务标准》，推进第三批200个社区用房立项建设，公示第二批400个社区用房建成项目。建设48个新型农村社区试点，新建100个村级社会服务试点，加快推进社区基本公共服务向城乡结合部和农村地区延伸。加快推动社区便民服务体系全覆盖，新建200个"一刻钟社区服务圈"示范点，使总量达到1022个，覆盖60%以上城市社区。

三是不断完善社会组织服务体系。加快推进政府向社会组织转移服务职能，编制本年度政府向社会组织转移职能目录，公布具备承接政府转移职能的社会组织名录。建立健全政府向社会力量购买服务机制，完善使用社会建设专项资金购买社会组织服务制度。加快推进全市社会组织服务"一中心、多基地"建设，力争2014年底前各区（县）全部建立社会组织服务基地，鼓励有条件的街道（乡镇）建立相应服务场所。继续开展全市社会组织公益行系列活动，打造社会组织优秀公益服务品牌项目。制定促进社会企业发展政策，推动社会服务业健康有序发展。

四是不断完善志愿服务体系。完善志愿者工作联席会议制度，进一步形成全市志愿服务工作合力。进一步加强志愿服务队伍建设，完善市、区（县）、街道（乡镇）、社区（村）四级志愿服务体系，加强专业志愿者队伍和应急志愿者队伍建设，加快推进基层志愿服务示范站建设。进一步加强志愿服务规范化、长效化建设，继续推动志愿者实名注册、志愿服务计时工作，发布志愿服务指导目录，建立志愿服务项目对接平台，加快推动志愿服务项目化和岗位制。搞好重大活动志愿服务，做好新中国成立65周年和APEC会议志愿服务工作。以"3·5学雷锋日""12·5国际志愿者日"为契机，开展全市性志愿服务及宣传教育活动。

（三）全面深化社会体制改革

一是进一步巩固发展社会建设改革创新成果。研究落实全市深化社会体制改革实施意见，不断完善社会建设工作领导小组及其办公室综合协调工作机制,不断完善纵向到社区、横向到"两新"组织的工作网络,不断完善"五个更加、一个全覆盖"的工作体系,不断完善"1+4+X"的政策体系,不断完善城市网格化、村庄社区化工作机制,不断完善基层社会治理方式,进一步深化社会体制改革、创新社会治理体制,巩固和发展具有时代特征、中国特色、首都特点的北京社会建设改革创新成果。

二是进一步深化街道体制改革。出台全面深化街道社会服务和城市管理体制改革文件,明确街道在辖区社会服务和城市管理中的主体地位,理顺街道与各级政府专业管理部门的关系,推进街道统筹管理各类协管力量。加快街道社会服务和城市管理机制创新,建立健全街道地区社会服务和城市管理委员会机制。推动社区服务管理创新,推动社区公共服务事务"权随责走、费随事转",有序开展社区居民对政府及其派出机构工作评议监督,不断加强对社区建设的分类指导。

三是进一步完善"枢纽型"社会组织工作体系。在已有27家市级"枢纽型"社会组织基础上,再逐步认定5~10家社会公益类、服务经济类、新兴行业类"枢纽型"社会组织,实现对市级社会组织服务管理全面覆盖;与此同时,像搞计划单列市一样,尝试开展准市级"枢纽型"社会组织认定工作,培育新的增长点、激发新的创造活力。全面推进区(县)、街道(乡镇)"枢纽型"社会组织体系建设工作,2014年底前基本形成市、区(县)、街道(乡镇)三级"枢纽型"社会组织工作网络体系。按照政社分开、管办分离的原则,推进行业协会与行政主管部门"脱钩"。加强社会组织规范化建设,在市级"枢纽型"社会组织试行会员证制度。

(四)着力创新社会治理体制

一是不断改进社会治理方式。坚持系统治理,不断加强党委领导,切实发挥政府主导作用,着力动员社会各方积极参与。开展第二批社会动员试点工作,在党委领导下,努力实现政府治理、社会自我调节和居民自治良性互动。坚持依法治理,加快推进社会领域立法工作,不断完善法治保障,注重运用法治思维和法治方式化解社会矛盾。坚持综合治理,开展社会文明创建活动,强化道德约束,规范社会行为,调节利益关系,协调社会关系,解决社会问题。

坚持源头治理，健全基层综合服务治理平台，及时反映和协调人民群众各方面、各层次的利益诉求。

二是不断完善社会治理机制。完善社区"三位一体"治理机制，新建100个社区规范化建设示范点，新确定100个老旧小区自我服务管理试点，不断加强社区党委、社区居委会、社区服务站规范化建设，推进社区、社团、社工、社会志愿者"四社"联动，推动社区党建、社区自治、社区服务"三位一体"。完善社会组织"3+2+1"治理机制，即：进一步完善社会组织党建工作委员会、党组织和工作例会三项工作机制，进一步完善政府依法监管和购买服务两项制度，进一步完善"枢纽型"社会组织工作体系，把坚持党的领导、政府主导、社会自治落实到社会组织治理实践之中。完善商务楼宇"五站合一"机制，进一步发挥党建工作站、社会服务站、工会工作站、共青团工作站、妇联工作站的综合服务管理作用，不断完善新经济组织治理机制。

三是不断提高社会治理能力和水平。不断提高精细化社会服务管理水平，试行《北京社会建设综合评价指标体系》《北京市社会服务与城市管理精细化测评指标体系》，开展首届"北京城市管理奖"评选活动。制定并试行《北京市网格化社会服务与城市管理体系建设指导标准》，力争到2014年底前，基本实现区（县）、街道（乡镇）、社区（村）"三级网格化体系全覆盖"，区县层面基本实现社会服务网、城市管理网、社会治安网"三网融合"。进一步推进社会建设信息化，搞好"四网六库"建设，完善社会服务之窗，办好北京社会建设信息和手机报，创建第二批500个智慧社区。动员社会积极参与治理"大城市病"，积极参与人口调控、雾霾治理、交通管理、环境整治等重点难点工作。继续开展社会建设领导干部和社会领域党组织负责人轮训，继续实施"万名社区工作者培训计划""社工高层次人才培养计划"，继续推进社工事务所建设，大力提升社会工作者专业化、职业化水平。研究制定社区工作者培养激励实施办法，拓宽社会工作队伍发展空间。继续开展"国际社工日"活动，开展第三届"最美社工"评选表彰活动，大力宣传社会工作理念。

四是切实维护首都社会和谐稳定。着力推动创新有效预防和化解社会矛盾体制，健全重大决策社会稳定风险评估机制，建立畅通有序的诉求表达、矛盾调处、权益保障机制。充分发挥北京社会心理工作联合会平台作用，不断完善

社会心理服务、社会心理研究及心理干预工作体系。促进公共安全体系建设，保障食品药品安全，搞好安全生产监管，健全防灾减灾救灾体制，完善突发公共事件应急社会动员机制。参与社会治安综合治理，突出群防群治、专群结合。推动依法管理使用网络，完善互联网治理体制机制。

（五）深化社会领域党建工作改革创新

一是深化社会领域党建工作体制改革。统筹辖区资源，建立健全街道大工委和社区大党委体制，充分发挥街道（乡镇）社会工作党委作用，完善区域化党建工作格局，并探索区域化党建带群团组织建设工作机制。在巩固和发展市级"枢纽型"社会组织党建工作委员会经验的基础上，开展"枢纽型"社会组织党工委建设试点。在加强规模以上非公有制经济组织党建工作基础上，加快推进规模以下非公有制经济组织建立党组织，推进互联网、出租车、物业、产业园区等建立行业协会党组织，推进商务区、开发区、科技园区等建立区域性联合党组织，实现党组织和党的工作全面覆盖。

二是加强基层服务型党组织建设。不断加强社会领域党的组织体系和工作体系建设，不断加强社会领域党组织负责人队伍和党员队伍建设，整合基层党建资源，制定党组织服务规范，完善党员志愿服务机制，开展在职党员到社区报到为群众服务工作，推进基层服务型党组织建设。加强党务工作者培训，规范党建指导员队伍管理。建立"两新"组织（新型社会组织、新型市场组织）党务工作人才数据库，完善社会领域党建工作数据库，完善党组织和党员服务管理网络，切实加强流动党员服务管理。

三是推动党建理论创新和实践创新。密切结合社会建设、改革、治理面临的新形势，充分发挥北京市社会领域党建研究会的作用，认真研究解决社会领域党建面临的新问题，不断推动社会领域党建理论和实践创新。进一步创新党组织活动方式，总结推广基层微党建、手机信息平台等经验做法，开展形式多样的党建活动。继续深化城乡基层党的建设"三级联创"活动，把基层党建工作作为考核各级党委领导班子及领导干部实绩的重要内容，形成社会领域党建工作各级重视抓、一级抓一级、层层抓落实的良好格局。

B.3 北京市"十二五"时期社会建设中期评估报告

北京市委社会工委研究室课题组*

"十二五"时期以来,在北京市委、市政府领导下,全市上下认真实施《北京市"十二五"时期社会建设规划纲要》(以下简称《规划》)。总的看,《规划》确定的发展目标和各项重点任务实施进展顺利,社会服务管理扎实推进,社会建设体系不断完善,社会领域改革创新走在全国前列,为推动首都科学发展、促进社会和谐做出应有贡献。

一 发展目标实现情况

截至2013年6月,《规划》确定的"社会服务更加完善、社会管理更加科学、社会动员更加广泛、社会环境更加文明、社会关系更加和谐"主要目标实施进展顺利;五大类28项主要指标除"和谐企业创建率"指标无统计数据外,其余27项指标中有14项提前完成,占52%;10项达到预期进度要求,占37%。预计"十二五"期末,可基本实现《规划》各项发展目标和主要指标。

社会服务方面。2011年和2012年,本市城镇居民人均可支配收入实际增长分别为7.2%和7.3%,年均增长7.25%;农村居民人均纯收入实际增长分别为7.6%和8.2%,年均增长7.9%。截至2013年6月,城镇登记失业率为1.44%。2012年末,城乡养老保障和医疗保障参保人数分别达1438.82万人

---

* 主要执笔人:岳金柱、李薇、甘承伟、游斐、王涛、宋珊、李筱婧等参加起草。此报告数据来源截止时间为2013年6月底。

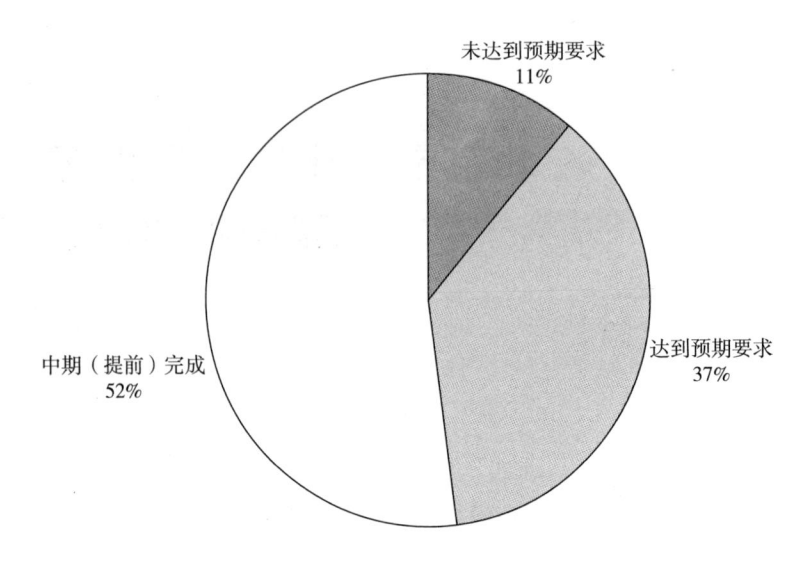

图1 北京市社会建设"十二五"中期主要指标实现进度

和1431.6万人，城镇职工"五险"参保人数与2010年末相比，平均增幅为33%。截至2013年5月，城镇职工养老保险参保率97.46%，城镇职工医疗保险参保率97.11%，失业保险参保率97.11%，工伤保险参保率95.31%，生育保险参保率96.03%。2011年至2013年6月底，全市新建、收购各类保障性住房46.7万套，竣工22.5万套。公开配租配售9.2万套保障房。截至2012年底，全市户籍人口平均期望寿命81.35岁。每千名常住人口执业（助理）医师4.0人，已达到《规划》目标。全市养老床位86575张。人均体育场地面积2.0平方米。全市四级公共文化设施覆盖率98%，已超过《规划》目标。

社会管理方面。截至2013年6月，全市2700多个城市社区实现规范化达标建设。全市实行网格化管理的社区（村）2853个，占全市社区（村）总数的42.49%。截至2012年底，全市社区网站服务体系建设实现全覆盖。

社会参与方面。截至2013年6月，全市登记、备案的社会组织19524个，按2012年底全市户籍人口数计算，每万人拥有社会组织15个。全市社会工作从业人员30余万人，获全国社会工作者职业水平证书者累计11723人。全市注册志愿者203万人，提前完成《规划》目标。第八届社区居委会选举直接选举居民参与率92.8%，户代表选举居民参与率91.8%，居民代表选举居民参与率85.3%。第九届村民委员会选举村民参与率达到95%以上，已超过

《规划》目标。

社会环境方面。截至2012年底,市民公共行为文明指数83.26,已实现《规划》目标。亿元地区生产总值生产安全事故死亡率由"十一五"的0.14下降到0.063,下降55%,低于《规划》目标。2012年,共抽检65大类食品样本12.2万个,其中列入国民经济和社会发展指标的重点食品监测合格率高于98%。药品抽验合格率已连续10年保持在98%以上,基本药物抽验合格率连续3年保持100%。2011年和2012年,群众安全感指数分别为92.3%、91.8%,2013年第一季度群众安全感指数为92.7%。均超过《规划》目标。

社会关系方面。2012年,共评选出64个市级示范街道和1145个示范社区,和谐社区创建率40.66%。截至2012年底,全市共建立人民调解组织7700个,调解各类矛盾纠纷14.9万件,调解成功率为96.9%,超过《规划》目标。信访事项按期办结率达到98%,超过《规划》目标。

北京市"十二五"时期社会建设主要指标实现情况详见表1。

二 重点任务进展情况

截至2013年6月,《规划》提出的社会服务、社会管理、社会参与、社会环境、社会关系方面各项重点任务扎实推进,实现时间过半、任务过半,有的重点任务已经或即将完成,预计到"十二五"期末均能圆满完成。

(一)完善社会服务进展情况

1. 基本公共服务水平进一步提高

一是基本公共服务覆盖各类人群。进一步完善城乡一体化的基本公共服务制度,进一步健全覆盖各类人群的基本公共服务体系,提高政府公共服务保障能力,解决城乡居民劳动就业、收入分配、社会保障、医疗卫生、住房保障等重大民生问题。优化资源配置,重点投向基础薄弱地区,缩小城乡和区域间差距,推进老旧小区、新建小区、城乡结合部和农村公共服务体系建设,扩大新型农村试点范围。

表1 北京市社会建设"十二五"中期主要指标实现情况

类别	序号	指标	目标	现状	数据时点	完成情况	评价	属性
	1	城镇居民人均可支配收入年均增长（%）	8	7.25	2012.12	完成90.60%	继续推进	预期性
	2	农村居民人均纯收入年均增长（%）	8	7.9	2012.12	完成98.75%	继续推进	预期性
	3	城镇登记失业率（%）	≤3.5	1.44	2012.12	完成	中期完成	预期性
	4	城镇职工五项保险参保率（%）	98	97.46	2013.05	完成99.45%	继续推进	约束性
		城镇职工医疗保险参保率		97.11	2013.05	完成99.09%	继续推进	
		失业保险参保率		97.11	2013.05	完成99.09%	继续推进	
		工伤保险参保率		95.31	2013.05	完成97.26%	继续推进	
		生育保险参保率		96.03	2013.05	完成97.99%	继续推进	
社会服务	5	城乡居民养老、医疗保险参保率（%）	95	94	2012.12	完成98.95%	继续推进	约束性
		城乡居民养老保险参保率（%）		92	2012.12	完成96.84%	继续推进	
		新型农村合作医疗参合率（%）		>98	2013.06	完成	中期完成	
	6	提供各类政策性保障住房（万套）	100	46.7	2013.06	完成40.00%	继续推进	约束性
	7	全市常住人口平均受教育年限（年）	12	11.5	2011.12	完成95.83%	继续推进	预期性
	8	城乡居民平均期望寿命增加（岁）	1	0.55	2012.12	完成55.00%	继续推进	预期性
	9	全市养老床位达到（万张）	12	8.66	2012.12	完成72.20%	继续推进	预期性
	10	每千名常住人口执业（助理）医师（人）	4	4.0	2012.12	完成	提前完成	预期性
	11	人均体育场地面积（平方米）	2.1	2.0	2012.12	完成95.24%	继续推进	预期性
	12	基层公共文化设施建设覆盖率（%）	≥97	98	2012.12	完成	提前完成	预期性
社会管理	13	城市社区规范化建设达标率（%）	100	100	2013.06	完成	提前完成	约束性
	14	城市网格化社会服务管理覆盖率（%）	>90	42.49	2013.06	完成47.20%	继续推进	约束性
	15	社区服务管理信息化网络覆盖率（%）	>90	100	2013.06	完成	提前完成	约束性

续表

类别	序号	指标	目标	现状	数据时点	完成情况	评价	属性
社会参与	16	每万人拥有社会组织（个）	20	15	2012.12	完成75.00%	继续推进	预期性
	17	社会工作从业人员/专业人才（万人）	36/2	30/1.2	2013.06	完成83.30%/60.00%	继续推进	预期性
	18	注册志愿者（万人）	200	203	2012.12	完成	超额完成	预期性
	19	基层自治组织选举居（村）民参与率（%）	90	92.8	2012.12	完成	中期完成	预期性
		第八届社区居委会选举居民参与率（%）						
		第九届村委会选举村民参与率（%）		>95	2012.12	完成	中期完成	
社会环境	20	市民公共行为文明指数	≥83	83.26	2012.12	完成	中期完成	预期性
	21	亿元地区生产总值生产安全事故死亡率降低（%）	>38	55	2012.12	完成	中期完成	约束性
	22	重点食品安全检测抽查合格率（%）	>98	>98	2012.12	完成	中期完成	约束性
	23	药品抽验合格率（%）	>98	>98	2012.12	完成	中期完成	约束性
	24	群众安全感指数（%）	≥90	92.7	2013.03	完成	中期完成	预期性
社会关系	25	和谐社区（村镇）创建率（%）	90	40.66	2012.12	完成45.20%	继续推进	预期性
	26	和谐企业创建率（%）	>80	>80	2013.06	完成	完成	预期性
	27	基层社会矛盾纠纷调处率（%）	≥95	96.9	2012.12	完成	中期完成	预期性
	28	信访事项按期办结率（%）	≥95	98	2012.12	完成	中期完成	预期性

注：（1）城镇居民人均可支配收入、农村居民人均纯收入的年均增速，均为扣除价格因素后的实际增长速度。

（2）目标为">80%"，原和谐企业创建率没有统计数据，经市人力社保局、市总工会沟通协调研究，建议将该指标调整为"建立工会企业集体合同签订率"，仍为预期性指标。

二是居民在社区生活更便捷。依托"96156"社区服务热线和社区服务信息平台，开展家政服务、综合维修等6大类200多项服务，培育签约服务商900余家，基本实现居民不出家门便可享受到社区服务。落实社区基本公共服务指导目录，全市已实现2492个社区基本公共服务全覆盖，占全市社区总数的90%。截至2013年6月，全市共建成520个"六型社区"和733个"一刻钟社区服务圈"示范点。截至2012年底，中心城公交出行比例由2010年的39.7%提高到44%。

三是政府主导、企事业单位和社会组织广泛参与的公共服务提供机制逐步完善。形成政府购买社会组织服务制度体系，投入社会建设专项资金15923.2万元购买社会组织服务，撬动配套资金4750.72万元。2012年，参与政府购买服务的社会组织数达16127家，比2010年增长28.58%。社会资本参与社会服务的积极性和程度明显提升。驻社区单位积极开放内部设施，目前全市共有8000多个单位开放内部设施，1549个单位与社区居委会签订协议，可开放单位内部设施开放率达到70%以上，设施总面积达到289万平方米。

四是社会服务业稳步发展。推进非基本公共服务市场化改革，建立政府投资、财政补贴、价格收费相互协同机制。教育、科技、文化、卫生、体育等服务设施明显增加，新兴服务业产值年均增长14.61%。截至2012年底，全市社会资本举办医疗机构3477家，占全市医疗机构50.9%；文化创意产业收入突破万亿元大关，增加值同比增长10%；科技服务业总收入5655亿元，保持年均10%以上的发展速度；民办教育覆盖学前教育、基础教育、职业教育、高等教育和培训教育，区（县）注册民办教育机构1829所，年培训200万人次。

2. 社会保障体系进一步完善

一是社会保障水平不断提高。在全国率先实现社会保障制度城乡全覆盖，并逐步推进人群全覆盖。实现公费医疗与职工基本医疗、农民工社会保险与职工社会保险制度的并轨；将本市机关和参公管理的事业单位职工纳入工伤保险覆盖范围；本市机关事业单位的非本市户籍职工纳入生育保险覆盖范围。2012年末，城乡养老保障和医疗保障参保人数分别达1438.82万人和1431.6万人，城镇职工五项保险参保人数与2010年末相比，平均增幅达33%。建立和完善社会保障相关待遇标准与收入、物价水平挂钩的联动机制，两年来，基本养老金、失业保险金、工伤职工伤残津贴、城乡居民基础养老金和福利养老金标准平均提高26.5%以上，居于全国前列。

二是就业局势保持稳定。完善以就业为导向的职业培训体系，实现市级人力资源市场整合。实施就业援助，健全长效帮扶机制，共帮助40.2万城乡就业困难人员就业，实现城乡"零就业家庭"和"纯农就业家庭"至少一名劳动力就业和转移就业。大力发展生活服务业，社区岗位安置就业困难人员22.99万人。完善高校毕业生就业政策和服务体系，北京生源高校毕业生就业率保持在95%以上。完善落实鼓励创业优惠政策，实现创业带动就业倍增效应，帮扶3.2万人创业，带动8.2万人就业。两年来，全市累计实现城镇新增就业128.2万人，帮扶49.6万登记失业人员就业和17.5万农村劳动力转移就业，城镇登记失业率控制在1.44%。

三是城乡居民收入逐步增加。2011~2013年，三次调整最低工资标准，由每月960元提高到1400元，年均增长13.4%，高于同期职工平均工资增速。推动企业广泛开展工资集体协商，覆盖职工近265万人。科学制定并发布企业工资指导线、劳动力市场工资指导价位及行业人工成本，引导企业逐步建立工资正常增长机制。进一步规范公务员津贴补贴，推进事业单位收入分配制度改革。

四是保障性住房建设力度加大。2011年至2013年6月底，全市新建、收购各类保障性住房46.7万套，竣工22.5万套。公开配租配售9.2万套保障房，其中廉租房申请家庭实现应保尽保。创新"三多一统筹"模式，大力推进公共租赁住房建设。加大公共租赁住房货币补贴力度，按照家庭收入及困难程度给予10%~95%的租金补贴，推动住房保障向"租售并举、以租为主"转变。进一步健全保障性住房建设、审核、分配和后期管理机制，全面实施保障性住房"阳光工程"。

3. 社会事业进一步发展

一是教育事业稳步发展。2011~2012年，全市新建改扩建450余所公办幼儿园，建设105所村办园，改造近500所幼儿园，覆盖10万余名儿童。实施中小学建设三年行动计划，城乡新区中小学一体化建设、中小学数字化教育资源共享等七项工程进展顺利、效果显著。促进基础教育优质均衡发展。支持

职业教育创新发展。加大人才培养、引进和职业培训力度。加强德育教育和社会实践，着力提升学生综合素质。

二是公共文化服务体系不断完善。整合央属、市属、民营、国际文化资源，不断完善公共文化服务体系。目前，16个区（县）44个文化馆图书馆、全市国有美术馆和319家街道（乡镇）文化站实现免费开放。推出"首图展览""西城讲坛"等一系列品牌服务项目。实施文化惠民工程，全市共有群众业余文艺团队9204个28万人，年活动48.7万次；400多个专业和业余文艺团体参加"万场演出下基层"活动，年均演出11000多场，1800万人次群众受益。加强社区公共文化设施建设，全市四级公共文化设施平均覆盖率98%，文化共享工程服务点4295个，年服务16万人次。朝阳区创建首批国家公共文化服务体系示范区。

三是卫生事业快速发展。大力宣传《北京人健康指引》。疾病预防控制服务能力不断增强，重大传染病防控成效显著，实施心脑血管、肿瘤等疾病防治行动。扩大医疗资源增量，注重存量资源优化，推进优质医疗资源向郊区（县）、新城和资源薄弱地区转移和发展，初步规划28个中心城区优质医疗资源向外疏解项目，其中14个项目已完工或在建。完善基层卫生服务体系，推进家庭医生式服务。实行双休日及节假日门诊，方便市民就医。开展精神疾病社区康复和心理健康咨询服务。

四是全民健身公共服务体系不断完善。全民健身活动蓬勃开展，打造10余项市级品牌活动、10余项国际性品牌活动以及16项"一区一品"群众体育品牌活动，2012年组织举办各级各类健身活动近20000项次，1100万人次参与，经常参加体育锻炼的人数比例达49%。13个区（县）建有多功能全民健身体育中心，全市全民健身工程7989套、全民健身专项活动场地1304处、社区体育健身俱乐部117个，具备开放条件的学校体育场地设施向社会开放率61.7%，全民健身设施覆盖所有街道（乡镇）、村以及有条件的社区、公园。大力发展社区体育，加快体育生活化进程，1453个社区达到体育生活化社区标准，占全市社区总数的52.4%。

4. 社会福利体系进一步健全

一是适度普惠社会福利制度初步建立。以养老、助残、救孤为重点，整合社会福利资源，完善社会福利制度，健全服务网络和发展机制，促进适度普惠社会福利制度发展。建立涵盖孤儿基本生活、医疗、教育、就业、住房等一揽子制度性安排，将孤儿保障范围扩展到事实无人抚养的困境儿童，分别给予机构内孤儿和社会散居孤儿每人每月1400元、1600元（均为全国最高标准），实现孤残儿童福利服务的全领域、广覆盖、高水平的适度普惠。

二是老年人福祉水平明显提升。2010~2012年，累计向55.7万名老年人和残疾人发放养老（助残）券14.9亿元。为老年人家庭实施无障碍设施改造。发展养老服务单位1.4万家，为老年人、残疾人提供生活照料、康复护理等六大类110项服务。2011年向2.6万90岁以上老年人发放高龄津贴，将百岁老年人医疗补贴范围扩大至95周岁。试点建设养老管理服务中心，目前区（县）、街道（乡镇）、社区（村）三级已建196个。在全国率先出台低保家庭失能老年人入住养老机构试行补助办法。截至2012年底，全市养老服务机构400所，养老床位86575张，护理型床位35160张。

三是残疾人保障力度持续加大。残疾人社会保险参保率由"十一五"末的86.1%提高到95.4%。完善残疾人托养服务保障政策，对生活困难残疾人给予入住机构补贴，对残疾人服务机构给予补贴，全市1000余名生活困难的残疾人享受到政策实惠。为6.8万户残疾人家庭实施免费无障碍改造。进一步健全就业政策法规体系，多渠道、多形式促进残疾人就业，实现新安置残疾人就业人数1.1万人。

四是社会救助制度不断健全。2011~2013年，4次调整城乡低保标准，城市低保标准从家庭月人均520元调整为580元，农村低保标准从家庭月人均380元调整为460元。朝阳、海淀等6区实现城乡低保标准并轨。农村五保供养标准稳步提升，年人均供养标准11078元。将重大疾病救助比例由60%提高到70%，年累计救助总额由3万元提高到8万元。对社会救助家庭适龄儿童进行学前教育资助。为农村住房困难家庭翻建维修危旧房屋。2011~2012年底，累计75万多人次享受临时救助，救助资金达2.3亿元。

五是慈善事业快速发展。慈善公益项目涉及助医、助老、助残、助学、助困、救灾、法律援助等20多个慈善公益领域，募捐形式扩增至义诊、义赛、义演、义拍、讲座等10多种。打造"善行天下"首都慈善品牌。放低慈善公

益组织准入门槛，开展相关业务培训和交流活动，提升慈善组织专业水平。扶持公益慈善社会组织积极参与公益项目。2012年，投入市级福彩公益金近2000万元用于政府购买社会组织公益服务。

（二）创新社会管理进展情况

1. 社会服务管理覆盖逐步扩大

一是科学合理调控人口规模。从推进产业结构调整、科学规划城市空间布局入手，建立完善人口规模调控机制，大力发展高端、高效、高辐射产业，改造提升传统服务业和生活服务业，通过调结构控制人口无序增长。坚持政策先导、规划先行，集中力量打造"业城均衡"的综合新城，引导人口按城市功能区域合理分布。健全区域人口承载预警、重大决策人口评估、流动人口动态监测、人口有序管理责任制等工作机制，从源头上、基础上加强人口调控工作。

二是创新流动人口管理和服务。完善流动人口服务管理法规，实施新修订的房屋租赁管理规定。开展居住证制度立法调研。建设流动人口和出租房屋综合管理信息平台，建立市、区（县）、街道（乡镇）、社区（村）四级流管应用平台，实现近4000个社区（村）流动人口信息直采直录，确保流动人口状况的动态掌握、实时监控。实施两批67项"部门区（县）为流动人口拟办服务项目工程"，明确将农民工纳入城镇职工医保范围，推动廉租房向流动人口开放，开展"接送流浪孩子回家"专项行动，推进青年流动人口就业促进、创业帮扶等十大项目，促进在京流动人口和谐融入。

三是完善特定人群管理和服务。制定社区矫正和刑释解教人员就业和社会保障等30多个配套文件，建立完整系统的两类人员社会保障和公共服务体系。依托社区推行专群结合、专兼结合的"3+N"帮教工作模式。各区（县）均建成"阳光中途之家"，实现临时救助、居住安置、技能培训等流程结合于一体。制定办理未成年人刑事案件配套工作等"1+4"文件体系，推广形成"五个一"未成年人帮教工作模式和彩虹之家帮扶项目体系。加强预防青少年违法犯罪"4+N"工作队伍体系。出台重性精神障碍患者送诊、安置等政策措施，加快过渡性安置基地、精神病医院等基础设施建设。

2. 基层社会管理基础进一步夯实

一是完善社区服务管理格局。创新社区服务管理体制，健全"三位一体"工作格局，基本形成以社区党组织为核心，以社区居委会为主体，以社区服务站为平台，社区社会组织和驻区单位共同参与的新型社区治理模式。目前，已实现党建工作在社区的全覆盖和社区服务站全覆盖。

二是全面推进城市社区规范化建设。深入推进社区规范化建设工作，从社区工作职能、社区运行机制等7个方面27项主要指标近100项具体指标进行全面规范，全市城市社区建设基本实现规范化。启动社区规范化示范点建设，目前，全市共建成368个社区规范化示范点。

三是社区基础设施建设取得突破性进展。目前，全市共建成覆盖市、区、街三级的社区服务中心194个，城乡社区服务站5751个，基本实现城乡社区全覆盖。推进两批共956个社区基础设施建设项目，总投资40.7亿元，其中市政府固定资产投资15.47亿元。到2013年底，全市有81%的城市社区用房面积达到350平方米。

四是加快推进农村社区建设和村庄社区化管理。2011年底，实现全市城乡结合部地区668个村庄社区化管理。2012年起，全市农村地区分类、分阶段推进村庄社区化建设，在先期完成的127个社区化示范村基础上，按照郊区城中村、中心村、平原村、山区林地村、专业村等五类不同形态，因地制宜、分类推广社区化服务管理模式。

3. 公共安全管理进一步加强

一是健全食品药品监管机制。构建市、区（县）、街道（乡镇）三级食品安全组织网络体系，落实食品安全管理责任制。启动首都食品安全追溯体系建设。健全食品安全管理综合协调机制，强化对食用农产品生产、食品生产加工、食品流通、餐饮服务等重点环节的监控。建立并完善食品安全风险评估和应急处置机制，重点食品检测抽查合格率98%以上。创新药品抽验方式，实施动态抽样监测，定期发布抽验监测情况公告，引导公众安全用药。药品抽验合格率连续10年保持在98%以上，基本药物抽验合格率连续3年保持100%。

二是健全安全生产监管机制。加强安全生产法制体制机制、安全保障能力和安全监管监察队伍建设，突出预防为主，着力做好事故防范；突出加强监

管，严厉打击非法违法生产经营建设行为；突出落实责任，严格安全问责制度；加强组织协作，推进安全生产综合治理，各类事故由2010年的1062起下降到2012年的982起，下降7.5%；事故死亡人数由2010年的1176人下降到2012年的1073人，下降8.7%。

三是完善社会治安防控体系。进一步健全立体化社会治安防控体系，全市新增监控探头10000余个，并全部联网到属地派出所三级图像信息平台。建立和完善7162个楼房小区、125.7万个平房院落、4528个自然村物技防工作台账。目前，社会面防控网络更加完善，防控手段更为有效，刑事发案基本平稳，群众安全感始终保持在90%以上，2013年第一季度群众安全感指数为92.7%。北京市社会治安综合治理考核成绩居全国前列。

四是完善应急防灾管理机制。应急管理体制进一步健全，应急联动机制持续优化，风险管理和监测体系建设稳步推进，突发事件预警体系不断完善，应急管理领域物联网应用发挥实效。加大应急宣教力度，组织专场活动380多场次，覆盖超过600万人次。应急志愿服务不断加强，全市实名注册应急志愿者8.3万人，建立16支民间专业救援队、16个委办局专项指挥部所属应急志愿队和16个区（县）应急志愿者队伍。全市应急系统共组织应急演练16937场次。切实加强各级领导干部处置突发事件和应急救灾培训。

4. 互联网新媒体管理进一步加强

一是促进互联网新媒体发展。整合网上服务，共整合市级办事服务事项2300余项，整合16个区（县）近200个街道的网上办事服务。通过首都之窗"办事服务"频道，整合提供网上购电、燃气缴费、缴纳水费、预约社区服务等7项便民服务和社区名录、社区服务中心、居家养老服务商等6项社区信息查询服务。推动基层服务网站建设，目前全市305个街道已有62.9%提供网上办事服务。

二是完善网上公共文化服务。注重传统品牌活动推陈出新。举办"首届互联网文化季活动"，网聚正能量。成功举办第三届网络文学艺术大赛暨网络原创歌曲大赛。开展建党90周年网络作品大赛，参与广泛、反映民声。引导网民发现、挖掘、传递正能量。培育健康向上的网络文化和网络环境，促进互联网健康发展、服务社会、弘扬主旋律。

三是依法加强互联网新媒体管理。推动互联网管理立法，落实监管责任制。推进网络实名制工作，制定微博客发展管理若干规定，确认3.6亿微博客用户身份信息，基本掌握4000多万活跃用户信息，论坛版主实名认证4000多人。加强网络社会化管理，强化互联网行业自律和社会监督。加强举报热线、"妈妈评审团"和网站自律专员等机制建设，推进文明办网、文明上网。规范网络信息传播秩序，依法治理网络乱象，打击网络违法犯罪活动。

5. 网格化体系建设扎实推进

一是加快推进社会服务管理综合试点工作。在东城、朝阳和顺义三个区试点工作基础上，召开全市网格化工作推进大会并出台文件，全面推进网格化体系建设。目前，全市169个街镇开展网格化试点，占全市51.84%；实行网格化管理的社区（村）2853个，占全市42.49%。全市网格内配备各类工作力量137932人次，民政、公安、工商、人力社保、人口计生等近30个政府部门工作被不同程度纳入网格化体系。

二是全面提升社会服务管理信息化水平。构建标准统一、联通共享的综合信息系统，促进城市管理和社会服务管理"两网融合"。推进"四网六库"建设，加快构建社会建设信息化体系。确定512个社区开展智慧社区建设试点。建立网络舆情监测分析预警系统和社会建设手机报发布系统。以社会建设网建设、升级改造和运维项目为依托，建立全面覆盖、互联互通、资源共享、功能齐全的北京社会建设网站群。

（三）动员社会参与进展情况

1. 公众参与更加广泛

一是全面推进居民自治。第八届社区居委会选举直接选举和户代表选举比例达29.4%，比上届提高18.4%；6万多名流动人口主动到社区进行选民登记，2805名流动人口被选为居民代表。采用"五委"联席会议、议事协商会、民主听证会、胡同议事会等形式，协商解决居民关注的热难点问题。通过制定居民自治章程、流动人口公约、文明养犬公约，实行社区事务自我管理。推广东城社区居民会议常务会等经验，加强老旧小区服务管理，进一步深化社区民主自治。推进业主大会建设，逐步理顺社区自治组织、物业服务企业、业主委

员会等组织的关系。

二是不断推进村民自治。2012年村党组织换届选举全面推行"公推直选"。第九届村委会换届选举村民参与率达95%以上。普遍建立村民代表会议制度和"民主日"制度，形成以"四议一审两公开"为核心的村级民主决策机制，推行村级重大事项票决制。统筹推进党务、政务、村务、财务等全方位公开，全市1712个村实行村务"点题公开"制度。普遍修订村民自治章程、村规民约，入户普及率达到100%。全面推行村务监督委员会制度，全市3862个村成立村务监督委员会，普遍达到"六有"标准。

三是积极推动协同参与。推动辖区单位向社区开放食堂、活动中心、阅览室、停车场、体育场馆等，有效解决部分社区老年人就餐难、居民活动难、停车难等问题。支持社区社会组织有序参与社区服务管理，举办"社区邻里节""社区公益文化节"等一系列活动，形成"和谐杯"乒乓球比赛、"魅力社区"评选等一批居民参与度高的特色品牌。深入开展"在职党员进社区"等活动，发挥离退休党员干部的作用。选取57个街道社区开展首批社会动员工作试点。

四是切实加强社会监督。深入推进政务公开，充分利用门户网站、政务网站、政务微博等多种形式，及时、准确、全面公开"三公经费"、重大建设项目、公共资源配置等政府信息，在全国率先公开市级部门年度财政预决算和"三公"经费情况。编制政务公开和政务服务目录。聘请62名市政府特约监察员、人大代表、政协委员组成政风行风民主评议组，对民主评议基层站所、市"政风行风热线"开展民主评议督导和督查工作。探索社区民主监督小组、居务监督委员会组织居民对社区居委会、街道办事处、政府部门派出站所及工作人员进行监督评议。

2. 社会组织活力进一步激发

一是积极推进社会组织管理改革。推进社会组织登记体制改革，在2011年工商经济类、公益慈善类、社会福利类、社会服务类社会组织直接登记的基础上，2013年4月1日起行业协会商会类、科技类、公益慈善类、城乡社区服务类社会组织实行民政部门直接登记，实行民政部门登记和街道备案登记相结合管理制度。截至2013年6月，全市登记、备案的社会组织19524个，其中市级登记1914个、区（县）登记6272个，备案的社区社会组织11338个。推进中关村社会组织管理体制改革，54个社会组织直接登记，67个产业联盟办理登记或备案手续。建立境外非政府组织在京活动报告制度，形成境外非政府组织合作项目备案管理机制。加强社会组织综合监管，建立重大事项报告制度。开展社会组织评估，形成政府指导、社会参与、独立运作的评估评价机制。启动社会组织退出机制，促进社会组织规范发展。

二是基本形成社会组织"枢纽型"工作体系。认定27个市级"枢纽型"社会组织，各区（县）认定区、街两级"枢纽型"社会组织276个，市—区—街三级"枢纽型"社会组织工作体系基本形成。按照"六有"要求，健全"枢纽型"社会组织工作运行机制，市级"枢纽型"社会组织工作覆盖面进一步扩大。积极推进市级"枢纽型"社会组织规范化建设，出台市级"枢纽型"社会组织规范化建设的意见及指标体系，为"枢纽型"社会组织规范化建设提供政策依据。

三是加快推进社会组织健康有序发展。加大公共财政对社会组织支持力度，2010～2012年共向社会组织购买1031个服务项目。16个市级"枢纽型"社会组织所属社会组织中开展购买管理岗位试点，购买200个管理岗位，初步形成"养事、不养人"的新机制。落实税收优惠政策，授予113个社会组织公益性捐赠税前扣除资格，同比"十一五"时期增长100%，每年为社会组织捐赠人减少税收1.5亿元以上。市社会组织孵化中心累计培训4800余人次，为53个机构提供培育服务。"一中心、多基地"的社会组织服务体系逐步形成。连续三年举办北京社会组织公益系列活动，推出3700余场次，近1.2万个各级各类社会组织参与，累计服务超过百万人次。推行社会组织专职工作人员劳动合同制。

四是充分发挥社会组织作用。市级"枢纽型"社会组织出台一系列促进本领域社会组织发展的政策文件，采取多种方式对本领域社会组织进行联系、服务和管理。团市委发挥"社区青年汇""乡村青年社"的优势，引领基层青年组织共同发展。市红十字会组建救援队奔赴芦山灾区，累计巡诊6000多人次、治疗灾民1000多人次，发放500余万元救灾物资。市妇联开展妇女工作领域社会组织公益文化季和"2013北京妇女儿童公益服务博览会"等大型综

合性公益服务展示活动。市社科联开展学术活动"进社区、进基层、进学校、进工地"。市民间组织国际交流协会举办在京国际组织联谊活动。市民族联谊会举办首届"民族团结日"活动。市国际贸易促进委员会举办"澳门服务贸易合作推介暨洽谈会"。北京工业经济联合会通过加强党建和构建"二级枢纽"进一步增强凝聚作用。市侨联通过华商会等侨界组织进一步"凝聚侨心、汇集侨智、发挥侨力"。

3. 企业社会责任更好履行

一是推动企业履行社会责任。出台首都企业社会责任行动指南。搭建与企业及社会良性互动沟通平台,开展以弘扬诚信兴商、诚信经营、守法经营为重点的宣传教育活动,提高企业自律意识。引导行业组织、大型企业推动行业企业履行社会责任,市工经联发布工业企业社会责任评价指标体系;电子商务协会开展"电商好客服"评选活动,与37家大型电商企业签订诚信经营自律公约;北京能源投资、三元集团等15家企业发出履行社会责任倡议。

二是营造企业发展社会环境。2011年在符合条件的1243家"五类"企业建立工资集体协商机制,2012年重点推动百人以上企业独立开展协商,加大工资协商力度。截至2012年底,全市已签订综合性集体合同14182份,覆盖建会企业69226家,建制率82.7%;已签订工资专项集体合同12872份,覆盖企业67342家,建制率80.5%。推动非公有制经济组织党建和群团工作,全市共选派非公企业党建工作指导员10107名,联系指导69640家非公企业。推进和谐劳动关系企业创建,依法维护职工合法权益。

三是实现商务楼宇服务管理全覆盖。推动商务楼宇"五站合一"建设。全市1244座商务楼宇完成"五站合一"全覆盖,覆盖1297座商务楼宇、92万余名就业人员、4.9万余个经济组织和社会组织。商务楼宇工作站以党建为龙头,协调指导工会、共青团和妇联等群团组织,统筹承担服务楼宇各种组织和员工的任务。近两年,商务楼宇新建党组织958个,接纳1.25万名流动党员组织关系,发展党员379名。

4. 社会协同进一步推进

一是基本实现社会工作者队伍专业化职业化。制定《首都中长期社会工作专业人才发展规划纲要》。通过民主选举、公开招聘吸引高素质人才加入社区工作队伍，目前全市社区工作者3万余人，平均年龄41岁，大专以上学历的占近80%。实施"万名社区工作者培训计划"和"社区工作者硕士研究生培养计划"。组织社会工作者职业水平考试，首都地区获得全国社会工作者职业水平证书累计11723人，其中社会工作师2366人，助理社会工作师9357人。培育扶持专业社工机构52家，开展为老、助残、心理疏导、社区矫正等专业社会工作服务，涵盖20余个社会服务领域。开展购买专业社工岗位工作，实现"一街一社工、一所一督导"。连续三次提高社区工作者工资待遇水平，并建立同步同幅增长机制。大力表彰优秀社会工作者，开展寻找最美社工评选活动。

二是进一步完善志愿服务长效机制。制定志愿者管理办法。11个区（县）成立志愿者联合会，大部分街道（乡镇）建立志愿者组织和队伍。完善"志愿北京"综合信息平台建设。推进志愿者实名制注册，全市注册志愿者组织7000多个，实名注册志愿者超过203万人，建立22支专业志愿者队伍。举办"让志愿服务走进生活"——北京志愿服务推动日活动，756个志愿者组织现场参加展示，发布推介110个创新性、示范性服务项目，首次实现全市志愿服务供需对接。启动全市志愿服务计时，完善志愿者激励机制。初步形成重大活动志愿服务、应急志愿服务和经常性志愿服务三大服务项目体系。组织应急志愿者队伍参与北京"7·21"暴雨救灾、四川芦山抗震救灾。建立市民劝导队2000多支，队员约6万人，在重大活动、重要节日期间发挥积极作用。

三是完善社会工作运行机制。培育和发展专业社会工作机构，大力推动社工义工联动。各行各业积极发挥社会工作者的专业化职业化优势，组建一系列志愿服务团队，推动社工义工联动。依托社区、社会组织、社工事务所、医院、学校、企业等领域社会工作者带动近100万名志愿者参与各类志愿服务。北京大学人民医院成立医务社会工作暨志愿服务工作部，选聘优秀专业社会工作者培训志愿者，带动1000多名志愿者为患者提供志愿服务。

（四）创建社会文明进展情况

1. 做文明有礼北京人活动深入持久

一是道德模范评选表彰力度不断加大。2011年，开展第三届首都道德模

范评选活动，3人获得全国道德模范称号，17人获得全国道德模范提名奖荣誉称号。2013年，开展第四届首都道德模范评选表彰活动，产生30名正式候选人，10人获得道德模范称号，20人获得提名奖，推荐10人为全国道德模范候选人，产生较为广泛的反响。

二是道德模范学习宣传活动有序开展。2011年，召开北京市公民道德建设座谈会，开展"首都道德模范故事汇"基层巡演40场，直接受众2万人。2012年，开展"全国道德模范首都高校巡讲"31场，受众2万人。2012年，开通"北京道德模范微博群"，已有105名道德模范加入。2013年，开展"我的梦，中国梦"北京市道德模范基层巡讲10场，印发宣传材料10余万份。

三是社会诚信体系建设稳步推进。信用政策法规体系和统筹协调机制不断完善。按照"一网两平台三系统"总体框架，逐步完成全市信用信息系统基础设施建设，企业信用信息系统已归集2378万条企业信用信息；个人信用信息系统归集1.3亿条数据信息；人民银行企业和个人征信系统归集13万余家企事业单位和1045万条自然人信用信息。开展行业和领域信用体系建设，建立守信激励和失信惩戒机制。广泛利用各类媒体、论坛等平台，开展诚信宣传教育活动。

2. 学法遵法守法用法，社会氛围更加浓厚

一是"六五"法治教育深入开展。以"践行北京精神、弘扬法治文化、提高市民法律素质"为宗旨，开展"践行北京精神，做讲法制守纪律的北京人""做讲法制守秩序的好市民"等专项宣传活动。以提升市民法律素质为目标，推进领导干部及公务员、青少年、流动人口等重点普法对象法制教育。以"北京精神"为引领，加强法治文化研究、产品创作、文化载体和阵地建设。

二是依法行政全面推进。每年组织开展依法行政考核，领导体制和工作机制不断健全。2012年对109项市政府重大决策、130件市政府文件进行合法性审查，2011~2013年6月审议通过地方性法规草案12项，制定、修订市政府规章14项。深入推行行政执法责任制，行政处罚案卷优秀率达99%。加强行政复议工作，充分发挥化解行政争议主渠道作用。强化对行政行为重点领域、行政效能、审计专项监督，建立完善全方位监督机制。

三是法治实践活动不断深化。探索多层次、多领域的法治实践活动，着力推进法治政府建设。继续开展法治区（县）创建，延庆、昌平、门头沟先后启动法治区（县）创建工作。加强基层民主法制建设，加大社区"两委"培训力度，推进民主法治示范村创建工作，评选第四批市级民主法治示范村118个，8个行政村被命名为"全国民主法治示范村"。

3. 工作生活方式方法更加科学

一是大力推进学习型城市建设。动员各方面力量，整合各类学习资源，加快学习型城市建设步伐。以学习型城市网为依托，搭建"首都市民终身学习平台"，开展首都市民学习成果累积、转换等试点工作，激发市民学习兴趣。2012年7月，北京开放大学成立，成为首都终身教育体系建设重要推动力量。

二是科学普及活动深入开展。进一步深化科学技术普及活动，大力推进基层科普能力建设，加强制度化、阵地化、网络化，继续推进科普示范基地建设，形成16区（县）各具特色的"三个一"科普工作格局。截至2012年，全市科普基地数量达243个，市级创新型科普社区达141个，18个创新型科普社区入选"北京市优秀创新型科普社区"。

4. 社会心态更加健康向上

一是社会心理关怀不断加强。开展居民心理健康调查、居民心态调查，发布2012～2013社会心态蓝皮书。启动"心桥"社区居民健康心理疏导公益行动。实施"润心工程"，举办公益讲座200多场。开展基层社区心理培训，仅2013年就培训社工1500人次、社会专业心理咨询师650人次、志愿者500人次。启动6个社区心理服务试点。

二是心理援助服务持续完善。成立北京市社会心理工作联合会。开通北京社会心理服务网。2011年以来，通过政府购买社会服务资助项目20余项、资金达300多万元。建立重大灾害及突发事件后心理干预机制，及时开展北京"7·21"特大暴雨灾害、四川芦山"4·20"地震灾害心理援助。制作心理健康宣传动画片。

三是精神卫生服务不断提升。进一步完善精神疾病医疗救治体系，增加床位2368张、医技护人员511名。出台精神卫生服务体系建设指导意见，落实16个区（县）17个精神疾病机构财政补助4100万元。全市重性精神疾病管理治疗工作覆盖率达100%，2012年度重性精神疾病患者规范管理率达92.1%。

（五）构建社会和谐进展情况

1. 群众利益协调机制进一步健全

一是注重倾听群众呼声。大力推进凝民心、聚民力、解民忧工程，推广社区社情恳谈会、入户民情图、新居民服务站等"六新"模式。开展与信访群众交友活动，全市2.6万名基层党员干部与群众结对子，为群众排忧解难。完善领导干部联系基层制度，实现领导干部接访常态化、规范化。完善非紧急救助服务管理体系，实现诉求交办率100%、回复率100%、合理诉求解决率90%、群众满意率75%以上。

二是完善平等协商机制。发布深入开展工资集体协商三年行动计划（2011~2013）。加大区域、行业工资协商力度，推广劳动争议调解"六方联动"机制，推动工资集体协商立法，加强工资集体协商指导员队伍建设。

三是切实保障合法权益。建立党和政府主导的维护群众权益机制，切实维护流动人口和特殊人群的合法权益，依法维护广大群众利益。推进厂务公开民主管理，建立市、区（县）、街道（乡镇）的三级法律服务体系，依法维护职工合法权益。发挥工青妇及残联等群众组织的作用，积极维护青少年、妇女儿童及残疾人合法权益。

2. 群众诉求表达机制进一步健全

一是畅通诉求表达渠道。实施党政领导干部、党代表、人大代表、政协委员联系信访群众、反映群众诉求制度，拓宽社情民意表达渠道。完善人民建议征集工作制度和网络，采取定向征集和专项征集等形式，引导群众表达合理诉求。发展网上信访，推进网上受理、网上办理、网上答复一体化并向基层延伸拓展。群众有效来信办理率、群众有效上访接待率、群众诉求转办交办率均达到100%。

二是加强改进信访工作。完善信访工作长效机制，发挥联席会议统筹协调作用，推广"一轴两翼"接访工作机制，推动信访复查复核工作标准化、规范化。加强矛盾纠纷化解专项保障，健全以项目管理责任制为核心的督查落实机制。创新信访工作方式方法，把信访工作融入网格化社会管理服务体系，实施"信访代理"等经验做法，总结推广信访工作网格化管理模式等一批先进经验。

三是引导理性表达诉求。开展信访条例宣传活动，营造依法信访的社会环境。开设"需求与反馈"、"我们日夜在聆听"和城市管理广播等栏目，引导群众理性表达诉求，推动信访问题解决。

3. 社会矛盾调处机制进一步健全

一是健全社会矛盾多元调解体系。制定加强和规范治安民间纠纷联合调解室工作的若干意见。市、区（县）层面成立综治委社会矛盾多元调解专项组，完善"三调"对接联动机制，在医疗、建设、物业、劳动等矛盾多发领域建立联合调解工作机制。大力发展行业性、专业性调解组织，形成全覆盖的调解组织网络。截至2012年底，全市共建立人民调解组织7700个，共调解各类矛盾纠纷14.9万件，调解成功率为96.9%。

二是源头预防和化解社会矛盾纠纷。全市16个区（县）和322个街道（乡镇）成立信访办和社会矛盾调处中心。推动科学民主依法决策，推行重大决策信访评估制度。健全社会矛盾纠纷监测预警机制，发挥信访信息员队伍作用，完善多层次、全方位信访信息报送网络。加强街道（乡镇）综治维稳中心建设，深入基层排查化解矛盾纠纷，排查发现问题7.5万余个，化解6.9万余个，化解成功率为92%。

三是依靠社会力量化解矛盾纠纷。完善"六方联动"机制。构建矛盾纠纷大调解工作格局，建立社区（村）、"枢纽型"社会组织、非公经济组织、商务楼宇矛盾纠纷排查化解体系。加强人民调解、司法调解、行政调解联动和律师、心理咨询师、专业人员参与接访，共同化解矛盾纠纷。完善未成年人司法保护制度，开展残疾未成年人关爱和儿童福利工作。推进"姐妹驿站"全覆盖，扶持培育基层妇女维权组织。建立残疾人维权示范岗200个，法律援助率达100%。

4. 社会稳定风险评估机制进一步健全

一是深入开展社情民意调研。健全社会矛盾监测预警机制，完善信访信息报送网络，充分发挥信访信息员队伍作用，汇集社情民意，维护群众合法权益。加强信访矛盾分析研究中心建设，建立容量达13亿余条的数据库。

二是加强社会稳定风险评估。制定重大决策社会稳定风险评估实施细则，

强化社会稳定风险评估意识，坚持做到重大决策"不评估、不决策,不评估、不实施"。社会稳定风险评估网络体系不断完善，实现市、区（县）、街道（乡镇）三级5168面覆盖。近年来,完成近300项重大项目和重大政策的评估工作，有效从源头上减少社会矛盾。

5. 和谐社会创建机制更加健全

一是深入开展和谐家庭创建活动。实施三个"百、千、万、百万"工程。发布和谐家庭行动计划,大力开展"低碳生活""家有书香""维权服务""以文化人""心手相牵""立足社区"等一系列和谐家庭建设活动。

二是深入开展和谐社区（村镇）创建活动。开展评选建设和谐社区示范单位活动,共评选出6个全国和谐社区示范区（县）、7个全国和谐社区示范街道、16个全国和谐社区示范社区和64个市级和谐社区示范街道、1145个市级和谐社区示范社区,和谐社区创建率达到40.66%。农村社区建设成效显著,全市农村社区服务站实现全覆盖。

三是深入开展和谐企业创建活动。印发推进我市劳动争议调解联动机制建设的意见,积极构建和谐劳动关系,开展建会企业参与劳动关系和谐企业创建活动,评比表彰200家先进单位和100名先进个人。加强和完善工会法律服务,及时反映职工群众呼声,依法维护职工合法权益。

四是深入开展民族团结宗教和睦创建活动。推广牛街民族特色服务体系建设经验。加强和创新少数民族流动人口服务管理,深化民族团结教育,并融入全市中小学校教育体系。加大少数民族乡村经济发展扶持力度,2011年、2012年市财政专项资金实际投入9000万元,民族乡村基础设施、环境整治、生态创建和新型农村社区建设得到全面加强。深入开展和谐寺观教堂创建活动。

三 存在问题及其原因

（一）存在问题

"十二五"时期以来,《规划》实施总体顺利、重点任务扎实推进,全市社会建设开创崭新局面。但必须看到,当前全市社会建设对照《规划》的预期目标和重点任务，还存在一定差距，主要表现在：一是基本公共服务体系有待完善，人群不均等、城乡未一体、区域不均衡等问题亟待解决。例如，城镇居民人均可支配收入年均增长7.25%，与8%的增长目标差距较大。目前"十二五"时间已过半，全市提供的各类政策性保障住房仅40万套，离100万套目标还不到一半。二是社会管理创新有待加快，实有人口服务管理和虚拟社会服务管理还没从根本上破题。例如，网格化体系建设方面，虽然街镇网格化试点已覆盖51.84%，但实行网格化管理的社区（村）仅占42.49%。三是社会动员机制还不健全，社会组织自主发展机制、社区民主自治机制和经常性、应急性志愿服务机制还不够完善。四是社会文明环境有待加强，社会诚信、社会责任体系需要健全甚至重构。五是社会和谐关系需要加快构建，群众利益协调机制、诉求表达机制和社会矛盾调处机制、稳定风险评估机制需要进一步完善。例如，和谐社区（村镇）创建率仅达40.66%，与90%的目标差距较大；和谐企业创建工作还有待深入。应对突发事件体制机制、方式方法、理念能力需要加快创新。

（二）原因分析

上述问题，究其原因，主要有以下几点：一是社会体制改革需要进一步深化。社会建设顶层设计和制度安排有待进一步完善，条块分割、部门利益、政策碎片、合力不够等制约瓶颈有待进一步破解，亟须加快深化改革社会体制、不断创新工作机制，更好发挥社会建设工作领导小组及其办公室统筹协调、综合督导作用，进一步加快基本公共服务体系、社会管理体制、现代社会组织体制、社会服务管理政策法规体系建设。二是社会服务管理有待进一步提升。当前，首都社会发生深刻变化，流动人口、各类人群、"两新"组织、互联网新媒体等对社会服务管理提出新的挑战。特别是人口过快增长加剧公共服务的压力，人口资源环境之间矛盾日益凸显，人们生活方式、价值观念、利益诉求、服务需求等日益多元，使社会服务管理任务日益繁重而艰巨。这些都要求我们必须在改善民生和创新管理中加强社会建设，进一步提高社会服务管理科学化、精细化水平。三是一些具体问题有其特殊的原因。例如，保障性住房方面，由于住房建设需要一定周期，虽然全市提供的各类政策性保障住房仅40万套，但按照目前土地供应规模、投融资支持力度，以及配套实施住宅产业化

标准和创新房源筹集方式等综合举措，整个"十二五"时期实现建设、收购100万套保障性住房的目标是可以实现的。比如，居民收入年初增长8%的目标，受当前经济增长放缓影响和制约较大，完成起来难度很大。又如，网格化体系建设方面，由于先期政策制定、工作部署所需时间较长及统计时间节点制约，目前实行网格化管理的社区（村）占全市社区（村）总数的42.49%，但预计到2015年底，将基本完成区（县）、街道（乡镇）、社区及村庄社区化试点村三级信息平台建设任务，实现网格化社会服务管理体系城乡全覆盖。再如，食品安全方面，85%以上的食品靠外省市甚至国外供应，"输入型"风险影响将长期存在，等等。

四 政策建议

围绕当前首都社会建设发展实际，按照改革创新、重点突破、整体推进、巩固提升的要求，以深化社会体制改革和推动社会服务管理精细化为重要突破口和抓手，加强统筹协调和力量整合，注重基础性研究，充分考虑人口带来的重大影响，抓紧推进完成较为困难的目标任务，全面抓好《规划》实施，确保"十二五"社会建设目标任务圆满完成，主要建议如下。

（一）加快深化社会体制改革

出台深化社会体制改革文件。健全社会建设领导小组及其办公室统筹协调机制，完善纵向到底、横向到边的工作网络。着力推进社会服务创新，完善购买社会服务机制，进一步完善基本公共服务体系。着力深化街道体制改革，加快形成条块结合、以块为主的社会服务管理体制。着力健全市、区、街三级社会组织"枢纽型"工作网络，推进行业协会改革，加快形成现代社会组织体制。实行居住证制度，完善实有人口服务管理，加快形成源头治理、动态管理、应急处置相结合的社会管理机制。

（二）加快完善社会服务体系

以保障和改善民生为重点，在努力办好人民满意的教育、推动实现更高质量的就业、千方百计增加居民收入、统筹城乡社会保障体系建设、提高人民健康水平等方面有新的更多更大作为。着力办好惠民实事，努力满足人民群众过上更好生活的新期待。深入推进基本公共服务、社会公益服务、社区便民服务全覆盖，不断提高社会服务水平。加快完善社区服务体系，推进"一刻钟社区服务圈"建设，实现城市社区基本公共服务全覆盖。

（三）加快推进社会服务管理精细化

全面加强网格化体系建设，基本形成街道（乡镇）网格化体系全覆盖。认真解决民生保障、实有人口服务管理、环境整治、突发事件应对处置、社会矛盾化解、社会动员参与等突出问题，努力实现社会服务管理精细化。组织开展首届北京城市管理奖评选工作，提升城市管理科学化水平。加强社会建设法治保障，在完善"1+4+X"政策体系基础上，加快推进社会领域立法。

（四）加快推进社区规范化建设

完善社区治理结构，健全社区民主自治机制。推广朝阳区准物业管理经验，使老旧小区停车、治安等取得突破。进一步发挥物业管理行业协会的自律作用，加强对业主组织的指导和监督。开展驻区单位履行社会责任试点，完善社区共建共享机制。提升社区规范化建设，推进社区规范化示范点和"六型社区"创建。推进农村社区规范化建设，继续开展农村社会服务管理创新试点，加快城乡结合部重点村回迁和社区建设。

（五）加快推进社会组织规范化建设

改革社会组织登记管理制度。加强"枢纽型"社会组织规范化建设。编制政府向社会组织转移职能目录和具备承接政府转移职能资质的社会组织目录，推进政府购买社会组织服务。完善"一中心、多基地"培育服务体系，大力扶持和培育急需社会组织。深入开展社会组织公益行活动，注重发挥社区社会组织作用，加强与全国性社会组织、在京国际社会组织和外地驻京社会组织及草根组织的联系、服务和合作。

(六)加快推进社会工作队伍建设

健全社会工作者培养、使用、管理机制,进一步加强社会工作者队伍专业化职业化建设。健全社会工作人才工作联席会议制度,加强市、区(县)社会工作者联合会建设。建立科学的用人机制,健全社会工作者职业体系和薪酬保障制度。实施"万名社区工作者培训计划"和"社工高层次人才培养计划"。实施"社工事务所标准化建设工程",制定专业社工岗位购买指导目录。

(七)加快推进志愿者队伍建设

发挥志愿者工作联席会议、志愿者联合会作用,完善"志愿北京"平台建设,加强区(县)、街道(乡镇)、社区(村)志愿者组织建设。推进志愿者实名注册,开展志愿服务计时和志愿者星级评定。开发经常性志愿服务项目,探索志愿服务供需对接机制。加强专业志愿者队伍和应急志愿者队伍建设,提升志愿服务专业化水平。健全社会动员体制机制,深入推动街道社区社会动员试点。深化市民劝导队工作,健全长效工作机制。

(八)加快推进社会领域党的建设

完善街道(乡镇)社会工作党委运行机制,实施社区党建"三级联创",健全社区党建科学考评体系。完善市级"枢纽型"社会组织党建"3+1"工作机制,加强区(县)、街道"枢纽型"社会组织党建工作。推进非公有制企业党建工程,提升规模以下非公有制企业党组织组建率,实现非公有制企业党组织和党的工作全覆盖。加强商务楼宇工作站示范点建设,提升服务管理能力。探索党员信息卡制度,实施流动党员动态管理。

五 规划调整建议

鉴于规划中原社会关系预期性指标"和谐企业创建率"没有统计数据,经与市人力社保局、市总工会沟通协调和研究,建议将该指标调整为"建立工会企业集体合同签订率",目标值仍为">80%",仍为预期性指标。

民生篇

Report on People's Livelihood

B.4
人才类集体户：北京户籍制度改革的突破口

李晓壮*

摘　要： 人才类集体户制度的改革已经成为首都社会广泛关注的热点。通过对北京户籍供给模式进行研究，提出加快改革人才类集体户户籍制度，作为北京户籍制度优先改革的突破口。对人才类集体户户籍制度运行环境、存在问题与成因进行阐释和分析，并在此基础上，借鉴国内外经验，依据中央户籍改革方针，提出改革人才类集体户户籍制度，以经常居住地登记户口为基本形式，通过设立"社区公共户口"，实现人才类集体户属地化服务与管理的政策建议。

关键词： 人才类集体户　户籍制度改革　户籍供给模式　社区公共户口　属地化服务与管理

---

* 李晓壮，社会学博士，北京市社会科学院、北京市市情调查研究中心助理研究员。

截止到2014年2月4日，利用百度搜索引擎，以"北京人才集体户"为关键词进行搜索，共搜索到261万条记录。此外，人才集体户问题在北京市公安局人口管理处的来信来访内容中也占相当高的比例。2014年1月20日，北京市公安局推出"进一步规范新生儿在人才集体户申报出生登记手续"的便民利民服务措施①。由此可见，人才类集体户问题已经成为社会广泛关注的热点。

一 引言

在制度层面，近几年，北京市户籍制度改革取得了一些积极进展，先后实行暂住证、北京市工作居住证等户籍管理办法，推出了一些新型户籍供给模式，符合时代发展要求，居住证制度正在积极地研究和制定过程中，并成为2014年市政府折子工程，即将推行②。但是，总的来看，受人口、资源与环境承载力以及"严格控制特大城市人口规模"③的户籍改革指导性方针影响，在未来，北京户籍制度改革进程将进一步放缓，难有实质性突破。

在研究层面，以往学者对户籍制度的研究关注的是宏观层面上的简单城乡户籍供给二元关系模式问题④。然而，随着经济社会结构转型，户籍制度结构发生深刻变动，加之户籍制度改革的渐进性，决定不同地区或同一地区不同区域、不同人群，政府户籍供给模式不再是简单的城乡二元传统供给模式关系（农业户口、非农业户口），继承和衍生一些新的户籍供给模式，有些是户籍制度改革产生的新供给模式，带有正面性质，有些是原有户籍制度供给模式的"同名异化"，具有负面性质。

---

① 北京市公安局网站：《市公安局集中推出八项便民利民服务措施》，2014年1月20日。
② 首都之窗——北京市政务门户网站：《2014年北京市政府工作报告》，2014年1月16日。
③ 本书编写组编著《中共中央关于全面深化改革若干重大问题的决定》（辅导读本），人民出版社，2013，第25页。
④ 肖冬连：《中国二元社会结构形成的历史考察》，《中共党史研究》2005年第1期；王海光：《当代中国户籍制度形成与沿革的宏观分析》，《中共党史研究》2003年第2期；王春光：《城乡结构：中国社会转型中的迟滞者》，《中国农业大学学报》（社会科学版）2007年第1期。

因此，应对当前的户籍供给模式加以细致研究，既不能笼统地将户籍供给简单分为传统的二元关系，也不能一抹黑地武断提出要彻底改革户籍制度。也就是说，必须知道有哪些户籍供给模式？存在哪些问题，改哪些？依照什么样的步骤改？如何改？只有这样，才好找出改革户籍制度的有效方略。

本文通过对北京户籍供给模式进行考察，明确当前户籍供给模式类型，论述人才类集体户户籍制度优先改革的有利条件，阐述人才类集体户户籍制度运行环境以及问题和成因。最后，借鉴国内外经验，根据中央户籍改革精神，建议以经常居住地登记户口为基本形式，通过设立"社区公共户口"，实现人才类集体户属地化服务与管理的政策建议。

二 户籍制度供给模式与研究界定

众所周知，我国的户籍管理，早在西周时期就已开始[①]，历朝历代均将其作为征收赋税和兵役的有效手段。新中国成立以来，随着经济社会发展变化需要，人口大流迁势不可挡，户籍制度进行多次改革，产生了多种户籍供给模式。与此同时，户籍功能也发生了深刻变化，不仅是进行简单的人口统计与管理，还附加了很多特殊的社会功能[②]，成为社会不平等的表征之一。

（一）户籍制度供给模式分析

户籍模式供给的主体是政府，管理的主体可能是政府、单位或市、区县级人才服务中心或经政府授权的各类人才服务机构，客体是社会成员。社会成员接受的户籍供给模式不同，其享有的权利与义务不同。就目前而言，北京户籍供给模式包括暂住证、工作居住证、居住证、集体户、家庭户及个人户（见表1）。

[①] 金双秋主编《中国民政史》（上册），湖南大学出版社，1989，第94页。
[②] 陆学艺：《陆学艺文集》，上海辞书出版社，2005，第417页。

表1　北京市户籍供给模式及其特征

户籍供给模式	供给对象	证件形式	户口时效	享有福利与权利
暂住证	外埠流动人口	暂住证	临时性	一般不享有福利与权利
工作居住证	外埠未来希望落户京城	工作居住证	过渡性	享有部分福利与权利
居住证	外埠未来希望落户京城	居住证	过渡性	享有部分福利与权利
集体户	外埠已落户京城	户口卡及首页	半长期性	享有充分福利与部分权利
家庭户或个人户	外埠已有京城户口	户口簿	长期性	完全享有福利与权利

暂住证制度：暂住证是对外地来京人员在本市临时居住的合法身份证明；外地来京人员到达本市后，应在三日内到其暂住地派出所申报暂住登记。其中，年满16周岁，暂住时间拟超过一个月或者拟在本市从事务工、经商等活动的外地来京人员，应当在办理暂住登记的同时向暂住地派出所申领暂住证。

工作居住证制度：对外国（地区）、外埠来京人员，从事符合城市功能定位和经济社会发展方向以及产业规划要求的本市行政区域内具有法人资格的企事业单位、民办非企业单位、社会团体，其聘用的人员在本市有固定住所且具备一定条件，持有北京市工作居住证满3年的外地人才，经聘用单位推荐，符合相关要求的可申请办理人才引进手续，落户北京。

居住证制度：目前北京还没有制定出相关政策条款，根据其他省市居住证制度相关规定，大概是指具有一定学历或者特殊才能的外国（地区）、外埠人员，以不改变其国籍或户籍的形式来本市工作或创业的，在本市有固定住所，持有居住证满足一定年限，符合相关要求的可申请办理人才引进手续，予以落户。这项制度北京市委、市政府正在研制过程中，尚未实施。

集体户制度有两种形式，一种是单位有独立人事权并承担人事权义务的，户口挂靠在单位，称单位集体户。单位集体户一般是具有独立人事权的国家企事业单位为解决聘用外省市人员户籍的问题，通过向所在地辖区派出所申请而获得公共户口地址，多人使用一个户口。其户口相关服务由所在单位提供。另一种是户口挂靠在市、区县级及政府相关部门授权的人才服务中心（机构）集体户上（以下简称人才类集体户），即不具有独立人事权或不愿承担人事权义务的国家企事业单位为解决聘用外省市人员户籍的问题，通过委托市、区县级或政府授权的人才服务中心（机构）进行人事代理及户口管理，中心（机构）通过向所在地辖区派出所申请而获得公共户口地址，多人使用一个户口。当事人与人才服务中心（机构）签订《集体户口代管理协议》，明确双方权利和义务，当事人涉及户口方面的部分服务由人才服务中心（机构）提供（中心或机构不充分提供户口相关服务）。

家庭户或个人户（以下简称坐地户），是指将户口落在其产权房上的户口形式。

（二）本文研究对象界定

本文研究对象是指集体户供给模式，且指户口挂靠在市、区（县）级及政府授权的各类人才服务中心（机构）集体户，即人才类集体户。

改革开放以来，特别是社会主义市场经济体制确立后，经济结构以及所有制结构深刻变动，企事业单位深化改革，城市经济社会发展对各类人才需求规模日益扩大，不断引进国内外人才。与此同时，90年代中期，人才市场得到孕育、发展和壮大，纷纷建立以市、区（县）两级人才服务中心以及各级政府相关部门授权建立的各类人才中介服务机构，作为一项社会化服务管理项目，代替政府企事业单位（不具备立户条件或不愿承担立户责任的单位）行使档案、户口等业务服务管理，这为引进人才落户提供了便利和保障。

但是，随着体制改革不断深入，人才类集体户人数不断增加，人才类集体户户籍管理制度改革滞后，市场管理十分混乱，给人才类集体户带来相当多的困扰和不必要的麻烦，同时给人才类集体户所在辖区的户籍服务等相关公共服务工作带来很大压力。因此，亟须对人才类集体户户籍制度进行改革，以适应新形势下首都经济社会建设对人才发展的新需求。

（三）改革人才类集体户户籍制度的有利条件

改革人才类集体户户籍制度相对于其他户籍制度改革而言，改革代价小，效果好，也具有实践可操作性。其改革有利条件如下。

1. 不影响控制人口规模

因为人才类集体户本身就已经拥有北京市户口，属于北京市户籍人口，所以对这一群体户籍制度进行改革，不会对控制人口总量产生影响。

2. 不影响社会福利支出

户籍制度改革的最大障碍是捆绑在户籍制度上的社会福利等功能。但是，人才类集体户本身拥有北京市户口，其社会福利已由所在用人单位提供，福利待遇水平与其他坐地户职工相比基本没有区别，因此，不需政府额外的财政支出。

3. 有助于提升人口质量

人才类集体户大都属于在京政府企事业单位以及具备引进人才资格的部门根据所需而引进，符合进京指标要求，文化程度较高，大多拥有硕士研究生，甚者博士研究生以上学历，还有很多是海归人才。对人才类集体户户籍制度进行改革，破除诸如婚姻、生育、工作变动等方面的种种体制限制，不仅有利于人才再生产，也有利于首都人口质量的全面提升。

4. 有利于资源优化配置

据统计，从北京市人才服务中心（机构）分布来看，东城区49个、西城34个、朝阳区162个、海淀区54个，四个区人才服务中心（机构）数量占全市总量的88%。在现行制度下，政府延续计划经济体制的惯性，依据户籍人口数量制定各种公共资源配置规划。但是，受工作（收入、交通等）及房价（包括租房）等因素影响，人与户相分离的现象较为普遍，给当今社会服务与管理带来很大不便，特别是给人才类集体户所挂靠的地方政府公共服务带来很大压力，不仅如此，人才类集体户居住地的公共服务压力更大，导致人口与资源错配。因此，对人才类集体户户籍制度进行改革，有利于资源依据实有人口优化配置，也有利于人口疏散，人口资源均衡发展。

综上所述，人才类集体户户籍制度改革基本不需要政府付出太多代价，只需做出制度上的创新与调整，理顺人才类集体户管理关系，就可以解决人才类集体户所面临的问题与困境。因此，加快改革人才类集体户户籍制度，可以作为北京市户籍制度优先改革的突破口。

三 人才类集体户户籍制度运行环境与问题

随着人才管理市场化趋向，经济社会发展需要，人才类集体户人数不断增加，人才类集体户户籍制度运行不通畅，不乐观，存在诸多社会矛盾和问题，已经严重抑制了人才自身权利的诉求与满足，如不加快改革，将严重影响首都社会秩序稳定。

（一）人才类集体户户籍制度现状与问题

1. 子女生育问题

根据现行户籍政策，父母为本市集体户口的，出生婴儿可以自愿选择随父随母登记出生户口（没有更为具体细则）。但是，实际操作中，人才服务中心（机构）为规避计划生育风险，自身设计的特殊条款明确不给子女落户，直接导致人才类集体户生育子女无法落户问题（见案例1）。

案例1：北京集体户口子女落户难

27岁的刘娟（化名）两年前从中国人民大学硕士毕业，找到了一份稳定的工作，并且如愿拿到了北京市集体户口，落户在海淀人才服务中心。然而，她现在却面临一个难题：领取《生育服务证》时遭到拒绝。

拒绝落户及理由：

海淀人才服务中心工作人员：海淀人才不能接受，尤其是女方，必须户口迁出来，才给发准生证。或者男方单位开一个同意子女落户的证明。因为，集体户口落户到海淀人才之前，每个人都会签署一份申请表，明确规定集体户口从海淀人才迁出，方可办理《北京市生育服务证》。

注：其实这属于人才中心内部特殊条款，与政府规范相悖，属于违法规定。

是否有其他办法为子女落户？

海淀人才服务中心工作人员：我给你出几个主意，北京买房了吗？有亲戚朋友吗？有一个能管用就行，就能办生育服务证。要不然，找一些部委一级的人才存档机构，看能不能接收小孩户口。

三条路都走不通：

刘娟：买房难以负担，没有在京亲属投靠，又没有路子找到可以解决子女户口的存档单位。刘娟说，她在网上搜索后发现，和她同样面临窘境的同龄人

并不在少数。

人才服务中心出于什么考虑，坚持子女不能落户的原则呢？

海淀人才服务中心副主任袁玉军：北京市海淀人才服务中心从来没有拒发《生育服务证》，但是，海淀人才无法接收子女落户。1999年北京市公安局八处111号文规定，存档人员的子女户口不予存放。我们也很清楚，让大家去买房，肯定有困难，但是从管理规定上来说，未来人才（就是当代人才的孩子），没有任何一级政府鼓励我们去管。

咨询北京市公安局人口管理总队：

北京市公安局人口管理总队值班人员：1999年下发的111号文早已作废，按照现行户籍政策，父母为本市集体户口的，出生婴儿可以自愿选择随父随母登记出生户口。这位值班人员透露，海淀人才并不是一个个例，据他们了解，北京市人才服务中心和一些区县人才服务中心，都存在不给集体户口存档人员子女落户的问题。

资料根据中国广播网记者刘敏所写《北京集体户口子女落户难，作废条文成障碍》一文整理。刘敏：《北京集体户口子女落户难，作废条文成障碍》，中国广播网，2011年6月2日。

2. 婚姻问题

目前没有对集体户婚姻问题进行明确规定，人才服务中心（机构）特殊条款规定，如办理结婚必须迁出户口及档案，直接导致人才类集体户者无法结婚问题（一方为集体户，一方为坐地户，可以办理结婚）。

3. 人才流动问题

如果人才类集体户发生工作变动，人才服务中心（机构）要求必须办理户口及档案迁出手续，但是，如果接受该人才的单位无集体户，其他人才服务中心（机构）又明确不接收个人集体户，那么，人才就无法流动。

4. 代管协议问题

《北京市流动人员人事档案管理暂行办法》（京人发〔1997〕60号）要求委托人（当事人）或委托单位（人才使用单位）与人才服务中心（机构）签

订档案及户口代管协议，但是，未对协议内容进行明确规定。于是，人才服务中心（机构）根据自身利益制定一些特殊条款。

（二）中介服务机构运作现状与问题

1. 规范性越轨

人才类集体户服务中心（机构）依据《北京市流动人员人事档案管理暂行办法》（京人发〔1997〕60号）、《派出所办理常住户口登记工作规范》（京公人管字〔2004〕1062号）以及相关户籍管理办法制定本部门内部集体户籍管理办法以及集体户口代管协议，但是，这些内部办法和协议都超越了政府规范范畴。如上文所述，人才类集体户服务中心（机构）对结婚、子女生育、工作变动等都做了有违政府规范的规定，属违法行为。

2. 行为性越轨

通过调查人才类集体户服务中心（机构）得知，因政府未明确对人才服务中心（机构）在履行户口迁入、迁出、借出等手续实施定价，导致一些人才服务中心（机构）对户口迁入立户要价不一（400～500元不等），借出户口卡及首页押金不一（100～400元不等）。此外，因市、区（县）级以及地方政府相关部门授权的人才服务中心（机构）已经停止代理个人集体户，调查时问其原因时，工作人员回答："全市都这样，没有什么通知和规定。"再问，哪里可以落个人集体户，该机构工作人员回答："一些部属人才类服务机构可能还可以，但是，落户要价会很高。"而后，笔者根据该工作人员提供的一家石景山人才类服务机构的联系方式，拨通咨询，得到的答复是：可以办理个人集体户落户手续，索价7000元。

（三）行政化户籍供给模式的市场化逻辑

据笔者调查，当前解决人才类集体户结婚、子女生育、工作变动等要求迁出户口困境，有四条渠道：第一，购买独立产权房，单独落户立户；第二，在京有直系亲属且其允许投靠，投靠亲属落户；第三，寻找一家愿意解决个人集体户落户或子女落户的人才服务中心（机构）落户；第四，与坐地户结婚落户。但是，实际情况是，人才类集体户大部分是来自国内外高校毕业生，在京

基本没有直系亲属可以投靠，而且，能够找到给个人集体户落户或子女户口落户的人才服务中心（机构）的希望也比较渺茫，与北京坐地户结婚的可能性也很小。种种复杂情况使这些所谓的通路基本变成了死胡同，最后的出路在何方？只有购房，但是，在北京房价奇高的时代，购房又谈何容易，但是，实在无助的情况，大多人才类集体户还是选择了这条路径，尽管背上负债累累的重包袱。最终，导致行政化的户籍供给模式走向了市场化的逻辑——购房才能落户。

由此来说，政府设立人才类集体户的初衷是为引进人才落户提供便利和保障，是一项便民、利民举措。但是，随着经济社会发展环境变化，人口政策的不断调整，人才类集体户户籍改革滞后，以及人才服务中心（机构）的内部操作，使人才类集体户戴上了结婚、生育、流动的"紧箍咒"，并由此产生一系列社会矛盾和问题。

四 人才类集体户户籍制度存在问题的成因分析

在特大型城市收紧户口指标，严格控制人口规模的前提下，获得进京指标实属不易，很幸运地跨过了户籍制度的第一道门槛，但是，想要跨过人才类集体户这第二道门槛却十分艰难。主要有以下几个方面的原因。

（一）制度脱节

1. 制度与时代脱节

政府对于户籍制度，特别是集体户户籍制度改革不重视，没有或很少意识到人才类集体户户籍制度已经严重不适应人才发展需要，严重不适应经济社会发展需要。随着时代的变迁，制度已与时代需要脱节，制度创新迫在眉睫。

2. 制度与实际脱节

当户籍制度被赋予更多社会功能的时候，其户籍供给模式的相关政策也是复杂的，制度规范与实际情况在很多方面不相适应，需要对人才类集体户户籍政策进行调试与修订。

3. 制度与市场脱节

政府仅是在户籍管理相关制度中附带一些关于集体户户籍制度的规定（且没有单独针对人才类集体户，其实集体户有两种类型，单位集体户不涉及上文所述问题），没有专门的人才类集体户制度规范。有时，政府零散地出台一些举措，但没有相关细则与方案，市场无法可依（如上述北京市公安局的便民措施）。

4. 制度横向脱节

如果制度没有纵向到底，也就不完善；如果制度没有横向到边，制度也就不配套。例如，户籍制度的改革要配之计划生育制度、教育体制等制度同时改革。

（二）管理混乱

1. 人才双重管理

单位使用人才，同时也对人才进行业务上的管理，人才服务中心（机构）不使用人才，但对人才婚姻、生育子女、工作变动加以严格管理。

2. 政府职能缺位

政府授权市场代管人才类集体户本身是政府工作业务的市场化或社会化转移，减轻了政府负担，也解决了眼前引进人才落户的问题。但是，后续人才的婚姻、生育子女等问题怎么办？业务转移了，职责哪去了？政府没有将职能履行到位，没有系统长效机制，顾头不顾尾，结果导致市场肆无忌惮地追逐利益，缺乏监管。

3. 政府监管不严

政府对市场违规、违法行为缺乏有效监管，结果市场根据自身利益最大化原则，制定符合自身利益并与政府政策相悖的特殊条款约束人才类集体户，同时，出现乱收费、乱索价等不规范行为，导致人才服务中心（机构）市场运行混乱。由于缺乏监管，市场越轨也就成为自然。

（三）利益与权利矛盾

除上述制度与管理两个方面影响因素导致人才类集体户到目前为止深处困

境中之外，另一主要诱因是利益与权利之间的矛盾关系，即政府、市场利益与人才类集体户个人权利诉求之间的矛盾。政府授权人才服务中心（机构）代管人才类集体户，人才服务中心（机构）向所在辖区派出所申领公共户地址，将人才类集体户落到该公共户地址上，那么，在公共户地址上的人才类集体户实际上属于该辖区户籍人口，必要的公共服务均由该辖区提供。例如，人才类集体户生育子女时，需人才服务中心（机构）所在辖区社区卫生服务站、街道（乡镇）、派出所提供相应的准生、落户、卫生防疫等公共服务；未来，子女入托、入学等又涉及教育、医疗等民生资源的供给，这是人才服务中心（机构）不愿解决的，一些问题也是解决不了的。重要的是，这些权利诉求还会给该辖区公共服务带来很大压力。另外，根据现行的计划生育政策，一票否决制，一旦个人超生，要对个人户口所在单位及相关单位进行问责和行政罚款，而且，会取消年终评优等一切资格。为了保障自身利益不受损，人才服务中心（机构）阻隔了人才类集体户权利诉求与其可获得公共服务资源之间的连接渠道，人才类集体户的自由结婚权、生育权、就业权、子女教育权等公民基本权利也就无法正常享受了。所以，在与坐地户享有相同福利的情况下，上述权利诉求却得不到应得的满足，其实质是利益供给与权利需求之间的矛盾。这是当前人才类集体户面临的主要矛盾。

五 改革人才类集体户户籍制度的政策建议

当前所处的时代已经是自由迁徙的时代，那么，政府的公共服务与管理必须由户口管理向人口管理时代转变。在"严格控制特大型城市人口规模[①]"的方针指导下，整体推进首都户籍改革显然不合事宜，需要将户籍分批分类，有计划有步骤加以逐渐解决，而寻求户籍制度优先改革的突破口尤为重要。当前，北京市政府正在着手加紧制定居住证制度，但是，相比较而言，改革人才类集体户户籍制度是代价最小的，效果最佳的，应该尽早被提上日程，作为户籍制度优

---

① 本书编写组：《中共中央关于全面深化改革若干重大问题的决定》（辅导读本），人民出版社，2013，第25页。

先改革的突破口加以解决。同时,也可以借鉴国内外人口管理先进经验,创新户籍制度,满足人才类集体户权利诉求,解决人才类集体户问题。

(一)上海与日本人口管理经验借鉴

上海于 2013 年 10 月 31 日下发《关于做好人才类"集体户"清理和"社区公共户"落户审批准备工作的通知》(以下简称《通知》)(沪公发〔2013〕193 号)[①](见案例 2)。《通知》规定:停止落户人才类"集体户",对因在沪无配偶、无直系亲属、无住房或所在单位未设立集体户等,确无落户条件的上海市引进人才,可在其本人实际居住地"社区公共户"落户。同时,进一步规范、严密"社区公共户"落户审批,完善"社区公共户"长效管理机制,推进本市户籍人员居住地服务和管理工作。《通知》还制定了清理工作要求、具体的实施步骤,"社区公共户"落户审批准备工作要求等规定。同时,正在制定相关配套实施细则。

案例 2:上海市徐汇区人才服务中心集体户籍清理、迁出通知

各相关用人单位、人才:

根据上海市公安局沪公发〔2013〕193 号《关于做好人才类"集体户"清理和"社区公共户"落户审批准备工作的通知》的要求,即日起,我中心停止受理集体户口挂靠申请。

现已在我中心集体户的人员,请于 2014 年 3 月 31 日前,前往中心(徐汇区沪闵路 9118 号人才服务中心 126 室)办理迁出手续。

具体迁出手续要求如下:

需迁出人携带本人身份证原件(复印件),如委托他人请携带委托书(户籍迁出委托书下载)(手写签字)、被委托人携带本人及委托人身份证原件(复印件),至沪闵路 9118 号人才服务中心 126 室办理。

---

① 上海市政府网站:《市公安局关于做好人才类"集体户"清理和"社区公共户"落户审批准备工作的通知》,2013 年 10 月 31 日。

1. 迁往自购房请携带房产证原件（复印件）。

2. 迁往直系亲属（配偶、子女、父母）房产请携带房产证原件（复印件）、同意落户证明（产证上所有登记人员手写签字、夫妻关系提供结婚证书）（同意户籍迁入情况说明样张下载）。

3. 迁往"社区公共户"请于2014年1月1日起至现居住地派出所申请，申请通过后携带相关材料至中心办理。

4. 集体户籍迁出申请表（可先行下载填写，亦可至中心办理窗口填写）。

5. 户籍管理费（25元/月）结算（准备现金，本中心不支持"刷卡"）。

凡因在沪无配偶、无直系亲属、无自有住房或所在单位未设立集体户等原因，确无落户条件的，申办户籍人才引进、夫妻分居解困等，请先行至实际居住地公安派出所申请落户"社区公共户"，获批准同意后，再向我中心各受理窗口提交申办材料。

对于在时限内未迁出的集体人员将统一由公安系统列入"控制户口"，对其户口、出入境管理等事项停止办理。

特此通知。

上海市徐汇区人才服务中心
2013年11月29日

资料来源：东方人才热线网站。

在日本，通过实行"住民基本台账"制度，对于流动性人口（包括外国籍），按户编制住民票，记载姓名、出生年月日、性别、居住地、国民健康保险、国民年金等有关保险的事项。如果是租住房，内容还包括户主的姓名，以及与户主关系。以此，作为面向每位住民提供各种公共服务的事务处理基础。《住民基本台账法》是该制度的法律依据。登记管理机构有市、区两级，称市域所或区域所。如果发生流动人口迁移，变更住址时，需要向转出地的市、区域所提交转出申请，收到转出证明书后，再向转入地的市、区域所提交附有转出证明书的转入申请，而后变更住民票，包括户主姓名，以及与户主关系和住址信息。当事人需要保留以往居住证明，以便为后续地址变更提供材料支持。

简单而言，就是更换住址时，须向相关部门提交转出申请，获得转出证明书，而后，向转入地相关部门提交转出证明书，转入地予以批准，变更住民票信息。

（二）改革人才类集体户户籍制度设计

近日，公安部给出户籍制度改革的时间表和路线图，"到 2020 年，要基本形成以合法稳定住所和合法稳定职业为户口迁移基本条件、以经常居住地登记户口为基本形式，城乡统一、以人为本、科学高效、规范有序的新型户籍制度"[1]。根据国内外人口管理经验，结合公安部户籍制度改革指导思想，本文提出设计北京人才类集体户户籍改革方案。

1. 指导思想

明确改革人才类集体户户籍制度的指导思想，以经常居住地登记户口为基本形式，设立"社区公共户口"，实现人才类集体户属地化服务与管理。

2. 工作目标

对符合进京指标要求迁入的人才，停止落户人才服务中心（机构）人才类集体户，同时，对已有人才类集体户进行清理，摸清底数，对无法实现自主落户的人才类集体户，根据本人实际住所，到"社区公共户口"落户。

3. 设立"社区公共户口"

以街道（乡镇）社区建设科平台为依托，以街道（乡镇）所在实体实有地址，向所在辖区派出所申领"社区公共户口"，设置户籍管理专员，实现人才类集体户属地化服务与管理。"社区公共户口"的设立应遵守严肃、严密、严格等原则，建立长效运行机制。

4. 实施步骤

第一，拟发《人才类集体户户籍制改革通知》，动员相关部门，宣传改革主旨与方法。第二，限期清理各类人才服务中心（机构）人才类集体户规模，摸清底数。第三，动员人才类集体户能够自主落户的给予一定期限办理落户手

---

[1] 肖萧：《权威访谈：怎样实现农业转移人口"市民梦"？——就加快户籍制度改革访公安部副部长黄明》，新华网，2013 年 12 月 17 日。

续（购买、投靠亲属、婚姻），对于无法落户的，应做好统计工作。第四，经所在辖区派出所备案，在街道（县镇）设立"社区公共户口"，派出所派驻户籍管理员。第五，制作《住户证》取代户口卡及首页，登记姓名、出生年月日、性别、住址、户主姓名及与户主关系等信息。第六，制定"社区公共户口"人口管理办法及细则。

5. 操作方法

第一，根据人才服务中心（机构）通知，办理人才类集体户户口迁移手续，开具迁出证明。第二，将迁出证明提交到所在住所街道（县镇）"社区公共户口"管理中心，办理落户手续，登记户口信息，办理《住户证》。第三，若再次变更住所，需在迁出地开具迁出证明书，向迁入地提交申请，办理落户迁入手续（在实施过程中，政府相关部门应加强监督房屋租赁关系，动态掌握"社区公共户口"变动情况）。

以上阐述了人才类集体户户籍制度改革设计的初步设想。政府相关部门只有将人才类集体户户籍纳入改革日程，加紧研究制定相关制度规范，尽早解决人才类集体户结婚、生育、流动等困境，才能适应人才发展需求，适应首都经济社会建设需求。同时，这项工作也可以作为户籍改革的优先突破口，落实贯彻公安部户籍改革精神，以此为示范，推进首都户籍制度改革迈出坚实步伐，实现户口管理向人口管理时代转变，促进首都社会和谐。

B.5 北京市城乡劳动者就业政策体系分析报告

王 飞*

摘　要： 就业是民生之本，就业工作不仅具有经济性、政治性，同时还是社会建设的重要组成部分。随着我国经济体制改革的进程，政府的就业政策也经历着由计划到市场的过渡，政府作为社会就业政策的制订者担负着促进社会公平就业和解决市场失灵两项职能。通过系统梳理北京市现行就业政策体系，分析当前和今后一段时期就业工作面临的形势和问题，初步探索了进一步完善就业政策的实现途径和方法，为实现充分就业和高质量就业目标提供参考。

关键词： 北京　公平就业　扩大就业　促进就业　稳定就业

劳动就业是民生之本，就业不仅仅具有经济性、政治性，还具有显著的社会性，这已成为全球范围的共识。伴随着我国经济体制改革的进程，政府的就业政策也经历着由计划到市场的过渡，政府作为社会就业政策的制定者担负着促进社会公平就业和解决市场失灵两项职能。任何一项社会政策都包含着社会价值判断，就业政策社会性的价值体现是"以人为本"，即把全面促进人的职业发展，实现人岗相宜，社会和谐就业作为目标。

---

* 王飞，北京市人力资源和社会保障局干部，北京工业大学社会学系硕士研究生。

一 北京市就业政策体系基本架构和内容

2002年以来，为贯彻落实中央提出的积极就业战略方针，北京市在总结以往经验做法和结合本市实际工作的基础上，构建了积极就业政策的框架体系。十余年来，随着积极就业政策的不断完善和全面落实，北京市逐步形成了以扩大就业、促进就业和稳定就业为支柱的三大政策支撑体系，就业再就业工作取得重大进展。

（一）扩大就业政策

经济发展创造就业岗位是解决就业问题的根本途径，但经济增长与扩大就业并不是无条件的正相关关系，能否真正实现扩大就业目标还与产业结构、经济增长方式、劳动者职业能力等因素密切联系。因此，实现促进经济增长与扩大就业的良性互动就成为北京市扩大就业的最终目标。实施就业优先战略，将是否有利于扩大就业作为制定、实施宏观经济政策的基本目标，充分考虑到就业工作的需要，必要时，经济利益要适度让位于扩大就业、减少失业的目标。

1. 加快产业结构调整

北京市根据首都发展功能定位的总体要求，大力发展第三产业，特别是大力发展服务贸易、金融服务业、生产性服务业、居民生活服务业等门类广泛的各类服务业，发挥服务业就业贡献大的比较优势，以产业结构带动就业结构重大调整，第三产业成为北京市吸纳就业的主力军，全市劳动力就业总量从2010年的1031.6万人增加到2012年的1107.3万人，增长7.3%；三次产业就业人员比重由6∶19.6∶74.4转变为5.2∶19.5∶75.3，更加符合经济产业结构。①

2. 实施绿色就业计划

北京市紧密结合首都经济发展，重点围绕"绿色北京"发展战略，全面

---
① 数据来源：根据相关年份《北京统计年鉴》推算。

实施绿色就业行动计划，结合区域功能定位、经济发展方式转变和产业结构调整，发展绿色产业，带动绿色就业，创建员工制绿色企业，提升就业质量，帮助农民实现就近就地就业，大力开发绿色就业岗位，以保洁保绿、养山护水、植树造林、生态旅游、绿色产品生产岗位带动就业。

3. 重点扶持小微企业发展

小型微型企业在增加就业、促进经济增长、科技创新与社会和谐稳定等方面具有不可替代的作用，对国民经济和社会发展具有重要的战略意义。北京市全面落实国家鼓励、支持小微企业发展的政策，适当放宽小型微型企业登记注册条件，拓展小型微型企业发展空间，提高工业土地使用效率，保障小企业创业基地用地，研究解决镇村小型微型企业聚集区用地问题，健全创业服务体系，注重发挥中小企业的比较优势，在推动多种所有制经济发展中广开就业门路，更多吸纳劳动者就业。

4. 实施鼓励创业政策

2007年前，创业作为再就业渠道，主要是针对下岗失业人员自谋职业、自主创业制定的政策，党的十七大明确提出促进创业带动就业的战略决策，创业成为带动就业、创造更多就业岗位的重要举措得以发展。创业带动就业政策主要包括：自谋职业社会保险补贴政策、税收减免政策、小额担保贷款政策等，有效地调动劳动者创业的积极性。"十二五"期间，北京市还将本市个体工商户小额担保贷款额度提高至20万元，将本市合伙创办小企业的小额担保贷款额度提高至100万元。将创业培训补贴对象由原来的本市失业人员和农村转移劳动力，扩大到包括本市高校毕业生和复转军人。同时规范了创业培训管理程序，加大了创业扶持力度。初步建立了以区（县）为主体的公共创业指导服务体系，引导社会创业机构参与创业培训，提供创业服务，提升创业成功率。

（二）促进就业政策

充分就业是国际劳工公约的基本内容，国际劳工组织1964年通过第122号《就业政策公约》，该公约指出"每一个会员国都应当为了鼓励经济增长和发展、提高生活水平、满足对劳动力的需求以及克服失业与就业不足而宣布和执行一项积极的政策,促进充分的、生产性的和自由选择的就业,并把它作为一个重大的奋斗目标"。① 党的十六大报告首次提出中国特色的充分就业目标,将实现社会就业比较充分作为到2020年全面建设小康社会的重要目标之一。北京市明确将"努力实现充分就业"列为推动中国特色世界城市建设未来五年奋斗目标之一。劳动权和就业权是公民最基本的权利之一,是劳动者最普遍追求的目标。减少失业,促进就业已成为国际社会对政府的最基本的要求之一。2008年,我国施行了《就业促进法》,2012年北京市人大常委会颁布实施了《北京市就业援助规定》,这一系列法规将政府促进就业作为法律责任予以明确。

1. 鼓励单位招用政策

单位招用政策是通过降低用工成本的方式,吸引社会各类用人单位招用城乡就业困难人员。

(1) 岗位补贴和社会保险补贴政策。北京市2006年建立了用人单位招用失业人员社会保险和岗位补贴制度。该制度规定,用人单位招用持《再就业优惠证》且符合规定的失业人员,给予社会保险和岗位补贴。这一规定有效引导了用人单位招用城乡就业困难群体。2013年,北京市将鼓励用人单位招用的岗位补贴和社会保险补贴政策,适用范围由第二、第三产业企业扩大到第一产业员工制企业,补贴力度由岗位补贴3000元/年人增加到5000元/年人,补贴期限由最长3年延长到5年。社会保险补贴以本市上年度职工月平均工资标准的60%为最高补贴基数,低于本市上年度职工月平均工资标准60%的,按照实际缴费基数予以补贴。基本养老保险补贴20%,医疗保险补贴10%,失业保险补贴1%,增强了政策实际利用效果。②

(2) 税收优惠政策。税收优惠政策是用经济杠杆鼓励企业吸纳就业困难人员就业,从而实现促进就业的目标。根据国家政策和本市实际,北京市现行政策规定,在商贸企业、服务型企业(国家限制行业除外)、劳服企业中的加工型和街道社区具有加工性质的小型企业实体,当年新招用持《再就业优惠

---

① 王家宠:《国际劳动公约概要》,中国劳动出版社,1991。
② 参见《关于印发〈用人单位岗位补贴和社会保险补贴管理办法〉的通知》(京人社就发〔2012〕308号)。

证》人员，与其签订1年以上期限劳动合同并缴纳社会保险费的，按实际招用人数，在相应期限内定额依次减免营业税、城市维护建设税、教育费附加和企业所得税，享受税收定额扣减优惠政策的定额标准为每人每年4800元[①]，既坚持了扶持和鼓励的原则，也加大了扶持力度。

2. 重点群体帮扶政策

（1）促进大学毕业生就业政策。1999年以来，随着高校扩招政策的实施，高校毕业生的数量逐年增加。近年来，受宏观经济形势影响，需求岗位出现了减少的趋势，高校毕业生就业形势变得严峻起来。北京市大力推进高校毕业生就业政策体系和服务平台建设，对强化针对高校毕业生离校前后的就业服务，鼓励高校毕业生自谋职业、自主创业，鼓励企业吸纳等方面形成了政策联动机制。

——鼓励自主创业。对自主创业高校毕业生进一步放宽准入条件，降低注册门槛。按照规定，对于高校毕业生创办个体工商户的，免收行政事业性收费；对于创办公司制企业的，投资人可以专利技术、非专利技术、股权等非货币资产出资；对其注册资本在50万元以下的，可按照出资人的约定，自公司成立之日起2年内分期缴足；凡高校毕业生开办个体工商户或创办企业，符合本市小额担保贷款政策，自筹资金不足的，可申请小额担保贷款；经营项目属于微利，符合本市小额担保贷款贴息政策的，可享受贷款贴息。持《就业失业登记证》（注明"自主创业税收政策"或附着《高校毕业生自主创业证》）的高校毕业生在毕业年度内从事个体经营的，3年内按每户每年8000元为限额依次扣减其当年实际应缴纳的营业税、城市维护建设税、教育费附加和个人所得税。

——拓宽高校毕业生就业渠道。引导高校毕业生到中小微企业就业，对小微企业按规定条件招用应届高校毕业生的，可享受最高200万元的小额担保贷款，并享受财政贴息。加强大学生村官的选拔、培养、使用和流动发展力度。积极探索大学生村官担任农民专业合作社理事长助理、从事农村经济管理、从事农村金融信贷等形式。选聘高校毕业生进入专职社区工作者队伍，鼓励医学

---

① 本文数据来源于相关政府文件，如果没有特别说明，以下同。

类高校毕业生到社区卫生服务中心,鼓励师范类高校毕业生到郊区和农村中小学任教,拓宽农科高校毕业生到农村基层就业渠道。

——加大就业帮扶和就业援助。对有就业意愿的离校未就业高校毕业生提供职业指导;对有创业意愿的,提供创业指导,推荐其参加创业培训;对有见习需求的,提供就业见习岗位信息;进行实名登记后,毕业生可申请参加职业培训和技能鉴定。对享受城乡居民最低生活保障家庭的毕业年度内高校毕业生,给予一次性求职补贴,标准为每人1000元。

(2)就业特困群体帮扶政策。"托底"安置补助政策是针对特别困难人员制定的,是促进就业的最后防线,是市场竞争就业的"托底"机制。通过在各街道(镇)建立社区公益性就业组织,招收家庭生活困难、年龄偏大、身体残疾或"零就业"家庭等特别困难人员,与其"签合同、发工资、上保险",安排其就近就地从事社区公益性管理服务工作。每人每月可获得1260~1820元不等的工资收入和平均162元的福利待遇,每月缴纳689元的社会保险费,既在一定程度上缓解了特困群体的生活压力,也解决了其养老、医疗、工伤、失业等后顾之忧。

(3)就业困难地区倾斜政策。为促进高失业率地区失业人员就业,推进区域协调发展,保持就业局势的稳定,北京市对于失业人员总量增长较快、就业困难群体比重大,劳动力需求少,经过积极落实各项再就业政策后失业率仍然高于全市失业率控制指标的地区实行政策倾斜政策。一是加大社区公益性就业组织专项补贴力度,帮扶就业特困人员就业:就业困难地区公益性就业组织专项补贴由区县就业专项资金负担20%,失业保险基金负担80%;其他区县的公益性就业组织,安置就业困难地区就业困难人员的补贴由安置区县就业专项资金负担20%,失业保险基金负担80%。二是支持就业困难地区研究制定促进就业政策措施。对就业困难地区出台的鼓励用人单位招用城乡劳动者的社会保险补贴、岗位补贴等所需资金,由失业保险基金给予75%的补贴。随着北京市经济社会发展,贯彻落实首都区域功能定位规划要求,近年来北京市就业困难地区主要包括房山、门头沟、平谷、怀柔、密云、延庆等山区和生态涵养区限制发展工业经济地区。

(4)灵活就业社会保险补贴政策。为鼓励北京市城镇登记失业人员灵活就业,北京市建立了城镇登记失业人员灵活就业社会保险补贴制度,对于女满40岁,男满45岁以上从事社区服务性工作,能够取得合法收入的其他灵活就业且已实现灵活就业满30日的本市城镇登记失业人员可申请社会保险补贴,标准为基本养老保险以本市上年职工月最低工资标准为缴费基数,按照28%的比例,补贴20%,个人缴纳8%;失业保险以本市上年末职工月最低工资标准为缴费基数,按照2%的比例,补贴1.5%,个人缴纳0.5%;基本医疗保险以本市上年职工月平均工资标准的70%为缴费基数,按照7%的比例,补贴6%,个人缴纳1%。补贴期限最长不超过3年,对于距法定退休年龄不足5年的可以享受累计最长5年,并且享受过自谋职业(自主创业)和灵活(弹性)就业社会保险补贴的,可按规定再次享受自谋职业(自主创业)社会保险补贴。

(5)促进残疾人就业政策。就业是残疾人改善生活状况和社会地位的基础,也是残疾人自强自立、融入社会的有效途径,为稳定和促进残疾人就业,进一步提高残疾职工生活水平,北京市建立了社会保险补贴、残疾职工职业培训补贴、安置精神残疾职工就业岗位补贴、残疾职工之家补贴,以及超比例安置残疾人就业奖励等制度。对于依法在本市工商行政管理机关登记注册,安置残疾职工人数占在职职工总人数25%(含)以上,残疾职工人数不少于10人(含)的集中就业单位按照其上一年度实际缴纳费用总额的50%给予社会保险补贴。集中就业单位残疾职工在市残联与市人力社保部门认定的残疾人职业培训机构参加培训并取得职业资格证书的,按照培训费标准的60%给予补贴;在职残疾人参加本人从事的职业(工种)之外的职业资格培训并取得职业资格证书的,按照培训费标准的50%给予补贴。集中就业单位自愿安置稳定期精神残疾人职工的,可按照上一年度残疾人就业保障金征缴标准给予该用人单位精神残疾职工就业岗位补贴。为丰富残疾职工业余文化体育生活,对有条件并自愿建立"残疾职工之家"的集中就业单位,按购买设备实际支出资金的50%一次性给予设备购置补贴,补贴金额最高不超过10万元。集中就业单位安排残疾职工就业人数占企业在职职工总人数的25%(不含)以上且多于10人的,可按超出人数每人每年3000元的标准给予超比例安置残疾人就业奖励。

3. 职业培训促进就业政策

职业培训是提高劳动者就业能力、工作能力和创业能力，促进其适应市场就业的关键环节。北京的积极就业政策规定，对失业人员、农村转移就业人员参加职业培训的，给予职业培训补贴。为落实职业培训补贴政策，近年来，北京市整合教育培训资源，公开认定了一批培训质量好、培训促进就业效果显著的教育培训机构作为定点培训机构，组织开展多层次、多形式的就业技能培训。进一步加大职业培训政策帮扶力度，建立完善政府出资购买培训成果机制，对本市城镇失业人员和农村转移就业劳动力开展职业培训，根据培训质量和培训后就业情况，给予相应的职业培训补贴。

职业培训补贴条件为：在就业服务机构办理登记，取得《北京市城镇失业人员求职证》的本市城镇失业人员和取得《北京市农村劳动力转移就业证》的农村转移就业劳动力，每年可参加一次免费职业技能培训或创业培训。

有就业要求和培训愿望的城镇失业人员和农村转移就业劳动力参加技能培训或创业培训，按照培训质量（合格率）和培训促进就业的效果（就业率），对提供免费培训服务的定点培训机构，给予职业培训补贴。职业技能培训补贴标准人均1100元（A类1200元、B类1000元、C类800元、非等级400元）。

4. 职业介绍促进就业政策

职业介绍是中介机构对求职者和用人单位提供服务，促进劳动者实现就业的一种形式。随着市场导向就业机制的发展，人力资源市场成为劳动者求职的主渠道，职业介绍服务机构的作用突显。近几年，北京市公共就业服务机构发展迅速，各区（县）、街道（乡镇）都建立了公共职业介绍服务机构，每一位失业人员都可以到职介机构求职，享受免费的职业介绍服务，包括：求职登记、查询招聘信息、职业指导、劳动保障政策法规咨询、介绍、推荐工作等服务项目。

（三）稳定就业政策

促进就业的目的是让劳动者实现上岗就业，但是劳动者在工作岗位上能不能切实发挥作用，人力资源能不能有效充分得到开发与利用，人岗是否匹配相宜是衡量就业工作成败的关键。因此，努力提高劳动者就业质量实现稳定就业的目标是我们努力的终极方向。近年来,特别是为应对2008年国际金融危机对北京市就业工作的影响,制定出台的困难企业职工岗位补贴、社会保险补贴、职业培训补贴是稳定就业的重要举措,在特定历史阶段发挥了稳定就业的成效,但是此项政策是临时性的,长远看还应当通过发展经济、做强做大企业、提高劳动者素质来实现稳定就业的目标。

从北京市就业工作实际出发,加强职业培训能够起到促进人力资源开发利用、提高劳动者就业能力,从而实现预防失业、提高劳动生产率的双项带动作用。职业培训已成为政府和企业增加互动,调动劳动者和企业两个主体的积极性,实现稳定就业的重要抓手和切入点。

1. 构建职业培训网络平台

打造市级公共实训平台,实现资源联通共享。依托职业院校、骨干企业,北京市现已建成了24个公共实训基地,共涉及109个职业,面向社会开展实训,认定了11个北京市公共实训示范基地。结合重点区域、重点产业发展,初步形成了实操实训基地网络。搭建高技能人才培养平台。建成了以5所技师学院为龙头、9所高级技工学校为骨干,10个国家级高技能人才培训基地、15个国家级技能大师工作室为重要载体的技能提升梯次培养体系,为劳动者提升就业能力创造条件。

2. 重点推进外来农民工技能提升培训

按照统一标准、统一教材、统一考核鉴定、统一资格证书的要求,推进了医疗护理员、养老护理员、家政服务员、保安员等"四大员"专业化、标准化和规范化培训。对符合条件的外来农民工提供免费培训服务的定点培训机构,按照培训质量(合格率),给予职业技能培训补贴。补贴标准参照本市城镇失业人员和农村转移就业劳动力的标准执行(A类1200元、B类1000元、C类800元、岗前培训400元)。在员工制家政服务企业中尝试建立企业新录用人员先招用、再培训、后上岗的培训制度。

3. 积极推进高技能人才培养带动工程

随着北京市加快转变经济发展方式,大力发展高端产业和培育发展新兴产业,特别是信息化带动工业化步伐的加快,高技能、复合技术性的就业岗位比重不断增加。企业对技术工人的需求将有较大提高,对高级技术人才的需求也

将大幅提高,整个技术工人队伍的技术等级结构重心将整体上移。为推动技术加大培训力度,北京市加快高技能人才队伍建设,早在2007年,市委、市政府就印发了《关于进一步加强高技能人才工作的实施意见》,围绕高技能人才培养、评价、使用、激励等关键环节,不断创新机制。

一是建立了表彰奖励和特殊津贴制度。截至2013年底,有80名高技能人才被评为"有突出贡献的高技能人才";有173名技师享受了市政府特殊津贴;有14名高级技师获得了国务院颁发的政府特殊津贴。二是建立了技师破格选拔机制。不唯年龄、资历、身份,使业绩突出的高级工、技师破格参加技师或高级技师考评。三是建立了首席技师制度。全市各企业已聘任近百位首席技师。四是建立高技能人才培养补贴制度,对企业组织职工参加技师、高级技师培训,并取得职业资格证书的给予1000元的经费补贴,提高了企业参与技能提升培训的积极性。

二 就业工作面临的形势与问题

党的十八大提出要"推动实现更高质量的就业""实施就业优先战略和更加积极的就业政策""提升劳动者就业创业能力,增强就业稳定性"。十八届三中全会提出要健全促进就业创业体制机制。北京市委十一届三次全会强调要着力破解人口资源环境矛盾、创新驱动支撑发展、推进经济结构战略性调整、推进城乡一体化发展、提升城市服务管理水平、促进民生持续改善。上述一系列战略决策,为北京市做好就业工作提出了新的更高的要求。

(一)就业总量矛盾依然存在,结构性矛盾更加突出

2010年北京人均GDP超过10000美元,达到世界中上等发达国家或地区的城市发展水平。自2011年开始,北京市进入了"调结构,转方式"关键阶段,经济增速有所放缓,从单纯追求经济增长速度向更加注重经济增长的质量和效益转变。2013年,北京经济增长速度为7.7%。2014年,北京市经济增长速度预期调整为7.5%。随着北京市深度调整产业内部结构,遵循特大城市产业发展规律,构建与首都功能定位相适应的现代产业体系,以往依靠劳动密

集型传统产业吸纳更多就业的做法受到冲击。城镇失业人员、农民转移就业压力增加,尤其是城乡就业困难群体就业难度加大,青年失业问题逐步凸显。城乡劳动者单位就业比例降低、灵活就业等非正规就业人群不断扩大。实施清洁空气计划,大规模进行环境建设,淘汰落后产能,将导致职工分流安置岗位难度加大。北京市实施创新驱动发展战略,打造首都经济升级版,做强有优势、有基础的现代制造业,提升金融、信息、商务等生产性服务业发展水平,培育新一代信息技术、生物、新能源等领域的新增长点,发展壮大战略性新兴产业,劳动者职业技能与产业发展需要不匹配的问题凸显,企业高技能人才需求强劲,将进一步加剧北京市结构性就业矛盾,技能提升培训任务艰巨。

(二)群体性和地区性就业压力突显

1. 高校毕业生就业压力继续加大

尽管2013年北京生源高校毕业生数量同比下降了12.5%,但北京地区高校毕业生仍保持了持续增长的态势,国家着力构建全国高校毕业生就业一盘棋的局势,基于求职地的登记和服务模式成为新的发展趋势,打破了过去以户籍地为基础的就业管理模式,北京对高校毕业生就业的吸引力远高于其他省市,由此产生的聚集效应不容忽视,而用人单位招用高校毕业生的人数有所减少,加上岗位需求与高校毕业生专业匹配程度较低的结构性矛盾,进一步增加了就业压力。预计未来几年需要在京就业的高校毕业生数量仍将保持高位,就业竞争更加激烈。

2. 城乡就业困难群体进一步扩大

城乡就业困难群体不断扩大,城镇就业困难人员占城镇登记失业人员的比例和需要转移就业的农村就业困难人员占总量的比例均达到65%,其中,历年沉淀下来的长期就业困难人员越来越多,加上城乡一体化新产生的城乡就业困难人员,将进一步增加促进就业难度。

3. 地区性就业压力将进一步突出

2011年以来,涉及重点村改造、建设征地、绿化隔离带建设、山区搬迁的城市化建设地区农村登记失业率不断攀升,农村劳动力面临着文化程度低、职业技能少、难以适应第二、第三产业岗位要求等诸多就业困难,形成了一定

的地区就业压力，且将随着城市化建设地区的不断扩大而进一步扩大。如门头沟区、房山区等仍处于经济转型和结构调整阶段，在淘汰落后产业、培育新兴产业的过渡期，将继续维持较高的登记失业率且农村劳动力需要转移就业的压力依然较大。大兴区农村劳动力受到首都新机场一期建设搬迁、拆迁带来的就业影响。远郊区县多属于山区、半山区，受生态涵养等区域功能定位的限制，就业岗位资源不足，再加上农村劳动力居住偏远，职业素质难以满足第二、第三产业的就业要求，都进一步加大了转移就业的难度。

（三）社会组织在促进就业方面发挥作用十分有限

党的十八大报告提出要加强社会建设，必须加快推进社会体制改革。加快形成政社分开、权责明确、依法自治的现代社会组织体制。十八届三中全会进一步提出要激发社会组织活力。正确处理政府和社会关系，加快实施政社分开，适合由社会组织提供的公共服务和解决的事项，交由社会组织承担。限期实现行业协会商会与行政机关真正脱钩，重点培育和优先发展行业协会商会类、科技类、公益慈善类、城乡社区服务类社会组织，成立时直接依法申请登记。国务院批转国家发改委《关于2013年深化经济体制改革重点工作意见的通知》（国发〔2013〕20号）明确规定要创新政府公共服务提供方式，加快出台政府向社会组织购买服务的指导意见，推动公共服务提供主体和提供方式多元化。研究制定行业协会商会与行政机关脱钩方案，改革工商登记和社会组织登记制度。以上中央做出的重大决策部署，充分说明了我们的经济发展已经到了必须加快社会建设，以实现政府、市场、社会三驾马车并驾齐驱的时候。

经过30余年的改革，在就业领域中，我们在处理政府与市场的关系问题上通过大胆探索、勇于实践已经形成了一套相对完备的理论体系，在实践中也总结了许多经验成果。但是在处理政府与社会两者关系上，还需要进一步探索研究，一方面政府要主动放权，把政府管不了和管不好的事项交由社会来做，政府通过购买服务来实现其发挥职能；另一方面，社会组织是社会的主体，是承担社会职能的重要载体，政府还要培育社会组织健康发展壮大，而不是一放了之。比如，社区公益性就业组织定位问题，目前开办部门多为街道、乡镇政府等行政部门，主要有企业和事业单位两种法人性质，与政府机关不允许开办企业和目前事业单位改革等相关规定有所冲突。再加上人员编制、资金、场地、工作机制等软、硬件条件的限制，影响了开发社区公益性就业岗位，安置就业特困人员工作的效率。2013年，国务院机构改革和职能转变方案要求，按规定需要对企业事业单位和个人进行水平评价的，国务院部门依法制定职业标准或评价规范，由有关行业协会、学会具体认定。随后，国务院办公厅发布关于任务分工的通知，明确取消国务院部门对企业事业单位和个人进行水平评价的事项，改由有关行业协会、学会具体认定。这些问题都是新时期北京市面临的重要改革课题，需要我们不断完善、创新社会就业体制改革，重点理顺政府与社会的职责，不断培育社会组织发展，形成一个与社会主义市场经济体制相适应、相配套的社会就业现代化体制。

（四）政府就业管理公共服务有待适应新的就业形势的变化需要

国际成功经验和中国实践表明，政府必须要将就业工作作为施政的重要内容加以统筹考虑。十八届三中全会一个突出的亮点之一是要建立社会公平保障体系，公平正义已经成为全面深化改革的重要价值取向。市场经济遵循着优胜劣汰和效率优先的原则，只有如此经济才能得到有效发展。但是市场经济也会带来负面效应，出现弱者和失业问题，政府的职责就是一方面鼓励市场竞争，另一方面又要对那些暂时或长期处于市场劣势地位的劳动者予以帮助和扶持，以期望他们更快地提升能力，尽早回归到市场中去。因此，政府就业工作必然要体现公平就业的价值判断，这就需要政府部门要更加注重统筹兼顾，妥善处理好城乡之间、区域之间、不同群体之间以及不同所有制之间的利益关系，更好地回应不同群体的就业诉求、平衡好各方利益，促进社会公平就业。以这样的理念去审视政府促进就业的职责，就可以看到，政府在提升自身管理和服务能力的同时有许多的事情要做，以适应社会的需求。比如，现行的失业登记管理制度为宏观经济和就业政策的制定发挥了举足轻重的作用，但是人户分离、隐性失业、非正规就业等原因的存在，单纯依靠城镇登记失业率等就业失业登记制度产生的数据来判断就业形势的做法，已不能全面反映城乡劳动者就业基本情况，迫切需要辅之以调查失业率共同反

映就业真实状况，这就需要政府不断创新基础管理手段，建立一套行之有效的统计指标和调查分析制度。

以往的促进就业政策更加注重本市城乡人群，特别是本市困难人群，对于数量可观的外来农民工的就业和培训问题，关注的相对比较少，但是这一群体的就业和素质提高直接关系到本市经济社会发展的大局，政府如何从有效控制特大城市人口规模、满足本市经济社会发展需要和引导外来农民工有序流动、提升其技能水平等工作目标中找到一个各方都可以接受的多赢的契合点，就必须加大探索创新力度，积极稳妥地统筹推进促进就业工作。

（五）就业困难劳动者主体角色未能充分发挥

就业者首先是"社会人"，找工作的目的主要是为了谋生，实现自身的价值，从社会学的角度来看，就业是一种再社会化，即职业化过程。就业的主体应当是劳动者，就业的性质是一种特殊的社会流动，即上向职业流动[①]。劳动就业的职业流动在现代经济生活中是不可避免的。生产力的提高和社会劳动分工的发展，必然引起社会经济结构和产业结构的变化，从而导致劳动就业结构的变化。与就业结构变化相适应，劳动者需要经常从一个劳动岗位转向另一个劳动岗位。[②] 劳动者上向职业流动的实现既依靠经济社会政策的引导和帮助，同时更重要的是依靠自身的主动因应。劳动者中的一部分人由于种种原因成为就业困难者，他们需要政府和社会的扶持和帮助尽早实现就业，但是促进就业的初衷是劳动者提高就业能力，实现自主择业，不是使劳动者形成依赖思想。因此劳动者实现职业角色实质上是主观能动性作用的具体体现，而政府和社会只是起到帮衬和创造条件的作用。

三 政策建议与思考

通过上述梳理分析，在"总量矛盾不减，结构性矛盾更加突出"的基本

---

① 陈成文：《从社会学视角看就业》，《湖南行政学院学报》2001年第2期。
② 童星等：《劳动社会学》，南京大学出版社，1992年。

格局下，在就业困难多元化，就业矛盾复杂化的发展趋势下，要调整完善就业政策，应遵循"立足当前、着眼长远、扩大优势、弥补不足"的基本原则，重点提出以下建议与思考。

（一）将实现充分就业和高质量就业作为社会经济政策的价值目标加以实施

就业政策是社会经济政策的重要组成部分，是衔接经济产业政策和社会政策的纽带。在制定经济社会发展过程中，要树立就业优先的理念。

一是实行更加有利于扩大就业的社会经济政策。将本市经济产业政策、社会发展政策和促进就业政策统筹考虑，抓住本市深度调整产业内部结构，促进三次产业融合发展的契机，在金融、信息、商务等生产性服务领域，生物医药、新能源、汽车、都市农业、文化创意等新兴产业扩大就业规模。提升绿色就业行动品质，在本市大规模环境建设、节能环保领域创造更多的就业岗位，吸纳不同层次劳动者就业。支持非公有制经济健康发展，依法保护各种所有制经济产权与合法权益，促进中小企业发展，增加就业岗位。发展国内外贸易，发挥投资和重大建设项目带动就业作用，拓宽就业渠道。研究本市养老服务、医疗卫生、教育、社区建设等社会事业发展领域扩大就业的实现途径，将促进就业政策作为社会发展政策的重要指标加以落实。

二是更大发挥市场机制作用，统筹本市促进就业政策。将政府直接补贴政策与税收优惠政策、金融支持政策、对外贸易等经济政策有机衔接，形成合力共同达到促进就业的目的。企业是吸纳人力资源的主力军，应当加大鼓励企业创造就业岗位、吸纳劳动者的力度，探索出台鼓励企业增加就业岗位的税收和金融优惠政策，对于创造了一定规模就业岗位，吸纳了一定数量的劳动者就业的，可给予税收优惠和金融扶持政策。增加中小企业融资渠道、加大对中小企业的信贷支持，使金融支持常规化、普惠化，有利于促进中小企业发展，更多吸纳就业。将促进就业作为制定、调整本市外贸服务政策重要依据，对受到贸易摩擦影响较大的行业或企业，可向国家有关部门提出申请，采取贸易保护等相应措施，尽量降低失业危害。

三是实行更加有利于创业带动就业的就业倍增政策。创业是发挥劳动者能

动性职业流动的重要途径，依靠劳动者自主创业、自筹资金、自主经营，创造更多就业机会，具有重大的现实意义。首先，政府应当进一步引导劳动者建立创业观念，自强自立理念，同时在全社会形成尊重创业的良好氛围。其次，完善从产业政策、税收政策、金融政策等方面支持创业的政策体系。加强创业孵化基地建设，对入驻基地的创业企业给予税收、金融等政策支持，提升企业成长能力，吸纳更多劳动力就业。第三，要提供个性化创业服务，加强创业服务体系建设，支持创业者办出特色、办出品牌，促进以创业带动就业的实现，成为就业新的增长点。

（二）加快健全城乡、群体、区域统一的促进就业格局

按照城乡一体化的发展方向，全面梳理各项促进就业政策，从实现城乡覆盖向实现城乡统一转变，健全城乡劳动者平等就业制度，扩大自谋职业、灵活就业社保补贴享受范围，制定鼓励城乡劳动者自谋职业、引导城乡就业困难人员灵活就业的社保补贴政策，支持劳动者多渠道、多层次就业。增加灵活就业政策与正规就业政策的衔接，增加"托底"安置政策与市场就业政策的衔接，促进城乡劳动者就业由非正规转向正规，由低质量实现高质量。通过实施精细化就业管理服务，推广"一产员工制"模式等措施，统筹做好城乡就业困难人员、农村转移劳动力等群体就业工作。将需要政策扶持的不同特殊群体纳入统一的管理体制，建立科学的就业困难认定标准，给予特殊群体有针对性的就业帮扶。全市统一研究制定特殊地区支持政策，对充分利用促进就业资源有效解决其他地区就业困难的，给予一定补助。

（三）建立健全终身职业培训制度

以服务首都经济和促进就业为宗旨，坚持城乡统筹、就业导向、技能为本、终身培训的原则，建立面向全体劳动者、全职业生涯、全过程衔接的职业培训制度，贯通技能人才职业培训梯次成长通道，从促进规模就业向促进素质就业转变，努力实现"培训一人、就业一人"和"就业一人、培训一人"的目标。一是推行企业新录用人员先招用、再培训、后上岗的岗前培训制度。在涉及公共安全、人身健康、生命财产安全等特殊工种上实行职业资格准入，在战略新兴产业、公共公益服务岗位逐步推行行业资格准入，鼓励新进入人力资源市场的劳动

者参加职业培训。二是建立现代企业培训制度，实施技能素质提升工程，落实企业职工教育经费，拓展失业保险功能支持企业开展职工技能提升培训。三是完善创业培训政策，对有创业愿望和培训需求的劳动者开展多层次创业培训，使每个有培训愿望的创业者都参加一次创业培训。健全创业培训体系，引导各类优质教育培训机构开展专业化创业培训，强化创业培训与创业服务、创业咨询和创业孵化等服务手段有效衔接，鼓励创业者通过创业培训，提升创业能力。

（四）处理好政府、市场、社会三者关系

1. 处理好政府与市场的关系

从经济学角度看，就业工作是资源配置问题，应当充分发挥市场决定性作用，推动就业资源配置依据人力资源市场实现效益最大化，让劳动、技能、知识活力竞相迸发，让一切创造社会财富的源泉充分涌流，使通过经济社会发展创造的就业岗位，更多更公平地惠及劳动者。应该大幅减少政府对就业资源的直接配置，政府主要职责是保持宏观就业稳定、加强和优化公共就业服务、保障就业公平、完善就业培训、加强就业市场监管、维护就业市场秩序、弥补市场失灵。

2. 处理好政府与社会的关系

从社会学角度看，就业工作是社会民生问题，市场失灵是政府干预的有力依据，但是由于政府的行为目标与社会公共利益之间存在着一定差异，政府并不是超脱于现实社会经济利益关系的、没有独立利益的超利益的代表，政府的过分干预、公共部门垄断特性等也会走向另一个极端而出现政府失灵。社会是弥补政府失灵的一剂良药，社会组织的不断壮大会接管政府管不了和管不好的公共事务职能。国内外就业服务工作的实践告诉我们，要满足劳动者就业服务的多元化需求，一定要将市场无形之手、政府有形之手和社会服务力量三者有效结合才能奏效。要统筹运用好社会各方面力量，积极引导鼓励那些发展较好的企业或有能力的个人组建公益性就业服务组织，加快培育社区志愿者、社区义工和专业协会等服务队伍。探索建立社区公益性就业服务组织，通过社区公益性服务组织为城乡劳动者提供个性化的就业服务，通过政府购买服务的方式，鼓励和支持社区公益性服务组织发展，不断拓宽社区公共就业服务领域，探索社区服务社会化、市场化、规范化的方式方法。

B.6 "沙土基"支起的"橄榄"：北京社会阶层结构分析[*]

李 升[**]

摘 要： 基于中国人口普查时的职业大类区分，从产业结构、职业结构和就业结构的三个维度对北京社会阶层结构变动的路径与特征进行分析，由此推测北京社会阶层结构变迁的趋势虽为走向"橄榄型"，但却不能忽视作为其重要支撑的外来流动人口的职业群体，北京在今后优化社会阶层结构时需要重点考虑这类群体的职业阶层选择。

关键词： 北京 阶层结构 "橄榄型"社会

一 "橄榄型"社会的北京语境

（一）新时期北京社会结构的问题提起

伴随着工业化、市场化、城市化和全球化推动的现代化进程，在21世纪的第一个十年，北京的社会结构已经发生了重大变动。有研究表明：北京市的社会阶层结构已经在向后工业化方向发展，[①] 正在由传统的"金字塔型"结构

---

[*] 本文获北京市社会科学基金项目（项目号：13JDSHC011）资助。
[**] 李升，博士，首都社会建设与社会管理协同创新中心，北京工业大学人文社会科学学院，讲师。
[①] 高勇：《改革开放30年北京阶级阶层结构的变迁》，《北京社会科学》2009年第2期。

向现代的"橄榄型"阶层结构方向发展。①毫无疑问,立志于建设世界城市的北京在社会结构上能否形成"橄榄型"社会,已经成为重要话题。《北京市国民经济和社会发展第十二个五年规划纲要》在提到北京"十二五"的发展环境时,专门强调了北京将处于"社会加速转型的新阶段",新趋势是"社会结构和形态深刻变化"。那么,进入到21世纪第二个十年,伴随新一轮的经济社会发展,北京社会阶层结构究竟呈现怎样的形态?其变动的发展趋势又将如何?对此,本文将通过对相关数据资料的考察,在分析当前北京社会阶层结构特征的基础上,提出尝试性的预测结论。

对于一个国家或地区而言,社会阶层结构的社会意义是重大的。社会阶层结构体现了一个社会的现代化发展水平,是判断社会结构变动的重要指标,形成合理的社会阶层结构是优化社会结构的重点。②美国新马克思主义社会学的代表学者赖特(Erik Olin Wright)就曾指出,阶级阶层结构的社会意义在于,它是社会关系的基本分界线,因而是决定社会结构的其他方面的决定性因素。③由此而言,探讨社会是呈现"倒丁型"、"金字塔型"、"哑铃型"抑或是"橄榄型",实质上是在讲社会阶层结构的形态,而这些不同形态表象的背后映射出经济社会发展的动力和稳定特征。

一些发达国家的现代化实践经验表明,中产阶层占主体的"橄榄型"社会阶层结构能够实现社会稳定,从而保障经济社会协调发展。不过,具体的过程实践也表明,发达国家的"橄榄型"社会形成并不是一蹴而就的,而是基本上都经历了从"倒丁型"向"金字塔型"再向"橄榄型"社会的发展过程,就像20世纪中后期经历经济高速成长的日本,在达到"一亿总中流"的社会表象之前,也经历了贫富分化、城乡变革、人口流动等社会结构的"动荡",从而转向经济社会的协调发展,④形成社会结构的"均衡"状态。

---

① 赵卫华:《北京市社会阶层结构状况与特点分析》,《北京社会科学》2006年第1期。
② 陆学艺主编《当代中国社会建设》,社会科学文献出版社,2013,第255页。
③ 李路路:《再生产的延续:制度转型与城市社会分层结构》,中国人民大学出版社,2003,第3页。
④ 李升:《日本经济高速成长期的社会建设》,《国家行政学院学报》2012年第3期。

（二）现代社会阶层结构的变动趋势

在对社会阶层结构形态的探讨上，易陷入"中等收入陷阱"的命题困境，必须清晰理解社会阶层的职业内涵，也就是职业位置连接的配置与获得资源的方式。正如社会学家赖特·米尔斯在分析美国中产阶层的特征时就指出，中产阶层（白领）的本性和状态"可以从职业经济学和职业社会学中得到最佳的解释"①。相关研究也表明，劳动分工与职业成为判别阶层身份的主要标准，基于社会分工的行业差别或职业差别，意味着占有资源的不同、资源交换形式的不同以及交换收益的不同，职业成为社会成员获得利益的主要来源②。尤其在工业化的影响下，当代中国社会的阶层分化越来越趋向于表现为职业的分化。③ 由于职业在决定人们的经济收入、社会声望、生活方式以及思想意识等方面具有综合含义，这也成为本文在探讨北京社会阶层结构的特征与趋势时的分析标准。

以职业为核心的社会阶层结构是内嵌于社会制度与市场体系之中的，具体表现为产业结构、职业结构和就业结构的多重综合形态。其中，产业结构表示了社会阶层结构的"质"，即职业分布的层次与水平；职业结构最直观地表示了社会阶层结构的"形"，即职业分布的样态；就业结构则表示了社会阶层结构的"源"，即影响职业分布的劳动力市场需求。也就是说，一个现代化社会的阶层结构发展并不是"浮于"收入结构表面，而是体现在产业结构、职业结构和就业结构等多元维度。从率先进入现代化进程的发达国家实践经验可以看出，现代化社会阶层结构变动的一般趋势是：①在产业结构方面，由工业化发展带动产业升级，三次产业的构成比重形成"三二一"结构；②在职业结构方面，以管理人员、技术人员和办事人员为主体的"白领"阶层的构成比例超过以体力劳动为主的"蓝领"阶层；③在就业结构方面，知识技术的进步需求和现代服务业的发展需求使

---

① 〔美〕赖特·米尔斯：《白领——美国的中产阶级》，杨小东译，浙江人民出版社，1987，第85页。
② 朱力：《我国社会阶层结构演化的趋势》，《社会科学研究》2005年第5期。
③ 陆学艺主编《当代中国社会阶层研究报告》，社会科学文献出版社，2002，第7页。

得劳动力市场需要不断供给这两大类人员群体,从而使其构成社会阶层结构的核心主体。本文对于北京社会阶层结构的分析,也是基于这三个主要维度。

二 北京社会阶层结构的变动路径

(一)产业结构的现代化推进

21世纪的第一个十年,北京在产业结构方面的人员变动较为明显。从图1可以看出,20世纪90年代以前,从事第二产业的人员一直处于高比重,占到全部从业人员的40%以上,三次产业的从业人员比重形成"二三一"结构。90年代以后,从事第三产业的人员不断增加,其中在1992年,从事第三产业的人员比重首次超过第二产业,并在1997年时,从事第三产业的人员比重超过50%,[①]产业结构在从业人员比重上实现了从"二三一"向"三二一"的转变。2000年以后,北京从事第一、第二产业的人员继续减少,尤其第二产业的从业人员比重减幅较大(由2000年的33.6%减少到2010年的19.6%),而第三产业的从业人员快速增长,比重从2000年的54.6%到2010年增至74.4%。至2012年,北京三次产业的比重分别为0.8%、22.7%、76.5%,相对应的从业人员比重依次为5.2%、19.2%,75.6%,[②]从事第三产业的人员规模超过3/4,三次产业从业人员比重的"三二一"形态表现明显。

整体看来,北京三次产业从业人员的变动路径与先发现代化城市较为一致(见图1、图2),尤其是第三产业的兴起体现了北京产业结构的现代化进程,这对推进北京城市发展具有重要作用。从三次产业贡献率变化情况(见图3)可以看出,除去2008年北京的第二、第三产业贡献率波动较大以外(可考虑为举办奥运会的影响),近十年三次产业的贡献率的变化相对平稳,贡献率的大小呈现"三二一"分布。2000年以后北京第三产业的发展主要体

[①] 北京三次产业从业人员构成比重在1992年时为13.0∶43.4∶43.6,在1997年时为10.8∶39.2∶50.0。

[②] 北京市统计局:《北京统计年鉴2013》,中国统计出版社,2013。

现在金融、商业、文化、科技及服务业等方面，尤其是2001年中国加入世界贸易组织（WTO）以后，北京的金融业、商业批发与零售业、信息产业、汽车产业、物流产业等多个部门开始对外资实行开放，新兴行业的发展容纳了大量的新阶层人员。

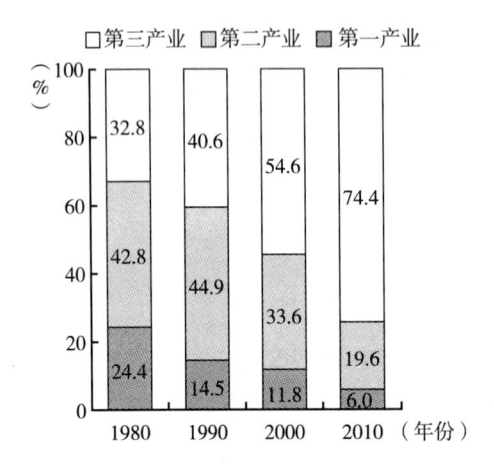

图1 北京三次产业从业人员比例变动

年份	第一产业	第二产业	第三产业
1980	24.4	42.8	32.8
1990	14.5	44.9	40.6
2000	11.8	33.6	54.6
2010	6.0	19.6	74.4

数据来源：《北京统计年鉴2012》。

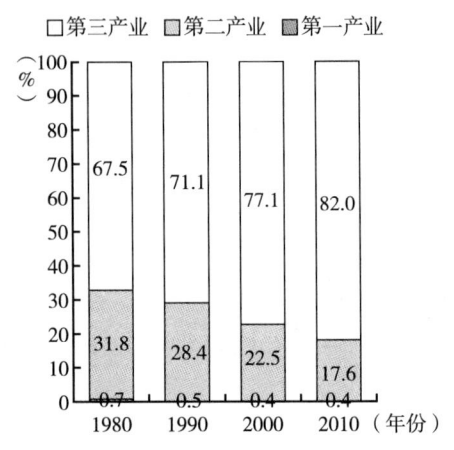

图2 日本东京三次产业从业人员比例变动

年份	第一产业	第二产业	第三产业
1980	0.7	31.8	67.5
1990	0.5	28.4	71.1
2000	0.4	22.5	77.1
2010	0.4	17.6	82.0

数据来源：日本总务省统计局历次国势调查，http://www.stat.go.jp/index.htm。

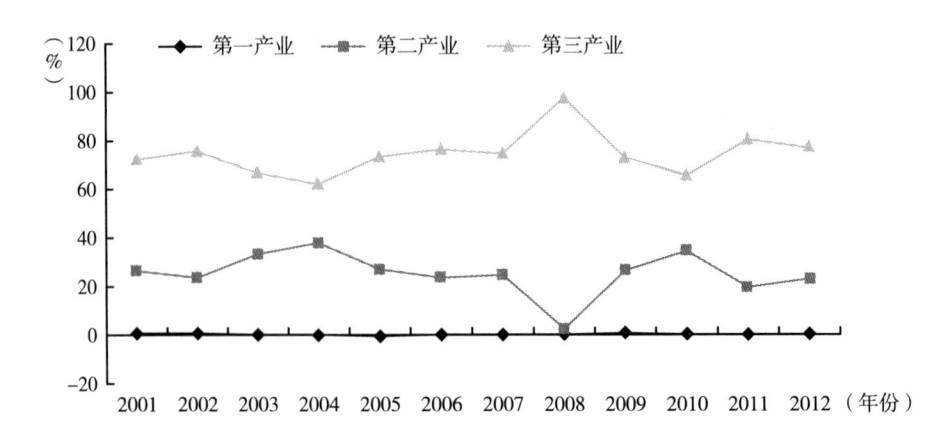

图3 北京三次产业贡献率变化（2001~2012年）

说明：产业贡献率指各产业增加值增量与GDP增量之比。

资料来源：根据《北京统计年鉴2013》相关数据制作。

（二）职业结构的"中层化"推进

进入2000年以后，北京的职业结构变动主要体现在三个方面。第一，"白领"所指的管理人员（国家机关、党群组织、企事业单位负责人）、技术人员（从事各种科学研究和专业技术工作人员）和办事人员（在各类组织单位中从事行政业务、事务工作的人员）在逐步成长。第二，作为"上层蓝领"的商业服务业人员（从事商业、餐饮、娱乐、运输、旅游以及居民生活服务类人员）规模伴随第三产业的发展不断壮大。第三，作为传统阶层主体的工人（生产运输设备操作人员）和农民（农林牧渔水利业生产人员）群体的比重不断降低。

表1 20世纪90年代以来的北京职业结构变迁

单位：%

职业分类 占比 年份	1990年	1995年	2000年	2005年	2010年
国家机关、党群组织、企业事业单位负责人	6.73	8.62	5.68	6.28	2.97
专业技术人员	16.76	18.29	17.29	19.59	20.39
办事人员	6.07	6.86	10.75	11.31	15.46
商业服务业人员	14.83	17.45	24.01	30.66	33.82
工人（生产运输设备操作人员）	37.59	32.37	29.34	24.15	21.54
农民（农林牧渔水利业生产人员）	17.98	16.39	12.93	7.84	5.81
不便分类的其他从业人员	0.04	0.02	0.0	0.17	0.01

资料来源：1990年、2000年和2010年数据来自第四次、第五次和第六次全国人口普查数据；1995年和2005年数据为1%全国人口抽样调查数据。

从表1可以看出，直到2000年，工人依然是北京职业结构中占人数最多的群体，其比例接近1/3，2000年以后持续减少，而专业技术人员、办事人员和商业服务业人员比例持续增加。至2010年，管理人员、专业技术人员和办事人员的比例之和超过1/3（38.82%），商业服务业人员的比例也达到1/3（33.82%），而工人和农民的比例则不足1/3（27.35%）。需要指出的是，私营和个体经济是北京商业服务业的重要组成部分，其从业人员的增加也表明了新阶层人员的成长，从图 4 可以看出，近十年来个体经济的人员增减相对平稳，而私营经济从业人员则增速明显。从北京职业结构的变动情况可以看出，专业技术人员、办事人员和商业服务业人员等新职业群体的成长使职业阶层呈现"雇佣白领化"和"上层蓝领化"的变动路径，他们是职业结构的中间层，也是构成北京社会阶层结构的主体，北京的职业结构的"中层化"发展已逐渐使社会结构呈现"中间大两头小"的形态。

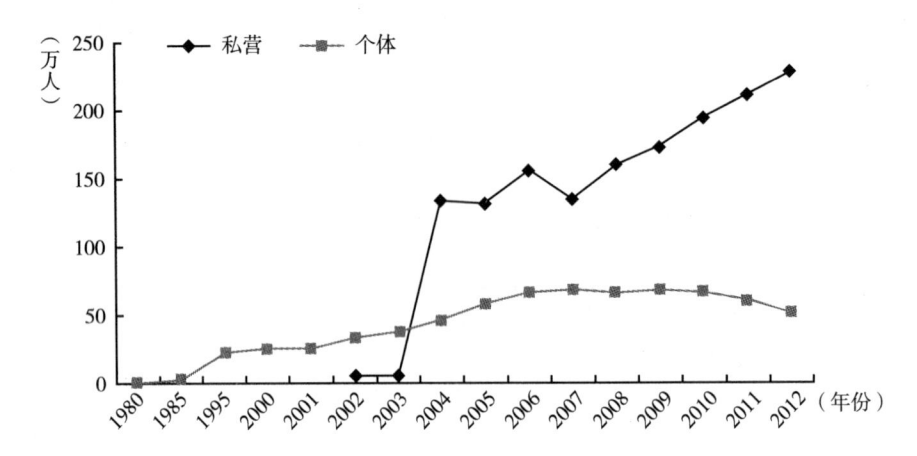

图 4　北京市登记注册的从事私营和个体经济的人员变化（1980～2012 年）

数据来源：北京市工商行政管理局，根据《北京统计年鉴 2013》相关数据制作。

（三）劳动力市场的开放化推进

市场经济的发展推动了北京劳动力市场的开放化，促成了人们的社会流动，人们更大程度上可以依靠非先赋性因素获得自身的社会经济地位。进入 2000 年以后，知识和技术成为影响人们职业获得的重要因素。从表 2 可以看出，具有高学历和专业技术的人员在北京从业者中占有一定比重，而且从 2004 年到 2008 年，具有高学历、专业技术职称以及高技术等级的从业人员数量均在增加，尤其是具有大专学历及以上的高学历者（从 38.7% 增至 48.9%）和高级工及以上的高技术等级者（从 4.5% 增至 5.2%）在整个从业人员比重中增幅较大，说明上学读书和学习技术可以促进人们的职业地位获得。

表2 按学历、职称及技术等级划分的从业人员情况

分类	期末从业人员(万人)		构成(%)	
时期	2004年	2008年	2004年	2008年
一、按学历分				
具有研究生及以上学历人员	25.5	44.8	3.6	5.5
具有大学本科学历人员	120.2	189.8	17.0	23.2
具有大专学历人员	127.6	164.7	18.1	20.2
具有高中学历人员	221.9	231.9	31.5	28.4
具有初中及以下学历人员	209.9	185.7	29.8	22.7
二、按专业技术职称分				
其中:具有高级技术职称人员	31.7	34.1	4.5	4.2
具有中级技术职称人员	66.2	69.5	9.4	8.5
具有初级技术职称人员	74.2	77.5	10.5	9.5
三、按技术等级分				
其中:高级技师	2.0	3.2	0.3	0.4
技师	5.3	7.3	0.8	0.9
高级工	24.3	31.6	3.4	3.9
中级工	35.8	33.3	5.1	4.1
初级工	—	37.6	—	4.6

资料来源:北京市第一次和第二次全国经济普查主要数据公报,北京市统计局,2005年、2010年。

劳动力市场的开放化还体现在有更多的企业类型供人们选择。从图5可以看出,20世纪90年代以后,国有企业和集体企业的从业人员数量呈现减少趋势,这一方面与企业改制有很大关系,另一方面也反映出人们对在体制外就业的自主选择性增强。与之对应的是,市场化形成的有限责任公司、股份有限公司、外商投资以及港澳台投资企业从业人员从90年代开始呈现逐渐增长的态势,尤其是有限责任公司的从业人数从2008年开始超过国有单位,表现出快速增长势头。结合图4和图5的结果可以得出,2012年北京登记注册的不同类型的从业人员人数由多到少的排序为:有限责任公司、私营经济、国有单位、外商投资、股份有限公司、港澳台商投资、个体经济、集体单位、联营单位。企业类型的多样化表现出产业结构现代化进程中的市场化效应,人们的就业选择范围更广,自主选择职业的能动性得以提升。

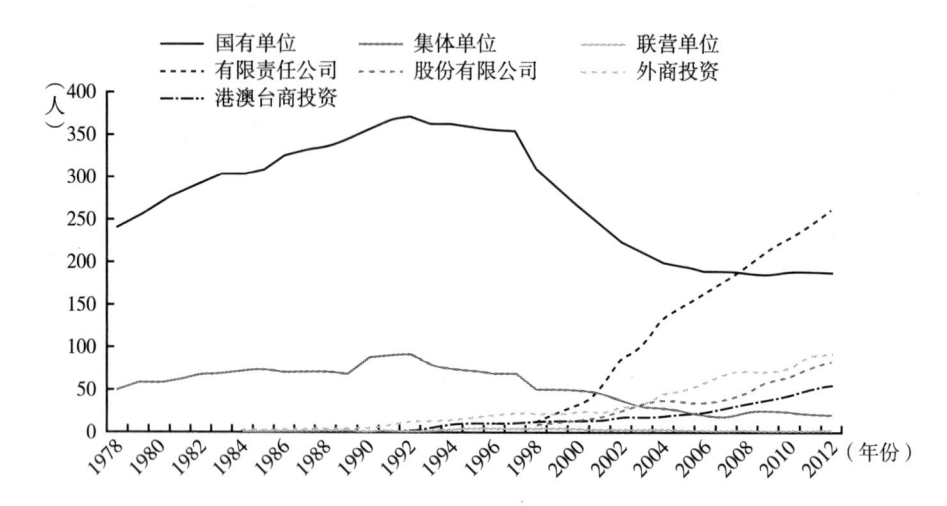

图5 北京按登记注册类型分从业人员人数（1978～2012年）

数据来源：根据《北京统计年鉴2013》相关数据制作。

三 北京社会阶层结构特征分析

从北京社会阶层结构的变动路径不难看出，三次产业化的发展、"白领"职业群体的增加、知识技术型人员和商业服务业人员的市场需求等都体现了社会现代化进程，进入到21世纪的北京正在形成一个"橄榄形"的现代化社会阶层结构。正如已有研究表明，从阶层结构来看，工业化中后期阶段的中产阶层规模的经验值为23%～65%，2010年北京社会阶层中的中产阶层约为40%，[1]处于工业化中期阶段。然而，在分析北京形成"橄榄形"社会的特征时，仍需要看到存在的"过渡性"问题。

（一）产业结构的升级需求

经济学家库兹涅茨认为，第一、二、三产业部门存在着劳动生产率的差异，推动了劳动力的产业间转移，形成资源在产业间的分配。劳动者可以在高效率产业部门获得更高的报酬，资本也会集中在高效率产业部门获得收益，产业就会随

---

[1] 陆学艺主编《2010年北京社会建设分析报告》，社会科学文献出版社，2010，第289页。

着发生变化。从一般产业升级的规律来看，发达国家的第三产业比第二产业具有更高的劳动生产率，形成第三产业的持续扩张和资源向第三产业持续配置，这是由于经济增长引发的服务消费需求增加，使得现代服务业的比重和效率都超过了制造业。① 按照这样的分析，现代化的产业结构在劳动生产率、从业人员和资源配置上都应该是"三二一"结构。从实际情况来看，北京三次产业从业人员的比例变动路径也符合劳动力在不同产业部门流动的解释。

不过，从三次产业的社会劳动生产率状况来看（见图6），近年来北京第二产业的社会劳动生产率要高于第三产业，三次产业呈现"二三一"结构，这与美国、日本等发达国家的情况不同，说明北京的第三产业尽管发展很快且比重较高，但其中的商业服务业的发展距离发达国家的现代商业服务业的水平还有差距。这一方面说明传统低端的服务业依然较多，另一方面也是由于教育、医疗、金融、交通、通信等产业受到了体制的抑制（垄断或行政化管制）②。由于存在体制障碍，大量的外来人口进入北京从事低端的服务行业，而那些需求较大的高端行业缺少更多的社会资源融入。

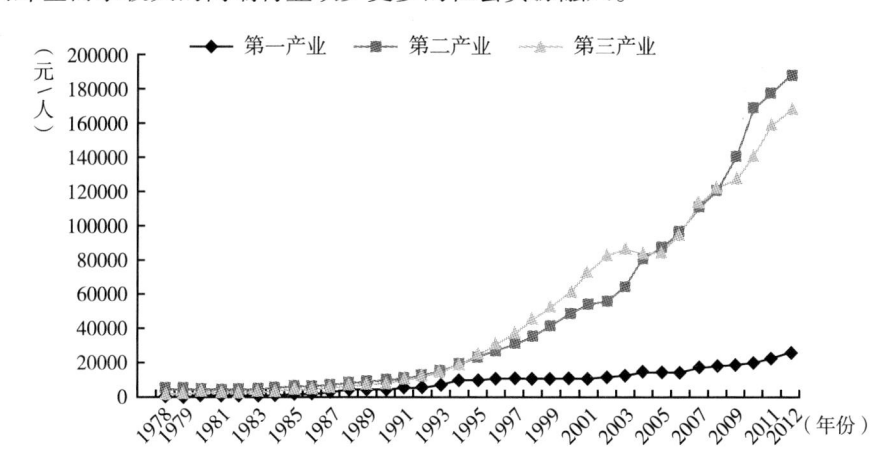

图6　北京社会劳动生产率（1978~2012年）

说明：数值按当年价格计算。
数据来源：根据《北京统计年鉴2013》制作。

---

① 张平：《产业结构现代化推动发展方式转变》，《中国社会科学报》2012年2月6日。
② 张平：《产业结构现代化推动发展方式转变》，《中国社会科学报》2012年2月6日。

此外，从与发达国家大城市发展的趋势比较也可以看出北京产业结构发展的"滞后"特征。从图1和图2的结果来看，和东京相比，北京的第一产业从业人员明显要高，第二产业从业人员比例与之接近，而第三产业从业人员比例要小。2011年，国务院发布《工业转型升级规划（2011~2015年）》，指出工业发展方向为"转型协调化、升级高度化"。伴随着北京快速的城市发展进程，新兴产业不断落户北京，而农业、老式工业以及低端产业则面临转型，这不仅为中高端人才的就业提供了机会，也推动了北京中低端产业人员的社会流动，这些都表明了北京产业结构的升级需求。

（二）职业分化的年轻化与行业分层化

不同年龄群体的职业分布对于北京社会阶层结构的变动也具有重要影响，其解释涉及社会流动的分析。从北京不同年龄群体的职业分布情况可以看出（见图7和图8），2000年的北京从业人员中，30~39岁的年龄群体职业分化较为明显，而到2010年时，20~29岁的年龄群体职业分化更为明显。这一定程度上说明北京不同行业的职业需求趋于年轻化，更多的年轻人在北京实现了自身的职业地位获得。2000年的年龄群体职业分布中，"70后"和"80后"群体较为一致，从事职业比例较高的依次为商业服务业人员、专业技术人员和工人，这也与北京实际劳动力市场的需求相符，现代商业服务业和第二产业的发展都需要更多的年轻人工作。此外，通过比较可以看出（假设2000年的20~29岁的年龄群体到2010年实现了社会流动），2000年的20~29岁年龄群体主要职业为工人、商业服务业人员和专业技术人员，而2010年的30~39岁年龄群体主要职业为商业服务业人员、专业技术人员和工人，这一定程度表明了向上流动的趋势，也体现了"蓝领"向"白领"的转变。

还需注意的是不同行业对职业结构产生的影响，北京在不同行业类别的收入分层较为明显。从表3可以看出，金融、信息、文化以及科技类的行业从业人员年平均工资近年来处于较高位置，而农业和一些较低端的居民服务业等行业收入较少。如果以北京市人保局和统计局公布的2012年北京职工年平均工资62676元（月平均工资5223元）为基准，则有8个行业的从业人员年平均工资低于这个水平，而这些行业中的住宿餐饮业、制造业以及批发零售业从业

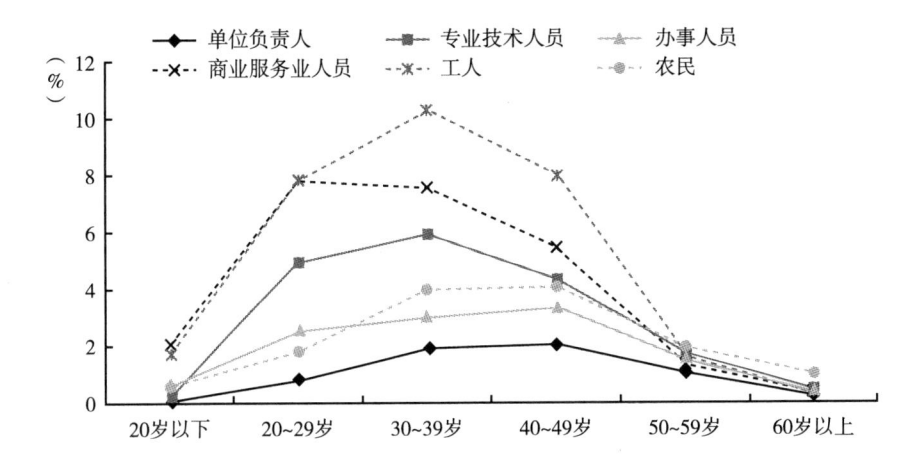

图 7　2000 年北京不同年龄群体的职业分布

数据来源：根据第五次和第六次全国人口普查数据制作。

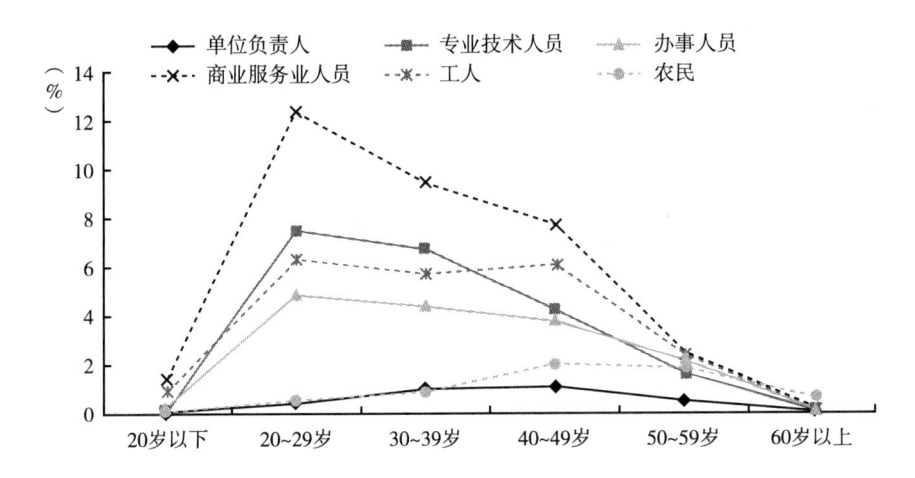

图 8　2010 年北京不同年龄群体的职业分布

数据来源：根据第五次和第六次全国人口普查数据制作。

人员数量较多，他们是职业结构中的商业服务业人员的重要主体，成为"蓝领"阶层中的相对中下层群体。从北京就业的实际情况来看，能够进入金融、信息、文化以及科技类行业也被人们视为找到"好工作"的主要标志，这些行业要求从业者具备一定的知识和技术，其发展将促进中高收入的"白领"阶层成长。

表3 北京市法人单位从业人员和平均工资

单位：元，万人

项 目 行业分类	从业人员平均工资			从业人员年末人数		
	2012年	2010年	2008年	2012年	2010年	2008年
居民服务、修理和其他服务业	35752	23878	21231	16.4	16.3	13.7
农、林、牧、渔业	37156	27412	21276	3.1	4.4	4.6
住宿和餐饮业	38725	28198	23921	47.7	42.2	43.8
水利、环境和公共设施管理业	52287	39448	34596	10.7	10.0	9.6
建筑业	54924	40561	32502	58.5	52.6	48.0
制造业	58839	42712	33694	136.3	132.1	134.2
批发和零售业	60593	44578	40095	124.6	105.5	103.6
房地产业	60767	45612	37408	47.6	42.4	39.5
交通运输、仓储和邮政业	63064	48339	41669	64.4	56.5	54.8
公共管理、社会保障和社会组织	70272	55665	51517	44.8	41.1	38.9
租赁和商务服务业	74710	52267	45611	101.1	112.4	100.1
采矿业	78038	67396	55091	6.9	4.6	5.1
教育	80447	62067	50715	48.0	45.0	43.3
电力、热力、燃气及水生产和供应业	90345	83173	70648	9.2	7.1	6.9
科学研究和技术服务业	90514	71247	60676	73.9	65.3	55.7
文化、体育和娱乐业	92424	65465	57055	21.2	19.6	18.5
卫生和社会工作	94796	67790	58358	24.3	21.9	19.7
信息传输、软件和信息技术服务业	113390	88640	77739	73.2	58.4	48.8
金融业	181886	161372	132870	39.5	27.9	23.2

数据来源：根据《北京统计年鉴2013》《北京统计年鉴2011》《北京统计年鉴2009》相关数据制作。

（三）劳动力市场的就业差异

劳动力市场需求是影响北京职业结构的重要因素。2010年的北京劳动力市场中（见表4），需求最多的职业分别是商业服务业人员、工人和办事人员，尽管这些职业的求职人数也较多，但求人倍率仍然达到3.41、2.85和3.45，表现出明显的供大于求的状况。而从北京人社局公布的2010年北京市劳动力市场供求状况数据[①]可以得知，2010年北京的求职人员中外地人员占到较大比重，并且劳动力需求的主要行业集中在"居民服务、修理和其他服务业""制

---

① 北京市人力资源和社会保障局网站，http：//www.bjld.gov.cn/。

造业""批发和零售业"和"住宿和餐饮业",从前文分析可以看出,这些需求量大的行业工资收入处于中低水平。从具体的职业岗位需求也可以看出(见表5和表6),一些中下层的"蓝领"职业(如简单体力劳动人员,营业人员,餐厅服务员、厨工,治安保卫人员等)依然是需求大于供给的职业。而一些中上层的"白领"职业,如企业管理人员、会计和计算机工程技术人员等,则出现市场需求小于供给的情况。北京的劳动力市场表现出"蓝领"和"白领"的就业差异,职业需求量较大的商业服务业人员、工人和办事人员更多是集中于中低端行业,而外地人员对这些职业的需求更大。

表4 2010年北京市劳动力市场供需情况

单位:人

职业分类	需求人数	求职人数	求人倍率
国家机关、党群组织、企业事业单位负责人	13129	3435	3.82
专业技术人员	58979	21157	2.79
办事人员	159367	46172	3.45
商业服务业人员	475797	139538	3.41
工人(生产运输设备操作人员)	389869	136776	2.85
农民(农、林、牧、渔、水利业生产人员)	8265	3035	2.72
不便分类的其他从业人员	559	1791	0.31
合　　计	1105965	351904	3.14

说明:求人倍率可反映劳动力供求总量之间的矛盾。计算公式:求人倍率=需求人数/求职人数。
数据来源:中国就业网,http://www.chinajob.gov.cn。

表5 2005年和2010年北京市劳动力市场需求大于供给职业排行

2005年	职业	需求人数	缺口数	求人倍率
1	推销展销人员	72437	54756	4.10
2	餐厅服务人员	36150	23045	2.76
3	体力工人	55691	16435	1.42
4	治安保卫人员	31368	15101	1.93
5	营业人员	50492	12514	1.33
6	环境卫生人员	31210	11999	1.62
7	社会服务人员	28156	11274	1.67
8	裁剪缝纫工	11289	9147	5.27
9	饭店服务人员	13308	8147	2.58
10	经济业务人员	5003	3882	4.46

续表

2010年	职业	需求人数	缺口数	求人倍率
1	简单体力劳动人员	153717	89213	2.38
2	营业人员	73090	57133	4.58
3	餐厅服务员、厨工	57132	52856	13.36
4	治安保卫人员	59563	47919	5.12
5	推销、展销人员	50489	42917	6.67
6	环境卫生人员	57119	41050	3.55
7	饭店服务人员	39192	33268	6.62
8	保管人员	38156	23084	2.53
9	电信业务人员、话务员	18361	16010	7.81
10	电子元件、器件制造工	16530	15458	15.42

数据来源：中国就业网，http://www.chinajob.gov.cn。

表6　2005年和2010年北京市劳动力市场需求小于供给职业排行

2005年	职业	求职人数	缺口数	求人倍率
1	机动车驾驶员	42633	-29265	0.31
2	行政事务人员	40534	-21621	0.47
3	财会人员	25503	-17970	0.30
4	电子电气设备装配工	8551	-5759	0.33
5	计算机工程技术人员	9282	-5036	0.46
6	保管人员	14482	-4836	0.67
7	中餐烹饪人员	10334	-4674	0.55
8	机械设备装配工	7214	-4622	0.36
9	机械冷加工工	8294	-3853	0.54
10	物业管理人员	7300	-2716	0.63
2010年	职业	求职人数	缺口数	求人倍率
1	保育、家庭服务人员	15521	-5737	0.63
2	企业管理人员	2450	-2450	0.00
3	会计人员	4388	-1043	0.76
4	计算机工程技术人员	2797	-962	0.66
5	新闻出版文化工作者	816	-816	0.00
6	公路运输服务人员	2772	-612	0.78
7	粮油食品制作人员	1503	-481	0.68
8	翻译	525	-459	0.13
9	环境保护工程技术人员	350	-318	0.09
10	演员	284	-284	0.00

数据来源：中国就业网，http://www.chinajob.gov.cn。

中低端行业的劳动力市场需求也将影响到对不同文化程度群体的就业。从图9可以看出，2010年北京劳动力市场在学历方面的求人倍率呈现"学历高、需求小"的形态。具体来说，高中、初中及以下的求职者更具优势，这与前面分析的商业服务业需要更多的中低端岗位状况是一致的。而对于那些大学及以上的高学历者，较低的求人倍率显示他们将面临紧张的市场竞争。这与北京的实际情况也较为相符，一方面是北京的高校较多，每年大量的高校毕业生都将面临就业选择，如果多数人选择留在北京，则必然要面临劳动力市场的筛选；另一方面就是北京的城市吸引力使得大量文化程度较高者来到北京（如"北漂族"），尝试在北京寻求向上社会流动的机会，他们将要和本地的较高学历者一起，竞争那些较好的职业岗位。这样的一种"人才过剩"的状况也成为知识技术型人员选择离开北上广的重要原因。北京劳动力市场供需的"就业差异"将使得北京社会阶层结构中的"白领"阶层和"蓝领"阶层呈现不同的成长速度。

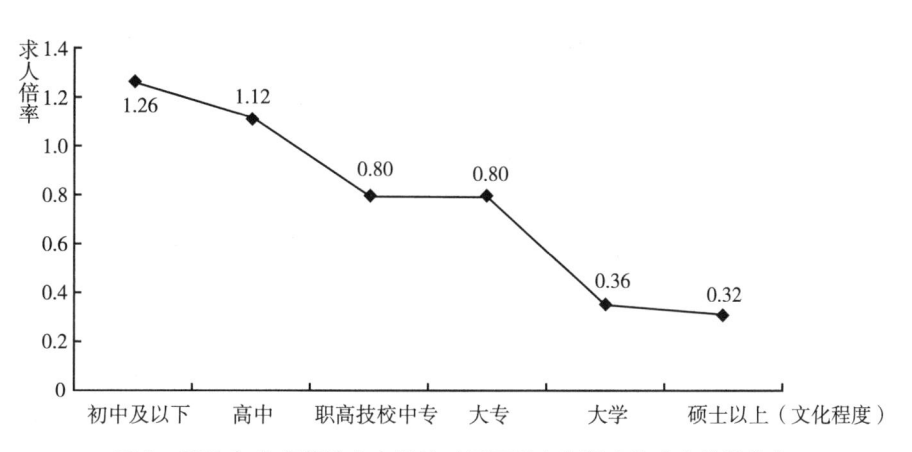

图9 2010年北京劳动力市场的对于不同文化程度的求人倍率分布

数据来源：中国就业网，http://www.chinajob.gov.cn。

四 北京社会阶层结构推测："沙土基"支起的"橄榄"

（一）市场与政府双重力下的社会阶层结构形成

社会阶层化的重要逻辑就是社会流动机制，对其解释不仅包括现代化逻辑，还包括制度主义解释①。前者强调走向现代化社会中的技术和劳动分工等对社会流动和社会分层的影响，职业地位将作为社会经济地位的核心，社会阶层结构会日益开放，社会流动将呈现机会平等化趋势。后者强调社会制度体系对社会分化的影响，不同的制度会对人们的社会流动产生重要影响，进而影响现代社会阶层结构的形成。对北京而言，市场和政府的双重推力无疑体现了这两种逻辑。

一方面，市场经济促使了第一产业和第二产业的转型，推动了第三产业的蓬勃发展。在市场条件下，职业类型形成多样化，专业技术人员和商业服务业人员等新职业群体不断涌现，人们的社会流动具有较强的市场导向的自主性色彩。另一方面，北京的户籍制度、人事制度、用工制度等对社会阶层结构的形成产生了重要作用，其表现就是通过相关制度政策的制定来影响人们的职业选择，促进人们的"结构性流动"，如北京持续不断地接纳外来农民工进入工厂和商业服务业的同时，吸引大量知识技术型人才进入中高端产业，这都对原有体制的改革和新就业政策的实施就起到了关键作用。

在理想的"橄榄型"社会结构中，社会流动的机制是自由顺畅的，社会阶层间的关系是稳定和谐的。北京的社会阶层结构在市场与政府双重推力下，人们实现了更多的社会流动，工人和农民群体逐渐减少，转化为专业技术人员、办事人员和商业服务业人员等群体，表现出"中产阶层"增加的趋势，而北京日新月异的现代化发展事实也能够证明第三产业和新职业阶层群体的成长。不难推测，通过人们的社会流动，北京正转变为"中间大两头小"的"橄榄型"现代社会（见图10）。

（二）社会阶层结构的外来流动人口基础

从前文的分析可以看出，当前对北京社会阶层结构影响较大的因素是第三产业的商业服务业、中低端行业的职业需求以及年轻群体的就业等。而在这些方面，北京更大程度上依赖于外来人口的流入，这其中尤以大量的农民工群体

---

① 李路路：《社会结构阶层化和利益关系市场化——中国社会管理面临的新挑战》，《社会学研究》2012年第2期。

"沙土基"支起的"橄榄"：北京社会阶层结构分析

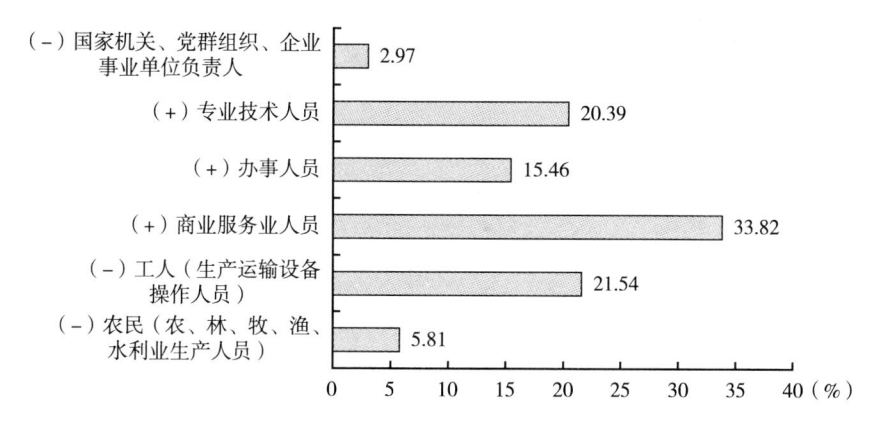

```
(-) 国家机关、党群组织、企业      2.97
    事业单位负责人
      (+) 专业技术人员            20.39
          (+) 办事人员            15.46
      (+) 商业服务业人员           33.82
    (-) 工人（生产运输设备          21.54
          操作人员）
    (-) 农民（农、林、牧、渔、      5.81
          水利业生产人员）
        0    5   10   15   20   25   30   35   40 (%)
```

图 10　北京社会阶层结构形态

说明：根据第六次全国普查数据（2010 年）制作，职业类别前的"+"表示增大趋势，"-"表示减小趋势。

流入为核心。北京市统计局的相关调查数据也证明了这一点，根据"北京市外来人口动态监测调查公报"（2003）[①]，外来人口主要以年轻和中低学历群体为主，且主要从事第三产业的中低端职业，具体在人数比例方面，建筑业占22.8%，住宿和餐饮业占17.7%，批发和零售业占16.2%，制造业占13.6%，居民服务、修理和其他服务业占11.6%，这五个行业所占比重达到81.9%。这些外来人员的主要职业表为：单位负责人占0.4%，专业技术人员占4.2%，办事人员和有关人员占3.9%，商业和服务业人员占51.0%（其中，餐饮服务人员比重最高，占15.1%；其次是摊位经营人员和铺面经营人员，分别占8.8%和5.6%），工业生产人员占12.9%，建筑施工人员占22.5%，运输设备操作人员占2.3%，农、林、牧、渔、水利业生产人员占2.0%，其他人员占0.8%。

以外来农民工为核心的流动劳动力由于受到以户籍为核心的社会体制影响，往往只是进入北京非正规部门和次级劳动力市场，从事城市"不喜欢"

---

① 外来人口在年龄构成上以 15～39 岁的人口居多，占外来人口总数的 78.1%；在务工经商人员中，从事第一产业的占 2.4%，从事第二产业的占 37.6%，从事第三产业的占 60.0%。受教育程度上，受过大专及以上教育的占 10.7%，受过高中教育的占 16.4%，受过初中教育的占 57.8%，受过小学教育的占 13.2%，不识字或识字很少的占 1.9%。（数据来源于北京市统计局，《北京市 2003 年外来人口动态监测调查公报》2004 年 2 月 2 日）

但又"不可缺"的建筑、清洁、搬运、垃圾回收等体力工作，以及中低端的餐饮、批发零售及居民服务等商业服务业工作，这些人构成北京社会阶层结构中的中低端"蓝领"阶层。正如有研究指出的，北京社会阶层结构具有"城市户籍人口中间阶层化、农民工构成较低职业阶层主体"[①]的特征。随着北京外来农民工的不断增加，社会阶层结构中的中下层群体也将不断增加。

还需注意的是一些具有较高学历和技术的外来人员，他们是"白领"阶层的"后备军"，其社会流动也同样会受到户籍等社会体制带来的资源分配不均以及北京生活成本较高等因素的影响。已有相关研究表明，企业特别是民营企业普遍面临着科技人才供需矛盾的困境：对科技人才尤其是中高端科技人才的需求强烈，但科技人才往民营企业流动的积极性不高。科研资源的分配不合理、企事业单位间的待遇不平等成为科技人才流向企业的最大障碍。[②] 近年来出现的人才"逃离北上广"现象，便说明了有知识和有技术者面临的新职业选择，这在一定程度上不利于北京中上层群体的成长。

那么，北京的社会阶层结构究竟会如何变动？虽然从三个维度的分析表明走向一种"橄榄型"社会的趋势，但却需要指出支撑这个"橄榄"的重要基础，即大量外来流动人口构成的新职业群体。尽管外来流动人口面临的"体制障碍"或许在社会结构中表现为一种"关系的割裂"，但其源于底层的支撑作用决不能忽视。在未来的一段时期内，北京在控制人口规模和调整低端产业等方面的决心无疑将促进产业结构和职业结构的优化升级，但也会影响到劳动力市场的职业需求，受到影响最大的就是外来流动人口。社会阶层优化的过程既是一个社会进步的过程，同时又是一个付出社会代价的过程。[③] 如何使外来流动人口群体的变动涉及较小的社会代价？是控制其规模并使其"离京而迁"，还是在制度上推动劳动力市场发展使其逐步融入？这将是北京今后需要考虑的重要课题，也将影响到北京稳定、有序、和谐的发展。

---

① 赵卫华：《北京市社会阶层结构状况与特点分析》，《北京社会科学》2006年第1期。
② 中国科学技术发展战略研究院"科技工作者流动状况调查"课题组：《"孔雀"往哪儿飞——我国科技工作者流动状况调查》，《科技日报》2013年12月15日。
③ 郑杭生：《我国社会阶层结构新变化的几个问题》，《华中师范大学学报》（人文社会科学版）2002年第2期。

B.7 北上广农民工状况及城市迁移意愿调查报告[*]

胡建国 裴豫[**]

摘　要： 北上广作为一线城市，吸引大量外来农民工就业。通过对北上广1200余名农民工的调查分析，发现农民工就业层次低，收入不高，但是持有很强的城市定居愿意。其中有53.3%的被调查者选择未来继续留在北上广，有22.8%的人表示不确定，只有23.9%的人明确表示会离开北上广。然而作为一线城市，北上广必然要严控城市人口规模，这意味着对于那些期望留在北上广定居的农民工而言，梦想与现实存在着鸿沟。在控制城市人口规模与外来从业人员定居意愿很高的冲突背景下，特大城市如何妥善解决上述问题，是创新城市人口管理无法回避的问题。

关键词： 农民工　人口管理　歧视　城市化　社会建设

一　问题提出

近年来，"逃离北上广"现象引发各界关注。这种现象传递的是在北京、上海、广州这些一线城市，大量外来从业人员撤离到外地落脚寻找发展机会。

---

[*] 本文为国家社科基金项目"城市化进程中农民工的就业歧视及其社会风险研究"阶级性研究成果，项目号12BJY042。

[**] 胡建国：博士，首都社会建设与社会管理协同创新中心、北京工业大学人文社会科学学院社会学系教授；裴豫：北京工业大学人文学院社会学系学生。

原因主要有三方面：一是生活成本高。近年来中国房价猛涨，北上广更是中国城市高房价的"重灾区"，再加上这些地方子女教育成本高昂，外来从业人员没有可观的收入或者是家庭的大力支持，要想在北上广安家落户和体面生存，难度之大已经异乎寻常。二是工作压力大。北上广发展机会多，但是作为中心城市也集聚了大量的精英人才，要想出人头地，就必须面对巨大的竞争压力与挑战。同时，由于城市太大，外来人员居住地大多远离工作地点，工作出行成本太高，早上天未亮出门，晚上天黑回家，上下班路途奔波，身心疲惫。三是城市排斥。由于北上广严控城市人口规模，对外来人口入户采取排斥政策，要想获得北上广户口，对于绝大多数外来人员而言基本不可能。没有本地户口意味着要想在本地购房购车得比本地人难度更大，没有本地户口，将来子女升学也会面临诸多障碍。

在这样的背景下，逃离北上广现象事实上传递的是外来从业人员在一线城市生活工作不堪重负和遭遇城市管理歧视，由于看不到未来希望和缺乏归属感与安全感，所以选择撤离北上广到外地寻找发展机会。

但是，外来从业人员中的不同群体，在逃离北上广问题上，是否都持有相同的意愿？本文根据相关调查，① 对北上广外来人员中的重要组成部分——农民工的现状及其城市迁移意愿进行了分析。探讨外来人员中的不同群体在城市化进程中的生活与工作状况，以期为城市化推进提供启示。

二 北上广农民工状况

（一）农民工结构

北上广是我国最重要的特大城市，在经济、社会、政治和文化领域，其城市影响辐射全国。从地理位置来看，北上广则分别是我国华北、长三角、珠三

---

① 本文分析使用数据为2011～2012年在北上广进行的农民工调查数据。该调查采取随机抽样的方式共调查了1261位农民工。其中，男性占56.9%，女性占43.1%；样本年龄分布为16～62岁，平均年龄为28.8岁，年龄标准差为8.0岁；职业分布为：生产工人占60.5%，服务业员工占12.7%，管理人员占12.9%，自雇占5.4%，其他占8.5%。

角这三个重要地区的核心城市,引领三个地区的发展。从本次调查结果来看,北上广被调查农民工来源呈现出典型的地缘特征:北京被调查农民工流出地位居前三位的是河北、河南和山东,集中在华北地区,占全部被调查农民工的46.6%;上海是安徽、江苏和河南,集中在长三角地区,合计为55.9%;广州则为本省、湖南及广西,集中在华南及中南地区,合计达到56.3%。从这一结果来看,流进北上广的农民工主要来自三座城市的周边地区(见表1)。

表1 北上广被调查农民工主要来源省份

单位:%

城市	来源省份前3位	合计所占比例
北京	河北、河南、山东	46.6
上海	安徽、江苏、河南	55.9
广州	广东、湖南、广西	56.3

从被调查农民工的年龄来看,北上广农民工年龄主要集中在19~33岁,以"80后""90后"为主,占被调查总体的81.27%(见图1)。事实上,正如许多调查和媒体报道的那样,新生代农民工已经成为农民工的主体。与第一代农民工相比,新生代农民工具有鲜明的特征:一是外出务工动因由生存型转向生活型;二是身份认同从农民身份向工人和市民身份转变;三是发展取向从关注工资待遇向更多关注自身发展和前途转变;四是维权意识从被动接受向追

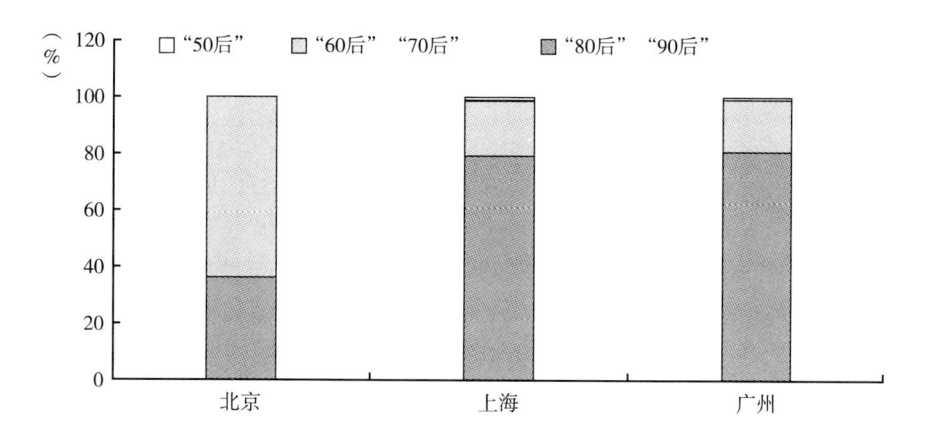

图1 北上广被调查农民工年龄状况

求权利平等转变；五是职业选择从苦脏累工种向体面工种转变。① 这表明，新生代农民工越来越表现出很强的融入城市生活工作的意愿，并付诸了行动。

在学历方面，北上广被调查农民工学历主要以初中文化水平为主（见图2）。和上海、广州相比，北京被调查农民工的学历水平要高一些，其中大专学历的比例为24.7%，而上海、广州分别是12.6%和14.7%。可能的原因是北京高校云集，来北京求学的外地农村学生毕业后留在北京工作的情况更为普遍。② 但是，总体来看，北上广被调查农民工的学历水平还是不高，这导致农民工的就业领域不能得到拓展，大多数挤在初级劳动力市场中，只能从事简单的体力劳动，职业流动空间有限。

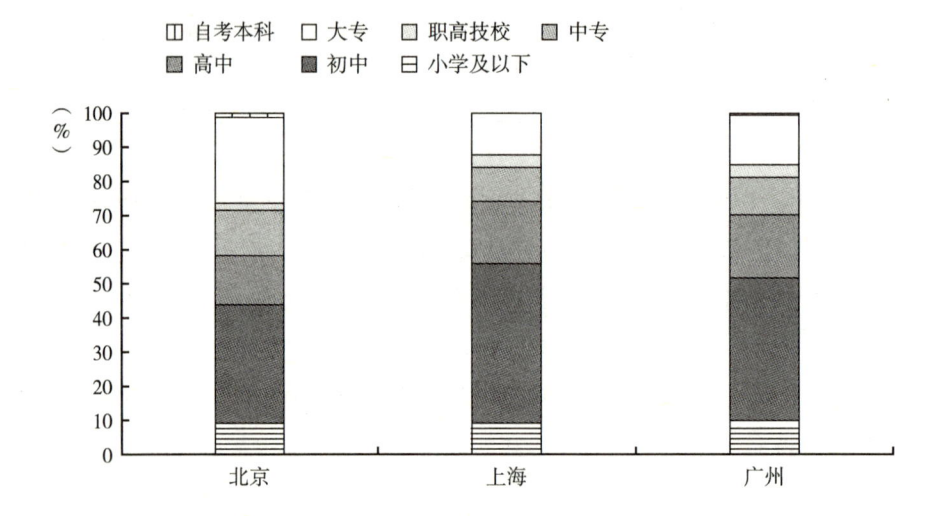

图2　北上广被调查农民工年龄状况

（二）家庭状况

从被调查农民工家庭生活情况来看，未婚的人数占55.6%，已婚的占43.6%，离婚的占0.8%（见图3）。在已婚农民工中，夫妻生活在一起的，比例最高的城市是北京，超过八成；相对最低的广州，不到七成（见图4）。在

---

① 杨春华：《关于新生代农民工问题的思考》，《农业经济问题》2010年第4期。
② 目前，我国高考招生政策不再要求考上大学的农村考生将农村户口转为城市户口，所以有相当一批农村大学毕业生就业时依然是农村户口，在政府统计口径里，这些人也被视为农民工。

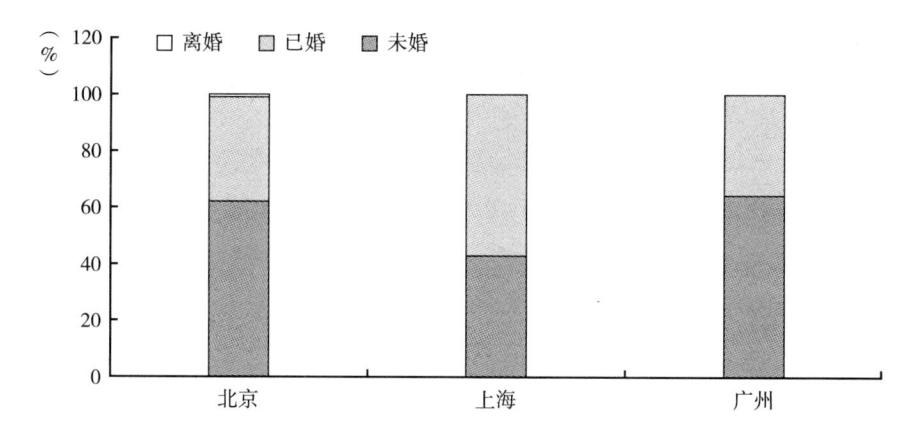

图 3　北上广被调查农民工婚姻状况

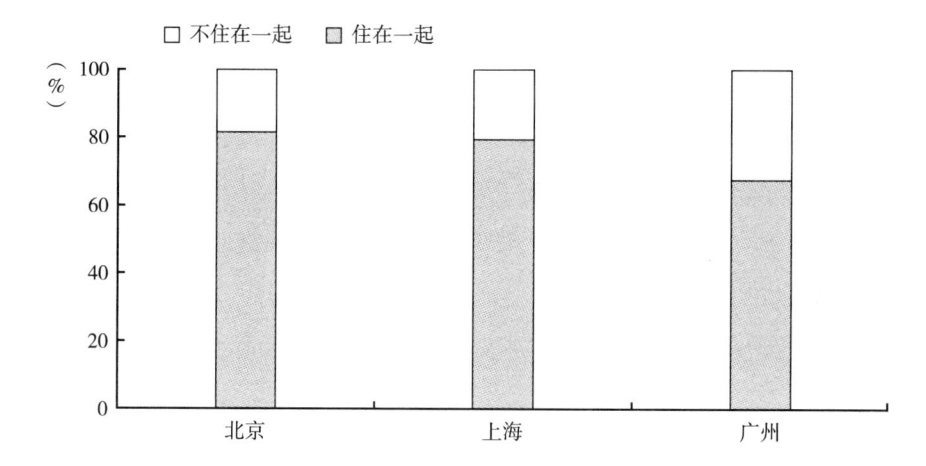

图 4　北上广被调查已婚农民工夫妻同居情况

被调查的已婚的农民工群体中,约有89%生育子女,其中生育1~2个子女的占93%。这些子女年龄多分布在3~9岁,且留在农村的略多于在父母身边的。从孩子生活所在地来看,第一个孩子在农村的占50.5%,第二个孩子在农村的占56.6%(见图5)。具体来看,北京有五成受访农民工选择将子女接到身边,而广州这一比例只有四成。

从居住来看,流动人口的居住环境恶劣。大多数人的住房面积在0~5平方米,占总体的57.1%。其中,上海被调查农民工的居住情况表现出最为"拥挤":10平方米以下的占总体的85.4%(见图6)。

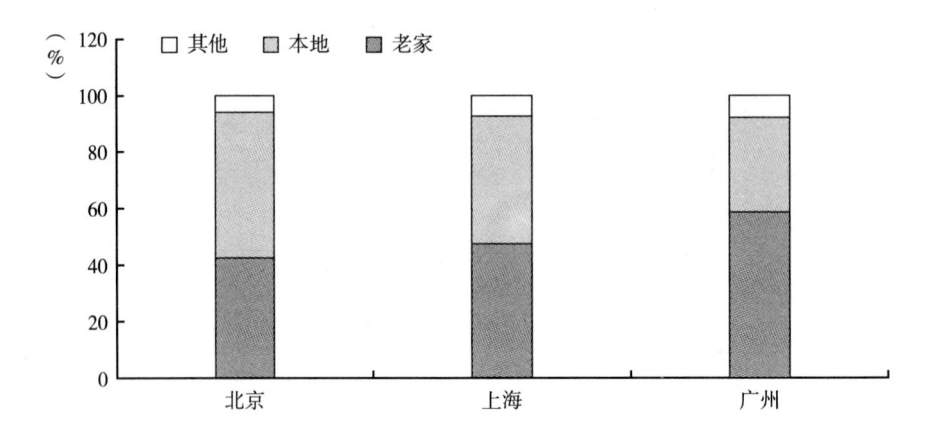

图5　北上广被调查已婚农民工儿女生活所在地

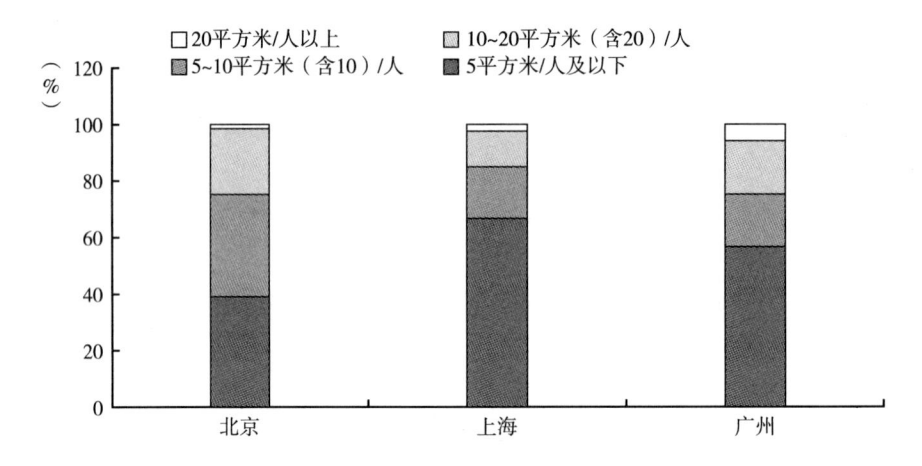

图6　北上广被调查农民工居住面积

（三）农民工就业状况

从被调查农民工就业单位性质来看，北上广被调查农民工就业单位工作性质中，最集中的是私营企业，总体占到57%左右。具体来看，北京被调查农民工中，从事个体经营的比例在本地中最高，占总体的27.2%；而上海被调查农民工在三资企业中就业的比例最高，占到16.4%。总体来看，农民工就业主要还是集中在私营企业（见表2）。

表2 北上广农民工就业单位类型

单位：%

项目	北京	上海	广州	平均
党政机关及事业单位	1.6	0.8	2.2	1.5
国有、集体企业	9.6	10.4	11.6	10.5
私营企业	57.6	57.7	56.4	57.2
三资企业	2.4	16.4	15	11.3
个体经营、自雇	27.2	14.0	13.2	18.1
其他	1.6	0.6	1.6	1.3

从就业岗位来看，北京被调查农民工从事最多的是技工岗位（占31%），上海则是服务业员工占比最多（占28.5%），而广州生产工最多（占到28%），见表3。比较而言，由于三地经济发展结构有差异（北京更趋向于高新技术产业，上海是要打造国际经济、金融、贸易、航运中心，广州以制造业为主），使得三地农民工的就业结构存在着差异。

表3 北上广被调查农民工就业岗位情况

单位：%

项目	北京	上海	广州	总体
生产工	10.9	24.7	28.0	21.2
技工	31.0	27.7	25.5	28.1
中低层管理人员	12.5	9.8	11.0	11.1
服务业人员	26.6	28.5	24.9	26.7
自雇	8.5	3.4	3.6	5.2
其他	10.5	5.8	6.8	7.7

农民工进城就业的重要目的之一是从非农就业中获得更多的报酬。从调查结果来看，北上广被调查农民工的月均收入均超过2000元，其中，北京被调查农民工的月均收入最高，达到2858.60元，接近3000元；广州被调查农民工月均收入最低，为2385.28元；上海居中，为2523.01元。但是，从月均收入标准差来看，北京被调查农民工收入的离散程度最大，这表明北京农民工收入的分化情况要高于上海和广州两地（见表4）。从调查情况看，北京月收入在1000元以下的被调查农民工占到7.1%，远高于上海和广州的2.1%和3.7%。

表4 北上广被调查农民工收入情况

单位：元

项目	月均收入	月均收入标准差	地区	月均收入	月均收入标准差
北京	2858.60	1878.63	广州	2385.28	1252.39
上海	2523.01	1131.28	平均	2535.73	1370.02

近年来，各地加强对农民工就业保障的执法力度。从调查结果来看，北上广有53.1%的被调查农民工与用人单位签有劳动合同。其中，北京被调查农民工签订劳动合同的比例最低，只有四成左右，而上海和广州在六成左右。原因主要是北京被调查农民工中有相当部分是从事个体经营，不需要签订劳动合同。但是总体来看，北上广农民工签订劳动合同的比例不高，这种情况不容乐观，因为在缺乏劳动合同的保护情况下，农民工的合法权益很难得到保障（见图7）。

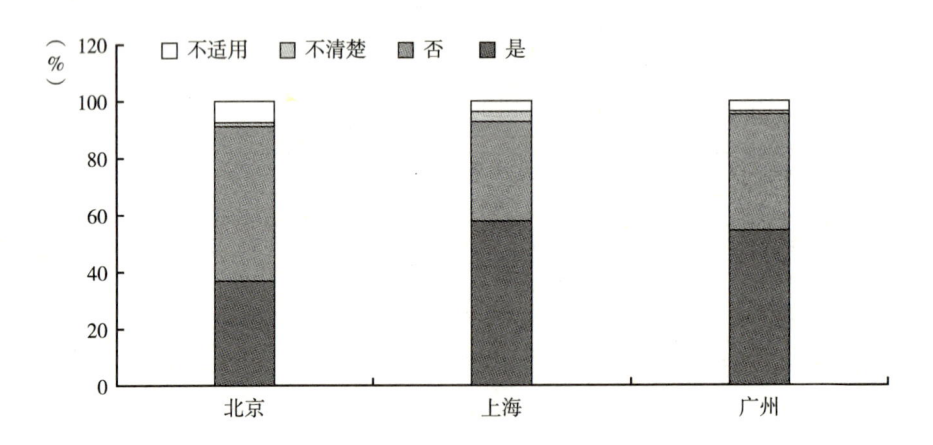

图7 北上广被调查农民工签订劳动合同情况

进一步对北上广农民工工作时间进行分析。从调查结果来看，北京被调查农民工平均周工作时长多分布于48小时及以内，而上海和广州的被调查农民工周工作时长则多分布于48～72小时（见图8）。

在劳动保障方面，北上广被调查农民工参与五险一金的比例都不高，以失业保险、生育保险和住房公积金最为明显，三地都有六成以上的人口没有参与失业保险（北上广未参保率分别为70.2%、64.3%和63%），有一半以上没有

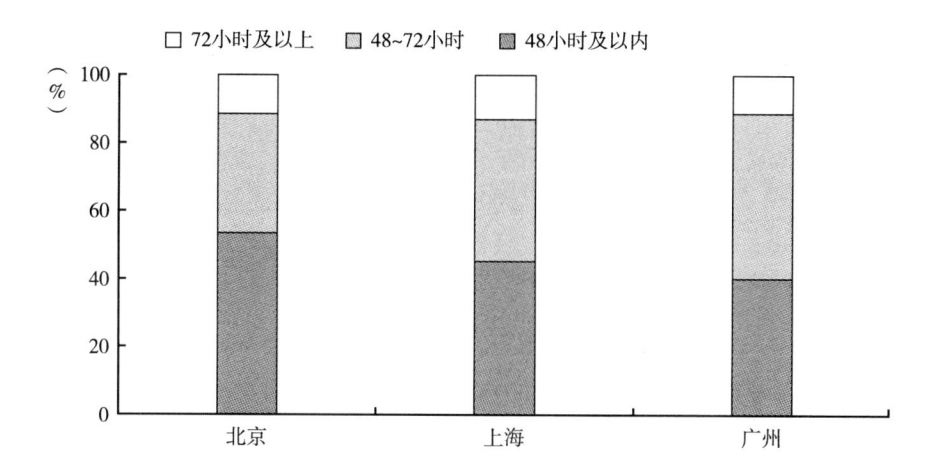

图 8　北上广被调查农民工周劳动时间情况

参与生育保险（北上广未参保率分别为80.7%和74.4%和54.8%），有七成以上的被调查农民工所在企业没有为他们缴纳住房公积金（北上广分别为81.2%、74.3%和71.9%）。从本次调查结果来看，北京被调查者五险一金的参与率都在一半以下，且为三座城市中最低的（这与北京被调查农民工中相当部分从事个体经营有关）；广州稍乐观些，有将近一半的被调查农民工参保工伤保险，但其医疗与养老保险参保率都少于一半（分别为43.3%和34.8%）；相较于其他两市来说，上海被调查者医疗与工伤保险的参保率均大于一半（分别为55.9%和58.6%），养老保险的参保率也大于未参保率（分别为48.2%与43.5%）（见表5）。

表 5　北上广被调查农民工五险一金参保情况

单位：%

项目	平均参保率	北京	上海	广州
医疗保险	47.4	42.9	55.9	43.3
养老保险	38.5	32.6	48.2	34.8
工伤保险	48.9	40.2	58.6	47.9
失业保险	22.3	24.9	18.0	24.1
生育保险	16	13.1	7.3	27.6
住房公积金	17.2	16.1	15.4	20.2

三 农民工对北上广城市包容性的评价

关于农民工对北上广三座城市包容性的评价，本次调查主要调查了两项内容：一是城市接纳评价，二是身份歧视感受。

（一）城市接纳评价

关于城市接纳评价，本次调查的相关问题是："您觉得本地人是否愿意与您做邻居"，被调查农民工的感受分别赋值1~5分，其中1分代表不愿意，5分代表愿意，我们就北上广被调查农民工对此问题的评价展开分析。

首先，总体来看，北上广被调查农民工对于本地人接受自己做邻居的评价处于一般水平。其中，上海被调查农民工对上海本地人愿意与自己做邻居的评价最高，为3.32分；其次是广州，为3.23分；而北京在三座城市中最低，为3.04分。这一结果与以往经验观察有所出入，一般认为三地中上海排外心理较为突出，但是从结果来看，北京被调查农民工更强烈的感受是本地人不太愿意与自己做邻居。事实上，较早之前的调查也印证这一结论，如以往全国综合社会调查中公众是否愿意与农民工做邻居，结果表明，北京被调查者不愿意的程度在全国各城市中最高（见表6）。

其次，从不同年龄、职业以及收入来看，北京和上海农民工的城市包容性感受差异性不显著，但是广州存在显著性差异。比较来看，"80后""90后"农民工对城市包容性感受要好于"50后"和"60后"，这可能是因为年轻一代农民工许多是在城市长大，在他们身上已经没有太多上一辈农民工的痕迹，在平时工作生活中感受到的来自周围人的身份歧视要相对少得多。从职业上看，职业地位高的农民工的城市包容性感受也要高于平均水平。同样，从收入来看，高收入农民工群体的城市包容性感受也显著高出平均水平（见表6）。

（二）权益维护

本研究调查了农民工对于"户籍制度阻碍农民工在城市发展"这一观点的评价情况。

表6 北上广农民工关于"您觉得本地人是否愿意与您做邻居"的评价

项目		北京	上海	广州
平均		3.04	3.32	3.23
检验		\multicolumn{3}{c}{$F=4.46$　$P<0.05$}	
年龄	"90后"	3.16	3.10	3.26
	"80后"	3.06	3.34	3.33
	"70后"	2.57	3.31	2.93
	"60后"	3.00	3.59	2.78
职业	生产工	3.30	3.39	3.14
	技工	2.81	3.20	3.17
	服务业员工	3.42	3.41	3.63
	管理人员	3.13	3.29	3.62
	自雇	2.62	3.47	3.11
	其他	3.00	3.14	2.88
收入	1000元以下	3.63	3.40	3.44
	1001~2000元	2.90	3.34	3.14
	2001~3000元	3.13	3.31	3.24
	3001~4000元	2.90	3.29	3.11
	4001~5000元	2.73	3.40	4.07
	5000元以上	2.60	3.00	4.00

从调查结果来看,北上广农民工更倾向于认为户籍制度严重阻碍了他们在城市的发展。其中,上海最明显,其评价得分为2.69分,低于三座城市的平均值2.89分(见表7)。

表7 北上广农民工关于"户籍制度阻碍农民工在城市发展"的评价

项目	均值	标准差	项目	均值	标准差
北京	2.92	1.20	广州	3.08	1.22
上海	2.69	1.20	平均	2.89	1.22

说明:赋值1~5,很符合=1,比较符合=2,一般=3,不太符合=4,很不符合=5;$F=12.980$,$P<0.05$。

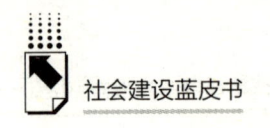

关于农民工权益维护，本次调查另一个相关内容是调查了农民工对"当发生劳资纠纷时政府总是站在资方一边"观点的认同情况（赋值1~5分，1分代表很认同，5分代表很不认同）。从统计结果来看，北上广被调查农民工的认同均值均小于3，更倾向于认同这一观点。其中，北京被调查农民工的倾向更为明显，认同分值为2.69分，低于广州的2.72分和上海的2.82分，这可能是因为北京是政治中心，农民工接触到的相关权益受损的信息相对要多（见表8）。但是总体来看，北上广农民工的认同情况不存在显著性差异。

表8 北上广农民工关于"当发生劳资纠纷时政府总是站在资方一边"的评价

城市	均值	标准差	城市	均值	标准差
北京	2.69	1.244	广州	2.72	1.161
上海	2.82	1.193	平均	2.75	1.191

说明：赋值1~5，很符合=1，比较符合=2，一般=3，不太符合=4，很不符合=5；$F=1.192$，$P>0.05$。

四 农民工留居北上广的意愿

农民工进入城市打工，留在城市生活工作，这是城市化的必然趋势。但是长期以来城乡二元体制阻碍着农民工市民化。北上广作为中国城市化水平和经济社会发展水平最高的城市，农民工要想在这三座城市定居工作生活，显然面临着更大的困难。

但是，从调查结果来看，北上广被调查农民工在考虑未来工作生活的地区时，有53.3%的被调查农民工选择继续留在北上广，其中上海比例最高，为57.9%；相对而言，北京比例最低，为50.6%（见表9）。与此形成鲜明对照的是，明确表示未来不会留在北上广继续工作生活的农民工只占调查总体的23.9%，而还没有想好的农民工占总体的22.8%。可以看出，虽然留在北上广工作生活的难度不小，但是对于农民工而言，能够留在北上广是他们首选的目标。

表9 北上广被调查农民工未来工作生活地区打算

单位：%

项　目	北京	上海	广州	平均
留在北上广（本地）	50.6	57.9	51.4	53.3
北上广以外的地区（外地）	26.3	21.8	23.6	23.9
没想好	23.1	20.2	25.0	22.8

具体来看，北上广不同年龄被调查农民工选择留在北上广发展的意愿存在着差异（见表10）。总起来看，三地被调查的农民工中"80后"农民工群体表示继续留在北上广工作生活的比例最高，对于这种现象的解释，一方面是因为以"80后"农民工为主体的新生代农民工群体大部分就业相对稳定，对于未来有着更高的预期，同时他们当中多有生育，面临下一代子女教育问题，能够留在城市工作生活对于他们而言是最佳选择。

表10 北上广不同年龄段农民工未来工作生活地区选择

单位：%

项　目	北京			上海			广州		
	北京	外地	不好说	上海	外地	不好说	广州	外地	不好说
"90后"	49.4	25.9	24.7	40.0	20.0	40.0	48.4	24.5	27.1
"80后"	54.3	25.2	20.5	59.4	22.9	17.7	54.6	21.2	24.2
"70后"	42.9	32.1	25.0	55.2	19.0	25.9	45.8	30.5	23.7
"60后"	40.0	20.0	40.0	50.0	15.9	34.1	51.9	29.6	18.5

进一步对不同收入水平农民工未来工作生活地区选择进行分析可以看出，随着收入的提高，农民工选择留在北上广工作生活的比例越高，在月收入5000元以上的农民工中有八成以上选择未来会继续留在北上广工作生活，其中广州这一比例值接近九成（见表11）。这表明，良好的收入对于农民工选择在城市继续工作生活是极为重要的影响因素。

另外，对不同职业农民工的考察表明，随着职业地位的上升，有更多的农民工选择继续留在北上广工作生活。在北京，有81%的自雇者（个体经营户）

做出了肯定的选择,而上海这一比例高达88.2%。当然原因也是显而易见的,作为个体经营户,他们在城市拥有自己的生产经营并获得相对较高的收益(见表12)。

表11 北上广不同收入水平农民工未来工作生活地区选择

单位:%

项 目	北京			上海			广州		
	北京	外地	不好说	上海	外地	不好说	广州	外地	不好说
1000元以下	43.8	43.8	12.5	70.0	.0	30.0	61.1	5.6	33.3
1001~2000元	44.3	26.1	29.5	54.9	25.4	19.6	50.4	25.2	24.4
2001~3000元	45.0	32.5	22.5	59.8	20.1	20.1	46.5	26.8	26.8
3001~4000元	65.6	12.5	21.9	52.7	23.6	23.6	52.8	19.4	27.8
4001~5000元	71.4	21.4	7.1	73.3	13.3	13.3	60.0	13.3	26.7
5000元以上	80.0	0	20.0	85.7	14.3	0	87.5	12.5	0

表12 北上广不同职业农民工未来工作生活地区选择

单位:%

项 目	北京			上海			广州		
	北京	外地	不好说	上海	外地	不好说	广州	外地	不好说
生产工	42.3	23.1	34.6	55.3	17.1	27.6	37.4	30.9	31.7
技工	50.7	30.7	18.7	59.4	24.6	15.9	47.2	27.6	25.2
服务业员工	52.6	23.7	23.7	51.7	24.1	24.1	68.3	11.1	20.6
管理人员	48.4	19.4	32.3	53.1	28.6	18.4	74.5	9.1	16.4
自雇	81.0	4.8	14.3	88.2	5.9	5.9	66.7	0	33.3
其他	50.0	26.9	23.1	51.7	31.0	17.2	52.9	29.4	17.6

留在北上广工作生活,会面临与本地人融入的问题。对于这个问题,多数被调查农民工愿意与本地人做邻居(赋值1~5分,1分代表很不愿意,5分代表很愿意)。其中,广州被调查农民工的愿望最强烈,高达4.13分,这可能与广州被调查农民工相当一部分来自本省有关(见图9)。

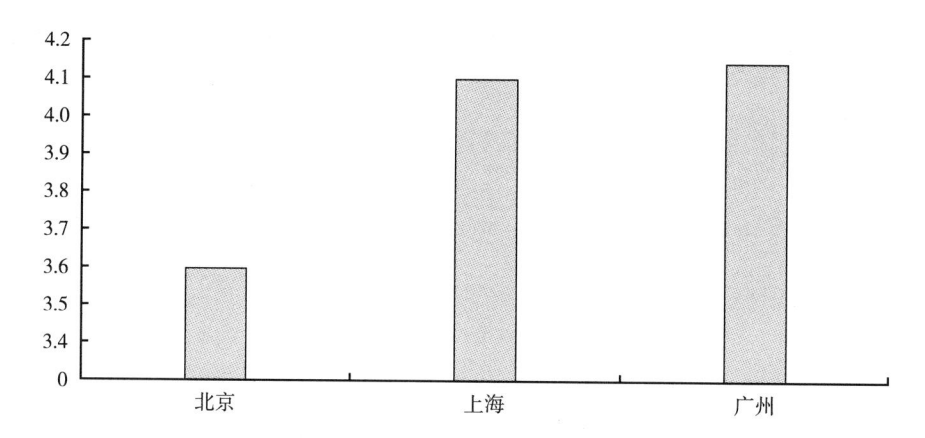

图9　北上广被调查农民工与本地人做邻居的愿意程度

五　调查结论

总起来看，虽然北上广农民工就业层次低，收入不高，但持有很强的城市定居意愿。然而作为特大城市，北上广都必须严控人口规模，这就意味着对于那些期望留在北上广城市生活工作的农民工而言，梦想与现实存在着鸿沟。

今天，农民工已经成为城市的一部分。一座城市并不因为其是特大城市，其经济社会结构中就不需要农民工群体的存在。相反，一座城市的发展，既需要高端工作岗位，也离不开低端就业岗位，这使得外来从业人员中的农民工的生存空间客观存在，并且难以替代。事实往往证明，真要缺了农民工，城市运转也会出现问题。①

事实上，北上广作为中国城市化水平最高的城市，以其就业机会多，报酬相对高的优势，吸引大量的外来从业人员流入，这种现象并不会因城市人口控

---

① 据《北京晨报》2013年2月12日报道：2013年春节期间北京洗车价格翻了几番，在京广桥附近的一家洗车店排队洗车的有近20辆车，原来20元的洗车价现已经涨至150元，洗车店老板解释："春节期间大多数工人都回老家了，我们人手不够，涨价也忙不过来。"而150元洗一辆车的价格还不是最高，记者调查中发现，航天桥附近的一家洗车店价格从30元涨到了220元一辆车。

制政策的出台而出现质的变化。对此，要正视北上广外来农民工的城市融入意愿，切实做好外来从业人员的管理问题，否则人口调控只是空谈。因此，在控制城市人口规模的背景下，特大城市如何对待农民工，是创新人口管理面临的重要问题。

经济发展追求效率，社会建设侧重公平。一直以来，北上广引领中国发展方向，在城市接纳方面，更欢迎的是与城市定位相关的高端人才，比较而言，农民工则处于城市管理的边缘。但是，不可回避的是，今天城市管理面临诸多矛盾与问题，往往集中在弱势群体身上。在解决城市外来群体的相关问题时，既要考虑城市人口总量的因素，更要坚持公平的原则。城市发展离不开农民工，城市管理者应该考虑如何保障他们的生活，这是经济社会发展的应有之意。

B.8 2013年北京外来务工人员社会保险状况调查

——以朝阳区P村和WSY村为例

杨桂宏 杨琪 靳玉茜*

摘 要: 2013年北京市常住外来人口达802.7万人,其中很大比例是外来务工人员。在北京大力推进低端产业外移,控制人口流入的背景下,这些外来务工人员的权益如何得到保障?本文通过对外来务工人员的社会保险状况调查,分析城镇化背景下一线城市如何协调人口控制和外来务工人员权益维护之间的平衡关系。调查表明:目前外来务工人员的社会保险状况不尽如人意,并从制度结构和制度推进主体视角进行原因分析,并提出推进外来务工人员社会保险制度构建的原则。

关键词: 北京 外来务工人员 社会保险

北京作为首都,其对外来人口的吸引力无疑是巨大的。2013年末,北京市常住人口2114.8万人,其中常住外来人口802.7万人,比上年末增加45.5万人,增长2.2%。2013年与2012年末相比,外来常住人口增加了28.9万人,在增加的常住人口中所占比例超过半数。外来务工人员作为流动的就业人群,其城市融入程度的进程如何,直接关系到我国城镇化的质量。在推进人口城市化过程中,这一群

---

* 杨桂宏,博士,首都社会建设与社会管理协同创新中心、北京工业大学副教授;杨琪、靳玉茜:北京工业大学社会学专业硕士研究生。

体的社会保障制度建设和实施状况如何，是他们城市化的一项保障。出于这样的背景，本文通过问卷调查与深度访谈分析了北京就业的外来务工人员社会保险状况。

一 外来务工人员的社会保险现状

目前，北京市对于外来务工人员的社会保险制度建设逐步趋于完善。主要体现在养老保险、医疗保险、工伤保险、生育保险四个保险项目①。在对北京市外来务工人员社会保险现状的调查中，我们分别从制度建设和制度推行两个方面进行了调查。

（一）社会保险制度建设现状

从1999年出台《农民合同制职工参加北京市养老、失业保险暂行办法》开始，北京市先后在2001年制定了《北京市农民工养老保险暂行办法》，2004年印发了《北京市外地农民工参加工伤保险暂行办法》和《北京市外地农民工参加基本医疗保险暂行办法》，这些文件明确规定了农民工可以在北京享受与户籍人口一样的养老保险、医疗保险、工伤保险和生育保险。北京市为完善外来务工人员的社会保险制度建设做了很多工作，目前关于外来务工人员的社会保险制度建设日趋完善。主要成就体现在以下四个方面。

1. 养老保险

根据《城镇企业职工基本养老保险关系转移接续暂行办法》（国办发〔2009〕66号）的规定，参保人员跨省流动就业的，由原参保所在地社会保险经办机构开具参保缴费凭证，其基本养老保险关系应随同转移到新参保地。参保人员符合基本养老保险待遇领取条件的，在其各地的参保缴费年限合并计算，个人账户储存额累计计算。如果在最后参保地参保满10年，则在最后参保地领取待遇；如在最后参保地参保不满10年，依次向前推至满10年的参保地办理待遇领取手续；各地参保都不满10年，则在户籍所在地

---

① 目前北京市还没有颁布针对流动人口的失业保险规定，外来务工人员还不能和城镇居民一样在北京缴纳失业保险，享受这方面的保障。

办理待遇领取手续。总之,每一个缴费满 15 年以上的参保人员都能在一个地方领到基本养老金。

2. 医疗保险

按照《北京市外地农民工参加基本医疗保险暂行办法的通知》(京劳社办发,〔2004〕101 号)的有关规定,自 2004 年 9 月 1 日起农民工参与基本医疗保险将按照城镇职工缴费标准缴费,将农民工纳入北京市城镇职工基本医疗保险制度体系中。该办法适用于本市城镇所有用人单位,包括企业、机关、事业单位、社会团体、民办非企业单位和与之形成劳动关系的外地农民工。本办法所称外地农民工,是指在国家规定的劳动年龄内,具有外省市农业户口,有劳动能力并与本市城镇用人单位形成劳动关系的人员。在缴费办法中,外地务工人员参加本市基本医疗保险,由用人单位缴纳基本医疗保险费,外地农民工个人不缴费。用人单位以上一年本市职工月平均工资 60% 为基数、按 2% 的比例按月缴纳基本医疗保险费,其中 1.8% 划入基本医疗保险统筹基金,0.2% 划入大额医疗互助资金。外地农民工不建个人账户,不计缴费年限,缴费当期享受相关待遇。

3. 工伤保险

《北京市外地农民工参加工伤保险暂行办法》中规定,外地农民工参加工伤保险,由用人单位缴纳工伤保险费,个人不缴费。按本办法缴纳工伤保险费,应以外地农民工上年度月平均工资为缴费工资基数。外地注册用人单位未在注册地为农民工办理参加工伤保险手续,缴纳工伤保险费的,在本市从事生产经营活动期间,应当按照《北京市实施〈工伤保险条例〉办法》(北京市人民政府令 2003 年第 140 号)参加本市工伤保险。用人单位应当携带相关材料到本市生产经营地所在区县社会保险经办机构为外地农民工办理参加工伤保险手续,缴纳工伤保险费。

4. 生育保险

2007 年,北京市生育保险覆盖的范围进一步扩大,将本市行政区域内的城镇各类企业、民办非企业单位、实行企业化管理的事业单位和与之形成劳动关系持有北京市居住证的职工纳入参保范围。目前,生育保险成为北京市社会保险中涉及人员最多、覆盖面最广的一项险种。

（二）外来务工人员社会保险推进现状①

尽管北京市为外来人口的社会保险制度建设做出了很大努力，但是问卷调查和个案访谈的结果都表明这些努力目前正在推进中，实际上，这些文件内容并没有完全得到贯彻执行。

1. 问卷基本情况

调查对象平均年龄为33岁，其中年龄最大的为70岁，最小的为16岁，年龄跨度较大。女性占44.8%，男性占55.2%。务工人员来自全国各地22个省份，其中，较为集中的为河南省（21.5%）、河北省（19.8%）、山东省（11%），其他省份外来人口较为零散。在被调查者中，有85.5%为农业户口，其余14.5%为非农业户口。被调查者受教育程度大多集中于初中水平，占所有被调查者的48.8%，高中程度为22.1%，排在第二位，受过大专及本科教育占所有受访者的5.8%。受访者中有49.1%属于个体户，29.2%属于私营企业就业。在正规企业就业的人占总数的14.3%。

2. 社会保险参保情况

（1）养老保险。在接受调查者中，有29.1%的外来务工人员表示自己有养老保险，而65.4%的被调查者没有养老保险，其中5.4%的被调查者放弃了回答这个问题。在拥有养老保险的受访者中，由单位提供养老保险占比达到48.5%，在老家拥有养老保险占比达到79.4%。由此可见，部分被调查者同时在单位和老家都参加了养老保险。从数据可以看出，其中有27.9%的被调查同时拥有城乡养老保险（具体见表1、表2）。

表1 养老保险参保情况

单位：%

养老保险	无	有	系统缺失
比 例	65.4	29.1	5.5

---

① 在2013年6月到2014年1月期间，在北京市朝阳区P村与WSY村展开了针对外来务工人员的社会保险状况问卷调查。本次调查共发放问卷200份，同时对部分调查对象进行了深度访谈。

表 2　养老保险具体参保情况

单位：%

养老保险具体参保地	老家有	单位有	两者都有
比　例	79.4	48.5	27.9

（2）医疗保险。在被调查者中，有43.7%的外来务工人员拥有医疗保险，有53.8%的人没有医疗保险。在拥有医疗保险的受访者中，单位提供的占39.6%，自己在老家参保的达到65.4%。其中，有5%在单位和老家同时上有医疗保险（具体见表3、表4）。

表 3　医疗保险参保情况

单位：%

医疗保险	无	有	系统缺失
比　例	53.8	43.7	2.5

表 4　医疗保险具体参保情况

单位：%

医疗保险具体参保地	老家有	单位有	两者都有
比　例	65.4	39.6	5

（3）工伤保险。在被调查者中，有工伤保险的人占全部受访者的24.8%，其余75.2%的人没有工伤保险。

3. 外来务工人员对参加社会保险的态度

在所有的被访者中，对于"你认为哪项保险是您最需要的"这一问题，统计结果表明各项保险的重要性排序分别是：养老保险、医疗保险、工伤保险、失业保险、住房公积金。他们认为，养老保险和医疗保险是他们目前最需要的两项保险项目，且年龄越大对于养老保险的需求也就越大。而失业保险和工伤保险等其他社会保险需求较弱。

对于他们缴费能力的调查统计结果显示：受访者每月愿意承担保险金额平均为399.7元。大多数人愿意承担的金额集中于100～500元。而受访者的平均月收入为3952.76元。当社会保险金额缴纳为劳动者月收入的1/10时，劳动者有参保意愿；当社会保险金额高于该比例时，劳动者参保的意愿势必减弱（具体见图1）。

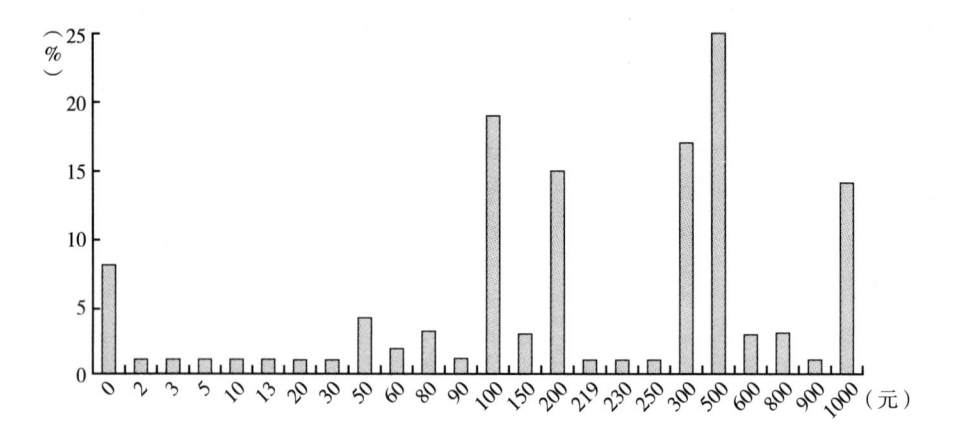

图1 自己每月能承担的保费数额

二 北京市外来务工人员社会保险缺失的原因分析

通过对北京市外来务工人员社会保险制度和覆盖情况的调查，我们看到北京外来务工人员的社会保险参保现状可能并不如制度规定的那样完善。很多社会保险还仅仅停留在相关文件的文字上，并没有成为外来务工人员享有的社会保险权益。制度建设成效明显，推进成效却不尽如人意，其原因何在？通过对外来务工人员的访谈和研究分析，本文认为制度结构是阻碍外来务工人员社会保险制度推行的根本原因，而政府、企业和外来务工人员作为制度推行的主体也有着各自的主观原因。

（一）制度结构分析

社会保险制度的碎片化与外来务工人员流动就业之间的张力是制度障碍的主要原因。目前，我国社会保障制度建设的统筹层次比较低，而且城乡、区域间社会保险制度还处于碎片化状态，社会成员参与社保大都是属地原则，即户籍所在地参保。外来务工人员的全国流动与保障制度建设现状存在着一定冲突。尽管多年来国家人力资源与社会保障部一直在促进社会保障制度的城乡一体化和提高全国社会保险的统筹层次，但是对于目前跨区域和城乡的外来务工人员来讲，这种矛盾并没有得到实质性的解决。这样的制度现状在很大程度上阻碍了外来务工人员的社会保险参保，尽管他们对一些保险的需求很高，但是并没有打消他们对于未来不确定性和保险不能转移之间的矛盾。因此，从社会结构分析，我国城乡差距和区域差距逐步扩大，越来越趋于不平衡，这既是务工人员外出务工流动的原因，也是掣肘这些人口享有均等社会权益的一个瓶颈。

同时，北京外来务工人员社会保险制度也存在一定的问题。北京市政府规定：外来务工人员即使在北京工作，其工伤保险依旧由原籍原单位按照北京相关规定全额上缴。这种规定对于外来务工人员的原单位来讲并不有利，所以外来务工人员拥有工伤保险的人数较低。同时，由于北京市政府最新规定"外来务工人员不享有失业保险"，外来务工人员一旦失业或是丧失劳动能力便没有了经济来源。因此，很多进城打工的外来人口，尽管经济收入也不低，但还保留着老家的土地和房子，作为失业后的一个退路，这也是农民工半城市化的主要原因。同时，我们也看到，尽管很多外来务工人员参与了老家的养老保险和医疗保险，但由于社会保险还不能完全转移，因此，并没有起到保障作用。如访谈中，被访者谈到"在老家有社会保险，但也白搭，因为不能转，实际也无法保障自己"。外来务工人员的流动性大，如果社会保险不能跟随全国转移，保障作用会很有限，因为毕竟他们大多数时间都不在户籍所在地就业和生活。

除此之外，关于社会保障的法律法规仍不够完善，用人单位还不能很好地承担起应该担负的责任，这样的状况仅靠用人单位自发改变有些困难，那就需要政府的有效监督，保证用人单位的责任能够很好地落实。因此，改善外来人口社会保险制度的现状仍任重道远。

（二）行为主体分析

1. 北京市政府的角色分析

在我国的社会保障体系中，社会保障是地方政府分权管理的，也就是说各个地方政府分别管理本地区的社会保障。这就直接导致地方政府为减少本地区财政支出而在外来人口的社会保障中疲于应对，积极性很低。北京市在外来务工人员的社会保障中相继出台了多份文件，规定外来农民工应该而且必须能够享受与北京市户籍人口一样的社会保险待遇，但是，这些文件的贯彻力度和执行力度还有待加强。分析其原因，主要有以下几点。

第一，北京市作为外来人口的主要流入地，每年都有大量外来人口进入，政府部门对这些外来人口的管理还没有跟上。如果外来人口自己不对社会保险利益有诉求，对企业失责到政府部门去维权，北京市政府基本没有能力对有大量外来人口的企业进行全面的监督和管理。第二，对外来人口的控制政策也使他们推进外来人口社会保险制度大打折扣。在外来人口不断增加的情况下，北京市的环境、交通和公共服务的压力已经到了能够承受的底线，所以严格控制人口成为2014年北京市经济社会发展的一个重要标准。在这样的背景下，尽管北京市政府此前出台了一系列关于外来务工人员社会保障权益的政策制度，但是迫于多重压力，北京今年通过引导大量吸引外来人口的低端产业外移，达到控制人口流入的目的。这样的经济发展策略实际上也阻碍了外来人口社会保险制度的推进。第三，从地方利益考虑，在社会保险制度和财政责任属地化的背景下，北京市政府也没有推进这项政策的积极性。在社会保险属地化，各级政府在社会保险中的财政责任分立的情况下，务工人员的流出地流入地结构不平衡成为流动的务工人员享有务工地财政支付的社会保险的障碍。因此，从政策制定来看，北京市政府作为制度的制定者，完成了自身的责任，但在政策实施的监督管理上，落实的积极性仍不够。

2. 用人单位的经济理性

因为外来务工人员的社会保险很大一部分缴费是需要用人单位承担的，这就使用人单位在追求成本最小化过程中，经济理性决定了企业行为。用人单位作为市场主体，本着利润最大化和成本最小化的原则，能减少生产成本的时候绝对不会增加这些不能带来实际收益的支出。外来人口就业的企业大多是非正规企业或者私人企业，他们在"官不究、民不举"的情况下是不会主动给外来务工人员提供社会保险的，因为这将增加生产成本。尤其在经济下行，实体经济不景气的情况下，政府对这类企业的管理也比较放松。所以，调查结果显示企业在外来务工人员的社会保险的覆盖方面的作为是不足的。

3. 外来务工人员自身分析

从北京市的外来务工人员自身来看，主要有三方面的原因。第一，外来务工人员自身对城市针对外来务工人员的社会保险制度认识和了解不足。由于农村的养老保险和医疗保险是农民自己和当地政府承担经济责任，所以很多务工人员根本不知道工作单位有责任为自己缴纳社会保险费用，他们以为自己没有北京市户口，自然北京市政府不会承担这样的责任，所以参不参加保险那就是自己的事情。因此，他们不会主动要求企业为他们缴纳社会保险费用。他们有的觉得只要在老家有保险了，就不必再在北京上了；有的干脆不知道该在哪儿上社会保险，不知道该通过何种渠道才能让自己参加社会保险。在访谈中接触到这样一位受访者，来自河北，到北京已经十多年了，通过自家经营的商店赚了一些钱，已经在北京市通州区买了一套90平方米的房子，拥有自己的汽车。她没有参加社会保险的原因不是因为负担不起，而是因为不知道该在哪儿上。当聊到既然生活已经这么不错，为何没有参加社会保险时，受访者颇为无奈地回答："想上没地方上啊。"以上这些调查访谈结果都表明：在城乡二元社会保险的运作模式下，外来务工人员对城镇社会保险制度的认识还非常有限。第二，自身的缴费能力有限。通过调查，绝大多数人由于月收入较低，且生活成本开销大，因此无力承担社会保险中个人需要缴纳的部分费用，在资源严重不足的情况下，只能把钱花在刀刃上，把最迫切的生计问题排在第一位，保障最基本的生存条件。第三，外来务工人员的流动性较大。目前在北京工作，说不定未来的几个月内又会流动到另外一座城市，而这样的流动性是不能与社会保险所要求的稳定性衔接上的。

三 推进外来务工人员社会保险制度的原则

目前，尽管我国社会保险制度体系建设成效明显，越来越趋于一体化，但是不同地区、城乡之间的碎片化和二元化状态依然明显。要想真正解决外来务

工人员的社会保险覆盖率，为他们的城市化保驾护航，必须要国家统筹安排，加强制度的顶层设计，构建不同地区可转移、全国可统筹的社会保险制度。这不是北京一地政府能够解决的问题，中央必须在推进城镇化的大背景下，加强制度建设和政策推进。建立外来务工人员的社会保险制度，必须要有一个基本的原则为依据。单纯地就构建外来务工人员社会保险制度而展开讨论，即使制度本身是一个很完善的保障体系，但是运用于实践就可能会出现一系列的问题。因此，讨论务工人员社会保险模式问题，关键在于澄清构建制度的基本原则。

（一）遵循社会公正的原则

社会公正的基本含义是每个社会成员都应平等地享有基本的政治权利、生存权利和发展权利，这构成了经济社会正常运转的基础。社会保险制度是随着工业化进程而逐步建立起来的社会政策，它是保证社会公正得以实现的具体政策。"务工人员是社会上的弱势群体，社会保险不论从哪种理论来讲，都应该覆盖这一群体，但事实恰恰相反。"① 这说明我国社会保险制度的社会功能发生了偏差。因此，建立外来务工人员社会保险制度要对这种偏差进行修正，体现社会公正的原则。

坚持以社会公正的原则来构建外来务工人员的社会保险制度，必须逐步破除城乡二元社会体制。这里不仅仅包括户籍制度、就业制度、劳动人事制度等原有制度性规定，更重要的是转变长期以来在人们观念中形成的二元结构观念。制度设计者应以美国学者罗尔斯《正义论》中无知之幕的假设，坚持以社会公正的原则构建外来务工人员的社会保险制度。

（二）坚持城市和农村的社会保险制度相对接的原则

构建外来务工人员的社会保险模式必须以我国和世界社会保险制度的整体发展趋势为着眼点，适应建立全国统一的劳动力市场和社会结构转型的现实需要，为将来社会保险体系城乡整合的大局服务。尤其是在全国推进城镇化的背

---

① 杨桂宏：《农民工社会保障缺失的深层原因》，《中国农业大学学报》2005年第3期。

景下，建立务工人员社会保险模式必须坚持与城市和农村的社会保险制度相对接的原则。

因此，外来务工人员社会保险模式的选择，既不是对他们当前在就业过程中出现问题的一个临时性的解决方案，也不是简单地把他们纳入到目前的二元社会保险体系中任意一元的社会保险体系。尽管我国目前社会保险制度的改革困难重重，但仍然应以"促进城市人口和农村人口的融合而不是分裂，促进城乡一体化而不是二元化，推动城乡利益分配的公平化而不是畸形化"为基本的准则。因此，务工人员的社会保险制度模式设计，必须坚持与城市和农村的社会保险制度相对接的原则。只有为城乡二元的社会保险制度的整合提供一个中介或者桥梁，才能为从根本上统筹城乡经济的发展、改变二元社会结构、加快城市化进程等我国经济社会发展的大局服务。

（三）坚持社会保险账户自由转移的原则

从实践层面上看，外来务工人员社会保险扩面缓慢的一个主要原因就是务工人员的流动性大。由于我国社会保险制度实行的是地区统筹，务工人员的城乡区域之间的流动为其社会保险账户的转移带来很大的困难，广东等地务工人员退保增多说明了这一问题。因此，从操作层面上讲，构建外来务工人员社会保险制度，必须坚持社会保险账户自由转移的原则。

从目前务工人员入城市社会保险模式的实践来看，外来务工人员的这种流动性特点与我国社会保险的统筹层次低相矛盾的现实，阻碍了他们加入城市社会保险模式的推进。而反过来，没有社会保险也不利于外来务工人员在城市里定居下来。二者之间的这种恶性循环，加剧了外来务工人员的弱势地位和他们的流动性。因此外来务工人员社会保险模式的设计不应与他们的流动性特点相矛盾，而是必须适应他们流动性大的特点，否则这种制度很难在实践中推行开来。

（四）坚持务工人员适当缴费的原则

目前我国社会保险制度模式是社会统筹加个人账户的模式，这是为适应人口老龄化的发展现实需要而选择的一种养老模式，但是由于制度转型等原因，我国社会保险高缴费的特点非常明显。这与务工人员收入现状之间的矛盾明

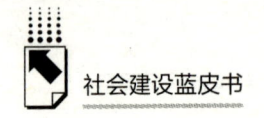

显。相对于城镇职工来说，务工人员缴费能力有限。务工人员社会保险缴费能力低是一直以来阻碍他们与城镇职工建立统一的社会保险体系的一个重要因素。建立务工人员的综合保险模式和实行他们与城镇职工不同的缴费水平等措施都是由于务工人员的收入低、缴费能力有限这一因素。由于务工人员收入低的这一现实不可能在短时间内得以改变，因此，务工人员的社会保险模式的设计，必须要充分考虑到这一点。

纵观目前外来务工人员社会保险制度的实践探索可以发现，凡是某种模式中被认同的部分都体现了上面的几项原则。但是，目前还没有一种模式完全体现了这几项原则，都因有这样那样的不足，没有能够得到推广和实行。因此，在大力推进务工人员社会保险制度时，要以上述的几项原则为依据，仔细而慎重地考虑外来务工人员社会保险制度模式的构建。

B.9
2000年以来北京城镇居民住房变迁

李君甫　靳伟*

摘　要：

2000年以来，北京房地产业发展迅猛，住房建设也成绩卓著，城镇居民的平均住房水平提高较快，但是不同职业阶层的住房状况有所分化，一些职业阶层的住房水平改善幅度不大。租房户和住房困难户有所减少，但是比例还比较大。在住房价格居高不下的情况下，无房户和住房困难户不得不依赖保障房。

关键词：

住房　社会保障　民生建设　房价

"住有所居"是社会建设的重要目标，改善民生的重要领域。"住有所居"也一直中国人民不断追求的生活目标，是实现个人"中国梦"的组成部分。自1998年房地产全面市场化改革以后，我国的城市住房质量不断攀升，越来越多的人实现"住有所居"，但是由于住房价格的飞速上涨，也给很多无房户或者想改善住房的居民带来了巨大的压力和负担。住房市场化之后，保障性的住房供给的比例很小，绝大多数居民的住房问题要靠市场解决，或者购买，或者租赁。由于居民的收入差距也越来越大，在住房方面的支付能力差异也很大，这就造成了北京城镇居民住房改善的同时，住房也日益分化。本文根据2000年和2010年两次全国人口普查的数据和近年来的统计年鉴和统计公报，全面地分析2000年以来北京城镇居民住房水平的提高与住房的分化情况。

---

* 李君甫，首都社会建设与管理协同创新中心、北京工业大学人文社会科学学院副教授，博士；靳伟，北京工业大学人文社会科学学院社会学系研究生。

一 当前北京城镇居民的住房状况

（一）2013年北京城镇居民住房面积持续增加

据北京市统计局数据调查，北京市2013年全年城镇居民人均可支配收入达到40321元，比上年增长10.6%；扣除价格因素后，实际增长7.1%，全市城镇居民人均住房建筑面积31.31平方米，而2012年全市城镇居民人均住房建筑面积29.26平方米，2013年人均住房建筑面积比上一年增加了2.05平方米。[①]

（二）北京房地产市场持续发展，保障房建设力度加大

2012年，全市完成房地产开发投资3153.4亿元，比上年增长3.9%。其中，住宅完成投资1628亿元，下降8.5%。2012年，全市商品房销售面积为1943.7万平方米，比上年增长35%。其中，住宅销售面积为1483.4万平方米，增长43.3%。2012年，全市商品房新开工面积为3224.2万平方米，比上年下降24.1%。其中，住宅新开工面积为1627.5万平方米，下降37.3%。2012年，全市商品房竣工面积为2390.9万平方米，比上年增长6.5%。其中，住宅竣工面积为1522.7万平方米，增长15.7%。2012年，全市保障性住房完成投资857.5亿元，比上年增长14.9%。截至12月末，全市保障性住房施工面积为4821万平方米，增长18%；新开工面积为1112.3万平方米，下降35.6%；竣工面积为752.6万平方米，增长46.5%。[②]

2013年，全市完成房地产开发投资3483.4亿元，比上年增长10.5%。其中，住宅完成投资1724.6亿元，增长5.9%。2013年，全市商品房销售面积为1903.1万平方米，比上年下降2.1%。其中，住宅销售面积为1363.7万平方米，下降8.1%。2013年，全市保障性住房完成投资729.7亿元，比上年下

[①] 数据来源：北京市国民经济和社会发展统计公报（2012年，2013年）。
[②] 数据来源：《2013北京市房地产年鉴》，中国质检出版社，2013。

降14.9%。截至12月末，全市保障性住房施工面积为4857.1万平方米，增长0.7%；新开工面积为964.9万平方米，下降13.3%；竣工面积为1079.2万平方米，增长43.4%。①

可以看出，北京的商品住房建设增速略有下降，但是还是维持在较高的水平，而保障房的建设力度不断加大，竣工面积数量可观，这使得北京市居民近两年的住房生活水平都有着稳步提高。

表1 2013年住宅销售价格指数

单位：%

项 目	2013年12月	
	以上年同月价格为100的指数	以上月价格为100的指数
1. 新建住宅	116.0	100.5
新建商品住宅	120.6	100.6
90平方米及以下	121.7	100.5
90~144平方米	120.1	100.5
144平方米及以上	120.2	100.8
2. 二手住宅	119.7	100.6
90平方米及以下	120.8	100.4
90~144平方米	119.5	100.8
144平方米及以上	117.4	101.0

数据来源：北京市住房和城乡建设委员会，2013年12月住宅销售价格指数，http：//www.bjjs.gov.cn/publish/portal0/tab662/info87097.htm。

表2 北京市2010~2013年月平均房价统计

单位：元/平方米

时间	2010.6	2010.12	2011.6	2011.12	2012.6	2012.12	2013.6	2013.12
均价	22729	23375	23737	23733	23796	24518	27783	31465

数据来源：中国指数研究院：百城价格走势，http：//fdc.soufun.com/index/BaiChengIndex.html。

2010~2011年，由于出台了比较严厉的限购政策，北京住房价格基本稳定。然而，2012~2013年，北京住房价格又一次跳跃式增长。特别是2013年，

---

① 数据来源：北京市住房和城乡建设委员会，《2013年我市房地产市场运行情况》，http：//www.bjjs.gov.cn/publish/portal0/tab662/info87096.htm。

住房价格上涨幅度达28%。北京市城镇居民住房的刚性需求压力进一步加大，一般工薪族已经不可能凭自己的力量购买商品房，对保障房的需求更加迫切。

二 2000年以来北京城镇居民的住房水平的提升

自住房改革以来，大量商品房投入市场，原有公有住房逐步私有化。随着我国居民收入水平的提高，住房的面积也越来越大，住房的质量越来越高，家居配套设施、物业管理、社区服务等各种相关需求越来越高，人们在拥有住房的同时享受着越来越好的居住环境和服务。从2000年第五次全国普查资料和2010年第六次全国普查资料提供的数据上来看，其住房水平提高主要表现在以下两个方面。

（一）人均住房面积增加，人均和户均间数下降

1978年以来，我国的人均居住面积不断增加。1978年全国人均住房面积不足10平方米，这样的状况也为80年代住房改革提供了推力和契机。经过三十多年的努力，直到2010年第六次普查统计结果显示，全国人均住房面积为29.15平方米。就北京市而言，根据第六次全国人口普查数据，2010年北京的家庭人均占有住房建筑面积为27.93平方米，而2000年人均住房建筑面积为21.59平方米，十年来北京市人均住房建筑面积增长了6.34平方米，但仍低于全国平均水平，这是由北京的人口规模巨大的特殊市情所决定的。10年来北京人均占有的房间数也从2000年的0.98间/人降到了2010年的0.85间/人，平均每户的房屋间数也从2000年的2.80间/户降至2010年的1.98间/户。[1] 从以上数据可以看出，2000年以来，北京的人均住房面积增加较快，但是拥挤程度并未缓解，大户型住房供给过度，小户型住房供给严重不足。这意味着住房的公摊面积过大，客厅、厨卫等空间和卧室的面积比例失衡。人均住房间数和户均住房套数是衡量住房水平和质量的重要指标，单纯追求人均住房建筑面积，实际导致住房资源的浪费，需求和供给错位明显，加剧住房矛盾。

---

[1] 数据来源：2000年和2010年北京市全国人口普查资料。

（二）住房设施改善，质量提高

与十年前相比，住房质量随着经济飞速发展发生了翻天覆地的变化。具体数据如表3所示：2010年北京市住房的自来水拥有率低于2000年，下降了11.06个百分点，厨房拥有率提高了2.12个百分点，洗澡设施拥有率提高了14.13个百分点，厕所拥有率提高了8.70个百分点。总体来看，与十年前相比，北京市城镇居民住房质量得到了很大的改善。

表3 2000年与2010年北京市城镇住房条件比较数据

单位：%

住房设施	厨房拥有率	自来水拥有率	洗澡设施拥有率	厕所拥有率
2000年	81.31	99.26	62.50	70.79
2010年	83.43	88.20	76.63	79.49

数据来源：2000年和2010年北京市全国人口普查资料。

三 2000年以来北京城镇居民住房的分化

（一）不同职业阶层住房分化

根据全国普查数据，职业有六大类别：国家机关、党群组织、企业、事业单位负责人；专业技术人员；办事人员和有关人员；商业、服务业人员；农、林、牧、渔、水利业生产人员；生产、运输设备操作人员及有关人员。我们将从以下三个方面对其职业地位与住房分化状况进行对比分析，以期能够清晰地看出10年来职业地位对其住房状况发展变化的影响程度。

1. 住房来源的分化

10年来不同职业的住房来源发生着极大的变化，从总体数据上看，2000~2010年，自建房比重大大下降，购买公有住房的比重下降，城镇居民购买商品房的比重大大增加，租赁房屋的比重也增加（见表4）。最明显的一个变化是，2010年，购买二手房也占有了一定的比例。但2010年的住房自有率只有48.96%，有45.47%的城镇常住居民长期租房。

表4 2000年与2010年北京市按户主的职业、住房来源分的家庭户户数（城镇）

职业大类 \ 来源	年份（年）	合计（户）	租赁公有（廉租）住房（%）	租赁商品（其他）住房（%）	自建住房（%）	购买商品房（%）	购买二手房（%）	购买经济适用房（%）	购买原公有住房（%）	其他（%）
总计	2000	259828	23.02	8.54	33.47	4.54	0.00	2.24	24.29	3.88
	2010	346189	1.67	43.80	5.99	22.34	3.88	5.11	11.64	5.57
国家机关、党群组织、企业、事业单位负责人	2000	20824	22.94	5.57	16.38	9.55	0.00	3.07	39.20	3.30
	2010	15703	0.81	21.93	3.65	44.99	4.87	5.53	13.60	4.61
专业技术人员	2000	42804	29.73	2.80	9.04	6.42	0.00	3.25	45.56	3.19
	2010	76579	0.97	26.29	1.74	35.35	6.43	8.18	15.99	5.05
办事人员和有关人员	2000	31981	28.94	2.66	15.74	5.60	0.00	3.15	40.39	3.52
	2010	62475	0.98	24.73	4.04	32.12	4.77	8.40	18.61	6.36
商业、服务业人员	2000	50661	28.17	22.65	21.69	3.88	0.00	1.73	15.37	6.50
	2010	115134	2.22	64.85	4.44	12.88	2.39	2.64	5.77	4.81
农、林、牧、渔、水利业生产人员	2000	37805	1.52	1.60	92.66	1.22	0.00	0.76	0.66	1.57
	2010	5249	0.69	17.49	63.31	7.56	1.70	1.62	2.17	5.47
生产、运输设备操作人员及有关人员	2000	75753	24.05	9.10	37.80	3.76	0.00	2.15	19.14	4.00
	2010	71047	2.40	52.12	11.08	11.13	2.73	3.06	10.58	6.89

数据来源：北京市2000年与2010年人口普查资料。

与2000年相比，到2010年国家机关、党群组织、企业、事业单位负责人自建住房和购买原公有住房的比重大大下降，租赁其他房屋和购买商品房的比重大大增加。办事人员和有关人员的住房来源比重变化与之相似。

与2000年相比，专业技术人员购买原公有住房和自建房的比重也大大下降，购买商品房的比重增加，到2010年该类从业人员自建住房的比例只有1.74%。

2000年，商业和服务业人员中有超过50%的居民租赁房屋居住，还有21.69%的自建住房，到2010年，自建住房的比重大幅下降，而租赁房屋的比重有所上升，达到67.07%。

通过比较还发现，最后两大类职业的住房来源变化最为显著。其中农、林、牧、渔、水利业生产人员在2000年时92.66%的居民都是自建住房，10年之后，自建住房比例降至63.31%，而租赁房屋的比重由10年前的3.12%增加到近20%。而生产、运输设备操作人员及有关人员在2000年时37.80%的居民自建住房，另外还有19.14%的居民购买原公有住房，这两个类型的住房来源超过了50%，而在2010年，该职业54.52%的居民租赁房屋居住，租赁成为了该职业大类最重要的住房来源。

2. 住房间数的分化

2000年以来，北京的人口急速膨胀，住房资源越来越紧张，住房结构也发生着巨大变化，不同职业的住房数量在10年的时间里也发生了较大的变化。总体而言，与2000年相比较，2010年居民户均住房间数和人均间数都有下降，但是人均住房面积却有所提高（见表5）。可以看出，这十年来北京市住房的供给中，大户型成了主流，住房消费超前，住房资源有所浪费。

国家机关、党群组织、企业、事业单位负责人这一职业大类的显著变化是人均住房建筑面积大幅度提高了，增加了14.04平方米，达到人均39.85平方米，超过平均数11.92平方米。然而平均每户住房间数略有减少，从2.73间/户降至2.55间/户，人均住房间数则从0.96间/人增至0.97间/人。专业技术人员、办事人员和有关人员的变化趋势与国家机关、党群组织、企业、事业单位负责人职业大类一致，户均住房间数下降，人均间数上升。

和以上的三类职业相比，商业和服务业人员的户均间数下降较大，从户均2.19间下降到1.67间，而人均住房间数也是下降的，从0.83间/人降至0.78

表5 2000年与2010年北京市按户主的职业分的家庭户住房状况（城镇）比较

职业大类 / 住房状况	年份（年）	户数（户）	人数（人）	平均每户住房间数（间/户）	人均住房建筑面积（平方米/人）	人均住房间数（间/人）
国家机关、党群组织、企业、事业单位负责人	2000	21649	61585	2.73	25.81	0.96
	2010	15719	41565	2.55	39.85	0.97
专业技术人员	2000	42968	112259	2.29	24.00	0.88
	2010	76662	179828	2.15	35.07	0.92
办事人员和有关人员	2000	32252	89741	2.45	22.77	0.88
	2010	62591	153557	2.22	33.53	0.90
商业、服务业人员	2000	54504	143846	2.19	17.55	0.83
	2010	115685	248503	1.67	21.51	0.78
农、林、牧、渔、水利业生产人员	2000	37982	129127	4.66	23.75	1.37
	2010	5260	15528	3.44	33.04	1.17
生产、运输设备操作人员及有关人员	2000	76942	226229	2.79	20.12	0.95
	2010	71181	168670	1.87	21.29	0.79
总计	2000	266297	762787	2.80	21.59	0.98
	2010	347098	807651	1.98	27.93	0.85

数据来源：北京市2000年与2010年人口普查资料。

间/人，这与上述三种职业的变化差距较大。同时，人均住房建筑面积的增加也不明显，可以看出十年来该职业地位变化不明显，住房条件没有明显提升。

另外，农、林、牧、渔、水利业生产人员从2000～2010年住房间数减少幅度较大。这和北京市城市化飞速发展，城中村拆迁改造有关。他们的平均住房间数从4.66间/户降至3.44间/户，人均住房建筑面积从23.75平方米/人增至33.04平方米/人，人均住房间数则从1.37间/人降至1.17间/人。

生产、运输设备操作人员及有关人员的变化与上述诸类职业变化都不太相同，该类职业平均每户住房间数下降明显，从2.79间/户降至1.87间/户，人均住房间数从0.95间/人降至0.79间/人，并且，人均住房建筑面积提升也不明显，从20.12平方米/人变化为21.29平方米/人。

3. 租房户的租房能力的分化

由于房价过高，居民想要有一套自己的住房是比较困难的，从普查数据来看，北京市的房屋自有率远远低于全国平均水平。所以，在北京居民中有较高比例的租房户。

表6 2000年与2010年租房户各类职业所占百分比

单位：%

年份\职业	国家机关、党群组织、企业、事业单位负责人	专业技术人员	办事人员和有关人员	商业、服务业人员	农、林、牧、渔、水利业生产人员	生产、运输设备操作人员及有关人员	总计
2000年	7.24	16.98	12.32	31.40	1.44	30.62	100
2010年	2.27	13.26	10.20	49.06	0.61	24.61	100

数据来源：根据北京市2000年与2010年人口普查资料计算。

2010年，租房户中的商业、服务业人员比例最大，达49.06%，其次是生产、运输设备操作人员及有关人员，专业技术人员，办事人员和有关人员，国家机关、党群组织、企业、事业单位负责人，农、林、牧、渔、水利业生产人员中租房户最少，仅有0.61%。

为了考察他们的居住状况与职业分层的关系，我们采用租房户每月租金支付来分析对比2000年与2010年的变化，这里涉及物价和货币价值的问题，我们不做讨论，重点关注其趋势的变化，具体数据如表7、表8所示。

国家机关、党群组织、企业、事业单位负责人这一职业大类在2000年主要月租金范围大致在20~200元，所占的比例高达67.77%，2010年数据表明该职业类别的租金出现平均化，但可以看出其职业支付能力的大幅度提高，支付能力在月租金1500元以上的超过了40%。

专业技术人员职业在2000年其月租金支付能力大部分在200元以下，其比例高达88.28%。2010年后该职业阶层的月租金支付能力也得到了大幅度改善，支付能力在1500元以上的达到39.18%。

办事人员和有关人员在2000年的月租金支付能力有着十分明显的特点，集中体现为支付能力低下，绝大部分支付能力每月不足200元，200元以下的比例高达91.48%。十年后，该职业阶层的人员支付能力有所改善，其支付能力在每月1500元以上的比例达到了30.88%。

商业、服务业人员在2000年时其月租金花费在200元以下的比例为71.33%。

表7 2000年北京市按户主的职业、月租房费用分的家庭户户数百分比（城镇）

单位：户，%

职业＼租金	合计户数	20元及以下	21~50元	51~100元	101~200元	201~500元	501~1000元	1001~1500元	1501元以上
国家机关、党群组织、企业、事业单位负责人	5936	7.18	23.13	16.69	27.95	12.38	6.20	3.39	3.08
专业技术人员	13924	9.19	30.25	21.04	27.80	6.15	2.73	1.75	1.08
办事人员和有关人员	10107	10.06	30.06	19.94	31.42	5.60	1.51	0.89	0.51
商业、服务业人员	25748	6.65	17.53	15.69	31.46	21.35	5.02	1.60	0.70
农、林、牧、渔、水利业生产人员	1181	17.61	20.83	23.03	31.16	6.27	0.85	0.17	0.08
生产、运输设备操作人员及有关人员	25113	11.88	27.36	21.81	29.98	7.49	1.08	0.27	0.11
总计	82009	9.30	24.70	19.18	30.12	11.72	3.02	1.24	0.73

资料来源：根据第五次、第六次人口普查资料计算。

表8 2010年北京市按户主的职业、月租房费用分的家庭户户数百分比（城镇）

单位：户，%

职业＼租金	合计户数	100元及以下	101~200元	201~500元	501~1000元	1001~1500元	1501~2000元	2001~3000元	3001元以上
国家机关、党群组织、企业、事业单位负责人	3571	6.02	8.23	19.83	12.41	10.98	12.77	16.33	13.44
专业技术人员	20872	7.62	10.32	19.15	12.97	10.76	12.62	19.48	7.08
办事人员和有关人员	16060	12.00	13.62	23.62	11.79	8.09	9.34	14.35	7.19
商业、服务业人员	77222	4.18	10.74	48.20	17.39	6.17	4.95	5.71	2.66
农、林、牧、渔、水利业生产人员	954	12.26	31.13	37.42	10.90	3.35	1.89	1.99	1.05
生产、运输设备操作人员及有关人员	38732	9.24	24.16	51.31	7.95	3.11	2.11	1.54	0.57
总计	157411	6.77	14.35	41.90	13.76	6.31	5.88	7.61	3.43

数据来源：根据第五次、第六次人口普查资料计算。

在 2010 年时，该职业每月租金花费在 1000 元以下的比例超过了 80%，支付能力在 1500 元以上的仅有 13.32%。

农、林、牧、渔、水利业生产人员和生产、运输设备操作人员及有关人员两大职业类别从其租金支付能力的数据分析上看，在十年间职业地位并没有得到太大的改善，从租金支付金额上看，2010 年这两类职业支付 1500 元以上的仅有 4.93%、4.22%。

4. 住房面积的分化

从前文分析不难看出北京住房建筑的变化：房屋的户型变化不大，一套房屋从设计上看每套面积增大，客厅、餐厅变大，公摊面积也增大，人均建筑面积增大，总体房屋建筑面积增大。2000~2010 年这十年间不同的职业阶层在住房面积上也发生着变化，如表 9 所示。

表 9　2000 年与 2010 年北京市按户主的职业、人均住房建筑面积分的家庭户户数百分比（城镇）

单位：户，%

职业大类	年份（年）	合计户数	19 平方米及以下	20~49 平方米	50 平方米及以上
国家机关、党群组织、企业、事业单位负责人	2000	37604	40.35	50.63	9.02
	2010	15719	15.76	52.78	31.47
专业技术人员	2000	111882	43.52	51.22	5.26
	2010	76662	18.79	55.53	25.68
办事人员和有关人员	2000	66361	46.20	48.69	5.11
	2010	62591	22.89	53.82	23.29
商业、服务业人员	2000	140794	63.21	33.22	3.57
	2010	115685	60.14	28.59	11.27
农、林、牧、渔、水利业生产人员	2000	87561	38.92	55.55	5.53
	2010	5260	29.41	48.99	21.60
生产、运输设备操作人员及有关人员	2000	155601	55.70	42.42	1.88
	2010	71181	58.16	33.93	7.91
总计	2000	599803	50.73	45.03	4.25
	2010	347100	41.41	41.59	17.00

数据来源：北京市 2000 年与 2010 年人口普查资料。

国家机关、党群组织、企业、事业单位负责人在十年间住房人均占有面积变化很大，2000年该职业从业人员人均住房建筑面积在19平方米及以下占有40.35%，人均50平方米及以上只有9.02%。而到2010年，人均19平方米及以下的住户比例大幅下降至15.76%，而人均住房建筑面积50平方米及以上的超过了30%。

专业技术人员、办事人员和有关人员的基本状况相似，人均住房建筑面积在19平方米及以下的比例都大幅下降，同时人均住房建筑面积50平方米及以上的比例上升。另外，农、林、牧、渔、水利业生产人员的变化趋势和以上两类职业大类变化趋势基本相同。

商业、服务业人员从2000~2010年人均住房建筑面积有所改善，但是改善的幅度不大。生产、运输设备操作人员及有关人员呈现两极化的现象，人均建筑面积50平方米及以上的比例增加了6.03个百分点，人均住房建筑面积19平方米及以下的家庭也增加了2.46个百分点。

四 结论

第六次全国人口普查资料中关于住房的数据，为我们详细说明了新世纪以来第一个十年北京居民住房条件变化及住房分化状况。这个数据可能是各类统计数据中最权威的数据，比起抽样调查和固定住户调查能更准确地反映实际状况。这为我们认清住房的形势，反思总结住房政策提供了很好的依据。通过分析我们发现：第一，十年来，北京居民的住房条件水平提高较快。第二，北京市不同的社会阶层住房状况已经开始分化，不同阶层的住房支付能力和住房状况有较大差距。第三，租房户的比例和困难户的比例还不小，2010年的数据表明，人均住房建筑面积在8平方米以下的比例仍然达16.59%。第四，虽然平均住房建筑面积增加，平均住房间数和人均住房间数却在减少，说明住房建筑面积大，实用面积小；小户型住房过少，大户型过多；住房的供给结构和需求结构错位严重。因此，必须加强保障房建设，尽全力解决困难家庭和无房户的住房问题。

B.10 北京市居民用水调研报告[*]

赵卫华 邱鸿博[**]

摘　要： 水资源匮乏是北京经济社会发展的短板，而北京居民家庭用水已经达到了总用水量的49%以上。通过对北京市居民用水行为的调查发现，不同家庭之间的用水量有一定差异，经济收入、住房类型、家庭结构和教育程度等都对居民的用水量产生影响。在个人用水行为方面，性别、教育程度、年龄等也会对其用水行为产生影响。

关键词： 北京　居民用水量　居民用水行为

中国经济30多年高速发展的成就显著，但是也伴随着对资源的消耗和破坏。就水资源而言，工业化一方面消耗了大量的水资源，另一方面也使得江河湖泊以及地下水大面积污染，水资源匮乏是今后很多城市发展中面临的一个重要问题。节约用水不仅是个人的事，而且关系国家发展。作为严重缺水的城市，水资源短缺对北京的经济社会发展具有长期的影响。当前，中国对居民用水的研究还不够深入，对城市居民用水的研究主要集中在城市规划、水利、建筑等领域，用水研究主要关注总量变化及人均变化，很少关注人们的用水行为对用水量的影响。本研究的目的即在于通过调研，了解人的具体用水行为，为北京市制定节水措施提供政策参考，促进人们对水短缺的认知，树立节水意识。

---

[*] 本研究是由北京市自然科学基金资助课题"基于阶层分化的北京城市居民水消费研究"的阶段性研究成果。

[**] 赵卫华，社会学博士，副教授，北京工业大学人文学院社会学系；邱鸿博，北京工业大学社会学系硕士研究生。

一 背景及数据情况

我国的人均占有水资源量仅有2240立方米，不足世界人均占有水量的1/4，在世界银行连续统计的153个国家中居第88位。而北京又是中国最缺水的城市之一。北京市人均水资源占有量不足200立方米，仅为全国人均的1/10，世界人均的1/40，属于重度缺水地区[1]。北京可利用地表水量的90%来自密云水库和官厅水库两大水库，但是两大水库来水量都在大幅度减少。目前密云水库成为北京市生活供水的唯一地表水源。

北京平原区地下水位也在持续下降。2004年与1960年相比，平原区地下水位下降15.45米，年储量减少80.8亿立方米；与1980年相比，地下水位下降11.58米，储量减少60.06亿立方米。20世纪80年代以来地下水位平均每年下降约0.48米。

作为一个有2000多万人聚居的大城市，水资源匮乏是北京经济社会发展的短板。北京在不断调整产业结构，工业用水和农业用水在不断压缩，但是第三产业及生活等其他用水却不断增长，目前，在市政自来水供水中，北京居民家庭用水已经达到了总用水量的49%以上。[2] 即便如此，市政供水的压力还是逐年增大。从图1看，近十年，北京市区平均日供水量不断增长。节约用水，树立节水意识，对于每一个北京市居民来说应该成为一种生活习惯和生活方式。

本次调查是由北京联合大学和北京工业大学的本科生及部分研究生在2013年6~7月间完成的。本调查采用配额抽样的方式抽取样本。为了保证问卷的代表性，在抽样中对家庭结构和家庭中的调查对象进行了控制。要求每个学生调查自己熟悉的数个家庭，在家庭的选取上，适当根据家庭人口学特征进行配额，如家庭结构控制，一是每个人在家庭的选取上，要兼顾空巢家庭、核心家庭、独身家庭等不同家庭类型的搭配。二是家庭中调查对象的控制，即在

---

[1] 廖强、张士锋、陈俊旭：《北京市水资源短缺风险等级评价与预测》，《资源科学》2013年第1期。
[2] 北京市统计局：《北京统计年鉴2013》，http://www.bjstats.gov.cn/nj/main/2013-tjnj/content/X167_0906.xls。

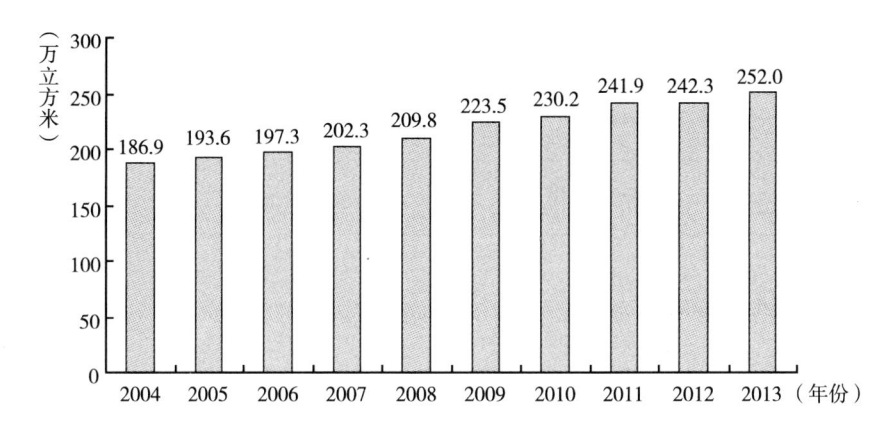

图 1 市区近十年平均日供水量

一个家庭中，调查对象不能都是一类人，家庭中的老年人、中年人、年轻人、男性、女性的比例也有控制。按照这种方法，共获得问卷976份。问卷内容包括以家庭为单位的调查内容和以个人为单位的调查内容两部分。从问卷初步分析来看，本次调查的家庭平均人口是2.89人，家庭人口最少1人，最多6人。调查对象的平均年龄是35岁，其中最大的86岁，最小的13岁。从性别占比来看，男性占49.4%，女性占50.6%。调查对象的受教育程度分布为：初中及以下占9.5%，高中及中职占23.7%，大专占13.9%，本科占47.7%，研究生及以上占5.1%。

本次调查居民居住区域分布比较广泛，从二环内到五环外都有，从居住类型看，18.3%的是平房，45.5%是无电梯单元楼房，33.4%是带电梯公寓，1.7%是别墅，还有地下室等其他居住类型1%。住房面积最小的6平方米，最大的400平方米，户均住房93.6平方米，人均住房面积36.7平方米。

二 不同类型居民家庭的用水量分析

1. 78%的家庭月均用水量在10吨及以下，人均用水中位数是2.4吨

调查显示，家庭平均每月用水是8.55吨，家庭月均用水的中位数是6吨，人均每月用水3.2吨，中位数是2.4吨。78%的家庭每个月用水在10吨及以下，不同类型群体在用水量上有比较明显的差别。

147

表1 居民生活用水量的总体情况

单位：吨

项　目	月均每人用水量	月均家庭用水量
平均值	3.2273	8.55
中位数	2.4000	6.00

2. 二环内家庭平均用水量和人均用水量最高

不同居住区域的人在用水量上有比较明显的差别。居住在二环以内的月均家庭用水量和月均每人用水量明显较高。而居住在二环与三环之间，以及三环与四环之间的市民月均家庭用水量和月均每人用水量差异较小。

表2 居住区域与用水量

单位：吨

居住区域	月均家庭用水量	月均每人用水量
二环内	10.56	4.1279
二环与三环之间	8.67	3.3609
三环与四环之间	8.67	3.4246
四环与五环之间	8.13	3.2030
五环外	8.21	2.8139
合　计	8.55	3.2273

3. 居住类型对用水量有显著影响，别墅用水量最高、平房最低

从表3中可以看到，住房类型为"平房"的家庭月均用水量最少，为7.78吨；其次是"无电梯单元楼房"家庭，为8.24吨；而居住类型为"带电梯公寓"和"别墅"的家庭每月用水量都较大，居住在"带电梯公寓"的家庭每月用水量均值为9.25吨，居住在"别墅"的家庭每月用水量均值为12.59吨，远远高于其他居住类型的家庭。

4. 家庭收入和消费水平与用水量成正比，收入和消费水平越高，用水量越大

从表4可以看出，家庭年收入在"5万元及以下"的家庭每月用水量为6.82吨，随着家庭收入的增加，家庭每月用水量整体也是增加的。收入较高的家庭的用水量明显高于收入较低的家庭。

表3　住房类型与用水量

单位：吨

住房类型	月均家庭用水量	月均每人用水量
平房	7.78	2.96
无电梯单元楼房	8.24	3.04
带电梯公寓	9.25	3.52
别墅	12.59	5.55
合　计	8.55	3.22

表4　收入水平与用水量

单位：吨

家庭的年收入水平	月均家庭用水量	月均每人用水量
5万元及以下	6.82	3.08
5万(不含)~10万元(含)	7.98	3.02
10万(不含)~15万元(含)	8.47	2.99
15万(不含)~20万元(含)	10.50	3.78
20万(不含)~30万元(不含)	9.72	3.62
30万元及以上	11.03	3.77
合　计	8.57	3.2253

从表5看，消费水平和家庭月均用水量呈正比关系，家庭消费水平越高，月均家庭用水量也越高。此外，年消费水平越高，月均每人用水量也越高。

表5　消费水平与用水量

单位：吨

家庭的年消费水平	月均家庭用水量	月均每人用水量
3万元及以下	6.33	2.9159
3万~5万元	8.26	2.9470
5万~10万元	9.38	3.3439
10万~15万元	10.72	4.0498
15万~20万元	13.69	5.4006
20万元及以上	15.89	5.6407
合　计	8.58	3.2404

5. 家庭人口对用水量有较大影响，人口越多，人均用水量越小

从表6来看，家庭人口数越多，月均家庭用水量也越大。而随着家庭人口数的减少，人均每月的用水量却不断增加。典型的三人家庭月均用水量为9.01吨。

表6 家庭人口数与用水量

单位：吨

家庭人口数	月均家庭用水量	月均每人用水量
1人	5.61	5.6086
2人	7.19	3.5966
3人	9.01	3.0025
4人	10.03	2.5080
5人	10.69	2.1387
6人及以上	7.67	1.2778
合　　计	8.56	3.2273

三　居民用水行为分析

（一）家庭用水行为

从北京市居民家庭用水设施来看，94.9%的家庭有洗衣机，86.4%的家庭有淋浴器，57.2%的家庭有抽水马桶，59.1%的家庭有饮水机，8.5%的家庭有洗碗机，1.3%的家庭有游泳池，9.3%的家庭有花园或者菜园。

在家庭用水项目中，主要是清洗衣物、洗澡、洗菜做饭、饮水以及清洁用水。调查显示，居民家庭用水所占比重最大的项目是清洁衣物，其次是洗澡，再者是洗菜、做饭。随着人们生活水平的提高和健康饮水观念的增强，饮用水健康逐渐成为城市居民的一个基本需求，本次调查显示，42%的家庭喝自家烧的自来水，33.9%的人喝桶装矿泉水，15%的人喝过滤净化过的自来水。

表7 您家一般选择哪种饮用水

单位：次，%

项　　目	频数	百分比
桶装蒸馏水	88	9.1
桶装矿泉水或山泉水	327	33.9
过滤净化水龙头的饮用水	145	15.0
自家烧的自来水	406	42.0
合　　计	966	100.0

调查显示，北京市居民家庭平均每周洗衣3次，拖地4次。对于清洗衣物，除少数家庭主要在洗衣店洗衣之外，约95%的家庭主要在家里洗衣。家庭洗衣以洗衣机洗为主，71%的家庭以机洗为主或者完全用机洗，还有30%的人以手洗为主或者完全手洗衣物。

对于洗衣机洗衣后的水，59%的居民家庭是直接放掉，而41%的家庭会留下来拖地或者冲马桶。

表8 您家洗衣机洗衣后的水一般怎么处理

单位：次，%

项　　目	频数	百分比
直接放掉	569	59.0
留起来拖地或者冲马桶	396	41.0
合　　计	965	100.0

北京居民洗澡以淋浴为主，87.1%的家庭完全用淋浴或者以淋浴为主。只有12.2%的家庭以缸浴为主或者完全用缸浴。如果有浴缸，仍有90%的人会出于节水或者节时的目的而选择淋浴，选择缸浴的只有10.4%。

从表10和表11来看，北京市居民中有8.1%的家庭请过保姆或者小时工。北京市目前有家政从业人员40万人左右。他们大多来自于农村，由于生活习惯的影响，节水意识不强，但是他们承担了北京四十万家庭的家务，他们也是节水环节中重要的一环。本次调查显示，在有过雇用保姆经验的家庭中，45%以上的人认为保姆用水量较大或者很大。

表9　您家里通常采用的洗澡方式

单位：次，%

项目	频数	百分比
完全用缸浴	30	3.1
以缸浴为主	88	9.1
完全淋浴	596	61.6
以淋浴为主	247	25.5
其他	6	0.6
合计	967	100.0

表10　如果家里有保姆，您觉得他们的用水量怎样

单位：次，%

项目	频数	百分比
很大	15	13.3
较大	36	31.9
一般	49	43.4
小	7	6.2
很小	6	5.3
合计	113	100.0

对于很多家庭成员来说，每月用多少水似乎并不清楚，不同的缴费水费的方式，影响到人们对于水费的认知。在调查中，很多使用智能卡买水的家庭多是这样。在本次调查中，水费的缴纳方式有多种，其中银行直接扣款的占24.3%，抄水表人员上门收款的占30.8%，亲自去银行缴纳的占28.5%，网上缴纳的占8.1%，其他方式有8.2%。60%的人并不会仔细查看每月用水的情况，只有40%的人会看每月用水的情况。

表11　您缴纳水费的方式

单位：次，%

项目	频数	百分比
银行直接扣款	234	24.3
抄水表人员上门收款	296	30.8
亲自去银行缴纳	274	28.5
网上缴纳	78	8.1
其他	79	8.2
合计	961	100

北京市居民对水的态度还是很鲜明的,有被调查者中,71%的人认为使用清洁水冲厕所是一种浪费,26%的人认为"不浪费"。只要有合适的措施,家庭节水还是有很大空间的,从调查来看,在洗衣、洗澡、做饭、饮水等各方面都还有节约的余地。如42.5%的人认为家庭清洗衣物方面可以节约用水,25.8%的人认为家庭洗澡可以节约用水,14.6%的人认为洗菜做饭可以节水等。

表12 您觉得根据您家现在的情况,哪些方面还可以节约用水

单位:次,%

项 目	频数	百分比
洗衣服	409	42.5
洗澡	248	25.8
洗菜、做饭	140	14.6
家庭饮水	30	3.1
其他生活用水	135	14.0
合 计	962	100.0

(二)个人用水行为

1. 个人用水行为总体状况

从个人的用水习惯来看,调查对象平均每天饮水2升,洗脸2.2次,平均每周洗澡4次。

淋浴时使用沐浴液时,约62%的人会关掉花洒,但是也有38%左右的人不关花洒或者有时关花洒。

表13 您淋浴时涂沐浴液是否关掉花洒

单位:次,%

项 目	频数	百分比	累积百分比
是	594	61.5	61.5
有时关	291	30.1	91.6
不关	81	8.4	100.0
合 计	966	100.0	

洗碗、洗脸这样的事看似很小，也关乎节水。就调查来看，约45%的家庭洗碗时采取不间断地冲洗的方式，约55%的家庭则不采取流水冲洗的方式洗碗。洗脸/洗手时，约88%的人都能够随时关闭水龙头。

表14　您洗碗、洗脸、洗手时是否不间断冲洗

单位：%

项　目	洗碗是不是不间断地冲洗	洗脸/洗手是不是随时关闭水龙头
是	45.2	88.3
否	54.8	11.7
合　计	100.0	100.0

在外面看到水龙头开着时，67.2%的人总是主动关闭水龙头，28.4%的人有时会关，但是也有极少部分人不会关。

表15　您在外面见到水龙头开着，会不会主动上去关好

单位：次，%

项　目	频数	百分比	累积百分比
总是主动关	650	67.2	67.2
有时关	275	28.4	95.6
很少关	32	3.3	99.0
不会关	10	1.0	100.0
合　计	967	100.0	

对于沐浴用具的选择，89.7%的人依然选择淋浴，10.4%的人选择缸浴。其中40.5%的人选择淋浴是因为淋浴节约用水，而49.2%的人选择淋浴是因为淋浴节约时间。可见北京市居民当前大多数家庭使用的仍然是淋浴，这种趋势会长期存在。

表16　如果您家同时有淋浴和缸浴，您洗澡时一般会用哪种

单位：次，%

项　目	频数	百分比
淋浴,节水	390	40.5
淋浴,节时	474	49.2
缸浴	100	10.4
合　计	964	100.0

在水资源循环利用方面，28.8%的人在生活中一直有一水多用的习惯，而有28.9%的人在生活中很少或基本没有一水多用的习惯。被调查者中"一水多用"的比例不大。

表17 在日常生活中您是否一水多用

单位：次，%

项 目	频数	百分比
一直有	278	28.8
有时候	407	42.2
较 少	194	20.1
没 有	85	8.8
合 计	964	100.0

对于"是否觉得使用清洁水冲厕所是浪费行为"这个问题，71.3%的人认为用清洁水冲厕所是一种浪费行为，也有26%的人认为这不是一种浪费水的行为。

表18 您觉得用清洁水冲厕所是一种浪费吗

单位：次，%

项 目	频数	百分比
浪 费	689	71.3
不浪费	251	26.0
其 他	27	2.8
合 计	967	100.0

2. 不同性别的用水行为

一般来说，男女在生活方式和消费模式上是有非常显著的差别的，但就用水行为来看，男女并没有太大的差别，在很多用水行为上，男女表现出趋同性，具体如下。

从表19看，男性和女性在饮水量上具有显著差异。男性的每日饮水量的均值为2.2升，女性为2.1升，男性的每日饮水量高于女性。而在个人卫生方面，男性每日洗脸次数和每周洗澡次数都少于女性。男性每日洗脸次数的均值为2.2次，而女性为2.3次，两者在统计学意义上具有显著差异。男性每周洗

澡次数的均值为4.1次，而女性为4.2次，经过统计检验，男性和女性在洗澡次数上并没有显著差异。

表19 性别与用水行为

单位：升，次

性别	您平均每天饮水量	您平均每天洗脸几次	您平均每周洗澡几次
男	2.2	2.2	4.1
女	2.1	2.3	4.2

在节水行为细节方面，当被问到"洗脸或洗手时是不是随时关闭水龙头"时，男性中有87.0%的人表示会关闭，而女性这一比例为89.6%，但是两者在统计学意义上并没有显著差异。

表20 您洗脸/洗手时是不是随时关闭水龙头

单位：%

项目	是	否	合计
男	87.0	13.0	100.0
女	89.6	10.4	100.0

这一点从表21中也可以看出，有59.2%的男性洗澡涂沐浴露时会关闭花洒，而女性这一比例为63.7%，不过，这个数据在统计学意义上并没有差异。

表21 您淋浴涂沐浴液时是否关掉花洒

单位：%

项目	是	有时关	不关	合计
男	59.2	30.3	10.5	100.0
女	63.7	29.9	6.3	100.0

此外，对于"洗碗筷是否不间断冲洗"的问题，从表22来看，男性中选择不间断冲洗的比例为46.8%，而女性这一比例为43.6%，低于男性3个百分点，但是并没有通过统计检验。

表22　您洗碗筷时是不是不间断地冲洗

单位：%

项目	是	否	合计
男	46.8	53.2	100.0
女	43.6	56.4	100.0

当被问到"在外面见到水龙头没关，是否会主动关闭"时，男性中回答总是主动关闭的比例为63.4%，而女性这一比例为71.1%。

表23　您在外面见到水龙头不关，会不会主动上去关好

单位：%

项目	总是主动关	有时关	很少关	不会关	合计
男	63.4	31.4	4.2	1.0	100.0
女	71.1	25.5	2.4	1.0	100.0

对于沐浴工具的选择，女性选择缸浴的比例为10.8%，而男性选择缸浴的比例为9.9%，女性高出男性近1个百分点。而大多数人之所以选择淋浴，不同性别的人态度有所差异。例如男性中有41.9%的人选择淋浴是因为节水，而女性这一比例为39.1%。而男性中48.2%的人选择淋浴是因为节约时间，女性这一比例更高，达到50.1%。

表24　如果您家同时有淋浴和缸浴，您洗澡时一般会用哪种

单位：%

项目	淋浴，节水	淋浴，节时	浴缸	合计
男	41.9	48.2	9.9	100.0
女	39.1	50.1	10.8	100.0

水资源的循环利用也是用水行为的重要方面。对于是否"一水多用"，男女差异较小。男性和女性一直有一水多用的比例都在28%左右。

在被问到"是否觉得用清洁水冲厕所是浪费"时，74.3%的女性认为是用水浪费行为，而男性这一比例为68.1%，二者没有显著差别。

表25 在日常生活中您是否一水多用

单位：%

项目	一直有	有时候	较少	没有	合计
男	28.5	40.6	21.5	9.4	100.0
女	28.2	43.8	18.8	9.2	100.0

表26 您觉得用清洁水冲厕所是一种浪费吗

单位：%

项目	浪费	不浪费	其他	合计
男	68.1	29.4	2.5	100.0
女	74.3	22.6	3.1	100.0

3. 不同受教育程度者的用水行为

在饮水量方面，不同受教育程度的人没有差别。而在每日洗脸次数上，受教育程度越高，洗脸的次数也越多。此外，在每周洗澡次数上，受教育程度越高，洗澡次数也越多。这说明，随着受教育程度的增加，个人对自身的护理也要求更高，从而导致用水量增多。

表27 受教育程度与用水行为

单位：升，次

项目	每天饮水量	每天洗脸次数	每周洗澡次数
高中及以下	2.1	2.1	3.9
大专	2.2	2.2	4.0
本科及以上	2.1	2.3	4.3

在是否随手关水龙头方面，80%以上的人都会在洗脸过程中关闭水龙头。不同受教育程度者有明显的差别。

在被问及"淋浴涂沐浴液时是否会关闭花洒"时，不同学历的人做法有所区别。相对来说，高中及以下学历组的人中有66.9%的人会关掉花洒，而大专组以及本科及以上组这一比例要低。特别是本科及以上组中会关闭花洒的人的比例只有57.6%，低于高中及以下组近9个百分点。

表28 您洗脸/洗手时是不是随时关闭水龙头

单位：%

项目	是	否	合计
高中及以下	88.1	11.9	100.0
大专	93.3	6.7	100.0
本科及以上	87.2	12.8	100.0

表29 您淋浴涂沐浴液时是否关掉花洒

单位：%

项目	是	有时关	不关	合计
高中及以下	66.9	23.3	9.8	100.0
大专	63.7	25.9	10.4	100.0
本科及以上	57.6	35.4	7.0	100.0

对于生活中一水多用的行为，不同学历组之间存在显著差别。高中及以下组选择"一直有"的比例为34.8%，大专组为31.8%，而本科及以上组只有24.3%。不过，大专组和本科及以上组中选择"有时候"的比例高出高中及以下组近12个百分点。此外，高中及以下组中选择"较少"和"没有"的比例为30.9%，这明显高出大专组和本科及以上组。显然，高中组在"一水多用习惯"方面呈两极分化特点。

表30 在日常生活中您是否一水多用

单位：%

项目	一直有	有时候	较少	没有	合计
高中及以下	34.8	34.3	20.8	10.1	100.0
大专	31.8	46.7	14.1	7.4	100.0
本科及以上	24.3	46.0	21.3	8.4	100.0

不同受教育程度者在选择洗澡方式时没有显著差别。从表31中可以看出，大多数人选择淋浴，不过选择淋浴的原因，不同学历的人还是有所差别的。高中及以下学历人群中有44%的人把节水作为其选择淋浴的主要原因，而大专学历人群中这一比例为42.5%，本科及以上学历人群中这一比例为37.7%。相反，大专、本科及以上人群选择淋浴的主要原因是节省时间。

表31 如果您家同时有淋浴和缸浴，您洗澡时一般会用哪种

单位：%

项目	淋浴,节水	淋浴,节时	缸浴	合计
高中及以下	44.0	44.9	11.1	100.0
大专	42.5	46.3	11.2	100.0
本科及以上	37.7	52.5	9.8	100.0

对于"在外看见水龙头没关，是否会主动关"这个问题，不同学历者的回答比较接近，没有显著差异。

表32 您在外面见到水龙头不关，会不会主动上去关好

单位：%

项目	总是主动关	有时关	很少关	不会关	合计
高中及以下	66.8	27.9	3.8	1.5	100.0
大专	72.6	25.2	1.5	0.7	100.0
本科及以上	66.1	29.6	3.5	0.8	100.0

在对清洁水冲厕所的问题上，学历较高的人中认为"清洁水冲厕所不是浪费"高于学历较低者的比例。例如，大专学历的人认为"清洁水冲厕所不是浪费"的比例为25.2%，本科及以上学历者这一比例为30%，均高于高中及以下学历者的19.8%。

表33 您觉得用清洁水冲厕所是一种浪费吗

单位：%

项目	浪费	不浪费	其他	合计
高中及以下	77.4	19.8	2.8	100.0
大专	71.1	25.2	3.7	100.0
本科及以上	67.5	30.0	2.5	100.0

4. 不同年龄段的用水行为

不同年龄的人无论是所经历的时代还是教育以及生活习惯等都有较大差异，这一点在用水行为上也表现明显。在本次调查中，把样本分为五个年龄

段:"50后"及以前,"60后","70后","80后",以及"90后"等。

从表34看,在每日饮水量方面,"90后"和"50后"及以前每天的饮水量是最高的,分别达到2.20升和2.19升,其次是"70后"。在洗脸次数方面,从表中可以看出,"80后"和"90后"平均每天洗脸次数为2.29次,而"60后"、"70后"和"50后"及以前等都明显低于这个数。可见,"年轻人"相对于老人洗脸的次数更多。这种情况在"每周洗澡次数"上体现得更明显。"70后"、"80后"和"90后"三大群体每周洗澡次数都大于4次,而其他两个年龄段的人均小于4次。"90后"平均每周洗澡次数最多,为4.43次。

表34 年龄与用水习惯

单位:升,次

项 目	您平均每天饮水量	您平均每天洗脸次数	您平均每周洗澡次数
"50后"及以前	2.19	2.12	3.35
"60后"	2.02	2.17	3.80
"70后"	2.17	2.16	4.16
"80后"	1.99	2.29	4.39
"90后"	2.20	2.29	4.43

在是否随手关水龙头方面,80%以上的人都会在洗脸或洗手过程中关闭水龙头。"90后"、"60后"和"70后"三个群体选择不会随手关闭水龙头的比例高于其他年龄段的人,其中"90后"群体选择不随手关闭水龙头的比例最高,为14.0%。

表35 您洗脸/洗手时是不是随时关闭水龙头

单位:%

项 目	是	否	合计
"50后"及以前	92.3	7.7	100.0
"60后"	87.4	12.6	100.0
"70后"	88.2	11.8	100.0
"80后"	90.4	9.6	100.0
"90后"	86.0	14.0	100.0

在"洗碗筷时是不是不间断地冲洗"这个问题的回答上,各年龄段的人回答的情况差异较小,45%左右的人选择"不间断冲洗",而55%左右的人选择"随手关闭"。

表36　您洗碗筷时是不是不间断地冲洗

单位:%

项　目	是	否	合计
"50后"及以前	43.1	56.9	100.0
"60后"	45.1	54.9	100.0
"70后"	43.4	56.6	100.0
"80后"	47.1	52.9	100.0
"90后"	45.7	54.3	100.0

在"淋浴过程中,是否会关掉花洒"这个问题上,不同年龄段的人的回答有显著差别。"50后"及以前年龄更大的人中有78.3%的人选择"随时关掉花洒",这一比例远远高于其他年龄段的人。相对来说,年龄较小的人选择"有时会关闭"的比例要高于年龄较大的群体。

表37　您淋浴涂沐浴液时是否关掉花洒

单位:%

项　目	是	有时关	不关	合计
"50后"及以前	78.3	15.5	6.2	100.0
"60后"	59.4	28.6	12.0	100.0
"70后"	61.2	32.9	5.9	100.0
"80后"	57.2	36.4	6.4	100.0
"90后"	58.7	31.7	9.6	100.0

对于"生活中是否一水多用"这个问题,不同年龄段的被调查者还是有较大差异的。"50后"及以前年龄更大的被调查者中有50.8%的人一直坚持一水多用,这一比例大大高出其他年龄段的调查者。而"60后"这一群体选择"一直有一水多用"的比例最低,只有18.9%。

表38　在日常生活中您是否一水多用

单位：%

项目	一直有	有时候	较少	没有	合计
"50后"及以前	50.8	26.9	14.6	7.7	100.0
"60后"	18.9	46.9	24.0	10.3	100.0
"70后"	23.7	49.3	22.4	4.6	100.0
"80后"	32.1	41.2	18.2	8.6	100.0
"90后"	26.0	43.3	20.4	10.3	100.0

对于"是否觉得用清洁水冲厕所是浪费"这个问题，不同年龄段的被调查者也有差异。"50后"及以前年龄更大的被调查者中有83.1%的人认为这是一种浪费行为。而随着年龄的减小，持"浪费"观点的人的比例也逐渐减少。例如"60后"中持"浪费"观点的比例为76.6%，而到了"80后"和"90后"，这一比例仅为64.7%和65.2%。

表39　您觉得用清洁水冲厕所是一种浪费吗

单位：%

项目	浪费	不浪费	其他	合计
"50后"及以前	83.1	13.1	3.8	100.0
"60后"	76.6	20.6	2.9	100.0
"70后"	76.3	21.1	2.6	100.0
"80后"	64.7	32.6	2.7	100.0
"90后"	65.2	32.3	2.5	100.0

关于"北京是否缺水"问题，不同年龄段被调查者的回答有所差异。"50后"及以前年龄更大的群体中有52.3%的被调查者认为北京比较缺水，这一比例比其他所有年龄段都要高。相对来说，其他年龄较小的群体持更大的比例认为北京"有点缺水"。对于北京缺水的紧迫感，年龄较大者比年龄较小者感触更深。

对于北京水资源状况的担忧程度，各年龄段也有差异。各个年龄段中持"非常担心"的比例最低的是"60后"的被调查者，比例最高的是"80后"的被调查者。

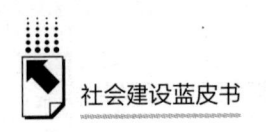

表40 您认为北京是否缺水

单位：%

项目	严重缺水	比较缺水	有点缺水	不缺水	不清楚	合计
"50后"及以前	30.8	52.3	10.0	2.3	4.6	100.0
"60后"	30.9	46.3	16.0	5.7	1.1	100.0
"70后"	25.0	43.4	25.7	2.0	3.9	100.0
"80后"	34.3	32.6	24.6	4.8	3.7	100.0
"90后"	30.1	43.5	17.7	5.9	2.8	100.0

表41 您对北京的水资源状况是否担忧

单位：%

项目	非常担心	比较担心	有点担心	完全不担心	没有想过	合计
"50后"及以前	24.6	35.4	29.2	5.4	5.4	100.0
"60后"	19.4	32.6	38.9	2.9	6.2	100.0
"70后"	21.7	27.6	39.5	2.6	8.6	100.0
"80后"	34.8	24.1	27.8	2.7	10.6	100.0
"90后"	25.5	36.0	30.7	3.1	4.7	100.0

对于"在外面见到水龙头没关是否会主动关闭"这个问题，不同年龄段的人也有较大差异。"50后"及以前年龄更大者中表示"总是主动关"的比例为76.2%。相对来说，"80后"群体和"90后"群体这一比例较低，分别为63.3%和64.6%。可见，在节约用水的行动上，年龄更大的群体显得比年轻人更积极主动。

表42 您在外面见到水龙头不关，会不会主动上去关好

单位：%

项目	总是主动关	有时关	很少关	不会关	合计
"50后"及以前	76.2	19.2	4.6	0.0	100.0
"60后"	68.4	28.2	2.3	1.1	100.0
"70后"	68.4	28.3	2.6	0.7	100.0
"80后"	63.3	30.3	4.3	2.1	100.0
"90后"	64.6	31.4	3.1	0.9	100.0

四　总结

从用水量看，当前北京市家庭月均用水量在8.6吨左右。影响家庭用水量的因素很多，本次调查表明，在不同城市区域的家庭用水量存在差别，城市中心区（二环以内）的家庭用水量整体来说要高于其他区域。不同住房类型的家庭用水量也存在较大差异，住房面积越大、越高档的家庭月均用水量和人均用水量也明显越大。因此，随着北京市居民住房条件的不断改善，越来越多的家庭用水量可能也会增加。经济因素也是影响家庭用水量的重要因素，特别是消费水平，对用水量的影响特别明显，消费支出水平越高，家庭的用水量也越多。家庭人口对用水量的影响也很明显，家庭人口越多，人均用水量越低。

从用水行为看不同受教育程度、不同年龄段的居民，其用水行为也有较大差异。受教育程度较高者对自身生活品质的要求也较高，例如受教育程度较高者在每周洗澡次数上明显高于受教育程度较低者。随着北京市居民受教育程度的不断提高，对生活品质的不断提高，一些生活习惯也会慢慢发生改变。

不同代际的居民在一些用水行为上也有不同。例如年龄较大的居民"一水多用"的习惯保持得比较好，而年龄较小的居民这方面明显差于老年人。年龄较小的群体在个人卫生清洁方面相对于老年人群体又要求较高，因此，如何加强对青少年节约用水的教育，也是目前节水政策应该关注的重点。

从总体来看，大多数居民能够做到节约用水，但是也有一部分人还缺乏节水意识，或者即使有节水意识，但是由于不方便等原因，在用水行为上并没有采取节水用水的措施，这一方面跟节水意识有关，另一方面也跟经济条件等其他因素有关，从统计看，消费较高者、受教育程度较高者、年轻群体中，节水用水的行为比例低于其他群体。

参考文献

廖强、张士锋、陈俊旭：《北京市水资源短缺风险等级评价与预测》，《资源科学》

2013年第1期。

北京市统计局:《北京统计年鉴2013》,http://www.bjstats.gov.cn/nj/main/2013-tjnj/content/X167_0906.xls。

王雨、马忠玉、刘子刚:《城市水价上涨对居民用水的影响分析——以银川市为例》,《生态经济》2008年第11期。

邢秀凤:《城市居民用水需求弹性实证分析》,《商场现代化》2007年第6期。

B.11 京城雾霾与绕不开的汽车尾气*

朱 涛**

摘 要： 近年来北京雾霾愈演愈烈，汽车尾气与雾霾之间的关联问题不断引起市民的广泛关注和热议。本文从北京雾霾的现状出发，在梳理影响北京雾霾形成的若干原因基础上，侧重从汽车尾气的角度展开对雾霾污染源的分析，认为汽车尾气对北京城区雾霾的形成影响重大，从而提出有序控制数量、严格淘汰不符排放标准的车辆、全面推广提升油品质量、继续改善北京交通地理、综合治理北京周边区域的政策建议，以引发对交通、汽车、雾霾、环境保护等问题的思考。

关键词： 雾霾 尾气 油品质量 排放标准

一 北京的雾霾状况

雾霾压城，北京已深受重负。根据相关资料，北京环保局在2014年1月2日首次发布2013年北京全年空气质量状况，数据显示北京PM2.5全年平均浓度为每立方米89.5微克，相比国家每立方米35微克的国家标准，2013年北京PM2.5浓度超标约1.5倍。2013年是北京将PM2.5作为主要污染物进行

---

* 本文获北京市优秀人才培养（2012D005015000008）、北京市教委科研计划项目（SM201410005003）资助。
** 朱涛，博士，首都社会建设与社会管理协同创新中心，北京工业大学人文社会科学学院社会学系副教授。

监测的第一年，《北京市 2013~2017 年清洁空气行动计划》也正式实施。2013 年全年，北京空气质量一级优的天数有 41 天，占 11.2%；二级良天数 135 天，占 37.0%；三级轻度污染天总计 84 天，占 23.0%；四级中度污染天为 47 天，占 12.9%；五级重度污染有 45 天，占 12.3%；六级严重污染一共 13 天，占 3.6%。如果把一级天和二级天数合并，那全年 365 天中，优良天数共计 176 天，占全年总天数的 48.2%，不足一半。五级和六级重污染天数累计出现 58 天，占全年总天数的 15.9%，平均下来，相当于每隔六七天，就会出现一次重污染天气过程。①

雾霾的持续爆发，给市民带来的影响直接而明显。首先，在人体健康方面，短期或长期暴露在雾霾中均会对人体产生不良的健康效应。短期暴露可导致哮喘、急性支气管发病率上升，长期暴露可带来包括肺功能和免疫功能下降，心脑血管疾病死亡率上升等诸多远期影响。在易感人群中，这种健康负面效应更加明显。2013 年，严重雾霾让"北京咳"浮出水面。② 其次，在交通出行方面，受雾霾天气影响，航班常常延误甚至取消，高速公路封闭，海上交通等也受到不同程度的影响，进而扩展影响到城市正常的生产生活。持续的雾霾甚至多次引发网络上大量有关"逃离北京"的讨论。

二 雾霾形成的主要原因

关于北京雾霾的成因有多种解释，这些解释涉及大气环境、季节、地理等，特别是将北京汽车尾气的问题提到了关注的焦点。

首先就大气环境而言，雾霾的形成与大气气压低，空气流动性差密切相关。由于流动性差使空气中的微小颗粒聚集，飘浮在空气中。特别是在冷空气较弱和水汽条件较好的大尺度大气环流形势下，近地面低空为静风或微风，受

---

① 《北京 2013 全年优良天数不足一半空气质量差到极致》，http://beijing.tianqi.com/news/21811.html。
② 北京咳（Beijing Cough），是居住在北京的外国人易患的一种呼吸道症候，主要表现为咽痒干咳，类似外国人水土不服的一种表现，即来到北京就发作，走了就会好。这一现象一方面由于北京干燥的气候，另一方面也是由严重的空气污染造成。参见百度词条，http://baike.baidu.com/view/9894632.htm。

近地面静稳天气控制，空气在水平和垂直方向流动性均非常小，大气扩散条件非常差。在上述大气环境下，加之北京地面灰尘大，地面的生产、生活、人和车流使灰尘搅动起来，能源消耗的污染物在低空不断聚集，由此形成了雾霾，甚至是尘霾。

其次，雾霾的形成和季节因素关联紧密。北方地区因为采暖期，能源消耗猛增，空气中排放的污染物剧升。在雾霾天湿度较高，水汽较大的情况下，雾滴提供了吸附和反应场所，加速气态污染物向液态颗粒物成分的转化，同时颗粒物也容易作为凝结核加速雾霾的生成，两者相互作用，进一步加剧了污染。北京属于特大型城市，城市运行带来的各类污染源排放量本来就很大，加之北京及周边地区冬季供暖时间较长，直接产生更多的废气污染物及烟尘颗粒。

第三，北京周边的地理结构使雾霾形成容易扩散难。京津冀地区地形独特，西、北方向都有山峦环绕。北京也是如此，西、北地势高，大气扩散基本是在东南方向出口。加上超大城市产业聚集、人口密集，工业排放等污染物一旦没法及时排散出去，很容易在对流弱，水平风比较小的气象条件下形成雾霾。同时，在北京周边分布着许多大大小小的火电厂，其排出的大量废气及污染物对北京市都造成了巨大的影响。以保定热电厂为例，其每年燃煤量总量达140多万吨，发电33亿多度，① 如再遇上西南方向来的大气流动，对北京市的影响可想而知。

第四，很多研究将北京机动车排放的尾气作为雾霾形成的重要原因。有实验结果表明，雾霾中导致能见度减少的物质主要有4类：有机气溶胶（汽车尾气中的有机烃是其主要来源）、硫酸盐（主要由二氧化硫进一步氧化产生）、硝酸盐（主要由氮氧化物进一步氧化产生）、黑碳。其中，二氧化硫大多来自燃煤；机动车尾气排放中则包含了其中的三种成分（有机烃、氮氧化物和黑碳）；黑碳是汽油和柴油在不完全燃烧时的主要排放物，当交通堵塞时汽车发动机怠速空转其黑碳排放量更大——它在PM2.5的构成成分中一般占3%～

---

① 《雾霾斗古城：给后奥运时代城市环境敲警钟》，http://www.chinanews.com/gn/2013/01-22/4510769_7.shtml。

5%，但对能见度的影响可达12%。由此可见，雾霾中导致能见度降低的4类主要物质中，有3类直接与机动车有关。[1]

不过，汽车尾气对雾霾形成的"贡献比重"，各方一直有不同的说法。一种观点可概括为"主犯论"，如在2013年9月23日下午召开的"北京市清洁空气行动计划"新闻发布会上，北京市交通委委员容军介绍，根据2012年市环保局公布的监测数据，机动车排放的氮氧化物、挥发性有机物约占全市排放总量的58%和40%，机动车排放形成的PM2.5约占PM2.5来源的22%。[2] "有研究证明，北京冬季PM2.5中的三分之一都是汽车尾气造成的"。[3] 据央视报道，以北京的空气为例，雾霾颗粒中机动车尾气占22.2%，燃煤占16.7%，扬尘占16.3%，工业占15.7%。[4]

与之相对，另一种观点可称为"从犯论"，如中国科学院近日对北京PM2.5化学组成及来源的季节性变化进行了研究，研究成果表明，如果将燃煤、工业污染和二次无机气溶胶（气溶胶，是对悬浮在大气中的固态或液态微粒的统称）三个来源合并起来，化石燃料燃烧排放成为北京PM2.5污染的主要来源。其中，北京PM2.5有6个重要来源，分别是土壤尘、燃煤、生物质燃烧、汽车尾气与垃圾焚烧、工业污染和二次无机气溶胶，贡献分别为15%、18%、12%、4%、25%和26%。汽车尾气与垃圾焚烧的占比为4%，也就是说，汽车尾气的单独占比小于4%。因此，汽车尾气贡献"重大"的说法与该研究结果有所相悖。[5] 又如，叶盛基认为，早在2002年12月1日~18日期间，北京市总计出现8次较大的雾霾天气情况，媒体甚至称"如此频繁的大雾天气为历史罕见"，而事实上当时北京的机动车保有量仅为170多万

---

[1] 《汽车尾气才是雾霾的罪魁祸首》，http://whb.news365.com.cn/ewenhui/whb/html/2014-01/10/content_67.htm。
[2] 《5万亿治理大气北京将控制机动车数量》，http://news.ijntv.cn/social/2013-09-25/185827.html。
[3] 《北京治堵一年摇号已成功减少60万新车再上路》，http://www.cnr.cn/auto/10syqc/201112/t20111214_508927766.html。
[4] 《雾霾祸首 汽车尾气排放成PM2.5头号凶手》，http://inf.315che.com/n/2013_01/327238/。
[5] 《中科院查明北京PM2.5六大来源》，2013年12月31日《新京报》，http://epaper.bjnews.com.cn/html/2013-12/31/content_487500.htm?div=-1。

辆。目前，北京市机动车保有量已突破540万辆，为10年前同期水平的3倍多，所以将严重雾霾天气都归咎于汽车的大量使用是不客观的，也是缺乏依据的。[1] 还有研究总结北京严重的霾污染是多年来的多种人为因素导致的，最主要的原因还是因为北京环境的严重脆弱。空气的污染肯定与汽车排放废气有关系，但如果北京的绿化不被破坏的如此严重、北京郊区的城镇化扩张不是如此的疯狂、临近的西北草原生态系统不被严重破坏，那么北京的霾污染也就不会如此的严重，这才是北京霾形成的根本原因。[2]

三 汽车尾气的影响

汽车尾气对雾霾的贡献如何，这是"气霾之辩"的核心。对于北京这样的超大型城市，尤其是每天路上行驶的众多的机动车而言，"气霾之辩"是绕不过的议题。

（一）北京的交通状况

截至2013年末，北京全市的机动车数量已达543.7万辆。同时根据《北京市2013～2017年机动车排放污染控制工作方案》，北京将对机动车总量严格调控，2017年全市机动车保有量控制在600万辆以内。如此庞大的机动车数量，对区域环境的治理带来了巨大挑战。另一方面，相比纽约每平方千米约1000辆的机动车出行，北京市约有3000辆。北京市人均汽车保有量低于纽约，但是单位空间出行量大于纽约。所以北京汽车尾气贡献的PM2.5要大于美国等国家。[3] 同时，在北京市的机动车中，公交客车、营运客车、厢式货车、载货车等商用车总量约为30万辆。这些营运商用车与人们的日常生活息息相关，是不可或缺的生活必需品，城市生活对这些营运商用车的需求和依赖

---

[1] 《中汽协：事实说明汽车不是雾霾形成最主要因素》，http://finance.sina.com.cn/chanjing/cyxw/20130208/090214539455.shtml。
[2] 《停驶机动车难解北京雾霾拍脑袋政策弊大于利》，http://auto.qq.com/a/20130127/000102.htm。
[3] 《探究雾霾成因汽车尾气占22%居首被质疑》，http://www.chexun.com/2013-12-12/102216564.html。

性越来越大。然而，正是这30万辆左右的商用车，总计排放的污染物却占到全市汽车尾气年度排放总量的50%左右。①

如果说机动车数量是一个看得见的尾气源的话，那由于交通拥堵带来的尾气污染，情况则更加严重。据北京市交通委的测算，当路网的平均行驶速度从每小时25千米下降到20千米的时候，机动车各类污染物排放量平均会增加19%~20%。北京单中心的城市发展布局，导致在多个路网很容易发生拥堵。虽然北京的公交系统已经不堪重负，但由于公交容量和密度有限，尤其是早晚高峰期间地铁等的拥挤程度过高，使大量居民仍然选择驾车出行。北京城市中心区域内的车流量远高于伦敦、纽约、东京等类似的国际大都市。严重拥堵的汽车在低速状态燃烧不充分，不仅油耗高，尾气排放也高于正常水平。

同时北京的道路有明显的"环路"特征，扩张如同"摊大饼"，越"摊"越大，环路也越修越多，汽车在环路上行驶，加重了环路的交通流量及北京的环境负荷。当汽车围着北京城跑，尾气就围着城转。如果环路周围没有相当体量的绿化带，北京就成了"尾气围城"。

（二）油品质量和尾气排放

表面来看，机动车行驶频繁是导致雾霾的主要原因，但与汽车排放相关的油品关键指标是硫、锰、苯、铅、烯烃等，其中最主要的是油品中的硫含量。硫含量是决定油品质量最为关键的因素。事实上，油品质量低劣致使汽车尾气严重污染大气环境的讨论，多年来在环保领域广受关注，曾有人公开批评石油巨头们因利益驱使而有意拖延提升油品质量，即长期以来，车油不同步，机动车排放标准实施和相应标准的油品供应进度不一致的问题，是制约我国机动车污染减排的重要因素之一。② 中国绝大部分地区汽油含硫量标准为小于等于150ppm，即"国三"标准。美国为小于等于30ppm，欧洲为小于等于10ppm。可见，中国标准较低。不过，北京的油品标准提升得较快，从2012年6月起，

---

① 《中汽协：事实说明汽车不是雾霾形成最主要因素》，http：//finance.sina.com.cn/chanjing/cyxw/20130208/090214539455.shtml。
② 《大气污染治理进入PM2.5时代》，2012年12月26日《中国环境报》，http：//www.njhb.gov.cn/art/2012/12/26/art_36_38881.html。

北京开始执行相当于欧五排放标准的京五车用汽柴油标准，硫含量仅为10ppm（百分比浓度）。但是北京的油品不代表全国，目前北京周边大部分地区使用的汽油所达标准仍为"国三"。有研究指出升级油品标准的提炼技术并没被国外垄断，对于全国油品升级速度缓慢，中石油和中石化负有相当责任。目前国内的大型炼油厂大多具备生产国四排放标准车用汽油的能力，但最根本的原因是，增加脱硫流程会导致企业成本大幅度提升，同时产量会减少。[①]同时，北京市从2013年2月1日起实施北京市第五阶段机动车排放地方标准（简称"京V"），从车和油两端都进行了严格限制。从形式上看，北京的车与油都很清洁，但机动车使用实际中一些细节，却使尾气排放的污染问题依然突出。

比如，北京市的PM2.5到了夜里常常不降反升，其中一个重要原因是北京每天通过数万辆柴油大货车把大部分生活必需品送进城，再把垃圾和建筑废料运出城。为了节约成本，这些柴油大货车大多数不但保养很差，而且会选择在进北京前加满"国三"甚至更低标准的燃料，包括地方炼油厂提供的低质柴油。这些柴油大货车在白天禁行令取消后集中趁夜进城运货，一直持续到清晨，直到上班的滚滚车流再次出现。每一辆重型柴油车的排放，相当于几十辆小汽车。这些大货车所用柴油并在北京购买，不进入北京的统计范围，却有相当部分集中排放在北京。同时柴油车辆的使用并不仅限于大货车，北京城内也仍有不少低标准的重型柴油机车，包括数量不少的公交车，建筑工地的渣土车和重型机械，而它们使用的是北京的国V柴油，还是廉价但更不清洁的外地柴油，很难说得清楚。[②]

与此同时，尽管北京的排放和燃油标准很高，但实际执行情况却有一定的漏洞。目前北京有大量到达使用年限的老车仍跑在路上。2013年，北京取消了机动车强制报废的年限，机动车检验则成为强制报废的唯一依据。有报道指出，一些出租车只能在公司指定的某些检车场检车才通得过，去其他的检车场

---

① 《雾霾祸首 汽车尾气排放成PM2.5头号凶手》，http://inf.315che.com/n/2013_01/327238/。
② 《机动车对北京雾霾的贡献或被低估》，http://finance.ifeng.com/a/20140301/11779052_0.shtml。

都过不了。北京约有6.6万辆运营出租车，假设按照每天300~400千米的运营里程，大体是私家车每天平均行驶距离的10倍，也相当于66万辆私家车的排放，合北京机动车总数的近八分之一，占路上行驶机动车比例则更为可观。因此出租车的排放是否达标是一个重要问题。此外，检车场外屡禁不绝的"车虫"（号称有关系能收钱帮车主通过检验的人），说明北京依然有不少老旧车辆要靠着关系才能通过检验。按照国际通用的7%的年报废率，北京每年应该约有35万车辆报废，但据统计2012年北京全部报废车辆总数才6.3万辆。如此巨大的理论与实际缺口，原因除了部分机动车被卖到外地和拆解外，估计还有许多机动车是仍然留着继续使用并且在超标排放。[1]

在缓解汽车尾气排放上，北京目前还采取了尾号限行与购车摇号制度，以及在雾霾红色警报时采取单双号限行的应急预案，但上述措施对缓解交通拥堵的作用有限，由此对缓解雾霾污染的效果也就打了折扣。

（三）影响程度的争论

有关汽车尾气对雾霾形成的贡献程度，前文概括为"主犯论"与"从犯论"。"从犯论"否认机动车是雾霾的罪魁祸首，主张与"燃煤、工业污染"等真正元凶相比，"汽车尾气"只不过是雾霾成因中作用相当有限的一个次要"配角"。但"从犯论"并没有否认治理汽车尾气对防治雾霾的重要性，也承认汽车尾气是雾霾的来源之一。而在"主犯论"看来，治理尾气是防治雾霾的重中之重，而对汽车尾气进行细致分析，是治理的前提。

中国气象局广州热带海洋气象研究所的吴兑研究员认为机动车尾气中对空气污染贡献最大的，不是源自于油品高含硫量导致的二氧化硫，而是随尾气排出的VOC类物质[2]，车用汽、柴油质量对雾霾天气的影响，主要表现在油品从炼化一直到使用的全过程中VOC类物质排放。这是因为实际生活中，相比

---

[1] 《机动车对北京雾霾的贡献或被低估》，http://finance.ifeng.com/a/20140301/11779052_0.shtml。

[2] VOC物质是指在常温下易挥发的有机物质的总称，常见的有甲醛、甲苯和二甲苯等等。美国ASTM d3960-98标准将VOC定义为任何能参加大气光化学反应的有机化合物。美国联邦环保署（EPA）的定义：挥发性有机化合物是除一氧化碳、二氧化碳、碳酸、金属碳化物、金属碳酸盐和碳酸铵外，任何参加大气光化学反应的碳化合物。

与燃煤相关的生产、生活活动排出的二氧化硫，汽车尾气排出的二氧化硫量远低于前者，汽车尾气中主要的污染物仍然是氮氧化物和碳氢化合物，而碳氢化合物中，大部分属于 VOC。环保部对汽、柴油油品质量的要求，除了大幅收窄含硫量指标以外，更重要的是在努力缩小成品油中烯烃和芳香烃含量限值与欧美国家的差异，机动车尾气排放标准和成品油质量要求的提高后，最大的变化正是 VOC 的排放量。VOC 最大的污染之处是增加了大气的氧化活性，即在大气中已经有了过量的二氧化硫、氮氧化物、氨等污染物的情况下，VOC 及其在大气中形成的半挥发性有机物，成为"制造"PM2.5 的关键因素之一，进而造成局地或者大范围内的极端空气污染现象。[1]

持类似的观点的还有复旦大学大气化学研究中心主任庄国顺。其研究认为我国交通源排放的 NOX（氮氧化物）以及有机烃进而形成的有机气溶胶和其不完全燃烧产生的黑碳的迅速增加，是我国近年来 PM2.5 污染加重和大气雾霾频发的主要原因，交通排放对于此次全国性雾霾的贡献超过了工业排放。汽车排放主要成分是 HC 化合物和不完全燃烧有机物产生的多环芳烃（PAHS）含有致癌物质苯并芘，它是导致"肺癌"的最有害毒素。因此控制机动车数量的过快增长，提高汽车用油品质以及引入更严格的排放标准是改善中国大中城市大气质量的当务之急和有效途径。[2]

而具体到北京地区，北京大学公共卫生学院教授郭新彪的课题组的研究显示，北京城区与郊区的大气 PM2.5 污染物来源存在显著差异。其中北京城区大气 PM2.5 来源于直接交通排放、燃煤排放和二次有机颗粒物的比例较高，而郊区间接来源于交通和燃煤排放，以及冶金排放的比例较高。这项研究意味着在北京、上海这样的中心城市，产业结构导致的工业排放并不是雾霾形成的最重要原因，而处在生活消费端的燃油车辆排放的废弃物是制造 PM2.5 的最大来源。[3]

---

[1]《北京实行机动车尾气排放控制标准》，http://www.12365auto.com/news/2013-02-04/20130204143638.shtml。
[2]《汽车尾气才是雾霾的罪魁祸首》，http://whb.news365.com.cn/ewenhui/whb/html/2014-01/10/content_67.htm。
[3]《解密北京 PM2.5：油品升级很紧迫》，http://finance.ifeng.com/a/20140303/11783033_0.shtml。

四 缓解雾霾的交通对策建议

雾霾形成的原因有多个方面，其中超大城市的交通污染源不可小视。就交通而言，从长远讲，消解雾霾的根本措施是合理的城市发展规划和调整能源结构；从短期讲，当前规范每部机动车的尾气排放质量，控制急剧增加的机动车数量是最可行、最直接的办法。

（一）有序控制机动车数量

对北京而言，首先是对常规的机动车数量要严格控制，不仅针对私家车，而且特别对公车、公司运营车辆也要进行有序、有效的数量化管理，强化对车牌的监管。在对北京本地车辆有序限制的基础上，对外埠进京车辆也要进行严格管理，尤其是对排放标准不达标的外埠车辆更要加强监管。

新能源汽车是未来清洁能源汽车发展的方向，根据未来5年规划，预计2017年底北京市新能源和清洁能源汽车应用规模力争达到20万辆。发展新能源汽车，配套措施亟须积极跟上。2014年2月第一次新能源汽车摇号，登记人数低于牌照发放数，这直接反映出当前北京新能源汽车发展的若干不协调状况，即汽车种类选择范围小，充电不方便，使用不便捷等。因此，在政策、技术层面进一步发展新能源汽车还需时日。

有序控制数量，可以适当降低城市机动车拥堵现状，从而也将在一定程度上减少机动车怠速行驶的几率。这将减少机动车污染物的排放，长此以往，对消解雾霾有正面作用。同时，应大力提倡减少城市中机动车的使用，降低出行量，这也是减少机动车排放最有效也最经济的办法。

（二）严格淘汰不符合排放标准的车辆

近年来，国家在燃煤脱硫方面取得了一定的成绩，相对交通排放，过去10年我国二氧化硫排放的总量略有下降，即燃煤对雾霾天气的相对影响较之十年前并没有增加，可能还略有下降。燃煤脱硫方面能够改进的空间已有限，真正可在短期内改进的是交通污染的治理，特别是尾气排放质量治理，是要设法降低排放尾气中的有机物含量。有机烃是机动车尾气的主要成分,如果可以把每部车排放的浓度降下来,空气污染的治理就能有很大突破。[①] 因此,对于柴油车和不合格车辆,政府应当采取强制性的技术升级和强有力的处罚措施,尤其是在有法可依的情况下,要加强监管。只有严格监管,追查责任到底,才能堵住违规车辆钻政策漏洞的机会。同时,也建议政府相关部门对北京各类检车场进行专项检查,发现违规问题的,必须严格纠正,斩断相关的利益输送网,让每一部上路的机动车都真正符合北京治理大气污染的排放标准。

(三)全面推广提升油品质量

在北京这样的超大型城市,治理雾霾的方式应与二三线工业城市有所不同,需要投入更多精力到推广清洁能源、发展绿色交通、推动油品升级的工作中去。在有序控制机动车数量,防止过快增长,以及严格淘汰不符合排放标准的车辆基础上,提高机动车用油的品质是迅速改善大气质量的捷径和当前能真正迅速采取的措施。

机动车排放主要包括氮氧化物、一氧化碳、有机烃和以黑碳为主的颗粒物(主要为PM2.5)。其中有机烃会进一步形成组成PM2.5的有机气溶胶,氮氧化物会进一步形成组成PM2.5的硝酸盐气溶胶。有机气溶胶、硫酸盐、硝酸盐和黑碳是能见度降低的直接影响因子。尤其需要指出的是,有研究发现有机气溶胶对消光的比例高达47%,是形成城市和区域灰霾的最重要因素之一。所以机动车尾气排放所产生的有机气溶胶、硝酸盐和黑碳是影响能见度的主要组分,又是PM2.5的主要组分。[②]

在前文的讨论中,虽然对机动车用油品质时常谈到硫含量,但多项研究表明,相对于柴油或汽油的上述四种排放物,油品中硫含量仅是次要因素。相对应的,燃煤中的硫含量却是产生大气中的硫酸盐,进而影响大气质量的主要因素。因此,对机动车而言,降低有机烃和未完全燃烧产生的黑碳为主的颗粒物

---

① 《汽车尾气才是雾霾的罪魁祸首》,http://whb.news365.com.cn/ewenhui/whb/html/2014 - 01/10/content_ 67.htm。
② 《汽车尾气才是雾霾的罪魁祸首》,http://whb.news365.com.cn/ewenhui/whb/html/2014 - 01/10/content_ 67.htm。

的排放，才真正是提高机动车用油品质的关键所在。北京环保局公布汽油升级京Ⅴ，相比北京第四阶段地方标准，京Ⅴ标准最主要的变化是：将硫含量指标限值由50mg/kg降低为10mg/kg。将车用汽油的锰含量指标限值由0.006g/L降低为0.002g/L。目前北京机动车排放的氮氧化物、挥发性有机物对大气污染的贡献率分别达到58%和40%。使用新标准油品，将有效降低机动车排放污染。中国汽车技术研究中心试验表明，在用汽油车使用第五阶段油品减排15%。① 北京500多万辆在用车全部使用第五阶段油品，氮氧化物、一氧化碳、碳氢化合物减排效果将非常明显，PM2.5也会同步削减。

同时，考虑到投资、成本等因素，中国汽车和油品行业应多借鉴国际先进的清净剂理念，深入研究内燃机生成污染物根源，针对性寻找解决办法创新研制出机动车用油的添加剂，使机动车用油（包括柴油和汽油）既能够降低有机烃排放，又能够降低颗粒物排放。如能达到这些环保要求，这种添加剂将会成为提高大气质量有效"催化剂"。

（四）继续改善北京交通地理

机动车、油品是影响雾霾形成的因素，而北京交通状况更是让雾霾"雪上加霜"。比如拥堵、怠速状态的机动车，增大了机动车的排放能力；而单中心的城市格局，又引导每天有大量的潮汐式的车流涌动，进一步加重了城市的环境压力。

长期来看，规划引导，逐步改变城市功能区分布，发展高密度集约化的核心区和功能混合的卫星城，是北京在交通地理上解决拥堵问题的大方向，其最终目的是减少机动车潮汐式涌动。

而在当前一段时期内，继续大力发展快捷、方便、可靠的公共交通体系，建设完善通畅的公交优先道和轨道交通网络，是分流自驾机动车需求的重要前提。同时，通过合理提高城市中心区的停车费，科学规划停车位和征收拥堵费的市场化手段也将改变市民对私家车使用的偏好，从而在经济上鼓励市民优先选择公交出行。

---

① 《北京调整93号汽油为92号》，http://finance.people.com.cn/GB/17920378.html。

雾霾严重的天气，开车出行就要成为一种受限的权利。根据《北京市空气重污染应急预案》，当本市发布空气污染红色预警时，即预测未来持续三天出现严重污染时，机动车将实施单双号限行措施。同时，政府应进一步完善措施，鼓励纯电动车这类新能源机动车的推广和使用。

（五）综合治理北京周边区域

在交通与治理雾霾的问题上，北京绝对难以独善其身，与周边区域的协调很重要。PM2.5细颗粒物及其长途传输是形成大气雾霾的主要原因，现今的大气污染不是一个局部的、个别城市独立产生的问题，由于细颗粒物的是长途传输，大气污染是一个区域性、洲际性乃至全球性的问题。单个城市搞得再好，如果没有周边城市的配合，也无法持续。

目前在北京区域内，有500多万的机动车，而且越堵尾气排得越多，对交通的治理肯定是治理雾霾的关键任务，其次是燃煤治理等方面。而对于河北省来讲，比北京地方要大得多，机动车尾气排放并不是首要因素，最主要的原因是高耗能企业。因此"综合治理"也要讲究分类治理、具体治理。

五　国外交通治理雾霾的相关经验

20世纪50年代，洛杉矶环保部门表示有85%的雾霾来自汽车尾气。洛杉矶当地最大的媒体《洛杉矶时报》雇用了空气污染专家就雾霾展开调查，专家得出的结论是空气中的大部分污染物来自汽车尾气中没有燃烧完全的汽油，只有一小部分来自工厂的废气以及焚烧炉。加州理工学院的荷兰科学家阿里·哈根斯米特（Arie Haagen-Smit）通过分析空气中的成分发现，雾霾的罪魁祸首实际上是汽车尾气。汽车尾气中的碳氢化合物和二氧化氮被排放到大气中后，在阳光紫外线照射下，发生光化学反应，产生含剧毒的光化学烟雾。"这是洛杉矶人第一次意识到，原来给他们带来威胁的雾霾就出自自己心爱的汽车里，他们每个人自己就是污染源。"雅各布说。[1]

---

[1] 周恒星：《洛杉矶雾霾之战》，《中国企业家》2013年第5期。

20世纪60年代末催化式排气净化器（Catalytic Converter）的发明从技术上解决了汽油燃烧不完全的问题。于是监管者依照新的法律，规定所有汽车上必须装上这种净化器。政府的新规马上遭到了汽车制造商的激烈抗议，他们一开始抨击这种装置在技术上不可能实现，而后又抱怨成本太高。他们的抗议导致这个法令一度中止，一直到1975年所有的汽车才实现全部安装净化器。此举被认为是治理洛杉矶雾霾的关键。与此同时政府敦促石油公司必须在成品油中减少烯烃的含量，这种物质被认为是造成光化学污染的主要物质；加州的环保机构还提倡和开发了用甲醇和天然气代替汽油的新技术，因为这些燃料的尾气排放量只有汽油的一半。尽管甲醇因为价格原因没有成为汽油的替代品，但这些措施第一次让石油公司感受到了威胁，促使他们去开发更加清洁的汽油。

通过长达十余年的努力，洛杉矶的空气开始慢慢转好。根据环保部门的统计，洛杉矶一级污染警报（非常不健康）的天数从1977年的121天下降到1989年的54天，而到了1999年这个数字已经降为了0。蓝天白云重新出现在洛杉矶的上空，城区的人们大部分时候都可以清楚地看到70千米外的巴迪山（Mt. Baldy），而做客洛杉矶道奇球场（Dodger Stadium）的客队球员也不再需要氧气罐完成比赛。

"治理雾霾是一个长期的过程，洛杉矶从1943年第一次雾霾的出现到1970年《清洁空气法案》的出台经历了整整27年。在这过程中遇到各种各样的阻力，来自汽车公司，来自石油公司，此外还有政府和立法者的不作为"，雅各布说，"如果你回过头去看，你会发现真正推动这项事业的是那些普通的民众，想象一下如果没有《洛杉矶时报》，没有哈根斯米特，没有'地球日'上的示威群众，我们今天肯定还会生活在雾霾当中。"

除了洛杉矶的案例，德国也曾经受到环境污染的报复。40多年前，穿过德国鲁尔工业区的莱茵河曾泛着恶臭，两岸森林遭受酸雨之害。而今天，包括莱茵河流域在内的德国多数地区已实现了青山绿水，空气清新。在此转变过程中，德国的100个"空气清洁与行动计划"功不可没。该计划首先是限制释放颗粒物的行为，例如车辆限行、限速，工业设备限制运转等。许多地区选择设立"环保区域"，只允许符合环保标准的车辆驶入。第二就是用技术手段减少排放，例如安装颗粒过滤装置。德国立法机构曾于2007年立法补贴安装颗粒过滤装置的柴油机小汽车,并对未安装过滤装置的车辆征收附加费。

德国针对汽车尾气排放等设定标准,地方政府主要依靠限制排放行为的"硬措施"。当然,也有一些"软措施",如呼吁民众节能减排,多搭乘公共交通出行等。实际上,排放可吸入颗粒物几乎人人有份,减少排放自然人人有责。交通领域,车辆应安装颗粒过滤装置;工业领域,工厂应注意减少排污;农业领域,农户可借力生态农业,优化饲养种植方法。在日常生活中,人们则应使用可再生能源,注重节能减排。一系列组合拳,提升了空气和环境治理的效果。①

在环境问题上,我们理应正视现实以谨慎设计未来。洛杉矶与雾霾告别,莱茵河洗去了"欧洲下水道"的耻辱,伦敦早已摘掉雾都的帽子。如今,北京应该怎么办?

结　语

关于雾霾的成因近几年争论不止,不过学术界也逐渐形成了大致统一的意见,即就整个华北地区而言,煤的燃烧,包括燃煤电厂、供热厂、钢铁、水泥等重工业的燃煤和尾气排放是第一排放源和污染源。然而在北京这样的超大城市,机动车尾气排放则是第一污染源。因为在北京城区,机动车排放由于是近地排放,强度又与人群活动密度正相关,所以尾气排放对人们健康的影响尤为重大。但是,机动车尾气排放不等同于私家车尾气排放,严格监管应涵盖北京(包括进京)的各类车辆、牌照,同时摇号、限行这些与市民密切相关的事项应充分考虑社会公平。

经济发展与环境保护从来都不是,也不应该成为一对矛盾。北京,甚至更大范围的中国没有必要将发达国家"先污染,后治理"的破坏型发展模式重走一遍,不能将今天的"雾霾危机"看成是"发展的过程和代价",应该从民生、环保、可持续发展等多个层面,甚至从人类可持续生存的角度来思考如何同自然保持平衡、和谐、相互促进。

---

① 《雾锁霾封:国外空气污染治理的措施与经验》,http://www.chinadaily.com.cn/micro-reading/dzh/2013-01-21/content_8080731.html。

社区治理篇

Report on Community Governance

B.12
北京社区治理现代化的实践探索
——以朝阳公园社区[*]为例

李晓婷 安晓旭[**]

摘 要： 社区治理现代化是我国社区建设的发展方向。北京市朝阳公园社区根据自身国际化特色浓厚的特点在社区治理实践中逐步探索出政府主导下的"居物联合"治理模式，将物业公司、社会组织引入社区治理的主体中，依托政府、市场、社会力量的合力形成社区治理合力，在这个过程中，也探索着社区治理现代化的表现形式，即管理创新、服务创新、合作模式创新。

关键词： 社区 治理 现代化

---

[*] 该社区为国际化社区。
[**] 李晓婷，北京工业大学人文社会科学院副教授，社会学博士；安晓旭，北京工业大学人文社会科学院社会学系硕士研究生。

一 问题的提出

2013年十八届三中全会提出，我国全面深化改革的总目标是完善和发展中国特色社会主义制度，推进国家治理体系和治理能力现代化。这一提法将人们的关注点高度集中于"治理"，治理是来自西方的语汇，其最早源自国际援助机构对发展中国家"治理危机"的判断，以及西方国家在经历"政府失灵"和"市场失灵"过程中形成的新的配置社会资源的方式。我国中央文件中谈及"治理"，其背后深层的意义是表达国家在管理公共事务和公共秩序的理念思路上从"管理"走向"治理"。至于"治理"的含义是什么，现有的解释颇丰，有"权力的行使方式"，有"配置社会资源的新方式"，其共同点还是指向"公共事务和公共秩序"，即管理公共事务和维护公共秩序的诸多方式，主要体现在治理主体和治理机制上。从主体看，管理的主体是单一的，就是政府或其他国家公共权力，治理的主体则是多元的，除了政府外，还包括企业组织、社会组织和居民自治组织等，即治理是各种公共的或私人的个体和机构共同管理其事务的组合；从治理机制看，管理权力运行的向度是自上而下的，以单一的行政管理为主，治理的运行机制可以是自上而下的，也可以表现为合作、协商及自治，即多元主体围绕共同的目标通过合作方式实施治理。

国家提出推进治理体系和治理能力的现代化，反映了国家在现代化发展的转型时期对于"国家－社会－市场"关系的重新思考，也为国家提出的"党委领导、政府负责、社会协同、公众参与"社会管理模式寻找到着力点，应该说这为今后国家治理体制改革指明了方向，也有人因它的重要意义称其为"第五次现代化"。[①]

社区是中国社会治理最基层的领域，是受社会变迁影响最显著的地方，改革开放后，随着社会生活领域的扩大，社会治理的重心逐步下移，治理的重点在基层，创新的活力在基层，社会治理现代化的推进和探索也是首先从基层社区开始的。朝阳区是北京市面积最大的区，现辖24个街道办事处，19个地区

---

① 施芝鸿：《第五次现代化》，《北京日报》2013年12月9日。

办事处。朝阳公园社区属于麦子店街道，是北京国际化社区的代表，社区自2003年成立以来，在街道的带领下，逐步探索着社区现代化治理的路径，也取得了一些可供借鉴的经验。

二 朝阳公园社区的治理现状及面临的挑战

（一）朝阳公园社区简介：国际化社区的缩影

国际化社区是改革开放以来，随着越来越多的外籍人士来到中国工作、学习、旅游、居住，而在中国形成了一种新型社区形态。朝阳公园社区成立于2003年，辖区东起东四环，西至碧湖西路，北起亮马桥路，南至农展馆南路，总面积为3.4平方千米。国际化资源丰富、涉外氛围浓郁，是朝阳公园社区的最大特色，这里有外国第三使馆区、北京商务中心区（燕莎商圈、丽都商圈、中央商务区等）与朝阳公园毗邻，同时聚集了高档写字楼以及多个世界五百强企业，是外籍高端人群居住、工作、旅游、交流最集中的地区。朝阳公园社区现有6栋普通居民楼和12栋高档公寓，6栋普通居民楼的居住者大部分为北京市的普通居民和少部分外地人口，12栋高档公寓里混居着中外人口。根据朝阳公园社区居委会2011年的数据显示，朝阳公园社区管辖总户数为2856户，累计人口为9281人，其中中国籍居民约占总人口的2/3，外籍人口约占总人口的1/3。

（二）社区治理面临的挑战与困境

对于这样一个国际化特色浓郁的社区，要找到合适的治理模式，必先从社区存在的困境和面临的挑战入手。高档国际化社区属于新型社区的一类，它面临的挑战有和其他社区共性的地方，也有其特殊的地方。

1. 传统的治理方式受到挑战

单位制时期，在城市社区的管理上我国实行的是街道——居委会管理体系，居委会的管理对象为少数的社会闲散人员、民政救济人员和社会优抚对象，它充当的是单位制拾遗补阙的角色。居委会传统工作人员的工作方法是

"走街串户"，建立熟人网络，优秀的工作人员往往会把社区居民的基本情况，包括：家庭结构、经济状况、工作单位等了然于胸，也会有针对性地服务居民，被居民亲切地称为"居民的活地图"。到目前为止，这种工作方法在许多老旧小区依然被广泛采用。随着麦子店街道外籍人员居住的增多，朝阳公园社区逐渐向国际化社区转型。朝阳公园社区中的居民被越来越多的外籍人士和业主取代，传统的工作方法难以在这里展开。主要是公寓难进，服务信息不全面。朝阳公园社区12栋高级公寓里住的多为外籍人士和中国籍高端人士，他们的特点是居住空间的私密性强，保卫自己私人空间的权益意识比较强，在日常生活中不愿被别人打扰，难以接受社区工作人员入户，所以社区工作传统的入户方法在这里寸步难行。这样社区工作人员对公寓里业主的信息不甚了解，对其服务的需求也不能掌握，自然难以提供针对性服务，包括一些行政性事务也难以实施。

2. 新型管理主体的出现改变了社区治理的格局

传统社区一般由社区党组织、社区居委会、居民会议构成，社区居委会是国家在基层最重要的常设办事机构，承担着国家管理基层社会的职能。改革开放后，随着市场经济的发展以及居民需求多样化的变化，在一些新型社区，新增了物业公司和业委会这两个重要的新型组织，社区的治理结构发生重要的变化。高档公寓里业主的日常生活服务是由物业公司提供的，业主经常面对面打交道的是物业公司。物业大部分提供的是管家式的服务，对业主的情况比较了解，居委会往往需要通过物业公司了解业主的信息和情况，很多时候物业公司成为居委会和业主的中间人，这种情况使业主和居委会的信任机制和沟通机制难以建立，不利于社区的和谐治理。另外由于城市小区土地的规划、建设、管理中间蕴藏着巨大的经济利益，开发商、物业公司、业主及政府行政部门之间矛盾迭起，社区治理复杂性增强。

3. 业主委员会的自治职能难以发挥

业主委员会是物业管理区域内代表全体业主对物业实施自治管理的组织，它的主要功能就是监督物业，维护业主的权益。业主委员会是业主自治的一种形式，是服务于全体业主的。当前很多社区业主委员会普遍存在"五大难"问题：业主大会召开难，业主委员会筹建难、正常运作难、司法维权难以及对业主委员会及其成员监督难。在朝阳公园社区的12栋高档公寓里有四家成立了业委会,其他公寓没有成立的原因很复杂,综合来说原因包括以下几点:①各方利益难以理顺。业委会的成立一般由社区居委会牵头,成立筹备组,成员由居委会和业主两部分组成,然后由业主报名加入业委会,经全体投票选取五到七位成员组成业委会,再从中选出业委会主任。在业委会筹建阶段,各方利益矛盾显现,为协调各方利益往往拖得时间比较久。②业主加入意愿低。由于没有形成良好的监督和评估机制,业主对业委会的信任程度往往不够。③高服务品质掩盖业主和物业矛盾。在一些高档社区,物业公司提供了较高的服务品质,在一定程度上降低了对成立业委会的需求。

4. 社区居民结构复杂,参与社区事务少

朝阳公园社区是典型的中外居民混居的国际化社区,外籍人士占比高,12栋公寓中大部分公寓外籍人口比例在15%~30%之间,而清净明湖、博雅园、景园大厦、天安豪园、黄石国际的外籍人口占比已经超过50%,甚至高达80%,而且外籍居民具有多国化特点,德、法、俄、日、韩、美、阿拉伯等国居民和本地居民共同构成了朝阳公园社区的国际化风景,外籍人士中政府要员、使节、企业高管、外企职员身份居多,中国籍人口也以高端人群为多,如企业高管和明星,且以中青年为主。一方面社区建成时间不长,另一方面社区居民异质性强,居民来自四面八方、世界各地,职业不同,语言不同,肤色不同、文化习惯不同等,致使邻里交往贫乏,社区居民参与社区事务的意识、热情、时间不足。

三 朝阳公园社区治理模式的实践探索

朝阳公园社区是多国外籍人士和本地人共同聚居的区域共同体,存在多元利益主体,包括国家、社会和市场,党委、政府和社区,社区、社会组织和居民,中国人和外国人、外国人和外国人等,社区治理必须建立在成员的共同利益的基础上。纵观现代社区治理模式的差别,往往取决于政府和社会力量的对比,根据政府和社会之间权力关系的不同,国际上的社区治理主要呈现出三种模式:社区自治模式、政府主导模式和混合模式。我国原有的社区治理是单一的政府管理模式，随着社区自治建设的发展，越来越多的社会力量和市场力量融入进来，朝阳公园社区站在我国改革开放的最前沿，这种变化比较突出，社会力量、市场力量在社区建设中扮演着重要的角色。在总体上坚持"党委领导、政府负责"的治理框架下，朝阳公园社区治理模式突出国际化特色，在治理主体上充分发挥多元利益主体的参与作用，形成多方治理合力，探索出政府主导下的"居物联合"治理模式。

1. 构建政府主导的多元治理体系

"国家-社会-市场"是现代社会治理的三大主体，在朝阳公园社区的治理框架中，社区、物业公司、社会组织分别承担起这三个角色，在社区治理中发挥了重要作用。

（1）社区。社区主要的管理系统是"两委一站"，即党委、居委会和服务站，也被称为社区治理"三驾马车"。社区工作中，如何明晰"三驾马车"的权责是实施治理的重点工作。在朝阳公园社区，做社区工作离不开红色、蓝色、绿色三种封面的《工作手册》，《手册》中详尽规范了社区党委、社区服务站、社区居委会的工作职责、岗位职责以及工作项目、内容和标准。在规范化运作的背后，明确了社区党组织、居委会和服务站的功能定位、职责：社区党组织是党在社区全部工作和战斗力的基础，是社区各类组织和社区各项工作的领导核心，接受街道工委的领导，并领导居委会和服务站开展工作。社区居委会作为群众性自治组织，依据《居委会组织法》，主要承担民主自治职能，向居民提供公益服务，接受社区党组织的领导，协调、配合、监督社区服务站的工作。社区服务站是政府公共服务延伸到社区的工作平台，承担政府公共服务职能，接受街道办事处的领导和政府职能部门的业务指导，同时接受社区党组织的领导及社区居委会的监督[①]。

清晰、规范化的功能定位和职责定位，使得党委、居委会、服务站之间的运行机制灵活、高效，各司其职，有利于发挥社区在治理中的主导地位。

（2）物业公司。在现代社区治理中物业公司是一个不容忽视的主体，尤其是在单位社区解体后出现的这种高档混合小区里。物业公司是专业化的管理

---

① 此部分参考孟谦《麦子店街道：社区规范化运作的实践》，《社区》2009年12月上。

机构，具有独立的经营自主权，进行市场化的运作，代表着市场的力量。朝阳公园社区居住环境多元，管理的物业公司也比较多，共有十七大物业公司在社区进行管理和服务。为了方便居委会和物业公司的联系，以及为了加强物业之间的交流促进行业间的进步，由朝阳公园社区居委会牵头于2009年开始筹备物业联盟的成立，2011年朝阳公园十七大物业联盟正式成立。物业联盟会定期召开会议，沟通有无，同时建立了网络交流平台，方便资源的共享。对朝阳公园社区来说，物业联盟是该社区治理上的一大进步。

（3）社会组织。社区社会组织属于社区治理中的民间社会力量，它可以充分调动居民积极性，促进民主参与，广泛利用社会资源，维持社区良性发展，是一个社区走向民主自治的重要环节。为了管理社区的六小门店，以及社区周围的一些商家，由社区居委会牵头成立了行业自律协会。行业自律协会主要是为了实现商家的自我约束和自我管理，从而更好地为居民服务。居委会会定期召开会议，传达一些精神，居委会也会发起举办一些行业竞争大赛，像厨艺、服务水平、消防比赛等。一定程度上活跃了商业气氛，同时将六小门店行业自律协会纳入社区治理体系中。

同时，在朝阳公园社区还活跃着一些居民活动组织，主要是文体类和志愿类的，在社区的一些公共事务上，这些组织也发挥了重要作用。

2. 探索"居物联合"社区治理模式

国际化高档社区治理的核心问题是"公寓难进，不能直接接触业主"，社区工作人员充分认识到这一点，所以他们的工作思路转变为：以物业为媒介，以活动为载体，共建和谐社区。即前期依托物业进公寓，主要和物业一起搞活动，居委会善于组织活动，靠活动聚集人群，与业主建立联系，使得政务性工作也好处理，后期与业主建立信任互利关系后与业主合作来促进物业更好地管理和服务。在这种思路的指导下，朝阳公园社区开始和物业合作，共同治理高档社区，在实践中也形成了独具特色的"居物联合"治理模式。

（1）社区为主导。在朝阳公园社区的社区治理中，社区居委会的主导作用处处可见。例如，为方便对六小门店的管理，居委会发起成立行业自律协会；为维护业主的合法权益，由居委会牵头促进业主委员会的成立；为解决物业多元散乱局面，加强行业间的交流，由居委会主导成立物业联盟。在政策指导下,居委会根据社区具体情况,主导社区发展方向,对社区所有资源的走向有一个主导作用,在社区治理当中是一个"主心骨"的位置。在居物合作模式中,社区依然是主导地位。合办的活动都需要居委会工作人员通过长时间的策划论证,然后发起组织,动员政府资源、社区资源、物业资源、市场资源等,然后保证活动的顺利进行。资源整合其实是工作的难点,同时也是这个模式的核心部分,居委会工作人员在实践摸索中已经逐渐建立了自己的资源整合渠道,为社区治理工作的顺利开展奠定了牢靠的基础。朝阳公园社区著名的"跳蚤市场"活动就是由社区积极策划、整合物业、社区单位等资源共同完成的一项活动。

(2)物业为依托。业主每天直接接触的是物业公司的人员,大部分业主并不经常和居委会打交道,这样社区一些行政性工作就需要依靠物业来完成。例如填写选票、人口普查等,都是由管家带领工作人员入户完成。但是这种工作办法并不是一劳永逸的,所以当前就需要建立居委会和业主的信任互联关系,在这个关系的建构过程中,物业的依托作用还得发挥,譬如,现在以社区活动吸引居民"走出来",在宣传和动员业主上,物业就发挥主要作用。社区工作人员主要通过十七大物业联盟的定期会议与物业公司的主要成员建立起工作上的"熟人关系",并寻找双方的共赢平台,构建起双方的合作治理机制,比如社区需要物业公司的引导入户完成一系列行政性工作,物业需要社区协调和业主的矛盾纠纷以及与政府部门和其他社区单位的关系。

(3)业主为主体。居物模式的最终目的是和业主建立直接信任互联关系,以至更好为业主服务,构建和谐社区,所以模式最大受益者和服务主体都是业主,业主是模式的主体。在居委会和物业合作过程中,居委会也始终以业主利益为先,在物业和业主发生矛盾的情况下,居委会往往会秉持公正的态度来处理,协调各方关系,绝不偏袒。

(4)文化活动为载体。社区的一个重要功能是归属感和认同感,朝阳公园社区作为中外人口混居的国际化社区,其归属感和认同感主要来自中外文化的认同与融合方面。在文化建设中,社区以民俗文化和多元文化为承载,促进多元文化在社区交融,达到中外居民互动、沟通。社区每年定期举办各种文化节,形成了一系列固定的有特色的文化活动。其中节庆活动是重要的一部分，如中外居民过大年活动、喜迎中秋、端午节品粽子、元宵节品元宵、圣诞大联欢等节日联欢活动；另外针对本社区中外人口混居的情况，还有一些国际文化节、大使节等国际化活动；日常生活中还有美食节、亲子活动、老年人健康讲座等针对有更多时间参与活动的老人和小孩子的活动，并由他们带动中青年人参加社区活动。国际文化节、饺子宴、跳蚤市场等活动一度引起社会关注和其他社区的借鉴。现在社区设想开展大使进社区系列活动，拟组织迎接各国使馆大使、文化参赞、商务参赞带着所在国的文化走进社区，与我们的传统文化相互交流，增进友谊，促进发展，创建和谐的国际化社区。这对社区居民之间凝聚力的提升和社区的文化融合发挥了巨大作用。另外通过这些活动，居委会也渐渐开始和越来越多的居民熟识，为社区居民参与社区治理奠定了基础。

四　对社区治理现代化的思考

现代化一般表述为从传统社会向现代社会的转化过程，英文里"现代"一词具有时尚的、创新的含义，现代化过程就是制度创新、思想创新、技术创新、生产创新、组织创新、文化创新、管理创新的过程。社区治理现代化追求的目标即是社区治理的诸多创新。朝阳公园社区是北京市朝阳区社区治理实践中的一个缩影，其治理现代化的探索表现在管理创新、服务创新和合作模式创新上。

1. 管理创新

分类治理的运行机制是社区管理创新的重要表现。朝阳区是北京市面积最大的区，现辖24个街道办事处，19个地区办事处。人口总量多、结构复杂，户籍人口和外来人口总量均居全市首位，有大量外籍人士、商务人士、文化人士，还有14万左右的农民。从城市发展来看，朝阳区既有CBD这样具有现代都市特征的商贸区，也有从农村向城市形态过渡的城乡结合部，还有广大的农村腹地。上述这些因素，决定了朝阳区的社区数量多、类型复杂。目前，朝阳区共有社区500多个，数量在北京各区县中居首。社区类型复杂，既有文化娱乐场所、绿化、道路、学校、卫生服务、停车等社区服务配套设施完善，物业服务水平较高的高档小区、别墅区，也有人员结构复杂的商品房小区，还有无物业管理的老旧小区，以及城乡结合部的保障房小区等。在不同类型的社区中，由于基础条件、居民人口结构、社区文化、社会资本等的不同，社区建设中遇到的问题也各有差异。

鉴于社区类型化特点日益突出，朝阳区改变原来同质性的治理方式，在区级或街道层面统筹推进社区治理工作，将朝阳区社区按性质不同划分为六类社区，即商品房小区、城市老旧小区、高档小区、国际化高档社区、城乡结合部保障房小区和功能型小区（商务楼宇小区）等六类城市社区，分类引导社区居民自治。分类治理既适应了现代化发展过程中社区类型多样化的治理需求，也有利于各社区探索适合社区特点的社区自治模式。2013年北京市朝阳区被民政部确认为"全国社区治理和服务创新实验区"，重点探索和总结分类治理的制度机制。

2. 服务创新

专业化服务是社区治理创新的另一个重要表现。党的十八大提出，要"加强基层社会管理和服务体系建设，增强城乡社区服务功能"。在朝阳公园社区，物业公司的管理都是采用的管家式服务，服务方式专业，相较于普通社区更能满足业主需求。当然，因物业公司的不同和所收物业费的差异，各个公寓在具体服务上专业化程度并不一样，服务水平大致分为高档服务、中高档服务、中档服务和较低档服务。其中高档服务的特点是服务品质最高，专业化强，物业多采取管家制贴近式服务，每个管家带一个助理，大约服务30多户，管家每天都要巡楼，对业主家所有的事情都要跟进，使业主与物业尤其是管家之间建立了很好的支持与信任关系；除了管家，物业与业主沟通的另一种方式是周刊和月训，都由物业自己设计，并及时传递到业主；北京公寓鲁能物业比较突出的一点是做很多活动，包括所有传统节日慰问业主和所有的园区活动，物业会组织踏青、采摘，并提供精彩的节目；物业每月对业主做满意度调查，全年必须覆盖所有业主，年底请第三方对业主进行满意度调查，满意度不得低于98%。

另外，在精神文化上，由于物业对小区实施一体化管理，与业主有最直接的交流，所以物业公司在此扮演了重要的角色。比如在业主生日时发祝福短

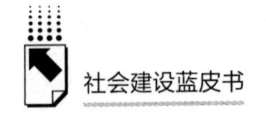

信，有业主家里生孩子送果篮或衣服，重大或传统节日为业主送小礼品。

专业化是现代化的一个特点，也是社区治理现代化的发展方向，包括社区工作人员的专业化、社区服务的专业化、社区治理的专业化等。

3. 合作模式创新

参与与合作是治理的灵魂。推进社区基层民主建设、引导社区居民参与社区治理是北京近几年社区治理的新方向和新内容。在这一领域，朝阳区麦子店街道"问政"实践走在前列，实施"党政群共商共治工程"，在社区治理实践中走出了一条带有自身特色的"多元协商民主"的合作治理之路。

在街道推动下的"问政"实践从2011年开始，经历了问需、问计、问政三个阶段，最为有益的是构建起共同协商的民主机制和制度。社区自治制度包括居民代表大会、居民常务代表会，这是属于社区自治的制度资源，同时还有社区基层党的组织建设，比如党代表任期制。2010年，朝阳区发文要求各个社区建立和规范社区议事会制度，在"问政"实践中社区议事会制度发挥了重要作用。社区议事会的参加人员有居民常务代表、社会单位代表、物业代表、业委会代表。其中也包括社区党代表和社区工作者，还有就是相关专业部门和专业人士。在议事协商会上，主要根据本社区的居民、所辖的社会单位反映上来的需求表来进行协商，按照真实性、合法性、代表性、可行性的原则进行同类同项的合并和归纳。2013年麦子店阶段所辖社区共有10个项目经过问政协商获得社区民政建设资金使用的立项资格。

在此过程中，协商是基础，合作共建是关键，共赢是目标，通过共商共治，不再是产权单位或者物业公司垄断管理小区事务，各方选出代表共同管理小区中的事务，少数服从多数，减少了社会矛盾和分歧，街道和社区也是受益匪浅，可以说，这是基层社会民主治理的一个尝试，践行了"党委领导、政府负责、社会协同、公众参与、法制保障"的社会治理格局，也是社区治理合作模式上的一个创新。

B.13 北京基层社会协同治理的实践模式研究[*]

——以麦子店"问政"实践为例

刘金伟 陈成干[**]

摘 要： 从协同治理的理论视角出发，以北京市朝阳区麦子店街道的"问政"实践为例，探讨基层社会协同治理的机制、效果及其影响因素。研究表明，政策激励、共同利益和社会权力获得是不同社会主体协同行动的外部动力；制度本身的科学性、合理性与协同体内部的支持性领导是内部动力。在基层社会协同治理结构中，不同社会主体担当不同角色，在参与、决策、整合、监督等机制的作用下，协同治理的效果明显，促进了社会系统的和谐有序运转。

关键词： 基层社会 协同治理 "问政"

单位制解体后，街道和社区是城市基层治理的基础，其运行状态如何直接关系到整个社会的和谐稳定。当前以北京为代表的特大城市，已进入转型的临界点，突出表现为社会矛盾凸显、利益冲突加剧、社会凝聚力下降、不稳定性增加等。而整个社会系统从无序向有序转变，迫切需要基层社会治理模式的转型。本研究以北京市朝阳区麦子店街道实施的"问政"实践为例，用协同治

---

[*] 本文是北京哲学社会科学规划项目（S0014102201301）的阶段性成果。
[**] 作者简介：刘金伟，博士，北京工业大学人文社会科学学院、首都社会建设与社会管理协同创新中心副教授；陈成干，北京工业大学人文社会科学学院硕士研究生。

理理论分析其协同效应产生的机制、功能与影响因素，以为中国基层社会管理体制改革提供借鉴。

一 麦子店"问政"发起的背景

作为首都，近年来随着人口规模不断扩大和社会复杂性增加，北京市城市治理进入转型的临界点。以街道和社区为主的城市基层社会，面临一系列治理难题，主要表现在四个方面：一是部门垄断与条块分割带来的行政效率低下；二是基层社会原子化、社会内部凝聚力下降，社会成员个人理性增强而公共意识淡薄；三是政府行动多、社会行动少、政府行动与社会行动断裂、政府资源与社会资源离散化；四是城乡社区公共服务供给差距过大、农民流入城市却不能融入城市。究其原因可发现，在传统的城市治理模式下，治理主体不同步、不协调、条块分割、功能隔离严重，无法形成合力。为解决这些难题，北京市朝阳区在街道和社区层面推行"党政群共商共治"工程，在实践中创造了多种"党政群社"协作共治模式，促进了城市基层社会和谐、有序运行。麦子店社区的"问政"模式，就是其中有益的尝试。

麦子店街道地处朝阳区东北部，东起四环路，西至东三环北路，南到农展南路，北靠机场高速路，面积6.8平方千米，下辖5个居委会。街道地理位置优越，处于CBD的核心地带，整个区域由第三使馆区、燕莎商圈、朝阳公园以及全国农业展览馆等板块构成。麦子店街道的特点是三多：商务楼宇多、常住外来人口多、外籍居民多。有驻区单位总计3144家，包括很多涉外企业和机构。该社区户籍人口20123人，常住人口31149人，流动人口16802人；涉及71个国家和地区的外籍人口7784人。麦子店社区经济社会发展水平较高，但由于社区结构复杂，并且以老旧社区为主，社区治理面临很多难题，需要依据新的发展形势进行社会治理模式的改革与创新。

在传统的基层社会治理模式中，政府起到了主要作用，既是决策的主体又是公共事务实施的主体，缺少社会力量和居民的参与。目前，大多数地方政府的做法是政府根据自己的年度计划和资金安排，以自我为主、采取从上到下的方式，推进各项为民服务工程。麦子店街道办事处在推进各项为民工程时，政府工作人员花了很多心思进行研究设计，投入了大量人力、物力和财力，但发现实际效果并不显著，经常出现"政府做好事群众不买账"的现象。这种情况的出现，引起了街道办事处领导班子的思考，这是麦子店街道发起"问政"工程的主要背景。

另外，党的十八大对建设服务型政府提出了更高的要求，但在实际工作中，政府工作人员与基层和社区的联系越来越少，政府的工作缺少群众基础。麦子店街道发起"问政"的目的之一，就是要解决部分机关干部和工作人员的工作作风问题，特别是长期脱离基层和群众，为群众办事"门难进、脸难看"的作风。街道办事处党工委希望通过实施"问政于民"工程，通过转变工作理念和工作作风，初步实现了由"政府单向决策、居民被动接受"转变为"政府和居民双向互动、共同决策"，推动公共服务型政府的建设。

二　麦子店"问政"模式的主要内容

所谓"问政"，即"问政于民，与民共治"的简称。2010年底，北京市朝阳区麦子店街道结合政府办实事工作，拉开了"问政"的序幕。目前通过"问政"顺利实施了街道层面的"一五一十实事工程"和社区层面的民政建设资金项目，为基层居民解决了实际生活问题。同时，通过三年的探索和实践，麦子店街道建立了一整套"问政"的制度框架、组织体系、运行机制、监督体制，成为北京市基层社会治理的典型模式，被朝阳区政府在全区推广。"问政"模式可以用一句话进行概括："一个中心、多个主体，二级平台、三个环节"。

一个中心指党的领导核心。在问政工作中，街道党工委是灵魂、是核心，在问政工作中起着引领作用，居核心地位。其不仅是"问政"制度的设计者，还是不同社会主体的利益协调者和"问政"效果的评判者。

多个主体指在"问政"的过程中除了代表政府的街道办事处外，还有社区组织、辖区社会单位、社团组织、社区居民等共同参与社区治理，它们有合作也有分工，是平等协商的关系。

二级平台指街道和社区问政议事协商会。街道问政议事协商会是街道一级的问政机构，由居民常务代表、社区党代表、辖区各级人大代表、政协委员、社会单位代表、特邀代表构成。每年召开一届，由街道议事代表公共协商解决本街道重大公共事务。社区问政议事协商会是社区一级的问政平台，由本社区居民常务代表、本社区党代表、本选区的人大代表、本社区社会单位及物业代表、居住在本社区的政协委员、本社区社会组织代表构成。每年至少召开4次日常会议和1次年度会议。主要职责是收集民情、民意，提出本社区年度实事工程议案，讨论社区公共事务、推选街道议事代表、监督实事工程的实施等。两级问政议事协商会是多元主体参与基层社会治理的平台和载体，通过这个平台的整合机制、操作机制、协商机制整合各方意见、形成共识，为协同共治提供了科学机制。

三个环节是指问需、问计和问责。根据流程整个问政工作分成三个阶段：问需是通过对全体居民家庭户、社会单位、社会组织、六小门店登门发放问需表等形式，征求广大居民的需求、意见和项目建议，在此基础上形成社区项目建议案。问计工作由街道问政议事协商会和社区问政议事协商会两个环节构成。通过问政议事协商会，议事代表就实事工程项目和社区民政建设资金项目做出决议，并提出实施的建议。问责是通过项目公示、监督项目实施、对项目产生的效果进行评估等方式，对政府工作进行评议。整个"问政"流程见图1。

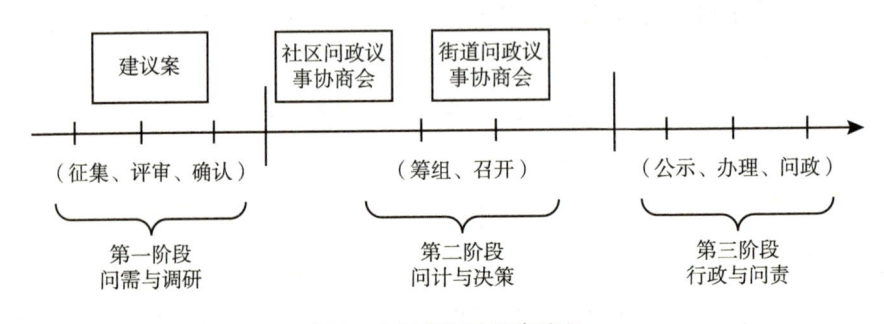

图1 麦子店问政议事流程

三 "问政"中不同主体的角色与功能分析

（一）政府组织——多元协同的主导者

在麦子店协同治理模式中，政府起到了主导作用，主要表现在三个方面：

一是平衡与其他治理主体之间的关系，并协同它们的行动；二是制定相关制度，并严格执行，监督其他主体并同时接受监督；三是为社区公共事务提供资金、技术、人员等保障。麦子店街道在问政工作领导小组之下设立问政办公室（简称"问政办"），"问政办"代表政府协调社区组织、社会组织、驻地单位和居民代表参与各项"问政"活动。"问政办"不仅负责问政规则和制度的制定、还负责问政议事代表的选举、议事规则的培训、居民需求和建议的征集、问政议事协商会的筹办等事项，"问政"项目的实施也由"问政办"协调街道各职能部门完成。在问政的整个过程中，政府始终作为召集人、发动者和推动者的角色发挥作用。需要指出的是，政府主导不是传统的"统治"或控制，而是政府通过让渡部分权力的方式实现与其他社会主体之间关系的重新调适，改变过去那种自上而下的直线式权力运行方式，从而形成一种多元互动的权力向度。应该看到，在当前我国社会力量没有充分发展起来的前提下，政府仍然是基层社会治理的核心力量和主导力量。

（二）社会组织——政府公共职能的协助者

在基层社会协同治理中，政府是公共事务的主要承担者，但政府并不是全能者，面对社会需求的日益多元化，政府很多时候不能做出及时的回应，导致社会不满增加。在麦子店街道"问政"实施以前，经常出现"政府做好事，群众不满意"的现象。社会组织大多扎根于基层，很多社会组织本身就是社区居民自发成立的，如麦子店社区的各类文艺团体、志愿者团队、社区服务中心等。这些社会组织能够灵活地反映社会各层次、各方面的信息，能够较直接地表达广大民众的需求。同时，社会组织还能够承担政府部分公共职能，特别是在文艺、娱乐活动、志愿服务、知识讲座等"软性"项目上，社会组织具有先天的优势，政府通过购买服务等方式，让社会组织参与进来。与政府机构相比，社会组织不是自上而下的体系，其运作模式不是行政指令式的控制，群众容易接受；与企业组织相比，它又具有非营利性的特点。因此，社会组织在基层社会治理中，可以弥补政府公共职能的不足，是政府公共职能的重要协助者。

（三）社区自治组织——政府与居民关系的沟通者

在传统的治理模式下，社区居委会的主要职能是完成政府下达的各项任务，自治功能较弱。在麦子店"问政"模式中，政府的决策是不同社会主体共同协商的结果，社区居委会由于其特殊的地位，成了政府与社区居民之间的桥梁和纽带。在问需阶段，社区居委会通过向社区居民、社会单位、社会组织等发放建议案表，召开各层面的座谈会和日常接待走访等渠道，向社区居民征集意见与建议，将征集到的建议经社区问政议事协商会讨论表决后，形成社区项目建议案，上报给街道"问政办"，社区居委会实际上成了社区问政议事协商会的日常工作机构。建议案获批后，社区居委会还要组织社区内部的社会力量对项目的实施出谋划策，对项目实施的进展和效果向街道"问政办"进行反馈。在"问政"的各主体中，社区居委会代表全体社区居民的利益，通过"问政"使基层的民意能够通过正规的途径反映上去，居委会自治的功能得到发挥。同时它又与政府有着天然的联系，保持着密切的合作关系，减少了政府与居民之间的摩擦，缓和了社会矛盾。

（四）社会单位——社区治理的重要参与者

基层社会治理是一种囊括各种利益相关者的广泛参与模式，只要公共事务或公共决策与之相关，包括企业组织、事业单位在内的其他组织和行为者都应是社会治理的参与者。在麦子店"问政"实践中，物业公司、驻地单位、六小门店等也参与到"问政"中来。在社区和街道的二级问政议事协商会中，都有社会单位的代表。在申报社区实事工程项目的过程中，社会单位从自身专业的角度出发，提出了合理化建议，例如社区道路改造、停车管理、公交路线的设置等。在项目评审中，麦子店街道为鼓励社会力量的参与，规定有资金支持的项目优先考虑，很多社区的社会单位对社区申报的项目给予了资金支持。项目申报成功后，一些社区社会单位还主动参与了项目的实施。这样，通过"问政"这个平台，把整个地区的社会资源整合了起来，促进了社会力量的成长，社会单位通过参与社区建设，增强了社区归属感。

（五）社区居民——社区治理的"本位"

麦子店"问政"模式中，社区居民是社区治理的"主角"，整个"问政"活动都是围绕社区居民进行的，他们既是"问政"的出发点也是"问政"的落脚点。在"问政"的起始阶段，麦子店街道的本意是就政府未来的工作计划向居民征求建议，改变政府的执政方式，使政府的决策更贴近基层需要。2013年随着麦子店街道民政建设资金项目的出台，社区居民由原来的政策建议者变成了决策者。社区居民通过社区问政议事协商会，把自己的需求变成社区项目建议案上报到街道，由街道问政议事协商会投票决定哪个项目入选。街道办事处在问政中成了执行者与项目的实施者，工作实施的好坏，最后还要由街道问政议事代表和居民进行评议。整个问政过程，居民不仅仅是参与者，而是成为真正的"主人"。政府、社会组织、社区组织、社会单位等主体在协同治理的过程中，主要是围绕居民的需求展开的，居民满意成为协同效应的最终归宿。这是对中国基层民主治理模式的一种大胆尝试。

四　麦子店"问政"的实践效果评价

我们通过问卷调查的方法①，对麦子店"问政"三年来的效果进行了评价，根据评价结果，我们认为麦子店的"问政"工作取得了明显成效，整个社会系统和谐有序运转，各主体之间的协同效应初步显现出来。主要表现在以下几个方面。

第一，解决了居民实际生活问题，改善了地区的整体生活环境。在社区治理中，"问政"形成了一种集合社会不同主体的力量，共同满足社区需求、解决社区问题的长效机制。问卷调查表明，通过"问政"，居民向社区议事代表所反映的需要解决的实际问题中，有40.1%的被基本解决，15.6%的被完全解决，还有31.1%的被部分解决，而基本没解决和根本没解决的分别只占7.3%和5.7%的比例。

---

① 课题组按照麦子店常住人口数量及结构，在6个社区进行入户抽样调查500份。

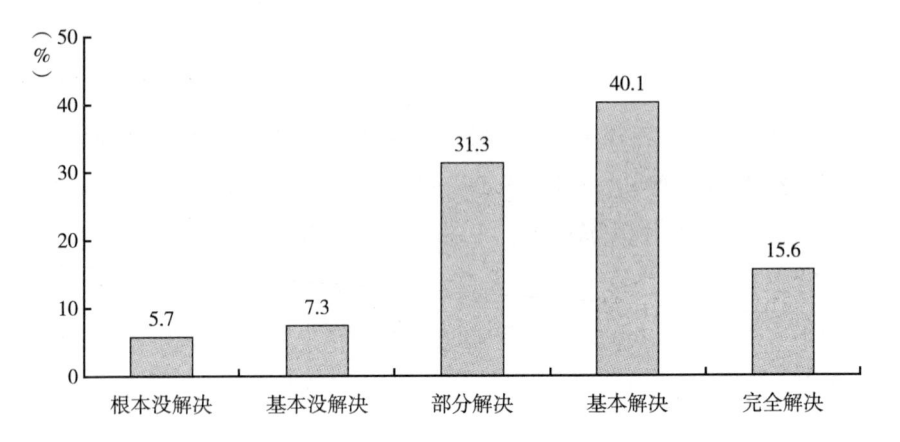

图2 被访者反映的问题是否得到解决

麦子店街道是20世纪80年代建设的老旧社区，基础设施和管理水平相对落后，改善社区环境是"问需"中呼声最高、诉求最多、关注度最集中的问题之一。麦子店街道通过连续三年的"问政"实事工程，社区的整体环境面貌得到很大程度的改善。19.8%的调查对象认为，"问政"对社区环境的改善非常大；49.1%的调查对象认为，"问政"对社区环境的改善比较大。大部分社区居民对"问政"取得的实际效果给予了认可（见表1）。

表1 社区居民对问政以来社区环境改善的主观感受

	项目	频率	有效百分比	累积百分比
有效	非常大	95	19.8	19.8
	比较大	236	49.1	68.8
	没有变化	122	25.4	94.2
	变差了	21	4.4	98.5
	变得非常差	4	0.8	99.4
	不适合	3	0.6	100.0
	合计	481	100.0	—
系统缺失		7	—	—
合计			488	

第二，激发了社区和社会组织的活力，提升了地区民主自治水平。在协同治理中，如何调动居民和各社会主体的积极性，改变过去消极、被动和单打独

斗、各自为政的局面是关键。问政主要通过二级议事平台，把社会力量在社区层面上整合了起来。调查表明，近年来，社区居民亲自参与"问政"活动的占40%左右，没有参加的居民中有78%的人表示如果将来有机会愿意参加（见表2），55.4%的调查对象表示愿意和非常愿意被推荐为议事代表，愿意在社区治理中承担更多责任。

表2 被调查居民参加"问政"活动的比例

单位：%

项目		频率	百分比	有效百分比	累积百分比
有效	参与过	214	43.9	57.4	57.4
	没有参与过	159	32.6	42.6	100.0
	合计	373	76.4	100.0	—
系统缺失		115	23.6	—	—
合计		488	100.0	—	—

第三，促进了政府职能转变，增强了政府社会管理和服务的能力。协同治理是将"少数人决定公共事务"转变为"共同协商公共事务"，通过将其他主体纳入治理系统，彻底改变了传统的管控式的管理模式，政府的治理能力得到增强。调查表明，"问政"实施以来，大多数居民对政府职能的认识发生了重要转变。44.9%的居民认为政府与居民是一种平等协商的关系，40.4%的居民认为应该政府为主，居民为辅，只有5.7%的居民认为应该由政府完全做主（见表3），有57.4%的社区居民对街道工作人员工作非常满意和比较满意。

表3 社区居民对政府与居民关系模式的主观态度

单位：%

项目		频率	百分比	有效百分比	累积百分比
有效	完全由政府做主	28	5.7	5.8	5.8
	政府为主，居民为辅	196	40.2	40.4	46.2
	政府与居民平等协商	219	44.9	45.2	91.3
	居民为主，政府配合	36	7.4	7.4	98.8
	完全由居民做主	6	1.2	1.2	100.0
	合计	485	99.4	100.0	—
系统缺失		3	0.6	—	—
合计		488	100.0	—	—

第四，产生了良好的社会效应，促进了地区的和谐稳定发展。麦子店通过这种协同共治的实践模式，满足了各方的政治诉求和利益需要，缓解了内部矛盾，从而营造出了全体居民各尽其能、各得其所而又和谐相处的社会氛围。从调查数据的分析来看，69.7%的被调查居民认为"问政"对改善政府与居民的关系有帮助（见表4）。近几年街道越级上访案件为零，整个地区保持了和谐稳定发展的态势。

表4　社区居民对"问政"能够改善政府与居民关系的主观态度

单位：次，%

	项目	频次	百分比	有效百分比	累积百分比
有效	没帮助	21	4.3	4.4	4.4
	帮助不大	36	7.4	7.5	11.9
	一般	88	18.0	18.4	30.3
	有帮助	197	40.4	41.2	71.5
	有很大帮助	136	27.9	28.5	100.0
	合计	478	98.0	100.0	—
系统缺失		10	2.0	—	—
合　计		488	100.0	—	—

五　麦子店"问政"效果的影响因素

在由政府组织、社会组织、社区自治组织、公民群众和其他利益相关者构成的多元协同治理模式中，如何调动各主体参与的积极性是关键。通过分析，我们发现在麦子店"问政"模式中，有四种因素对协同效应的产生发挥了重要作用。从外部因素来看，党和国家的政策倡导是政府转变治理模式的外部动力，地方政府一方面借此避免政治性风险，另一方面可以获得更多外部资源和上级政府的认可。在利益分化日益加深的背景下，促使各社会主体积极参与"问政"的诱因是彼此之间利益的同构性和社会权力的获得。从内部来看，"问政"制度本身设计的科学性、合理性是保障各社会主体之间合作共治的重要机制，而地方党组织的支持性领导是多元主体协同运作成功的关键。

（一）因素之一：政策倡导

当前我国的治理模式中，地方政府主动发起改革的动力是党和政府的政策激励。麦子店"问政"的政治基础是协商民主制度，协商民主是当代中国治理的重要特征，也是未来我国治理模式转型的主要方向。2006年《中共中央关于加强人民政协工作的意见》强调要"把政治协商纳入决策程序，就国家和地方的重要问题在决策之前和决策执行过程中进行协商。"2012年10月党的十八大明确提出"社会主义协商民主是我国人民民主的重要形式。要完善协商民主制度和工作机制，推进协商民主广泛、多层、制度化发展。通过国家政权机关、政协组织、党派团体等渠道，就经济社会发展重大问题和涉及群众切身利益的实际问题广泛协商，广纳群言，广集民智，增进共识，增强合力……积极开展基层民主协商"。朝阳区为贯彻党的十八大精神，在全区范围内实施了"党政群共商共治工程"，在这个过程中麦子店街道的做法获得了朝阳区委、区政府的认可，并给予了大力支持，这是"问政"模式不断完善和持续推进的重要外部动力。

（二）因素之二：参与诱因

在利益多元化的社会背景下，社区居民、社区自治组织、物业公司、驻地单位等能够积极参与街道开展的"问政"实践活动，其参与诱因包含两个方面。一是参与主体间利益的同构性。在"问政"中不同社会主体围绕本社区建设形成了一个利益共同体，他们通过"问政"这个平台表达自己的利益需求、对社区建设提出合理化建议，通过"问政"议事协商会进行决策，最终提升社区的整体环境和公共福祉，从而也实现自己的利益目标。二是社会权力的获得。在传统的治理模式下，公共权力侵占了社会权力，各社会主体缺乏行动的空间。"问政"的实质是政府通过向社会让权和授权，来获取社会主体的支持。权力的获得是人的一种自然本性，是尊重、自尊、自由获得的基础。在"问政"中，当社区居民和社会主体意识到真正的权力回归而不流于形式时，其参与的积极性自然被调动起来。

(三)因素之三：支持性领导

与西方治理模式不同，中国社会主体间的平等合作关系是在中国共产党的领导下。麦子店协同治理的格局中，街道党工委和各级党组织发挥了重要的统筹协调作用。一是引领和示范。街道党工委是"问政"工作的发动者、引导者，是思想上的指导者。党的领导保证了民主议事和协同治理朝着良性可控的方向发展。在各主体协商议事的过程中，各级党组织、党员发挥了重要的示范作用。在"问政"之初的社区问政议事协商会中，90%的议事代表都是党员。二是利益整合。党的宗旨决定了其代表全体人民的利益，当不同社会主体之间出现利益冲突时，党能够站在全局的立场上进行协调，保证整个协同体在目标上保持基本一致。三是关系协调。在"问政"中，党组织能够利用其强大的政治资源和群众基础，协调不同社会主体之间的关系，特别是政府与其他社会主体之间的关系，保持各主体之间的权力相对均衡。统筹协调社会各种力量，为"问政"目标的实现凝聚力量。

(四)因素之四：制度设计

多元主体协同治理需要设定参与主体共同遵守的基本协议和规则，一方面需要具有合理性和强制性的一系列规则制度来稳定和维系治理系统中各子系统的协同运作；另一方面，多元主体协同治理社会公共事务，除政府外，其他主体需要行之有效的参与机制与渠道，才能确保众多利益相关者实质性的参与社会治理，良好的制度设计为权力与资源匮乏的参与者提供了畅通的参与渠道。麦子店街道为了使"问政"工作稳定有序，根据实际情况和"问政"工作积累的经验，逐步形成了"问政"工作完整的制度体系，主要包括街道问政程序、街道和社区问政议事代表的推选制度、麦子店协商议事规则、社区民政建设资金项目申报管理和评选办法、社区民政建设资金项目协商会流程与规则等，保障了"问政"工作平稳高效的进行。

实现国家治理体系和治理能力的现代化是我国未来深化改革的总目标之一，构建现代国家治理体系的实质就是要实现国家与社会协同共治。在当前的环境下，特别要注重发挥各种社会主体参与国家治理的积极性，通过治理模式的变革，整合各种社会资源和力量，发挥他们的协同作用，促进社会系统的和谐有序运行。麦子店"问政"模式为我国未来基层社会治理模式转型，提高国家对基层社会的治理能力提供了很好的借鉴。

参考文献

白列湖：《协同论与管理协同理论》，《甘肃社会科学》2007 年第 5 期。

Chris Ansell, Alison Gash. Collaborative Governance in Theory and Practice, *Journal of Public Administration Research*, 2007: 543 – 571.

Agbodzakey, James. Collaborative Governance of HIV Health Services Planning Councils in Broward and Palm Beach Counties of South Florida. *Public Organization Review*. 2012 (6): 107 – 126.

郑巧、消文涛：《协同治理：服务型政府的治道逻辑》，《中国行政管理：公共管理》2008 年第 7 期。

何水：《协同治理及其在中国的实现——基于社会资本理论的分析》，《西南大学学报》（社会科学版）2008 年第 5 期。

郑恒峰：《协同治理视野下我国政府公共服务供给机制创新研究》，《理论研究：公共管理》2009 年第 4 期。

陆世宏：《协同治理与和谐社会的构建》，《广西民族大学学报》（哲学社会科学版）2006 年第 11 期。

〔英〕鲍勃·杰索普：《治理的兴起及其失败的风险：以经济发展为例的论述》，漆芜译，引自俞可平《治理与善治》，社会科学文献出版社，2000。

B.14 北京市商务楼宇社区治理新进展

——以建外街道 SOHO 商务楼宇社区为个案的调研报告

宋国恺*

摘　要：

随着工业化、城市化、市场化、信息化、国际化的不断推进，北京市商务楼宇社区大量出现，对社会服务和管理创新提出了新挑战，亟待探索符合实际的商务楼宇社区治理的新思路和新方式。建立商务楼宇服务站和推进商务楼宇党建，是商务楼宇社区治理的重要载体和抓手。朝阳区建外街道 SOHO 商务楼宇社区是商务楼宇社区的典型，其社区治理创新的经验，反映了当前北京市商务楼宇社区治理的新进展。

关键词：

商务楼宇　社区治理　服务站　党建

随着工业化、城市化、市场化、信息化、国际化的不断推进，商务楼宇社区大量出现。据统计，目前北京市在 1249 个商务楼宇中有近 7 万个或大或小的企业、社会组织。全市 1249 个商务楼宇全部建立了"五站"——党建工作站、社会工作站、工会工作站、团委工作站、妇联工作站，覆盖近 7 万家"两新"组织、82 万名职工、4.3 万名党员。根据北京市委社会工委的统计，近三年来，在商务楼宇新建立党组织近 1000 个，共接纳流动党员 12500 多名、发展党员近 400 名，有 8000 多人递交了入党申请书，培养入党积极分子 1250

---

* 宋国恺，社会学博士，首都社会建设与社会管理协同创新中心、北京工业大学副教授。

多人。① 商务楼宇社区的出现对社会服务和管理创新提出了新要求，要求在新形势下，对商务楼宇社区治理提出新的思路，探索符合实际的社区治理方式。建立商务楼宇服务站和推进商务楼宇党建，是商务楼宇社区治理的重要载体和抓手。本文以北京市朝阳区建外街道 SOHO 商务楼宇社区治理为例，分析并总结当前北京市商务楼宇社区治理创新的进展及经验。

一 楼宇社区情况明——认清楼宇社区新特点

建外街道 SOHO 商务楼宇社区已经由原来的传统社区转变为新型的商务楼宇社区，这种转变对社区稳定和谐提出了新要求。总结建外街道 SOHO 商务楼宇社区治理经验，一方面是通过总结凝练提升，进一步完善社区治理机制；更重要的是将我们已经探索形成的宝贵经验逐步推广，以便为已经出现和将来不断涌现的商务楼宇社区所借鉴。

（一）社区简介

建外街道永安里东社区坐落在永安里东甲 3 号院内，东起东三环中路，南至通惠河北路，西至永安里东街往南与灵通观斜街南口毗邻，北临建外大街，属 CBD 功能区范畴，社区占地面积约 0.46 平方千米。辖区内有高档综合性写字楼 34 栋，综合商务楼 6 栋，高档公寓住宅楼 8 栋。辖区内有大小社会单位（公司）3700 余家，世界 500 强企业 45 家。从业人员约 6 万人。社区环境优美，交通便利。建外 SOHO 东、西两区及华彬大厦、SK 大厦等众多社会单位聚集在此重点区域。②

（二）社区特点

1. 新"社区"——非传统社区

该社区地处 CBD 功能区，已非传统意义上的社区，因为传统意义上的社

---

① 陆学艺、唐军、张荆：《2012 年北京社会建设分析报告》，社会科学文献出版社，2012，第 25～26 页；关庆丰：《楼宇党支部找回 1.25 万流动党员》，《北京青年报》2012 年 7 月 3 日。
② 根据调查资料整理。以下如没有专门说明，数据资料均来自调研资料。

区是以居民为主体的,而商务楼宇社区内已经基本没有传统意义上的居民,而为企业以及企业员工所代替。其功能发生从以居住生活为主转向了以商业运营为主的变化。

2. 新"居民"——非传统居民

商务楼宇社区内已经没有传统意义上的居民,却为新"居民"所替代。这些新居民大致可以划分为两大类:企业和企业从业人员;从业人员可以划分为:企业管理人员以及企业普通员工。这些从业人员也就是我们通常所说的"白领阶层",而且以"小白领"群体为主。这些构成了商务楼宇社区的新"居民"。

3. 新"自治"——非传统框架

传统社区基本特点之一为社区居民自治,一般自治框架为"两委一站",即社区党委会、居民委员会、社区服务站。但在永安里东社区的社区治理框架为"两委两站",即在原来社区架构"社区党委会、居民委员会、社区服务站"的基础上,增加了"建外SOHO商务楼宇服务站",超越了传统的治理框架。这也意味着永安里东社区治理向新的模式发展。

二 社区调研显需求——发现社区治理新问题

(一)商务楼宇社区特征

作为商务楼宇社区的永安里东社区,从社区原理的角度看,呈现如上文所述的三个重要特点,但在社区治理方面总体呈现如下三个方面的特征。

1. 商务楼宇区域化特征

非公有制企业呈现向商务楼宇高度集中的特点,商务楼宇已经成为大中城市经济社会发展的重要载体。非公有制企业不断向商务楼宇汇聚,商务楼宇作为"竖起来"的社区,各类企业、法人、员工组成了共同体。作为商务楼宇社区的永安里东社区集中反映了这一重要特征。但永安里东社区与全国其他商务楼宇社区比较,呈现商务楼宇区域化的重要特征。

所谓区域化,就是指在这个社区内不仅全部是商务楼宇,更重要的是,各种类型的商务楼宇并存：既有单一业主的单一商务楼宇，也有多业主的复杂商务楼宇，还存在单一业主与多业主混合型的商务楼宇；既有非公有制企业的商务楼宇，也有国有企业的商务楼宇，更有国际化的跨国企业商务楼宇；既有大型企业，更以中小型企业为主。商务楼宇区域性化特征，给社区治理带来了前所未有的难度。

2. 社区需求叠加化特征

商务楼宇社区的特点决定了该社区各类企业、社会组织和白领阶层等的需求并不同于传统居民社区的需求，出现了商务楼宇需求叠加化的特征。所谓叠加化特征，即社区既要满足在商务楼宇区域内的白领阶层多元化的需求，还要满足区域内各类企业、社会组织等社会单位不同需求。商务楼宇社区内人员构成复杂，既有新社会阶层人士，也有海归、外籍人口、高层主管、CEO，更以小白领阶层为主体。人员构成的复杂性，亦决定了需求的多样性和复杂性。总体来看，这两类大的需求叠加在一起，并不是仅仅商务楼宇社区能够提供的，需要通过协同行政职能部门才能得到有效供给。

3. 社区治理经验初创化特征

长期以来，我国传统社区治理已经形成了一套行之有效的治理方式方法，为维护社区的稳定和谐及国家的长治久安发挥了重要作用。然而，针对商务楼宇社区这一"立起来"的非传统社区，原来传统社区治理方式已经不能适应新特点、新情况。同时，又没有现成的经验模式和成熟的操作办法，只能随着商务楼宇社区的出现，不断探索、逐步积累，阶段总结、反复试验，摸索创建一套适应商务楼宇社区治理的操作规范和方式方法。在这个意义上，商务楼宇社区治理经验具有初创化的特征。

（二）商务楼宇社区的具体特点

面对传统居民少、商务楼宇密集的社区环境，在社区党委的带领下，努力寻求开展社区工作的新思路、新办法。经过对商务楼宇的深入调研和细致分析，发现该区域呈现四个重要特点：一是楼宇企业多，相互沟通少；二是白领员工多，组织活动少；三是楼宇党员多，亮明身份少；四是优势资源多，整合利用少。商务楼宇社区的特征和具体特点表明，商务楼宇社区治理过程中存在

一定的突出问题和矛盾，解决这些问题和矛盾需要探索出新的治理方式方法和机制。

三 发掘社区众资源——注入社区发展新活力

（一）理清理顺资源

社区资源包括区位优势资源、基础设施和地物信息、土地利用资源、水资源、人力资源、物力资源、财力资源等若干方面。社区治理解决社区内各类问题，最重要的是发现资源、理清并理顺所有的资源。

1. 区域内资源

（1）社会单位资源。社会单位是商务楼宇社区内拥有资源最大最多的主体。主要包括辖区内各类企业，以及社会组织（如包括律师事务所、会计事务所等各类新型社会组织）所拥有的人力、物力、财力、信息等重要资源。

（2）社区行政资源。这里是指商务楼宇社区内"四驾马车"即社区党委、居委会、社区工作站、社区服务站所拥有的组织资源、人力资源，即可动员的行政资源等。

（3）物业公司资源。这是商务楼宇社区进行治理的基本资源和力量之一。物业公司是服务商务楼宇企业和员工的服务性资源，物业公司承担若干项目。物业公司拥有大量的人力资源、信息资源，如安保力量、治安信息等。

（4）培育建构资源。商务楼宇社区本身拥有的资源有限，除了引入市场资源之外，培育建构资源既是服务站的职能之一，也是增加社会治理力量的一种重要手段。商务楼宇社区服务站培育了各种类型的俱乐部、协会等非正式的社会组织，成为社区治理资源的重要组成部分。

2. 区域外资源

（1）市场资源。社区居委会作为自治组织，本身所拥有的资源非常有限。为了推进社区治理和服务，适时恰当地引入市场资源是其推动社区工作基本职能之一。引入市场资源一方面弥补了社区资源不足的缺陷，另一方面为社区提供了便利的服务。

（2）行政资源。针对商务楼宇社区"海归"人才多的特点和实际，可以引入资助"海归"人才的各类行政资源，包括北京市"海聚工程"中各类促进留学人员来京创业和工作的资源。如给予"海聚工程"短期项目引进人才每人人民币50万元的市政府奖励。同时根据引进人才实际需要，可为其办理出入境、医疗、保险等手续。

（二）发掘配置资源

发掘配置社区资源，即实现资源共享与协同工作，形成的是一个有效的整体，共同致力于社区治理，是解决社区矛盾和问题的重要路径。而发掘配置资源关键在于寻找各方利益需求点和结合点。通过发掘配置资源搭建一个资源共享、双向服务、多方协作的互助平台，从而形成社区治理的合力。

在发掘配置资源过程中，永安里东社区把握两种方式。

第一，社区所有资源利用最大化。如，永安里东社区所拥有的红朝俱乐部，是一个适合举办会议、活动的理想场所。为了最大化地利用这一重要资源，俱乐部初期为辖区内企业或适合组织免费使用。不仅方便了适合单位，更重要的是凝聚了人心，真正做到了资源共享。

第二，不求拥有但求所用。社区服务站本身所拥有的资源有限，但这并不意味着没有资源可以利用。如每到重大节假日组织志愿者巡逻执勤，这是社区服务站重要职能之一。而完成这一重要任务仅仅依靠社区10余位工作人员的力量非常有限。永安里东社区的基本做法是协同辖区内的物业公司，组织物业公司的安保力量，将其转化为社区治安志愿者，为社区所用。这种协调配置资源的方式，一方面发动和凝聚了社会力量；另一方面，也为社区提供了更完善的服务，实现了社区服务站功能价值的最大化。

四 调动各类主体积极性——搭建社区治理新架构

永安里东社区不同于传统社区的特点，以及社区治理的需要，需要搭建社区治理平台和框架，高楼万丈平地起，永安里东社区在搭建社区治理平台和框架过程中，逐步推动了社区治理工作。

（一）建立商务楼宇服务站：社区工作有载体

建外街道根据实际工作需要，于2010年建立了建外街道SOHO商务楼宇社区服务站。商务楼宇社区服务站实行站长负责制，统筹安排全站工作。服务站设党务工作部、政务服务部、社会事务部和综合办公室四个职能部门。站内编制17人，设党总支书记1名，站长1名；党务工作部部长1名，工作人员1人；政务服务部部长1名，工作人员2人；社会事务部部长1名，工作人员2人；综合办公室主任1名，外勤5人，内勤1人。按照中组部"三有一化"和北京市朝阳区商务楼宇"8515"建设规范中规定的服务内容，社区服务站为建外SOHO商务楼宇地区的企业和员工提供便捷服务，全面推进该地区党务、政务、社务工作创新发展。商务楼宇社区服务站的建立，使得商务楼宇社区治理工作推进具有了自己的载体。

（二）建立商务楼宇党支部：社区工作突破口

面对传统居民少、商务楼宇密集的社区环境，社区党委努力寻求开展社区党建的新思路、新办法。该区域党建工作的薄弱点，主要体现在四个方面：一是缺有效机制，党的组织覆盖率较低；二是缺规范性依据，党员组织关系归属混乱；三是缺有效"抓手"，"两新"组织人员流动性较强，这也是提高组织凝聚力的瓶颈；四是缺工作针对性，商务楼宇党建工作基础与企业、员工及党团员的新要求尚不适应。

按照北京市委、朝阳区委、建外街道工委的要求和部署，为进一步推进社会领域党建工作的开展，2010年6月30日下午，建外SOHO商务楼宇党支部成立大会在红朝俱乐部召开。在建外SOHO 11号、12号、13号、14号和18号五栋商务楼宇中建立五个支部，并确定各支部书记和委员。

商务楼宇里建立党支部，增强了党组织的凝聚力，推动了辖区经济更好更快地发展，是夯实党的执政基础的必然要求，是健康发展楼宇经济的必然需要，也是推进商务楼宇社区工作的重要突破口。

（三）建立各类社会组织：社区治理新力量

社会组织是社区治理中的重要力量。永安里东社区商务楼宇服务站，一方面积极培育社会组织；另一方面，按照国家民间组织管理的有关规定和街道《社会组织登记备案工作意见》的要求，将所培育的各类社会组织纳入制度化、规范化管理轨道。

在商务楼宇服务站实行备案管理的社会组织不具有法人资格，待发展完善符合登记条件后，可以向区民政局登记管理机关申请登记。与此同时，永安里东社区从实际出发，将在社区内培育的各类社会组织，首先依法到社区登记，然后到街道商务楼宇服务站进行备案。

建外SOHO社会组织备忘录

序号	建外SOHO商务楼宇社团组织	成立时间
1	小蚂蚁义工联盟	2007年7月
2	建外SOHO协警联动队	2007年8月
3	北京市朝阳区CBD红十字志愿者协会建外SOHO分会	2008年5月
4	建外SOHO商务楼宇物业协会	2009年8月
5	建外SOHO商务楼宇文体协会	2009年10月
6	建外SOHO商务楼宇乒乓球协会	2009年10月
7	建外SOHO商务楼宇足球协会	2009年11月
8	建外SOHO商务楼宇篮球协会	2009年11月
9	建外SOHO商务楼宇计划生育协会	2010年6月
10	建外SOHO商务楼宇社会事务协调委员会	2010年8月
11	建外SOHO会计之家	2010年11月
12	建外SOHO商务楼宇服务站慈善公益俱乐部	2011年1月
13	建外SOHO新社会阶层人士联谊会	2011年2月
14	永安里东社区环境秩序管理委员会	2012年2月
15	建外SOHO国际俱乐部	2012年3月
16	彩虹社工学习社	2013年4月
17	红朝·社区青年汇	2013年6月
18	楼宇企业互助联盟	2013年7月

这些社会组织登记备案的内容包括：组织章程、组织机构、服务内容、服务范围、活动地点等。填写备案登记表，留存负责人员的身份证件的复印件等。新型的管理模式为这些社会组织的发育成长运行提供了相对宽松的环境，不仅凝聚了人心，更为社区治理服务注入了新的活力。

五 楼宇党建有章法——社区治理工作新亮点

以服务为切入点，积极打造商务楼宇服务站，本着开放包容、敢为人先、追求卓越、合作共赢的工作理念，坚持发挥党建的统领和带动作用，自2010年建站以来，永安里东社区先后成立了15个非公支部；建立了4个楼宇党建工作分站，发展"两新"党员8名；亮明身份的党员增加到1823人，积极分子由原来的7人增加到67人。在党建的统领下，组建团支部12个；成立各类社会组织17个；在非公企业中新建独立工会52家，会员人数达3421人。成立了社区联合工会，会员单位达264家，会员人数1186人。在社会管理创新方面走出了一条自己的路子，在非公经济党建工作中摸索出了一些适合自己的有效办法。

（一）分析难点、明确思路，找准切入点

社会领域党建特别是非公经济党建不同于体系内的党建工作，它的难点在于六个方面：一是非公企业的领导对党建工作存在认识上的差距；二是中小型非公企业缺乏稳定性；三是受市场经济制约，大家普遍存在重效益、轻政治的思想；四是非公企业中的从业人员流动性较大；五是非公企业情况复杂；六是由于属地与企业之间缺乏行政上的制约机制，在一定程度上，企业领导的态度决定着企业是否支持党建工作。因此，在这种情况下开展党建工作，确实难度很大，再加上永安里东社区商务楼宇密集，非公企业众多，与此同时，社区专职工作人员又十分有限，无疑是难上加难。

面对这种情况，社区服务站要想说服别人先要自身强大，社区党委必须先在树立威信、提高凝聚力和向心力上下功夫，这种威信和凝聚力打哪来？两个字："服务"，这也是党的宗旨所在。对于非公经济党建来讲，必须以服务为先导，于是，商务楼宇社区服务站提出了"围绕需求提供服务——服务中形成互动——互动中体现引领——引领中实现管理——管理中走向和谐"的工作思路。

（二）推进楼宇党建工作的主要做法

1. 因地制宜，建立商务楼宇党建工作体系

按照总支建在片上，支部建在楼上的原则，成立抓总牵头的商务楼宇党总支，下设若干商务楼宇党建工作分站，形成商务楼宇党建网格化管理，实现了党的工作全覆盖；通过单独建、联合建、依托建等灵活形式，在每个楼宇建立非公党支部，形成"一中心，多分站，N堡垒"的区域化党建格局。

第一，以企业为单位单独建立党组织。对于党员人数较多，企业经营状况良好且相对稳定的企业，优先推进党建工作，支部书记一般由有决策权和话语权的企业领导担任（如中汇国际党支部、和谐海峡党支部等）。这样，有利于党组织的长期发展。

第二，以楼为单位联合组建党组织。针对部分楼宇内企业党员人数较少，不具备单独组建党组织条件的情况，将同一楼宇的多个企业联合在一起，共同组建一个党组织（如，第六、第七党支部）。

第三，形成辐射型楼宇党组织。以一个较为稳定的企业党组织为依托，吸纳楼宇内其他企业的党员和积极分子参与活动、开展党的工作，形成辐射型楼宇党组织（如，SOHO18号楼的第九支部就是以楼内的纳税人报社为依托）。

第四，通过派驻党建指导员的方式建立党组织。个别楼宇只有2~3名党员，或是党员长期出差，不能参加正常组织生活，商务楼宇社区就选派党员和他们一起组成新型的联合党支部。目前这样的党支部共有3个。

2. 结合实际，建立商务楼宇党建工作机制

构建"站、片、楼、企业"四级信息采集渠道。为了将楼宇党建工作切实延伸到每栋楼宇和每一个企业，制定了完备的工作职责和制度，构建了站长、片长专职配备，楼长（物业人员）"双岗双薪"兼任，企业信息员志愿服务的形式，通过片长每日巡楼制度，企业信息员上报、楼长筛选、片长分类交付、站内对接办理、站长统筹协调街道及相关部门协同解决的模式，形成商务楼宇信息的采集——甄别——分类——处理——反馈"闭环式"服务流程，组织服务体系全面覆盖了辖区各个楼宇。

理清基础底数，建立基础台账。运用上述工作渠道，就楼宇中企业及人员

情况进行摸底调查，全面掌握各楼宇中的企业的经营状况、党组织的设置、员工人数及党员人数等信息，建立起了各楼宇企业信息库，形成动态管理，为服务站各项工作的开展打下了基础。

3. 将党员的培养教育、支部的活力建设与促进企业发展相结合

党员是党组织的血液和细胞，要想使党组织永葆青春，党员的培养教育尤为重要。而党组织要想成为企业的核心，就必须与企业息息相通，党员的先进性、党支部的战斗堡垒作用必须体现在提升自身素质，爱岗敬业，服务于企业发展和促进社会和谐上。

为此，商务楼宇社区采取了几项措施。①在已建党组织的企业中，实行党员亮身份，每名党员的办公桌上都有一块以党旗为标志的党员标志牌，一来可以时刻提醒自己是一名共产党员，二来可以方便群众监督。②在党员的发展过程中，除了征求支部意见以外，还要征求企业其他群众的意见，特别是要征求企业老板的意见。③在先进党支部的评比中，也必须征求企业老板的意见，而且是一票否决制。

4. 坚持活动引领，聚人心、促和谐

商务楼宇社区依托红朝俱乐部这个平台和社会组织，每年开展各类活动百余次，积聚了人气，增强了党建服务站的凝聚力，提高了区域的和谐度。在活动的开展中，商务楼宇社区注重寻找与企业、员工及各类社会组织之间的利益切合点，注重社会发动，实现了政府搭台，企业唱戏，公众受益的预期目标。

第一，活动的形式符合实际、与时俱进。像适合白领作息时间的午间嘉年华活动，已连续举办三年，深受楼宇企业和年轻人的喜爱和欢迎，从第一届十几家企业百余人参加，到2013年60多家企业、陆续千余人参加；体现国际化的建外SOHO国际俱乐部的系列活动，2013年新成立的海外学人俱乐部等。第二，活动的内容体现以人为本、贴近需求。如，满足白领交友需求的各类青年联谊会；针对白领普遍反映的压力大开展的心理疏导活动等。第三，活动的意义体现精神文明、社会和谐。像慈善公益俱乐部开展的关爱玉树儿童的宝宝慈善活动；对希望小学的爱心捐赠活动；党支部开展的义务植树、与困难家庭结对子等活动。

结合以上特点以及分析，经过深入的研究，社区党委以商务楼宇党建为突破口，开创性地开展社区工作。而且在该区域开展商务楼宇党建已经具备了三个重要条件。一是有土壤。建外SOHO商务楼宇社区34幢商务楼宇中聚集着大量第三产业和高新技术企业，由于各自企业的独立性强，具有封闭性特点，党建工作一直是"盲点"。而在这些企业中，从业人员大多呈现高学历、年轻化、很时尚等特点，是开展党建工作巨大的"优势资源库"。二是有需要。辖区商务楼宇从业人员已超过6万人，价值观呈现多元化，经济趋利性较强，加上企业传统的工作模式，重制度管理、轻人性关怀，使这一群体对党组织的认同感弱化。从表面上看，这些人对精神上的追求和政治上的进步相对弱化，入党愿望比较淡薄，是党员的也不愿亮明身份，在感情上，有的也会刻意回避组织的管理。但实质上，他们非常需要加强相互的了解与沟通，非常需要组织给予的关心和关怀，非常需要用组织的力量把他们凝聚起来。三是有价值。密集的商务楼宇中，众多企业在生产经营的同时，一方面为区域经济发展形成了巨大的动力，另一方面为首都解决了大量的就业人口。通过党建工作的统筹，可以更好地优化区域发展环境，使众多企业能够创造更多的社会财富。另外，通过党组织的覆盖，还可以对商务楼宇的各类信息有所掌握，对于维护社会稳定，夯实党的执政基础具有十分重要的现实意义。

经过深入分析上述特点，深刻了解相关情况后，社区党委决定建立适应区域发展的工作模式，也就是探索在商务楼宇开展党建工作的新模式。重点实现服务楼宇经济发展，促进区域和谐的目标。

六 三个服务共推进——形成社区治理新路径

（一）党务引领，社务优先，政务跟进

在如何推进商务楼宇社区治理问题上，社区党委积极想办法，找路子，集思广益，制定了推进楼宇党建、强化社区党委统领作用的一揽子工作计划，决定以建立商务楼宇服务站并充分发挥其作用为中心，全面推进社区商务楼宇党建工作。

社区党委对商务楼宇服务站的功能进行了科学全面的定位。明确商务楼宇

服务站以"对接全模式目标,依托智能化手段,实现零距离效果"为总要求,围绕党务、政务、社务的服务内容,以党建为统领,以服务为切入,以体系机制为支撑,发挥功能作用,使党群工作开展在楼宇、公共服务延伸至楼宇、社会事务引进到楼宇,形成党、社、工、青、妇、统"多站集成式"服务,达到"掌握需求零距离,提供服务零距离,沟通交流零距离",形成"党务引领、社务优先、政务跟进"的社区治理新路径。

1. 开展"三大服务"

一是党务服务引领。积极寻找口袋党员、接转组织关系、开展组织活动,加强楼宇中党组织的组建力度。加强对商务楼宇党员的教育管理。开通社区网上论坛党建交流版块,建立数字化网络平台,通过开展"网上支部会议""红色论坛"等活动,实现党员教育管理的网上操作。开通党建服务热线,为企业党员答疑解惑,为有困难的党员、员工排忧解难。

二是政务服务跟进。围绕证照年审、政策解答、经营环境等企业及员工关注的问题,社区党委集中打造了"公共服务进楼宇"的活动品牌,定期邀请工商、税务、劳动保障、计划生育等部门工作人员通报相关政策;通过建立触摸屏、发放宣传材料介绍经济、综治、计生、就业等工作的办理流程,采取项目预约、现场受理、中介咨询、协调解决等形式,为服务对象提供办理事务的便利条件,满足楼宇企业和员工相关需求。

三是社务服务优先。挖掘、引导和培育各类社会组织。开展以兴趣爱好、专业特长和志愿服务为重点的活动,并发挥"建外地区服务网"信息互动、资源共享、方便快捷的优势,有效凝聚和团结楼宇企业员工。配套设立200平方米的党建活动阵地"红朝俱乐部"和"老板沙龙",根据该区域人群年轻、时尚的特点,采取先进的声、光、电技术,集趣味、生动、内容丰富等特点于一体,建立起了党员教育的阵地、休憩的驿站、活动的乐园,为非公企业党组织和非公组织人士提供了开展各类活动的场所。

2. 强化"三大体系"建设

一是强化组织体系建设,按照总支建在片上,支部建在楼上的原则,成立抓总牵头的商务楼宇党总支,通过单独建、联合建、依托建等灵活形式,分别在每个楼宇建立了党支部,形成了"一中心,多堡垒"的区域化党建格局。

同时，以党建来带动工青妇等枢纽型社会组织建设，引导各类协会组织健康发展。通过开展"七个寻找"活动，3000余名商务楼宇党员亮出了身份，找到了4800余名团员，建立党支部15个；工会组织26个，其中，会员单位197个，会员1046人；团支部12个，协会组织17个。

二是强化服务体系建设，以服务站为中枢，与政府职能部门对接，形成服务网络，构建起站、片、楼、企业四级信息采集渠道，按照站长、片长专职配备，楼长"双岗双薪"兼任，企业信息员志愿服务的形式，通过由企业信息员上报、楼长筛选、片长分类交付、站内对接办理、站长统筹协调的模式，形成商务楼宇信息的采集——甄别——分类——处理——反馈"闭环式"服务流程。

三是强化管理体系建设，依托多功能、智能化的城市综合管理指挥中心，实现从监控、派发、调度、指挥到信息研判、联席会商、集中处置；利用建外地区服务网，实时交流、实时反馈，打造全天候、无缝隙的智能化管理平台，形成楼宇消防五员联动、楼宇环境门前三包、楼宇互动自然和谐的局面。

（二）互动联动，着力建构社区治理协同力量

商务楼宇社区治理，与居民社区治理一样，仅仅依靠社区干部的力量是非常有限的，而且商务楼宇社区治理难度更大，因为传统居民社区治理，还可以通过各种形式动员社区居民参与，如政治动员、资源配置动员、社区干部人格魅力动员、"熟人"或"面子"动员等，但是，在商务楼宇社区内不存在这样的机制，给社区治理提出了新挑战。

因此，商务楼宇社区治理更需要一支有生的力量参与到社区治理之中。商务楼宇社区从社区全盘工作着手，从社区实际出发，尤其是从商务楼宇服务站与社区内单位，你中有我，我中有你的实际出发，统筹各种社会力量，形成双方的良性互动，建构社区治理的有生力量。

如何形成良性互动？这是从各自的实际需求出发形成的。以社区内物业为例，其管理服务内容，与商务楼宇社区服务站的有些管理服务内容是相通的，这就要求双方相互支持，相互补充。如，辖区内16个物业公司管理服务42栋商务楼宇，他们拥有安保部（管理消防/装修）、客服部、环保部等，这些部门为社区做了大量工作，但这些服务只是属于企业行为。作为商务楼宇社区服

务站,同样具有提供上述管理服务的内容,从而为社会单位,尤其是为物业公司提供服务和帮助,如商务楼宇社区服务站通过协调物业与业主的关系、协调职能部门管理社区,既推动了社区服务管理工作,同时也支持了物业公司的工作。还可以逢年过节慰问物业公司员工,为物业公司员工提供免费体检,支持社区内物业评优。总之,商务楼宇社区服务站倡导"社区是大家庭"的观念,通过转变统筹思路,树立服务理念,整合现有资源,逐步建构了一支准专业服务的社会力量,将物业公司力量全盘统筹盘活,取得最大化的服务成效。

2007年,商务楼宇社区服务站动员辖区内16个物业公司成立了"协警联动队",为参与志愿活动提供了400~500人的一支有生力量,解决了辖区内因没有居民组成志愿者队伍的难题。同样达到了相互支持、互相补充的良性互动效果。

七 不断总结新经验——确保治理机制可持续

在推进商务楼宇服务站工作中,社区党委,着眼建立长效的工作机制,注重经验的积累和分析,注重规律研究。将商务楼宇服务管理创新从感性认识上升到理性思考,逐步建立了一套行之有效的工作模式,并在此基础上,进一步实践,探索商务楼宇社区治理的长效机制。

(一)"三个联动"的工作方法

在为楼宇企业和员工服务的过程中,社区党委逐步完善了"三个联动"的工作方法,即通过社区党委书记、党建指导员和党建联络员的联动,实时掌握企业及员工的需求;社区党委、商务楼宇服务站、社区物业、业主委员会沟通联动,及时解决各方反映的实际问题,并探讨深化服务的具体措施;街道工委办事处、地区社会工委、社区党委联动,及时制定和调整地区社会领域党建的工作方案和实施计划。

(二)"四联"机制

通过党建带工建、带团建、带妇建、带社建、带统战的形式,抓住支部书记、团员骨干、协会带头人、志愿者积极分子、统战人士等，建组织、建队伍、建阵地，以联合开展活动为抓手，广泛吸纳群众参与，扩大各类组织影响力，形成了组织联建机制。通过发挥物业联席会、站长会商会、信息员网上例会以及地区社会建设协调委员会的作用，与企业共同研究，对接需求，沟通热点难点问题，会商解决企业及员工的共性和个性需求，增强商务楼宇的共建氛围，形成了会商联调机制。通过街道层面有效整合，使工商、税务、劳动、公安、交通、信访、司法等多个部门的服务职能延伸到了商务楼宇，一并纳入了服务站窗口为其服务，形成了工作联动机制。通过项目化运作，坚持"一楼一特色"，着力打造"平安楼宇""文明楼宇""明星志愿者楼宇"等品牌，有效增强商务楼宇的荣誉意识，形成了品牌联创机制。

（三）完善社区治理新机制

商务楼宇社区是城市化进程中出现的新事物，也是社会治理过程中面临的新任务、新课题。商务楼宇社区治理需要在实践中不断探索逐步完善。以上关于商务楼宇社区治理中的经验，如建立商务楼宇社区服务站、推进商务楼宇党建、构架各类社会组织、整合各种社会力量等，都是商务楼宇社区治理的重要探索实践。当然，商务楼宇社区治理还有许多未知领域，需要不断探索，不断实践，不断完善。

在商务楼宇治理过程中，仍然存在一些突出的问题，如社区开展的活动知晓率还有待提高，社会单位及员工社区活动的参与率有待提升，社会单位在社区治理中的作用发挥还不够明显，尤其是非公党建的引领作用缺乏有效平台。以上问题的存在，主要有如下几个方面的原因：第一，社区实践时间较短，根基浅，缺乏一定的基础；第二，商务楼宇多，社区在统筹开展活动中一时难以实现全覆盖；第三，商务楼宇社区服务站开展的各项工作在各楼宇中缺乏有效渗透，各种社会力量的积极性尚未充分调动起来。这就要求在社区治理实践之中不断探索，完善机制。

要解决这些问题，其实质是要解决社区单位参与社区活动的平台缺乏的现状，这就要求商务楼宇社区建构一个能够实现自我管理、自我教育、自我服务、自我监督的群众组织。建立"商务楼宇楼委会"是一种有益探索。

依托"商务楼宇楼委会",是以楼宇为单元开展各项服务活动,将社区"自我管理、自我教育、自我服务、自我监督"的功能延伸到"商务楼宇楼委会",搭建商务楼宇自治新平台,最大限度地凝聚社会各方面的力量和智慧,从而达到社区的"优治理"。

商务楼宇楼委会在社区党委的领导下开展工作,接受社区商务楼宇服务站的具体指导,承担协商、议事、互助等工作,并以服务企业单位及白领员工为宗旨,义务无偿地为楼宇企业和员工服务,增强商务楼宇社区的自治能力。商务楼宇楼委会由社区包楼人员、楼长(物业公司)、非公党支部代表、统战人士、工会会员单位,及相对稳定的企业代表(单位代表),按照一定比例共同组成。楼委会职责是:与楼宇内单位及员工建立最广泛的联系;协商解决企业和员工共同面对的问题;开展各类文化活动,丰富文化生活;加强企业间的良性互动,促进企业共同发展;协助企业开展非公党建及各类枢纽型组织的建设工作;正确引导楼宇舆情;开展楼宇文化创建,形成品牌楼宇。

商务楼宇楼委会的设想及建立旨在解决社区治理过程中出现的新问题,是对商务楼宇社区治理的进一步探索实践。商务楼宇楼委会的建立是商务楼宇社区治理中的一个典型案例,类似这样的探索实践还将不断涌现、不断推进。

结 语

朝阳区建外街道商务楼宇社区治理创新适应了新形势、新要求,形成了"社区党组织、居委会、物业、业委会以及社会组织"五方联动、五位一体以及"党务服务、政务服务、社务服务"("三服务")的社会服务实践新模式。在构建"五位一体"工作模式中,街道工委、办事处牢牢地把握了一个总原则,即:一是社区党委不做主体,是主导;二是居委会不当裁判,是桥梁;三是业委会和物业公司不是对头,是伙伴;四是社会组织不当旁观者,是参与者。

"五位一体三服务"模式的基本内涵是:充分发挥社区党委的龙头作用,社区党组织、居民委员会、业主委员会、物业企业、社会组织五方围绕建设和谐社区的共同目标,认真履行各自主体责任,利用各自优势,形成工作合力,建立有效的利益协调机制，提供优质的社会服务，形成大事共商、资源共享、品牌共创、风险共担、实事共做、共驻共建，党务引领、社务先行、政务跟进的社会服务管理新格局。

目前，北京市在商务楼宇治理中，不断实践探索，不断开拓创新，积累了丰富的商务楼宇治理经验，丰富了社区发展和建设的内容，促进了社会稳定和谐。2010～2012年，中央和全国新闻媒体集中宣传北京社会建设经验，其中最主要的就是商务楼宇社区治理及党建，如《光明日报》2010年12月9日第11版整版刊发了中组部组织二局调研组的《商务楼宇党建工作的新模式》，报告全面总结了建外SOHO商务楼宇社区党建经验，对北京市商务楼宇社区治理创新给予了肯定。

B.15
北京市朝阳区商务楼宇党建工作调查研究

课题组[*]

摘　要： 商务楼宇党建是新时期国家和社会治理领域的重要工作内容。朝阳区在该领域中的工作为北京市乃至全国的社会领域党建特别是商务楼宇党建工作提供了有益的"朝阳经验"。同时，工作中也存在着一些困难和问题。对此，课题组立足于调研获得的实际情况，着眼于推动工作，提出了相关对策建议。

关键词： 商务楼宇党建　流动党员　"大党建"观　区域化党建　治理

自党的十七大以来，北京市朝阳区大力推进商务楼宇党建工作，为北京市乃至全国的楼宇党建和社会领域党建工作提供了有益的"朝阳经验"。为进一步研究新形势下商务楼宇党建的规律，北京工业大学马克思主义学院和北京市朝阳区委社会工作委员会联合成立课题组，于2012年7~12月，通过实地调研、开座谈会、查阅资料、随从检查、深度访谈、挂职等多种形式，对朝阳区商务楼宇党建工作的经验、存在的困难和问题进行了研究。2013年底至2014年初，我们又对某些典型商务楼宇党建工作进行了追踪调查，并查阅了相关资料，进一步充实和完善了调研报告。

---

[*] 本课题组成员为首都社会建设与社会管理协同创新中心、北京工业大学马克思主义学院高峰、艾国、阚和庆，以及中共朝阳区委社会工作委员会李青、李强、卫丽红、苏天。项目负责人、报告执笔人：高峰。

一 北京市朝阳区商务楼宇党建工作现状分析

（一）建构和完善区域领导体制、工作运行机制

商务楼宇党建作为社会领域党建的重要组成部分，涉及面广，工作领域新。朝阳区先后下发了《中共北京市朝阳区委关于进一步深化聚合力工程加强社会领域党建工作的实施意见》《中共北京市朝阳区委关于社会工作党委的若干规定（试行）》《朝阳区社会工作党委指导手册》《社会工作党委1358工作规范》等文件，对楼宇党建和整个社会领域党建工作进行统筹安排、总体部署，并把楼宇党建作为党建工作重点列入年度社会建设工作任务书加以落实。依托区委非公有制经济组织和社会组织党建领导小组，建立健全联席会工作通报、议事会商、项目督办、办结反馈等制度，发挥党建联席会对包括楼宇党建在内的社会领域党建工作的协调指导作用，形成了区委统筹、社会工委牵头、相关职能部门联动的楼宇党建运转机制。通过完善街道、社区两级党建协调指导委员会的运行机制，广泛动员社会各界参与楼宇党建工作，逐步构建起区域化楼宇党建工作格局。总的看来，目前已在全区建构起区、街道、社区三级网络化的楼宇党建工作体系，对在区域内加快形成"党委领导、政府负责、社会协调、群众参与、法治保障"的社会管理体制发挥着重要作用。

（二）服务为先，因地制宜

区各级党组织坚持以人为本、服务为先的理念，从了解、满足和引导商务楼宇中党员、普通员工和企业主的需求出发，力求把楼宇党建的各项工作落实到服务党员、群众中去，落实到增强党在楼宇企业中的影响力和凝聚力上去。把开展楼宇企业中党员、普通员工和企业主的需求调查制度化，以服务为切入点，针对不同活动主体特点设计活动载体，因地制宜开展各项活动。积极搭建楼宇企业中党组织和党员服务社区群众、参与社会公益活动的平台，为党组织和党员自身发展提供条件，调动了党员的参与热情。同时，

楼宇服务站及楼宇党组织的活动也赢得了普通员工和企业主的支持信任，扩大了党组织在楼宇企业和"两新"组织（新社会组织、新经济组织）中的影响力。

（三）坚持创新性、规范化、特色化相统一

北京市朝阳区楼宇党建工作的创新性要求主要体现在以下几个方面：第一，创新党组织设置方式。根据商务楼宇的特点和实际，依托商务楼宇服务站、党员综合服务中心、规模以上非公企业以及各类社会组织，采取单独建、联合建、挂靠建、派驻建等形式灵活建立基层党组织。第二，创新党组织活动方式。结合上级党组织的统一部署和要求，根据党员需求，立足岗位实际组织活动，力求取得党组织发展、党员自身成长和企业壮大三方"共赢"的实效。第三，创新非公企业党组织负责人选派方式。通过开展"三个一批"（寻找一批、发展一批、培树一批）活动，进一步摸清非公企业和党员情况。在调查摸底过程中引导党员主动亮明身份，带头服务社会，勇挑发展重任。同时，也通过购买管理岗位、向非公经济党组织选派书记等方式，推动非公企业党组织发展。第四，创新楼宇党组织发挥作用的渠道。依靠党员在企业发展中的骨干作用，搭建企业向政府寻求支持、表达诉求的平台，使企业党组织成为党和政府问政于民、企业表达诉求的桥梁和纽带。第五，创新社会动员参与方式。依托街乡党建联谊会、党建协调指导委员会等社会组织，凝聚和团结有影响力的群体和人士参与商务楼宇党建工作。

在创新楼宇党建工作的过程中，贯穿着相应的规范化要求。首先，加强社会工作党委规范化建设。以社会工作党委换届选举为契机，进一步加强社会工作党委的规范化建设。深化社会工作党委"1358"工作规范，落实社会工作党委专职副书记或专职办公室主任的配备，配齐2~4名专职工作者。不断完善社会工作党委运行机制，在总结和梳理社会工作党委典型经验做法的基础上，规范和落实社会工作党委工作例会、教育培训、信息报送和表彰激励等运行制度。对全区非公经济组织和商务楼宇党建基础信息进行摸底调查后，每月进行补充和调整，不断完善社会领域党建基础信息数据库，为决策和日常工作提供基础性数据。其次，深化商务楼宇服务站规范化建设。进一步深化"五

站合一"① 的商务楼宇服务站建设,要求各街道都建立 50 平方米以上的"五站合一"示范站。进一步完善商务楼宇服务站"五站合一"工作机制,整合强化相关服务职能,切实发挥作用。再次,在商务楼宇服务站中实施"8515"建设规范②,不断规范商务楼宇服务站的工作内容。2011 年 6 月底前,全区商务楼宇企业中有 3 名及以上党员的单独建立起支部,不足 3 名的,纳入商务楼宇联合党支部进行管理。2012 年底,通过星级评比考核,全区商务楼宇党建工作的规范化建设得到进一步加强。2013 年,朝阳区 27 个楼宇服务站被评为市级"楼宇示范站",全年新建 9 个商务楼宇服务站,全部达到"五站合一"规范化建设标准。

在推动楼宇党建进行规范化建设的同时,朝阳区又注重进行以培育先进典型和党建品牌为主要内容的特色化建设,鼓励楼宇党务工作者在追求工作特色中创新。通过重点活动中培育和日常活动中培育,结合开展"512"典型培育工程③,朝阳区挖掘培育了一批楼宇党建工作创新项目,打造出一批先进楼宇党组织、优秀共产党员、星级和谐社区带头人及优秀楼宇党建工作创新项目等党建品牌,有效地激发了党员的积极性和创造性。

(四)"三位一体"工作推进模式

首先,优化设置,形成以产权单位、物业公司和楼宇服务站为依托的"三位一体"的党组织组建管理模式,在此基础上具体表现为单独建、依托建、联合建、连片建、网络建等多种组建方式。其次,协调联动,形成党务、政务、社务"三位一体"的服务模式。各种服务内容和形式既相对区分,又协调一致,适应了楼宇党建作为基层党务工作的复杂性要求和工作对象的多样

---

① "五站合一":即党建工作站、社会工作站、工会工作站、共青团工作站、妇联工作站"五站合一"。目前,又加入统战工作站,实际上已变为"六站合一"。
② 即八有、五公开、十五项服务内容。"八有":有规划、有人员、有设施、有制度、有服务、有平台、有经费、有考核;"五公开":公开组织体系、公开人员情况、公开工作职责、公开服务项目、公开交流方式。
③ "512"典型培育工程:在社区中着力培育 5 个社区党组织负责人、10 个社区党组织、20 个社区工作者典型;在非公有制经济组织和社会组织及商务楼宇中着力培育 5 个党组织负责人、10 个党组织、20 个党务工作者典型。

化要求。再次,统筹资源,构建起人员、场地、经费"三位一体"保障模式。朝阳区落实"三有一化"①的工作要求,加强统筹、联动和整合,努力将商务楼宇工作人员、场地、经费落到实处,打牢商务楼宇党建的工作基础。目前,全区配备商务楼宇专职工作者 139 名,平均每 2.6 栋楼宇配备 1 人。每个街道或地区配备专职副书记或专职办公室主任 1 名。中心站每站配 3 人,一类站每站配 1 人,二类站每 3 个站至少配 1 人。专职党务工作者待遇参照社区党务工作者标准执行,达到年人均 3.4 万元。在场地方面,通过租赁、整合、借用、置换、合用等方式,配备商务楼宇工作站办公和活动面积共计 11785 平方米,平均每个工作站面积达到 32 平方米。在经费方面,对商务楼宇内非公经济组织和新社会组织党员党费全部返还,由基层党组织掌握使用。区有关部门及时核定拨付党建工作和活动经费,拨付标准由 2006 年的党员人均 110 元提高到 2009 年的人均 210 元,并逐步向基层加大经费倾斜。最后,认真规划街道工委、楼宇工作站、企业党组织三级职责,形成"三位一体"的党建活动模式。其中,街道工委负责活动的总体筹划,楼宇工作站负责日常活动的开展,企业党组织负责企业内部活动开展。上述工作模式思路明晰,便于把握,有力促进了朝阳区楼宇党建工作的开拓和深化。

总的看来,朝阳区商务楼宇工作已取得明显成效:对楼宇内的情况有较清晰了解,摸排出大量流动党员;在适合建党组织的楼宇企业中,都建立起党组织,做到应建尽建,发展了一批新党员,并组织开展了大量活动;楼宇内员工和企业对楼宇党建服务站的认知度不断提高。这些工作成效表明,党的工作在楼宇内已扎稳了脚跟,并为下一步工作打下较坚实的基础。

二 北京市朝阳区商务楼宇党建工作问题分析

由于楼宇党建是新的工作领域,就经济社会发展背景和整个党建工作进程

---

① "三有一化":在 2009 年全国街道社区党的建设工作经验交流会上,中组部提出以开展深入学习实践科学发展观活动为契机,落实"三有一化"(有人管事、有钱办事、有处议事,推进城市基层党建区域化建设)的要求,全面推进街道社区党组织建设,打牢党在城市工作的组织基础和群众基础。

来看，这项工作目前尚处于初步发展阶段。因此，朝阳区所做的探索还具有阶段性的特征。就商务楼宇党建的性质和任务来看，与北京市的其他区县乃至全国其他省市所遇到的困难一样，朝阳区的商务楼宇党建工作也面临着组织难覆盖、场所难建立、活动难开展、作用难发挥等困难，诸多问题亟待解决。其中，有的是全国楼宇党建工作中具有普遍性的问题，也有的是朝阳区独有的问题。

（一）市场经济条件下的生产和生活方式对流动党员的党员意识有极大冲击

市场经济的逐利性对流动党员的党员意识具有强烈的侵蚀性，易使他们有意无意地忽视自己的党员身份和理想信念，更多关注对物质利益的追逐；市场经济蕴含的竞争机制使流动党员奔忙于应对生存压力，挤压了他们参加党组织活动的时间和精力，也使部分党员不愿受到党组织纪律的约束。

（二）传统党员管理方式的局限性在朝阳区楼宇党建工作中有集中体现

传统的党员管理方式立足于计划经济体制下的党员户籍状况和工作单位固化性质，主要是属地管理、部门管理、统一管理和静态管理。新形势下，商务楼宇党建的工作对象转化为市场经济和城市化、信息化背景下的流动党员，青年人多、学历较高、职业分化大、在私营企业工作者居多、流动性强、思想更加务实等是这一群体的基本特征，生存与发展是他们的第一需求。这要求楼宇党建工作的方式和内容要更加灵活、多样、务实。由于目前还未建立动态的全国性党员信息管理系统，有的流动党员因各种现实困难而难以方便、及时地将组织关系转入当下的工作地，有的党员的组织关系转接流于形式，党员缴纳党费也有许多不方便之处，党员组织生活情况不能随工作生活变动而及时转移并得到反映。而且，在流入地，流动党员进行各种党组织活动所需经费无法得到有效支持，为流动党员提供服务的楼宇服务站的日常维护以及组织流动党员进行活动的经费也无法得到充分保障。这些不仅在一定程度上造成了基层党务工作者的工作困难，也对其具体工作的实效性产生了一定的负面影响。这些问题

并非只是在朝阳区的楼宇党建中存在，但因其商务楼宇约占全市数量的1/3，党员管理方式的问题在朝阳区的相应工作中有集中表现。

（三）商务楼宇党建工作站所赋职能与当前人员配备状况不尽匹配

按照朝阳区社会工委目前关于人员配备的规范性要求，每个街道或地区配备专职副书记或专职办公室主任1名，中心站每站配3名专职党务工作者，一类站每站配1名专职党务工作者，二类站每3个站至少配1名专职党务工作者。从2010年底的数据看，对312个楼宇服务站所配备的党务工作者622人中，专职党务工作者只有139人，兼职党务工作者有483人（机关干部兼职27人，社区工作者兼职133人，商务楼宇企业和物业兼职达303人）。从2012年的数据看，专职党务工作者有105人，平均每3.5个楼宇配备1名专职党务工作者。2013年与2012年的数据大致持平。[①] 数据表明，当前的楼宇党务工作者中大部分是兼职身份。虽然兼职可能有党务工作经验丰富的优势，但毕竟所用于楼宇党务的精力有限，而且工作的侧重点也不在楼宇党建方面，从而对落实楼宇党建的任务提出了挑战。[②] 另外，目前赋予商务楼宇服务站的服务内容却多达19类98项。其中，需提供党务服务项目4类12项，需提供政务服务内容12类72项，需提供社务服务内容3类14项，具体包括开展学习培训、网络宣传、咨询服务、接转关系、工团建设、妇女保护、劳动用工、法律援助、公共安全、公共卫生、文化体育、计生服务、公益慈善、志愿服务、联谊互动服务等，涉及社会生活的方方面面。[③] 此外，楼宇服务站在上级领导的支持下，还作为常设或临时办事窗口，承担着协调工商、税务、劳动、卫生、计生等15家政府职能部门逐步将所有公共服务项目前移至商务楼宇服务站的重任。虽然设计这些服务内容和项目的初衷是好的，但把如此众多的服务内容压在楼宇服务站层面，效果会打折扣，甚至会流于形式。如果以此向所服务对象做出某种承诺，而不能取得实效，必然产生更大的负面效应。

---

① 数据来源：根据调查数据整理获得。
② 参见《以商务楼宇党建为突破口 扎实推进非公企业党建工作》，中共北京市朝阳区社会工委，2010年8月18日。
③ 数据来源：根据相关文件统计和实地调研获得。

（四）楼宇服务站工作人员的人才结构和整体素质有很大提升空间

商务楼宇党建工作内容的繁杂和服务对象的特殊性，对工作人员的综合素质提出了很高的要求。要适应形势和任务的要求，工作人员就必须具有较高的知识政策水平、心理素质及组织协调、文字写作、人际交往、信息网络使用等方方面面的能力，即成为复合型人才。目前，朝阳区商务楼宇党建工作人员从年龄结构上是老、中、青三代结合，但老年工作人员和青年工作人员的比例构成大致是6∶4甚至达到7∶3。从来源上看，主要是社会招聘的有一定党务工作经验的退休人员为主。从年龄构成和来源构成上看，虽然部分楼宇党建工作者有基层党务工作经验较为丰富的优势，但队伍整体素质离工作要求距离较远。2012年，全区包括楼宇党建工作者在内的社会领域专职党务工作者共768人，其中只有363名社区专职党务为社区干部身份，其他4类共405人（占总数52.7%）没有明确身份，都属于临时雇员，其工资待遇由街道自筹，或占用其他名目的党建经费，没有稳定来源，标准也不统一。这种身份上的不明确及待遇上的不稳定，使其没有归属感，临时观念强，流失现象严重。统计结果表明，2009~2012年，朝阳区离职的社会领域专职党务工作者达177人，占实配总数（768人）的23%，其中年龄在30岁以下的离职人数，占到两成以上（见表1）。年轻的楼宇党务工作者的离职，不仅浪费了大量的人力资源，进一步造成工作队伍总量不足，而且造成了楼宇党建者队伍的青黄不接。从目前楼宇服务站提供的服务内容看，许多问题如时代感和新颖度不够，缺少科学策划，与企业和员工的实际需求还存在一定的脱节，企业和员工的个性化、多元化需求还不能得到满足等等，都与人才队伍的现状直接相关。

（五）对商务楼宇党建工作领域投入有限，制度保障不足

自2007年以来，朝阳区在包括楼宇党建领域在内的社会领域党建领域做了大量的工作，也给予了一定的财力支持。2010年，朝阳区将市委下拨的1248万元商务楼宇服务站建设经费全部拨付给各街乡，用于开展商务楼宇服务站建设。为强化商务楼宇党建工作，区委组织部出台政策，对商务楼宇内"两

表1　街道系统社会领域专职党务工作者配备状况

单位：人

项目\类别	社会工作党委党务专职	社区党委党务专职	非公企业党建指导员	商务楼宇党务专职	六小门店党建指导员
配备标准	每个社会工作党委配备2~4名	党员100人以内的社区配1名；100~500人的配2名；500人以上的配3名	职工50人以上的非公企业5个企业配1名；50人以下的非公企业50个企业配1名	1个商务楼宇中心站配备不少于3名；1个商务楼宇普通站配备1名	1个六小门店自律协会党组织配备1名
基本情况	共有24个社会工作党委	现有社区232个，建立党组织1313个，所属党员76377人	共有职工在50人以上的非公企业1418家；职工在50人以下的非公企业30234家	共有商务楼宇334座，建立商务楼宇中心站34个，建立普通商务楼宇服务站192个	共建立六小门店自律协会23个，拟成立14个
应配备人数	85	443	908	327	37
实配备人数	59	363	217	112	17
缺口	26	80	691	215	20

资料来源：《社会领域专职党务人才队伍建设研究》，中共北京市朝阳区委社会工委，2012。

新组织"党员党费全部返还，用于组织活动。此外，还为大学生党务、物业公司人员、非公企业党组织负责人等兼职党务工作者落实每月80元的生活补贴。但总的看来，目前对楼宇党建领域的投入有限，特别是还没有从制度上确立专项划拨的经费渠道，工作经费得不到保障。与对非公企业党建、社区党建的投入相比，同为社会领域党建，对楼宇党建工作的经费投入较少[1]。这一点也体现在楼宇党建工作者的待遇上，具有社工资格的社区党务工作者每月收入2000元左右，这样的收入本来不高，而没有社工资格的楼宇专职党务工作者的待遇则更低，他们没有正式身份，只是享受临时人员待遇，[2] 月收入仅1400元左右，这对于要负担房租、日常开销、赡养父母、养育子女等生活压力的年轻人来说，不可能过上较为体面的生活。这导致的直接后果是包括楼宇党建工

---

[1] 社区党建领域，是由区财政局按照社区党员每年人均不低于210元标准核定社区党组织工作和活动经费，直接拨付基层使用。
[2] 中共北京市朝阳区委社会工委：《社会领域专职党务人才队伍建设研究》，2012。

作者在内的社会领域党建人才大量离职（参见表2）。就办公设施和活动场地来看，配备方式主要是通过租赁、整合、借用、置换和合用等方式。在工作中，办公与活动都受到一定的限制。由于投入不够，导致商务楼宇党组织活动经费明显不足，一些拟开展的活动因此推迟开展甚至被取消，相互间的交流合作也受到严重影响，更无法形成较大范围内商务楼宇工作系统的资源整合和优势互补。

表2 2009～2012年街道系统社会领域专职党务工作者离职情况

单位：人，%

内容	类别	人数	占总数比例
离职年龄	30岁及以下	37	20.9
	31～40岁	19	10.7
	41～50岁	13	7.3
	51岁及以上	108	61
工作年限	不到1年	25	14.1
	1～3年	51	28.8
	3年以上	101	57.1
离职原因	正常退休	81	45.8
	待遇低	46	26
	工作调动	22	12.4
	其他原因	28	15.8

资料来源：《社会领域专职党务人才队伍建设研究》，中共北京市朝阳区委社会工委，2012。

三 进一步做好商务楼宇工作的对策建议

（一）确立"大党建"观，提升工作能力

做好新时期楼宇党建工作，首先必须抛弃传统的属地观念和传统的党员管理方式，树立适应市场经济要求的党建的整体观。[①] 所谓转变观念就是指进一

---

① 在本文刊发之际，中共中央办公厅印发了《中国共产党发展党员工作细则》，对发展党员过程中人员流动涉及的问题做了相应规定，这也有利于在新的历史条件下进一步做好商务楼宇党建工作。

步树立党组织及党建的整体性观念，从把流动党员仅仅当作外地党组织的外地党员，转变为把流动党员当作在北京生存和发展的我们党的整体的一分子、当作首都乃至朝阳区的党组织的一分子来看待。

商务楼宇党建工作事关党的执政能力和执政基础，事关党和国家的治理体系和治理能力现代化，必须高度重视。特别是随着我国社会主义市场经济的进一步完善和发展，以及北京向世界城市目标的加速发展，如何打牢我们党在包括商务楼宇中的"两新组织"在内的社会领域的执政基础这一问题必将更加尖锐地凸显出来。由于朝阳区具有服务业发达、商务楼宇集中等地域特征，充分认识到做好楼宇党建工作的必要性和迫切性显得尤为重要。只有进一步转变观念，提高认识，才能真正做好楼宇党建工作。

必须按照学习型政党的建设要求，分层次、分类别地提高党建工作能力。从能力视角看，在推进楼宇党建工作问题上在不同层面应有不同的能力要求。在区级层面，主要是提高区域党建整体谋划能力、制度建设能力；在街道层面，主要是增强区域党建工作的组织力和执行力，特别是创造性地规划服务性活动能力；在楼宇党建服务站的层面，主要是提升做好具体工作的综合服务能力。

为争取主动，建议把做好包括楼宇党建在内的社会领域党建工作放在全区工作整体的更加重要的位置上进行科学谋划、设置并严格考核，不断强化做好楼宇党建工作的动力机制。

（二）补充数量，提升素质，完善结构

从人才队伍的年龄结构和学历结构来看，朝阳区的楼宇党建已取得的开创性成绩得益于楼宇党建队伍具有优良的精神品质和较丰富的党务工作经验，课题组在对各个层面的调研中也能时常感受到这一点。做好今后的朝阳区楼宇党建工作，无疑必须继承这一优良传统，并保持这一优势。但就楼宇党建工作的整体要求来看，仅仅有这些优势还不够，必须采取各种措施，建设一支数量充足、结构合理、素质优良、充满活力的职业化、规范化、专业化的人才队伍。

对于朝阳区楼宇党建人才队伍来说，首要的是测算好合理配比的人才数量。根据朝阳区社会工委课题组的测算，全区楼宇党建应配人数327人，2012

年实有112人，缺口达215人之多（见表1），2013年没有明显变化。因此，必须采取措施，尽快通过社会招考、返聘退休干部、招录应届大学生、与社区工作者置换等方式，多方选聘党务工作者，充实专职党建工作者队伍。在这方面，朝阳区委社会工委已进行了卓有成效的研究，并初步提出了可行性的计划和较系统的方案。[①] 目前的任务是：第一，推动相关措施尽快得到批准落实；第二，新进党务工作者应考虑人才结构，努力形成以年轻党务为主体、中年党务为骨干、退休返聘人员为补充的人才梯队，力争有大学以上学历者达到并维持在60%以上，甚至更高的水平。

为更好地实施上述方案，建议实施以下五点举措：其一，对从事楼宇党建工作的大学生可考虑参照大学生"村官"的相关政策，在经过一定期限的楼宇党建实际工作后报考本区公务员岗位的，优先加分录取，以职业前景吸引大学生加入就业队伍；其二，与高校巩固相关合作，在楼宇党建服务站建立相对稳定的大学生实习基地，充实队伍，积蓄后备力量；其三，更好地协调"枢纽型组织"，调动和吸引楼宇内社会组织特别是志愿者队伍参与到楼宇党建工作中来；其四，建立学习培训制度，利用高校力量，对楼宇党建工作队伍定期和不定期进行分类培训或轮训，不断提升综合素质；其五，利用重大活动和年度考核，加大激励力度，增强和保持工作人员的工作活力。这些措施，有些需要花钱投入，有些不需要花钱或较少花钱，可以适时实施。

（三）建立楼宇党建经费专项拨付体制，多渠道加强物质保障

经过几年来的建设，朝阳区商务楼宇党建工作所需要基本硬件条件虽已经基本配备，但仍然有较大的升级空间。2012年底，对全区商务楼宇服务站星级评定中发现，所参评的服务站办公条件参差不齐，一半以上的服务站硬件设施不到位。其中，近一半服务站没有独立的办公场所，缺乏办公设施。2013年，情况有改善，但问题仍存在。显然，硬件条件的不足会在很大程度上影响楼宇党建工作的实效。

目前在商务楼宇建设方面，包括对人才队伍的财力支撑和协调资源支持楼

---

① 中共北京市朝阳区委社会工委：《社会领域专职党务人才队伍建设研究》，2012。

宇硬件建设等方面，一定程度上依靠各街道或地区的支持。而按照市委组织部和市委社会工作委员会所发《关于开展社会领域党建试点工作的意见》（京社委发〔2009〕2号）的要求，"对街道社会工作党组织建设试点、商务楼宇社会工作站和党组织建设试点，区县财政应给予保障，要建立社会领域党建试点工作专项资金，用于试点和示范点建设"。因此，从加强楼宇党建工作的角度出发，建议积极争取市级层面统一支持的前提下，从区级层面根据实际情况进行统筹，确立楼宇党建经费专项拨付的制度安排，结合区财政划拨、街道支持、社会赞助等多种渠道筹措资金的制度，保证投入，维护楼宇党建工作阵地。另外，继续通过有效方式，协调楼宇企业特别是楼宇业主对楼宇党建办公设施提供支持和帮助，改善办公条件。加大项目化的建设方式，通过购买管理岗位、服务项目等方式，节约办公活动经费的同时提高办事效率。

（四）建立信息化的党员教育管理方式

基于党建工作的信息化社会背景，建议楼宇党建工作人员对流动党员及所在党组织建立联系方式上与时俱进，在多样化的基础上应更加重视信息网络方式。同时，也绝不能忽视面对面的交流互动方式。大多数楼宇服务站已建立起相应的开放性网站、QQ群、飞信好友群等新的联系和组织方式，符合工作对象的特点，受到了欢迎。但这种方式对楼宇党务工作者的信息化技能提出了较高的要求，尤其对目前年龄普遍较高的党务工作者而言是一种挑战。解决这一问题的方法包括两个：一是通过培训，提高党务工作者信息网络应用意识和能力；二是通过队伍结构的合理化，用年轻党务工作者的优势来弥补中老年党务工作者信息网络技能不足的弱点。

信息化条件下的党员动态管理方式是党员管理的必然趋势，十七届四中全会已提出"建立全国党员信息库，加强党员动态管理"的要求。基于楼宇党建工作对象的流动性特点，建议区委社会工委会同组织部门进行高层的制度设计，在完善全区楼宇党建工作台账和信息数据库的基础上，先把本区范围内的楼宇党建网络平台建起来，然后再逐步完善。适当时候，在上级相关部门的协调下，进行合作，拓展范围和领域，为全市范围内的信息联网管理提供经验和基础条件。可以借鉴身份证的管理使用方式，尝试建立流动党员"一卡通"

管理系统。建议北京市和中央有关部门加快进行全国党员的网络化管理系统建设，有效应对党员流动对党员管理带来的挑战，减少基层党务工作者的无效劳动部分，提高党员管理的实效性。

（五）用配套机制保证楼宇党建服务站的服务功能实现

建议确立由区党委领导、区社会工委具体负责的区级职能部门的联动服务机制，进一步落实和增强对楼宇企业发展的服务能力。

从目前的情况看，服务站采取的是"六站合一"的办法，坚持服务为先的理念，并坚持将党建工作与促进企业发展及党员个人发展紧密结合起来，不断创新活动载体，对流动党员和企业进行各种服务活动。事实证明这种方式合理而有效，它使楼宇党建服务站的活动赢得了楼宇企业内党员的积极参与和大部分企业主的支持，但也带来了党建服务站负担过重的负面效应。

就现实条件而言，楼宇党建服务站并不能承担起所有被赋予的责任和职能。即使是它的人员结构和素质得到进一步优化，楼宇服务站并非一级党组织，也仍然承担不起过多过重的职能。因此，建议对楼宇服务站重新进行准确的功能定位。这种功能定位可以从两个维度来进行：一是从行政体系的纵向维度看，它实际上是党的组织（特别是楼宇所在地党组织）向楼宇内企业的党员和群众传达党的声音的中转站；二是从横向的维度来看，它是楼宇企业中的各个党员找到组织并相互沟通的联系点。这两个维度都蕴含着楼宇党建服务站联系和沟通的主要职能。至于对企业内党员进行组织管理、组织活动等方面的职能，似乎并不应由楼宇党建服务站承担，起码不是它的主要职能。即使是在楼宇内党组织初建时临时承担了这方面的职能，也应在适当时候剥离。否则，就会负担太重，会影响它应有的联系和沟通职能的正常发挥，财力支持也会成问题。

建议进一步开拓思路，拓展渠道，统筹楼宇党建和社区党建两个领域的资源，发挥楼宇党建两支队伍（即楼宇专/兼职党务工作者和楼宇企业中的党员）的积极性和创造性。一方面，不断强化对非公领域党员的培养，开掘其发展的政治空间和业务提升的机会，鼓励其在促进企业健康发展中把实现个人价值与实现党的宗旨统一起来；另一方面，不断加强对非公企业主的引

导，使其支持党员和党组织活动在本企业中得到发展。目的是激发楼宇内党员和党组织的主体意识，使楼宇党组织开展各种活动由外部推动逐步实现向内在需求的转变。

（六）建构区域化的党建工作体系

建议更加注重把握楼宇党建规律：从物质载体的角度看，楼宇党建有类似于社区党建的特点，有各种经济组织和社会组织的楼宇实际上是"立体化的社区"；从楼宇服务对象的角度看，楼宇党建有类似于社会组织党建和非公有制经济组织党建的特点，因为楼宇党建工作的服务和管理对象是各种社会组织和经济组织特别是非公有制经济组织。因此，楼宇党建必然是既有自己特殊性，又有社区党建和非公党建特点的复合型党建。楼宇服务站与社区、非公组织，楼宇党建与社区党建和非公党建既各有侧重，又密不可分。这也决定了要搞好楼宇党建工作，街道统筹的楼宇服务站所开展的各项工作可以也必须充分利用社区和各类社会组织的资源，与社区和各类枢纽型组织相互协同，资源共享。

另外，商务楼宇党建活动方式应更加注重系统性和针对性，逐步实现楼宇党组织建设由外在要求向内在需求的转变，激发流动党员的主体意识，并得到群众和非公企业等各方面的进一步认同和支持。

B.16 北京市保障房政策演变及实施效果分析

韩秀记*

摘　要： 改革开放以来，我国逐步推进住房市场化改革，建立起了同商品房市场相配套的住房保障体制。北京的保障房建设始于1998年国家住房改革，加速于2008年房地产市场价格飙升时期。经过保障房建设的跨越式发展，目前北京市已经初步建立起了多层次保障房体系，保障房建设规模不断扩大，满足了城市中低收入人群的住房需求，但也存在政策和建设进度滞后于经济社会发展需求等问题。未来仍需继续加速和扩大保障房建设。

关键词： 北京　保障性住房　住房改革

保障房是政府对社会上的中低收入人群和特殊人群提供住房保障的一种政策性房屋。近年房价快速攀升，住房困难成为困扰社会和谐发展的最大问题之一。而保障性住房政策逐渐成为国家稳定房地产市场、改善中低收入群体福利、保障广大民众安居及社会和谐稳定的关键调控手段。北京的保障房建设始于1998年国家住房改革，加速于2008年房地产市场价格飙升时期。经过保障房建设的跨越式发展，到2013年北京市已经初步建立起了多层次保障房体系，保障房建设和申请已经成为当下房地产政策的重要内容。

---

* 韩秀记，社会学博士、博士后，北京工业大学人文社会科学学院助理研究员。

一 北京市保障房的概念和类型

住房是人们不可或缺的最基本生活必需品之一，关系到人们的生产生活和身心健康，是最重要的民生问题之一，建立普遍性住房保障制度是解决中低收入家庭住房问题的关键。在现代市场经济条件下，各国政府在公共政策中都将保障性住房看作是政府应提供的基本公共服务内容。

（一）保障房的概念

保障性住房（Indemnificatory Housing），是指政府着眼于满足在住房方面处于劣势地位群体的基本居住要求，缓解住房价值量大与低收入家庭支付能力不足的矛盾，通过限定供应对象、销售或租金价格、交易形式等条件为中低收入家庭提供的具有社会保障性质的住房。其保障对象为城市中低收入的居住困难家庭。在形式上，它包括由政府直接投资建造并向低收入家庭提供，或者是政府以一定方式向社会房屋建设机构提供补助，或者由建房机构建设并以低于市场平均水平的价格向中低收入家庭出售或出租的住房。在性质上，它是一种半市场化或非市场化的住房制度，是政府对城市社会中低收入居住困难人群的居住权的保障，具有基本公共服务的属性，是对市场化的商品房住房制度的补充①。保障性住房是当代我国城镇住房制度的重要构成部分，是社会保障体系的重要补充，其实质是政府利用国家和社会的力量，通过国民收入再分配，为市场中的低收入或中低收入家庭提供适当住房，保障居民的基本居住权利（如图1所示）。

（二）北京市保障房体系

近年来，随着国家保障性住房政策的逐步完善，北京市保障性住房建设也

---

① 在欧美国家的语境中，没有保障性住房的概念，相关的是公共住房（Public Housing），后者强调这些体现保障性住房特质的房屋公有产权属性，这些房屋基本上是由政府出资建设的。我们认为，无论在哪个国家，政府都是保障性住房的建设主体，即便由社会民间力量建设并运营的向中低收入家庭提供的住房，由于不属于纯私人物品，从广义的公共经济学的视角看，都属于准公共品范畴，都承担为中低收入群体提供保障的功能，未必需要做严格区分。

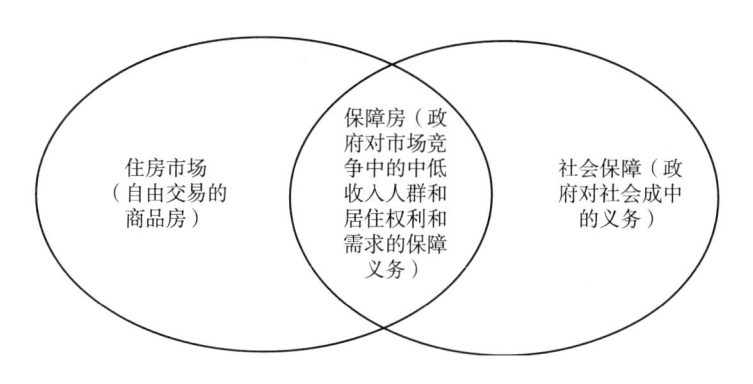

图 1　保障房的性质

从早期以经济适用房建设为主，逐步发展成为覆盖经济适用房、限价房、廉租房、公共租赁房和定向安置房等领域的住房保障体系，取得了跨越式发展。目前，北京市保障房类型主要有廉租房、公租房、经济适用房、限价房、定向安置房等类型。

各类型保障房在保障方式、面向对象、房屋面积、产权性质等方面形成了不同的层次。其中，廉租房面向城市最低收入人群中的居住困难家庭，而经济适用房则面向低收入人群居住困难家庭，而限价房和公租房则面向中低收入者居住困难家庭，定向安置房主要解决城市建设搬迁人口的居住问题（后文会对北京市各类保障房的申请条件、对象和待遇标准做出具体说明）。

这体现在从房地产自由市场到政府社会保障作用之间的市场－非市场（公共产权－共有产权－私人产权）的连续变化统（如图2所示）。这个连续统表现在两个方面：一方面，在私有产权的一端是市场，对应着产权完全私有的商品房，而处于连续统另一端的是产权属于政府的公共保障房。其中，靠近市场商品房一端的是两限房和经适房，两者房屋的产权受到了一定的限制，处于其中的定向安置房主要是拆迁换房，产权属于个人，超出面积要购买；而靠近政府保障房一端的公租房和廉租房，则产权完全属于政府或社会公共组织。另一方面，从房屋购买或租住价格的变化来看，处于市场一端的商品房由市场自由定价，而保障房的售价或租价由于受到了政府保障房政策的影响，价格要低于商品房价格，在售价或租价上，保障房价格从高到低依次是两限房、经适房、定向安置房、公租房和廉租房。

图 2　北京市保障房体系产权连续统（2013 年）

说明：目前北京市的保障房体系并没有囊括新出现的自住性商品房，尽管后者属于一种政策性住房。随着政策的发展，并不排除政府将自住房纳入保障房体系。

二　北京市保障房建设的政策演进

保障性住房是市场经济条件下的产物，是伴随着我国社会主义市场经济体制所确立的住房完善和保障制度，是对市场化的商品房制度的补充和发展。在计划经济条件下，我国在城市实行的是住房实物分配供给制度。国家将住房视为一种福利，住房按照国家的保障责任做出计划性分配，主要是通过单位分配住房的方式来实现，构成了职工收入的一部分。这种住房分配制度强调对城市家庭的住房免费（或低价）和充分保障，依赖国家投资和财政补贴来维持。因此，在计划体制下不存在一个自由的住房交易市场，也不存在市场经济下的保障房制度。随着市场经济体系的不断完善，尤其是20世纪90年代中后期国有企业改革的不断深入，与新形成的商品房市场相配套的保障房制度便应运而生。北京市的保障房政策同国家政策紧密地结合在一起。

（一）保障房政策的酝酿阶段（1980~1998年）

住房制度改革是经济体制改革的重要内容。改革和建立社会主义市场经济体制，就必须推进住房制度改革。这是因为，传统住房制度存在严重弊端，我国在1949年后建立起来的城镇住房制度是一种国家统包统配、低租金使用的实物福利制度。这一制度在长期的历史发展中逐渐产生一系列弊端。首先，作为一种公有住宅制度，它只有投入没有产出，日益成为国家和企业的沉重负担；其次，这一制度造成消费结构和产业机构的不合理，公有住宅演变成单位职工福利，而没有转变为国民经济的重要支柱，这与现代市场下的房地产地位不符——在发达国家，房地产业和建筑业是国民经济的重要支柱产业，而我国传统的住房和土地制度却完全排斥了市场机制，阻碍了房地产及其相关产业的发展，没有形成现代产业结构；再次，对企业而言，这一制度干扰了企业的正常生产经营活动，演变为企业的沉重包袱；此外，这种国家和集体所有制的住房分配制度，造成了住房苦乐不均和分配不公，成为短缺经济下的权力寻租和福利分层的重要诱因；还有，这种国家统建统分的公有住房制度并没有从根本上解决和改善国民的住房问题，反而引起低效率、高成本而备受诟病。

改革开放后，住房制度改革成为改革行动的重要一部分。1980年4月，邓小平提出了我国住房制度的总体构想，拉开了我国城镇住房制度逐步迈向市场化改革的大幕。

1980~1990年是"房改"的探索和试点阶段。这一阶段先是试点政府投资建房后向城镇居民"全价"售房（1979~1982年），然后试点由政府和企业向个人补贴售房（原则上政府、企业、个人各负担1/3的土建成本，又称三三制售房，1982~1985年），此后试点总体规划和全面配套的"房改"（1986年，成立国务院住房制度改革领导小组，成为住房改革的总领导和协调部门，主要实施提租补贴的改革方式，即提高房租，增加工资变暗补为明补，变实物分配为货币分配，通过提租促进售房，1986~1990年）。但这些试点总体上是不成功的。

1991~1998年期间，"房改"陆续进入实质改变阶段。国务院重新调整了住房制度改革领导小组成员，实行"公积金制度"探索，在上海房改经验的基础上鼓励各个省市区开始推行本省的房屋商品化、住房市场化改革。总的来看，城镇住房制度改革的主要内容有，改革低租金制，逐渐实现住宅商品化；变住在基本建设投资为商品生产；进行财政、金融等综合配套改革；建立同住宅商品化相适应的房地产管理制度。住宅市场化改革的最终目标就是住宅商品化和市场化。

住房制度的商品化改革，也提出了市场化制度下的保障房建设问题。1991年6月份，国务院就在《关于继续积极稳妥地进行城镇住房制度改革的通知》中提出，"大力发展经济适用的商品房，优先解决无房户和住房困难户的住房问题"，这首次提出了市场经济下的保障房建设问题。1994年，国务院出台《城镇经济适用住房建设管理办法》，明确了经济适用房的保障房性质，规定了经济适用房建设的对象、责任主体、资金来源、建设主体、成本规划等基本问题，这是第一份关于保障房建设管理的政策文件。但是，直到1998年后，经济适用房的保障供给才真正得以实施。

这一阶段，房地产政策更多关注的是住房市场改革，破除原来的住房分配制度。北京市保障房探索并没有很大的突破，仍未有效地提出保障房问题，保障房仍处于酝酿阶段。

（二）保障房政策的实施和困难阶段（1998~2008年）

从1998年起，我国住房分配制度改革取得重大突破，取消了计划经济时代单一的福利分房和租房制度，住宅商品化政策陆续实施。1997~1998年是"房改"的关键时期，也是房地产行业的起步时期。当时的商品房价格同以工薪阶层为主的中低收入者的经济承受能力差距甚大，为此国家开始考虑建设保障房以满足中低收入者的住房需求。1998年6月，国务院发布《关于进一步深化城镇住房改革加快住房建设的通知》，确立了以经济适用房为主的多层次城镇住房供应新体系，国家和企业开始大量建设经济适用房。全国各地的经济适用房在短短几年内如雨后春笋般快速发展，房价的相对低廉，逐渐成为中低收入家庭住房的重要选择。无论从开工面积和项目数量都在成倍增加，经济适用房迎来高速发展时期。

从1998~2003年，国家房地产建设的主要部分就是经济适用房，形成以经济适用房为主体、商品房为补充的房地产建设格局。经济适用房是我国在"房改"过程中为适应新的经济形势、由政府推出的新型房产种类，是适合中低收入家庭承受能力、具有社会保障性质的商品房，处于保障性住房和商品性住房的过渡。经济适用房政策的实施，减轻了房地产商品化改革的阻力，对于深入推进住房市场化改革、建立房地产市场具有重要意义。在当时，经济适用房被界定为保障性住房性质,具有福利分配特征。这也使得经济适用房的分配出现寻租、腐败等问题。

1999年,国家提出廉租住房政策,廉租住房进入保障房行列。1999年4月,国务院颁布《城镇廉租住房管理办法》,在当时基本形成了以廉租房、经济适用房、尚未房改的低租金公房等为主体的住房保障体系。

然而,随着住房市场化的发展和对保障房认识的误区,原有的经济适用房政策被打断,房地产改革出现只有商品房、没有保障房的错误局面。2003年8月,原建设部《关于促进房地产市场持续健康发展的通知》将经济适用房由"住房供应主体"修改成了"具有保障性质的政策性商品住房",使经济适用房演变为商品性住房,确立房地产为国民经济发展的支柱产业,弱化了经济适用房的市场地位,使普通商品房成为市场的供应主体。于是,经济适用房作为保障房政策在实践中基本被抛弃。在政府土地经济、住房刚性需求以及投机性买房等多种因素的推动下,国内房地产市场价格开始普遍性加速上涨,很多城市的房价涨幅已经远远超过当地居民收入的增长幅度,导致广大城市居民承受越来越沉重的住房压力。买房贵、买房难的问题演变为主要的社会民生问题。

面对日益高涨的商品化房价和刚性的住房需求问题,2006年8月,建设部称,经济适用房将一改以往出售的形式,面向低收入人群出租。租赁型经适房将是未来发展方向。廉租房、租赁型经适房(后来的公租房形式)及限价商品房三者将共同组成实物型的住宅保障。这首次提出保障房序列中的限价商品房类型。2007年,住建部等部委联合出台《经济适用性住房管理办法》,进一步明确了经济适用房是具有保障性质的政策性住房定位。在实施中,北京市明确了经济适用房建设政府主导责任,突出其对低收入住房困难家庭的保障性质,规定经济适用房的建设,可以采取集中建设和商品住房项目配建方式筹集,也可采取在市场上收购二手房、单位集资合作建设的房屋或社会机构投资建设的房屋等方式筹集。

(三)保障房政策的完善阶段(2008年以来)

经济适用房作为最早出现的政策性保障住房,在我国和北京市的发展经历了一个命运多舛的过程。先是酝酿数年在 1998 年得以落实，然而 2003 年后的政策变化使其演变为政策性商品房性质，直到 2007 年才重归保障房序列。经济适用房作为政策性保障房类型，初期的保障对象主要是那些没有分到单位住房而又无钱购房的城市中低收入住房困难家庭，到后来的保障对象则是城市低收入住房困难家庭。这表明，经济适用房的保障对象在门槛上进一步提高。对那些城市"低保"家庭等低于最低收入线的城市最低收入人群，以及大量城市中低收入者而言，2003 年发端、2008 年加速高涨的房价进一步恶化了他们的住房问题。因此，面向最低收入人群和中低收入者的城市住房保障计划提上了议事日程。

2007 年 8 月，国务院公布《关于解决城市低收入家庭住房困难的若干意见》，核心内容在于"加快建立健全以廉租住房制度为重点、多渠道解决城市低收入家庭住房困难的政策体系"。这标志着加快建设健全以廉租房制度为重点，多渠道解决城市低收入家庭住房困难的政策体系的开始，房地产政策重回保障房时代。从 2008 年开始，中央公布《国务院办公厅关于促进房地产市场健康发展的若干意见》，决定开始大规模实施保障性安居工程，加快保障房建设进度。

基于上述两项国家政策，北京市政府颁布了一系列保障房建设和分配新措施，主要是在经济适用房的基础上，完善保障房体系，扩大保障面。2008 年，北京市政府发布关于限价商品住房管理办法，坐实了限价房这一保障房类型。限价商品房是由政府主导，限制销售价格、住房套型面积和销售对象等，并有建设单位通过公开竞争地价方式获得的普通商品住宅。它的特征是限房价、限面积、竞地价。限价房的保障对象是城市中低收入住房困难家庭。2009 年，北京市出台关于廉租房实物配置管理办法，明确了廉租房保障房配置标准和申请条件，其保障对象为城市低收入人群（以低保家庭、达到城市低收入家庭认定标准的家庭），租金非常低廉。2011 年，北京市在廉租房基础上，提出公共租赁住房类型。公共租赁住房的保障对象为无房或人均住房面积不足 15 平方米的中低收入家庭。此外，随着城市棚户区改造、工矿企业搬迁、征地拆迁等工程的实施，导致很多居民居住地发生变迁，为此，针对这些人群，北京市建设定向安置房，为他们提供免费或低廉价格的、具有私人产权的保障性住房。

三 当前北京市保障房政策的实施

北京市的保障房建设在政策的不断推动下，呈现出蓬勃发展的增长趋势。无论是投资力度，还是建设和竣工面积都增长迅速，保障房体系不断完善。同时，保障房的申请者和受益者也逐年增多，保障房供给与需求仍呈现出供不应求的局面，滞后于中低收入居民的住房需求增长。

（一）保障房供给情况

1998年"房改"加速实施后，北京市房地产的市场化进程明显加快。如图3所示，在房地产政策的催导下，北京市商品房建设面积虽有所波动，但仍呈现出快速增长趋势，从1999年的3784万平方米，增加到2012年的13122.5万平方米，13年间增长了3.47倍。与此同时，房价也不断攀升，最终房地产业演变成一个暴涨行业。反过来看，经济适用房的建设面积在过去13年间受政策变动影响，建设量情况一波三折，大概经历了一个"M"型增长阶段，1999~2003年、2004年经济适用房投资不断增长，达到第一个高点，然后受国家商品房建设政策的影响而出现降低，到2008年第二个增长阶段开始，在2009年达到第二个历史高点，然后受保障房政策的影响再次出现降低（如表1所示）。这种趋势同样体现在经济适用房占商品房建设方面的比重变化趋势中（如图3所示）。整体上看，近年来北京市经济适用房的建设呈现出不断减少的趋势，其占商品房面积的比重也在反复波动中逐渐减少。

从表1还可以看出，不同类型的保障房建设投资额存在显著的差异。其中，定向安置房增量巨大，占据了保障房投资额的一大半[1]。除定向安置房外，经济适用房的建设量逐年建设，而限价商品房建设则成为保障房建设的重要主体，而公租房、廉租房建设则成为保障房建设的重要补充，投资比重太小。

---

[1] 定向安置房主要用于棚户区改造、城市基础设施建设等导致搬迁的居民安置，这表明近年来北京市城市建设快速推进的特征。

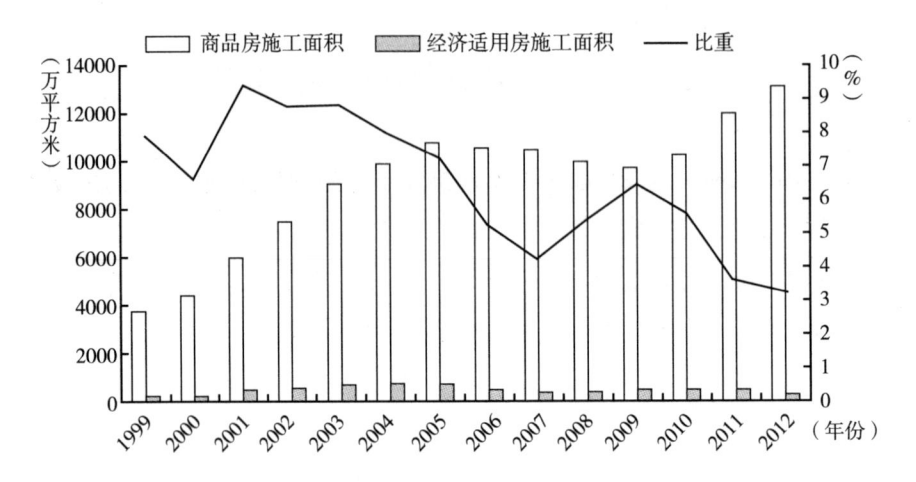

图 3 北京市 1999~2012 年商品房和经适房建设面积变化图

数据来源：根据历年《北京统计年鉴》整理获得。

表 1 各类保障性住房历年完成投资额分布表

单位：亿元

年份	经济适用房	限价房	公租(廉租)房	定向安置房
2012 年	61.2	153.9	49.3	593.1
2011 年	71.9	140.8	38.7	494.8
2010 年	67.9	108.5	12.6	193.9
2009 年	100.9	177.7	—	—
2008 年	54.0	100.4	—	—
2007 年	53.8	—	—	—
2006 年	81.1	—	—	—
2005 年	65.8	—	—	—
2004 年	98.0	—	—	—
2003 年	92.2	—	—	—
2002 年	89.8	—	—	—
2001 年	71.8	—	—	—
2000 年	48.0	—	—	—
1999 年	37.1	—	—	—

数据来源：根据历年《北京统计年鉴》整理获得。

（二）保障房的申请标准

北京市保障房体系包含多种类型的保障形式，而不同类型的保障房针对特定群体，对保障对象的收入水平、家庭构成、人均居住面积、年龄、保障房户型等做出了明确的规定（如表2所示）。概括起来，在收入水平上，经济适用房、限价房、公租房主要面向的是城市的中低收入人群，而廉租住房则针对的是低收入人群；在面向人群上，优先保障的是北京市户籍人口，对部分外来常住人口的保障房受益资格做出了严格的限定；在产权性质上，经济适用房、限价商品房是保障家庭与政府共有产权，且对房屋的出售时间和收益分配做出了规定；在户型面积上，各类保障房均属于中小户型，旨在满足家庭基本住房需求。

表2 各类保障房申请标准汇总表

类型	产权性质	供应对象	申请标准	优先配售对象	户型面积	上市交易
经济适用房	共有产权	本市城镇户籍人口	本市城镇户籍时间满3年；单身家庭申请人需年满30周岁；申请家庭人均住房面积、家庭收入及资产符合规定标准。	被拆迁家庭、重点工程建设涉及的被拆迁家庭、旧城改造和风貌保护涉及的外迁家庭等类型。	中小户型小户型，满足基本住房需求	不满5年的，不得上市交易；5年后出售时应按商品房和经济适用住房差价的一定比例缴纳土地收益等价款，并由政府优先回购；购房人也可以在补缴政府应得收益后取得完全产权。
限价商品房	共有产权	针对北京市中等收入住房困难的城镇居民家庭、征地拆迁涉及的农民家庭及市政府规定的其他家庭。	3人及以下的家庭，年收入≤8.8万元，人均住房面积≤15平方米，家庭总资产净值≤57万元；4人及以上家庭成员，年收入≤11.6万元，人均住房面积≤15平方米，家庭总资产净值≤76万元。	解危排险、旧城改造和风貌保护、环境整治、重点工程等公益性项目涉及的被拆迁或腾退家庭等类型	以90平方米以下为主。其中，1居室控制在＜60平方米；2居室控制在＜75平方米。	已购经适房未满5年不可上市出售；已满5年可按市场价出售，但需缴纳出售价的10%补缴土地收益等价款。

续表

类型	产权性质	供应对象	申请标准	优先配售对象	户型面积	上市交易
廉租房	公共产权	低收入家庭等类型	城六区的家庭人均月收入<960元,人均住房使用面积<7.5平方米,家庭总资产净值要求1人户<15万元、2人户<23万元、3人户<30万元、4人户<38万元、5人户及以上<40万元。此外各郊区县另设标准,但均低于此标准。	—	小户型、满足基本住房需求	—
公共租赁住房	公共产权	中等收入家庭	廉租住房、经济适用住房、限价商品住房的轮候家庭。申请人具有本市城镇户籍或符合条件的常住外来人口,家庭人均住房使用面积≤15平方米;3口及以下家庭年收入≤10万元,4口及以上家庭年收入≤13万元。	廉租住房、经济适用住房和限价商品住房轮候家庭优先配租;申请家庭成员中有60周岁以上老人、患大病或做过大手术人员、重度残疾人员、优抚对象及退役军人、省部级以上劳动模范、成年孤儿优先配租。	一个家庭只能承租一套公共租赁住房	—

资料来源：http://zhengwu.beijing.gov.cn/zwzt/bjsbzxzf/t1094083.htm。

总的来看，北京市已经初步形成了较为完备的保障性住房制度。一是针对中低收入群体的半市场化的保障房供应模式。政府通过减免土地出让金或提供土地补贴、减免税费等方式，由房地产开发企业建设经济适用房及限价商品房就是这种模式的典型代表。二是针对困难群体的非市场化保障房提供模式，即对那些连经济适用房也买不起的困难群体，政府通过贴息或直接提供的方式，向他们提供廉租房或近年来又出现的公租房。

随着政策变化，保障房在申请方式上发生了变化。在2013年4月以前，北京市的保障房分类型申请。此后，四种保障房申请合为一张表格。在申请门槛上，按最宽条件的公租房标准进行审核。2014年初，政府将公租房和廉租房合并，统一管理。

（三）保障房供给跟不上居民住房需求增长

自2008年以来，北京市保障房建设进入快速发展期，各类保障房建设进入快车道。政府在保障房土地供给、危房改造、保障房建设和收购等方面加大力度，不断落实保障房安居工程。

表3 政府工作报告中的历年保障房建设情况

年份	保障房建设情况
2008年	全面落实800万平方米廉租房、经济适用房和限价商品房建设任务,完成4049户12.1万平方米城镇危房解危工作,翻修1279户农村困难家庭住房。
2009年	加快保障房安居工程建设,累计配租廉租房1.9万户,修缮旧城居民房屋2.45万户,完成城镇危房解危1052户,搬迁三区三片棚户区居民8000多户。新开工和收购政策性住房937.9万平方米,竣工229.5万平方米。
2010年	加大住房保障力度,政策性住房实际供地1332公顷,同比增长1倍,占全市住宅用地供应量的52.8%。新建和收购政策性住房22.5万套,占全市住宅新开工套数的61.5%。竣工各类政策性住房5万套,完成年度计划的108.7%。公共租赁住房落实房源2.6万套,廉租住房基本实现了实物配租应保尽保。三区三片棚户区改造累计搬迁居民1.6万户,首都功能核心区居民对接安置房开工218万平方米。
2011年	加大住房保障力度,注入100亿元财政资金成立了市保障性住房建设投资中心,优先保障用地需求,新建收购各类保障房23万套,竣工10万套,超额完成年度任务。完善公共租赁住房政策,将城市低收入家庭、新就业职工和外地来京工作一定年限人员纳入保障范围,全年配租公租房1万套。
2012年	计划新开工建设、收购保障性住房16万套,其中公开配租配售的保障性住房9万套,用于旧城区人口缓解、棚户区改造、重点工程建设拆迁等定向安置用房7万套;全面竣工各类保障性住房7万套;确保保障性住房建设用地占全市住宅供地的50%以上。
2013年	继续加大住房保障力度,重点发展公租房、限价房,探索建立保障与市场相结合的住房供应体系。保障性住房建设超额完成任务,建设16.2万套、竣工8.5万套、配租配售4.7万套。启动中心城110项棚户区改造工程,完成1390万平方米老旧小区综合改造,推出2万套自住型商品住房。
2014年	计划进一步改善中低收入群众家庭住房条件,建设保障性住房7万套,竣工10万套。

资料来源：根据历年《北京市人民政府工作报告》整理获得。

北京保障房的未来发展趋势将更加强化政府在保障房建设中的责任，减少有限产权的保障房建设，增加公租房和廉租房，住房保障方式将从以售为主转向以租为主。对于那些中下收入人群，若没有可配售的经适房和限价房，可统

购公共租赁住房解决过渡性住房的需求。同时，鼓励社区组织和企业进行大型租赁房屋建设和市场租赁房，给予承建方以税收优惠，并鼓励企业自建并持有。根据规划，"十二五"期间，北京还将新建、收购各类保障性住房100万套，并为10万户家庭发放租金补贴；各类保障房将占到所有住房的60%，公租房占公开配租配售保障性住房的60%。

然而，到目前为止，仍有大量保障房申请家庭尚未获得住房保障。其中，在2013年4月前申请的保障房轮候家庭中，经济适用住房仍有93093户，限价商品住房203961户，廉租住房27507户，公共租赁住房49639户；2013年4月后，新受理保障性住房备案通过13811户。而北京市试图在2015年前解决2013年4月前保障房轮候家庭。

从实践来看，保障房轮候家庭通常要等待好几年时间才能轮候到保障房资格。这表明保障房的建设和供给仍滞后于现实需求增长。另外，受到审核不严格等因素的影响，很多不符合条件的家庭也获得保障性住房的资格，这造成很坏的社会影响。

四 简单结论与建议

总的来看，北京市保障房建设发端20世纪90年代的住房制度改革。2008年，保障房建设进入快速发展期，从单一的经济适用房走向经济适用房、限价房、廉租房、公租房、定向安置房等类型构成的比较完善的保障房体系。保障房建设纳入政府的民生工程，政府的财政投入逐年增多，政策不断完善，保障房供给不断满足中低收入家庭的住房需求。然而，到目前为止，仍有十几万轮候家庭尚未解决住房问题。反过来看，住房商品化改革是政府逐渐摆脱过去住房分配体制所带来的沉重包袱，剥离单位包办一切的计划体制，明确市场制度下的政府住房保障职责。

未来的保障房政策和建设应突出"低端有保障"这一特征，强化政府的保障责任和针对弱势群体的住房保障需求。同时，要突出保障效率，增加政府公有产权保障房的供给，逐步减少共有产权保障房的供给。此外，要增加保障房建设、分配和审查的透明性，减少保障房使用中的寻租和腐败。

社会稳定篇

Report on Social Stability

B.17
2013年北京社会治安状况分析

张荆 马婕*

摘 要： 2013年是全面贯彻落实党的十八大精神的开局之年。北京作为中国的首都，为实现"世界最安全城市"的奋斗目标而努力，大力开展了管理整治"交通、治安、环境"三大秩序、"夏秋社会治安打击整治"百日专项行动、"肃毒害、创平安"禁毒百日会战行动、"两排一清"专项行动等工作，并运用新媒体技术，不断拓宽警民沟通的渠道，推动了首都社会治安管理创新，取得了丰硕成果。但北京的犯罪率在全国仍处于较高水平，在治标的同时，亟须研究治本之策，积极改革现有户籍制度，改善流动人口的生存与发展环境，提高科学管理流动人口水平；在

---

* 张荆，法学博士，首都社会建设与社会管理协同创新中心首席专家、北京工业大学人文社会科学学院法律系教授，主任，中国预防青少年犯罪研究会常务理事、中国犯罪学学会常务理事。马婕，北京工业大学人文社会科学学院社会学系硕士研究生。

科技强警的同时，应注重人权的保护；进一步密切警民关系，创立新型"群防群治"体系；强化公安机关管理社会治安的组织小型化和机动化；强化社区和家庭建设；提高社会福利的辐射面，缓解各种社会冲突；加强犯罪预防与预测工作，构建社会治安管理的长效机制，保障社会的长治久安。

关键词：

　　北京社会治安　百日专项行动　流动人口

2013年是全面贯彻落实党的十八大精神的开局之年。北京市围绕"建设世界最安全城市"的奋斗目标，打击防控犯罪，开展了"交通、治安、环境"三大秩序管理整治工作、"夏秋社会治安打击整治"百日专项行动、"肃毒害、创平安"禁毒百日会战行动，以及"两排一清"专项行动等，在加强科技强警的同时，充分运用新媒体技术，拓宽警民沟通交流渠道，推动警民合作，共创平安北京。

一　北京犯罪率的变化与现状

犯罪率是考察一个城市社会治安的重要指标，从北京市犯罪率的发展变化来看，上升最明显的是1998年，这一年犯罪立案数为7.2万起，比上一年增加了5.79万起，上升了411%；犯罪率为万分之58.9，比上一年增加了47个万分点。1998年以后的犯罪率一直在万分之49到万分之78之间徘徊。2012年的犯罪率为万分之70.4，比上一年率略有减少。与全国的犯罪率（2012年为万分之48.4）相比，北京高出全国平均数22个万分点。2013年北京市的犯罪率依然在高位徘徊。

从图1可以看出，自2007年以来，北京市的犯罪率呈"W"形态势，既有大幅下降、也有高速上升。2008~2009年，奥运盛会的成功举办和新中国成立60周年大庆全面提升了北京的社会治安基础设施建设和管理水平，并积累了社会治安建设的宝贵经验，全市犯罪率连续两年下降。2011年起，北京的犯罪率出现较大幅度的反弹，最大年增幅约36.9%（见表1）。

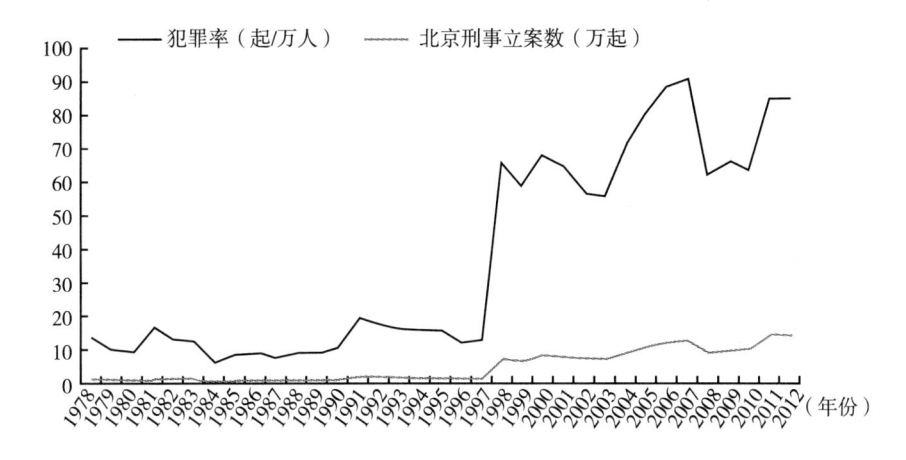

图 1　1978～2012 年北京市刑事案件立案数及犯罪率折线图

表 1　1978～2012 年北京市刑事案件立案数及犯罪率

年份	北京刑事立案数（万起）	犯罪率（起/万人）	年份	北京刑事立案数（万起）	犯罪率（起/万人）
1978	1.09	12.5	1996	1.31	11.0
1979	0.84	9.3	1997	1.41	11.6
1980	0.80	8.8	1998	7.20	58.9
1981	1.39	15.1	1999	6.58	52.3
1982	1.14	12.2	2000	8.28	59.9
1983	1.09	11.4	2001	7.79	57.0
1984	0.58	6.0	2002	7.13	50.1
1985	0.80	8.1	2003	7.10	48.8
1986	0.86	8.3	2004	9.34	62.6
1987	0.78	7.3	2005	10.80	70.3
1988	0.90	8.3	2006	12.06	76.3
1989	0.92	8.5	2007	12.74	78.0
1990	1.09	10.0	2008	9.00	53.1
1991	1.98	17.7	2009	9.88	56.3
1992	1.78	15.8	2010	10.43	53.2
1993	1.66	14.6	2011	14.28	70.7
1994	1.63	14.0	2012	14.57	70.4
1995	1.63	13.9			

数据来源：北京市统计局网站（http://www.bjstats.gov.cn/），北京统计年鉴。

2013 年，北京在维护社会稳定、创新社会治安管理、缓解社会矛盾等方面面临许多新挑战。从北京市公安局官网（www.bjgaj.gov.cn）发布的 2013 年治安类周报分析，撬砸汽车类、盗窃机动车类、拎包类等财产犯罪仍是主要

的违法犯罪类型。截至 2013 年 11 月 24 日，警方提示信息共计 105 篇，其中"一周治安播报"39 篇，"警方提示"66 篇。2013 年首都 110 快速出警共抓获各类违法犯罪嫌疑人 14760 余人（如图 2 所示）。

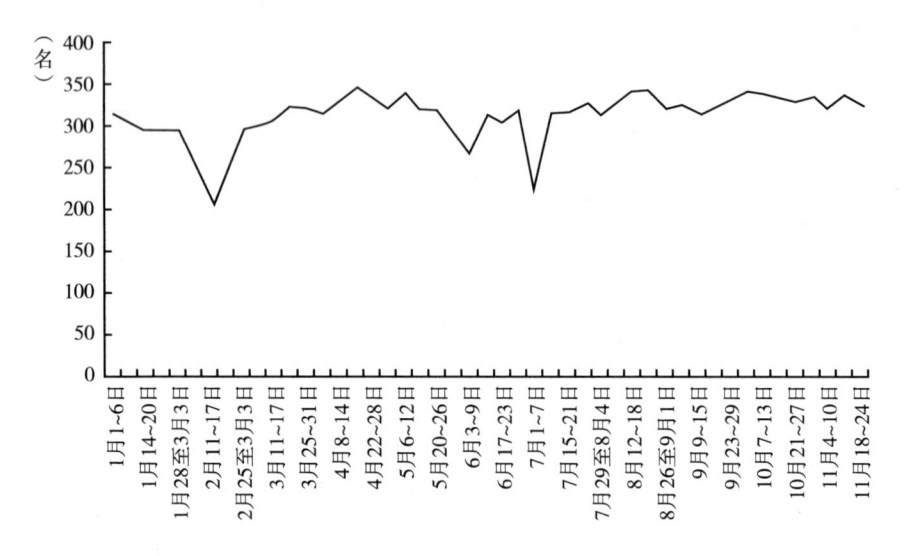

图 2　2013 年首都 110 快速出警抓获各类违法犯罪嫌疑人数量

2013 年"一周治安播报"显示，撬砸汽车类、盗窃机动车类、拎包类警情不降反升趋势明显；其次是抢劫抢夺类、扒窃类、诈骗类警情增加明显；入室盗窃类警情趋于平稳。从"警方提示"的相关内容分析，诈骗类典型案件通报及相关防范提示的内容最多，共 21 篇，说明这类案件多发且引起警方高度重视。其余依次为：入室盗窃类 6 篇，制假售假类 4 篇，拎包类 1 篇，抢劫、抢夺类 1 篇，编造恐怖信息、扰乱社会治安类 1 篇，青少年保护类 1 篇，养犬伤人类 1 篇，公共场所性侵、猥亵类 1 篇。

二　2013 年北京社会治安管理与效果分析

（一）"交通、治安、环境"三大秩序管理整治

自 2012 年 12 月 20 日起至 2013 年 3 月，北京市在全市范围内全面部署开

展了交通、治安、环境三大秩序管理整治工作。

此次整治专项工作突出对交通、治安、环境等影响城市秩序、车辆通行和群众反映集中的九类问题进行治理，全市建立起了"市——区——街（乡）"三级指挥体系，重点整治乱点和地区分级挂账，确保整治工作落实到位。突出整治的九类问题包括：第一，路面非机动车闯灯越线、骑车带人、逆行以及行人违反交通信号、翻跨护栏、不走人行横道或过街设施等违法行为；第二，机动车违法停车、加塞并线、违法驶入公交车道、非机动车道、应急车道以及前方拥堵违法进入路口等易致堵违法行为；第三，机动车涉牌、非司机、闯红灯、酒驾等严重交通违法和大货车、摩托车、电动自行车、老年代步车等重点车种；第四，黑车、黑摩的无牌照上路、违法停车聚集、非法运营等严重影响交通秩序问题；第五，无照游商聚集、农用车、马车非法上路、占道售货以及机动车道内散发小广告等痼疾顽症；第六，渣土运输车遗撒等违法行为；第七，违法设置指路牌、临窗广告等行为；第八，未经审批私掘占路施工、侵街占道、私装地锁、乱堆乱放等违法行为；第九，在道路上采取拦车、敲车窗等方式乞讨，阻碍车辆正常行驶等违法行为。①

整治工作中，北京市公安局交管、治安部门会同城管等部门采取了联合执法行动，按照"3+4"模式组建综合整治小组，即每组1名交警、1名治安警、1名城管队员和4名辅助力量，形成专门的整治小组，由交管部门牵头，以"未乱先治、未堵先疏、疏堵结合"为原则，采取换班轮岗、弹性职守、动态打击等方式，围绕挂账乱点及街道开展了不间断整治工作。② 此外，整治专项工作注重与交通委、市政市容、残联、民政等部门合作，加快城市规划与建设，实现管理与建设同步推进，提升了首都城市管理水平。

在全市"三大秩序整治"活动期间，累计查处违法行为34万余起，查扣违法车辆1.1万辆，拘留898人，与上年同期相比，执法量上升15%。其中，"黑车"的查处整治力度最大，与上年同期相比，执法量上升4.5倍。同时，加大对无照经营和占路摊商的查处工作，同比上升87%。在源头治理上，召开公开

---

① 北京市公安局网站材料，http://www.bjgaj.gov.cn。
② 北京市公安局网站材料，http://www.bjgaj.gov.cn。

解体大会18场，公开解体违法车辆3600辆；开展掏窝行动18次，查扣违法车辆379辆，封存下架电动三轮、残疾车511辆，查处取缔非法窝点、商户74个；拆除私设标志3800面、非法标志杆773根。从社会效果来看，群众对9大类突出问题的投诉量同比下降5.4%，全市拥堵报警下降31.4%。[1] 另外，全市共发动群众20余万人次参与首都社会治安管理。"三大秩序管理整治"工作开展以来，特别针对群众反映强烈的黑车、黑摩的、违法停车、山寨指路牌、游商占道经营等严重扰乱社会秩序的问题进行了集中整理，共在全市范围开展了六次专项行动以及"公开解体""源头掏窝"和"拔钉拔竿"三大战役。

（二）"夏秋社会治安打击整治"百日专项行动

2013年7月25日~10月中旬，按照公安部统一部署，北京市公安系统开展了"夏秋社会治安打击整治"百日专项行动。百日专项行动结合"党的群众路线教育实践活动"，突出"治安为民"主题，打主动仗、攻坚仗、整体仗，持续保持对刑事犯罪和突出治安问题的依法严打严治态势，全力维护首都社会治安良好秩序，进一步奠定"建设最安全城市、打造最廉洁警队"坚实基础。在百日专项行动期间，全市接刑事类警情与上年同期相比下降20%；秩序类警情环比下降32%，专项行动取得显著成效，其成效主要体现在以下几个方面。

1. 始终保持对各类违法犯罪的严打高压态势

百日专项行动期间，北京市公安局针对当前刑事发案和治安规律特点，突出打击重点、强化部门协作，综合运用多元化手段，不断增强打击的针对性、实效性和对称性。各级刑侦部门不断完善专案侦查驻勤、四警联动、快速反应、立线侦查等工作机制，坚持对杀人、绑架、涉枪、涉爆等重特大敏感性案件快查快办、快侦快破，有效震慑犯罪，期间共破获各类危害严重的刑事案件2100余起。此外，专项行动期间，共打掉有组织犯罪团伙170余个；破获多发性侵财案件与上年同期相比提升了10.2%，侵财立案数比上年同期下降10.6%[2]。

---

[1] 北京市公安局网站材料，http：//www.bjgaj.gov.cn/web/detail_getArticleInfo_353375_col1169.html。

[2] 北京市公安局网站材料，http：//www.bjgaj.gov.cn/web/detail_getArticleInfo_376832_col1159.html。

2. 强化打击整治嫖娼、赌博、黑车、盗销自行车等治安突出问题

依托"夏秋社会治安打击整治"百日专项行动平台，有关部门紧盯全市黄赌类治安警情高发点位，进一步加大打击卖淫嫖娼、赌博等违法犯罪活动力度，抓获赌博违法人员4000余人，卖嫖违法人员1300余人。北京市强化打击整治赌博、卖淫等违法犯罪活动效果显著，2013年接报赌博警情，与上年相比下降61%，接报卖淫嫖娼警情，与上年同比下降57%。2013年8月下旬以来，陆续有群众举报称，北京市朝阳区安慧北里一带卖淫嫖娼活动比较严重，周围居民群众反映强烈。接报后，北京市公安局朝阳分局组织精干警力迅速采取行动，连续端掉多个卖淫嫖娼窝点，先后抓获违法犯罪嫌疑人27名（含9名男性，18名女性）。广受外界关注的网络大V"薛蛮子"（中文名"薛必群"，美籍华人）也在此次行动中被抓获，经警方调查查明薛蛮子不仅有嫖娼行为，还涉嫌聚众淫乱。

在打击整治的专项行动中，北京公安机关针对"黑车"扰乱经济和社会秩序、盗窃并销赃自行车，以及医院号贩子等违法行为进行了严厉打击和治理整顿。共抓获黑车扰序违法人员1.8万余人，查处各类黑车1.7万余辆；抓获盗销自行车违法人员740余人；抓获医院号贩子违法人员300余人。因治理效果显著，年底接报黑车警情，同比下降16%；接报盗销自行车警情，同比下降51%；接报医院号贩子警情，同比下降5%。

3. 社区可防性案件立案同比下降

百日专项行动期间，北京市公安局在全市社区开展安全技术防范系统建设应用情况普查，针对40个案件高发地区的派出所和100个案件高发社区进行集中清理整治，共整治治安乱点170余处，查处治安案件1700余起，破获各类刑事案件300余起，抓获各类违法犯罪人员1400余名。对于治安薄弱地区，主动争取地方党政部门的支持，筹措资金1400余万元，新安装监控探头1100余个，新安装简易物防设施3万余套，强化了治安防控的设施建设。① 通过宣传群众、发动群众，日均组织数十万人次的"群防群治力量"参与社区看门

---

① 北京市公安局网站材料，http：//www.bjgaj.gov.cn/web/detail_getArticleInfo_376832_col1159.html。

护院、值班巡逻、信息搜集,最大限度地防范社区案件发生。

村庄的社区化管理是社会建设的重要内容,北京市对治安薄弱社区的重点治理和村庄的城市化管理在防控犯罪方面取得明显成效。2013年,北京市在确定了全面推进、重点推进、一般推进三种建设类型的基础上,投入建设资金1.52亿元,建成社区化管理的村庄700余个,新增加辅警力量2300余人,新安装监控探头970个。在实现社区化管理的村庄,刑事案件发案率明显下降,与上年同期相比下降32%。全市人口系统社区可防性案件立案数同比下降17.7%。其中入室盗窃立案数同比下降21.1%;入室抢劫立案数同比下降39.4%,盗窃汽车立案数同比下降31.3%[1]。

积极化解社会矛盾是首都社会治安管理的重要内容。2013年,全市依托"社区民警驻区"的工作机制,第一时间发现和处置矛盾纠纷和群众求助。据统计,行动期间,共处理和解决群众纠纷2.29万件次;组织市民劝导队员对发生在社区内的小矛盾纠纷,主动开展善意劝解疏导,共劝解群众纠纷近5000件次,化解各类矛盾纠纷1.2万余件。[2]

(三)"肃毒害、创平安"百日禁毒会战

2013年8月8日起,北京市禁毒部门深入开展"肃毒害、创平安"百日禁毒会战,扎实推进"缉毒打击攻坚战、毒品堵源截流战、禁毒阵地管理战、吸毒人员管控战、禁毒预防宣传战"等五大战役,形成了全市禁毒工作"一盘棋"的工作格局,取得显著成效。

截至当年10月中下旬,北京市公安局禁毒系统共破获毒品犯罪案件469起、抓获毒品犯罪嫌疑人475人、缴获各类毒品51.75千克,分别比上年同期上升52.3%、44.4%和33.4%,查获涉毒违法人员1265人。禁毒部门组织海关、机场、铁路等陆空邮查缉机制各成员单位,不断加大毒品堵源截流工作力度,破获特大走私、运输毒品犯罪案件11起,缴获各类毒品近16千克。特别

---

[1] 北京市公安局网站材料,http://www.bjgaj.gov.cn/web/detail_getArticleInfo_376832_col1159.html。
[2] 北京市公安局网站材料,http://www.bjgaj.gov.cn/web/detail_getArticleInfo_376832_col1159.html。

是会同北京海关,强化了对重点航班、重点人员的工作研判,连续破获特大跨国走私毒品案件3起。①

2013年,北京市对于吸毒人员的管控水平进一步提高。按照"逐人见面、逐人登记、逐人尿检、逐人落实管控责任"的工作要求,对登记在册的吸毒人员进行了全面摸排,其中,对60余名吸毒成瘾严重人员依法裁决,实施强制隔离戒毒措施;组织卫生、民政等部门,为社区戒毒康复人员提供就业、就医、低保等各项服务和福利措施,提升了对戒毒人员的管理服务水平。

加强禁毒宣传工作是"肃毒害、创平安"百日禁毒会战的重要内容。全市各级禁毒部门针对青少年、闲散人员等群体,在重点场所共开展各类禁毒宣传教育活动20余次,发放禁毒宣传资料1000余份。②此外,全市禁毒工作充分利用"新媒体",针对千余微信粉丝开展禁毒宣传,向社会各界通报禁毒工作成绩和战果。通过宣传,群众参与禁毒工作和拒毒防毒的意识得到提升。

(四)开展"两排一清"专项工作,确保首都和谐稳定

2013年11月20日,北京市公安局召开电视电话会议,对"两排一清"专项工作进行了动员部署。所谓"两排一清",即深入排查不放心的重点事,深入排查隐患,拉列问题清单。

此专项工作进一步强化对重点地区和防范薄弱部位的排查。第一,重点围绕首都中心区、繁华街区、大商市场、文物古建以及涉危涉爆、水电气热等重点要害部位、单位,及时发现消除各类隐患。

第二,围绕消防基础和安全监管较为薄弱的群租房、工地工棚、地下空间、"城中村"、城乡结合部、毗连的市场群或"多合一"建筑场所、小旅馆、小餐馆等"六小"场所以及各种批发市场、超市等,加大检查执法力度,严防发生安全事故。

第三,围绕轨道交通、公交枢纽、长途场站,严格核查安检措施,加强安

---

① 北京市公安局网站材料,http://www.bjgaj.gov.cn/web/detail_getArticleInfo_375336_col1169.html。
② 北京市公安局网站材料,http://www.bjgaj.gov.cn/web/detail_getArticleInfo_375336_col1169.html。

全监管和秩序维护，并进一步细化应急方案预案，及时妥善处置突发情况；针对展览展销、文艺演出、体育比赛等大型活动举办场所，严格活动审批，督促主办和承办单位落实各项安全责任和措施，严防发生群体性伤亡事故。

第四，围绕老旧平房院落、流动人口密集、出租房屋集中的地区，加大安全用火、用电、用煤气的检查宣传力度，严防发生煤气中毒、火灾等死伤人事故；对于易拥堵路段、交通事故多发地段、山区危险地段、新开通道路，以及恶劣天气变化，细化勤务指挥和路面疏导处置方案、预案，加大交通安全宣传、检查和查处整治力度，全力预防和压减交通事故。

进一步加强各类危险物品排查，对枪支弹药、易燃易爆、剧毒放射、病毒生化等各类危险物品，从产、销、运、储、用等环节入手，严格督导检查，组织开展危险物品收缴、收储专项工作，督促指导从业单位落实安全管理制度和措施。①

此外，对刀具等管制器具，继续严格落实管理制度，最大限度减少隐患。对烟花爆竹，北京市公安局积极配合工商、安监部门，进一步强化对非法运输、储存和销售非法、伪劣、超标烟花爆竹的查缴打击，严密对进京主要路口的查堵，严格查验相关证件和货物，及时查处非法贩运活动；并加大了对出租房大院、空闲厂房仓库、流动人口聚居区、城乡结合部等地区、部位的检查力度，铲除非法储存、销售烟花爆竹窝点。

"两排一清"专项工作既是对2013年北京社会治安工作的总结，也是2014年北京社会治安管理工作的新部署。目前，此项专项工作正在北京稳步推进。

（五）运用新媒体，做群众的贴心"网友"

截至2013年上半年，新浪微博注册用户达到5.36亿，2012年第三季度腾讯微博注册用户达到5.07亿；截至2012年底，中国手机网民数为4.2亿，微信用户超3亿，微博、微信成为中国网民上网互动的主要方式。

---

① 北京市公安局网站材料，http：//www.bjgaj.gov.cn/web/detail_getArticleInfo_376868_col1169.html。

良好的警民关系是警察有效防控违法犯罪,管理社会治安的重要保障。为不断拓宽警民沟通交流渠道,北京市公安局于2010年8月1日正式开通"平安北京"微博平台,于2013年3月11日正式开通"平安北京"微信平台;5月28日,北京市交管局开通"北京交警"微博、微信平台。

首都公安网络坚持"民意主导警务"的指导思想,以群众需求为工作立足点,主动开展为民服务宣传,及时权威发布重大突发案事件消息,耐心倾听"网友粉丝"意见和建议,努力解决网上群众反映的突出问题和实际困难,成为北京市公安局警察公共关系建设网络新名片。2011年11月,上海交通大学公共关系研究中心、舆情研究实验室联合发布《2011年中国政务微博报告》,其中"平安北京"被评为最具影响力政府机构微博。[1] 2012年12月,新浪微博发布了《2012年新浪政务微博报告》,"平安北京"在十大公安微博中排名第一,并入选了十大政务微博。[2]

目前,"平安北京"微博总"粉丝"数已突破618万,发布各类资讯17280余件。截至2013年12月12日0点,"平安北京"微博2013年共发布(含原创微博+转发微博)信息5650余条;新增微博"粉丝"233万,同比增加26%;微博转发量最高近万次。开通三年来,共收到网友评论77万余件,解决网友反映的突出问题和实际困难600余件。[3]

"平安北京"和"北京交警"微博、微信是全国公安网络互动平台的代表,表现出以下三大特点。

1. 贴近群众,更具亲和力

"出行提示""安全课堂""微路况""防范提示""降温加衣服""预防煤气中毒""汽车ABC"这些看似最家常、最普通但却是最实用、最贴近网友生活的"唠叨",是"平安北京""北京交警"微博及微信平台通过主动精心的策划、围绕季节变化、治安特点、实时路况等,发布最多的语音、图文、视频

---

[1] 中国新闻网,http://www.chinanews.com/fz/2011/11-29/3492698.shtml。
[2] 北京市公安局网站材料,http://www.bjgaj.gov.cn/web/detail_getArticleInfo_346393_col1159.html。
[3] 北京市公安局网站材料,http://www.bjgaj.gov.cn/web/detail_getArticleInfo_376355_col1159.html。

信息。同时，"平安北京"微博自2012年起，还陆续推出了"平安大讲堂""我在一线：讲述基层民警的故事"等多个栏目。值得一提的是，"平安北京""北京交警"微博、微信运作团队全年无休，全天24小时在线，随时解答网友的各类咨询。"平安北京"网络互动平台体现了"京味、警味、人情味"，展现了公安民警的良好形象。

2. 权威信息的第一时间发布

微博、微信的运行，突出了公安网络互动平台"快、新、活、信"的特点，及时发布与群众安全息息相关的突出治安问题、出行提示、路况车况、社会热点事件等，如"10.11石景山喜隆多商场火情通报""用名片敲车窗，拿刀片划脸抢劫系谣言"，以及实时路况拥堵信息、交通事故播报等等，只要网友发布的信息准确客观，民警们并不会过多干涉，只是发现网友的信息有所偏差时，"平安北京"和"北京交警"微博、微信才会及时进行引导，对错误的信息进行更正。凡是通过官方微博、微信发布的信息，一定是经过警方反复核实、确认后的准确信息，始终坚持第一时间通过"平安北京"及"北京交警"微博、微信平台进行权威发布，并对网友发布的信息进行主动回应，最大限度地保障市民的知情权，及时消除恐慌，遏制不实信息的传播，引导网民不要轻信无可靠信源的网传消息，发现违法线索及时拨打110报警。据统计，自微博开通以来，"平安北京"已通过微博发布重大案件、事件和突发情况信息，辟谣信息80余件，其中2013年发布相关信息50余件。①

3. 民意主导，到群众中去

北京市公安局创新推出了"八大民意征集渠道"，以"民意"推动警务工作的创新发展。② 自"平安北京"微博开通以来，民警们每天都要对网友评论留言和反映情况进行梳理分类；对于网友反映的突出情况和实际困难，积极回应群众关切，通过网上网下一体化勤务指挥工作机制进行流转，第一时间将情况转递至相关单位，安排民警迅速调查处理、帮助解决，赢得更多网友的理解

---

① 北京市公安局网站材料，http：//www.bjgaj.gov.cn/web/detail_getArticleInfo_376355_col1159.html。
② 北京市公安局网站材料，http：//www.bjgaj.gov.cn/web/detail_getArticleInfo_376355_col1159.html。

和支持。"平安北京"微信平台采取自动回复、实时回复等方式解答"粉丝"有关公安常规业务的疑问,倾听群众对于首都公安工作的意见和建议,并开通了主题微信聊天室,邀请治安、交管、消防、出入境等部门的专家民警作为嘉宾,对大家提出的问题进行更专业、更准确的解答。2013年,北京市公安局组织开展了"三大秩序整治""夏秋社会治安专项整治""向人民汇报工作"等多项工作,均是积极吸纳群众意见的结果,做到"群众关心什么,公安机关就做什么,群众的需要在哪里,公安机关的工作就做到哪里"。例如,结合110接报警情况、"平安北京"微博及微信平台收集网民反映问题,重点围绕区域环境、治安秩序、交通秩序和火灾隐患等方面内容,北京市公安局组织多部门开展实地专项调研,在全市范围内确定出19处重点整治地区,组织治安、刑侦、人口、交通、消防等部门会同属地分局共同加强治理整顿,尽快改变治安面貌,为群众营造更安全、更和谐的生活环境。对新媒体的合理把握与运用,为应急工作变被动为主动提供了经验,为城市运行和应急处置工作提供了有力的信息支撑;不仅推动了首都社会治安管理创新,更为构建和谐警民关系作出了新贡献。

三 加强北京社会治安管理的建议与思考

在充分肯定2013年北京社会治安建设成就的同时,必须清楚地认识到北京的犯罪率仍大大高于全国犯罪率,其中流动人口的犯罪问题依然突出。在科技强警的同时,如何注重人权的保护;如何进一步密切警民关系,调动市民参与社会治安管理的积极性;如何继续提高社会福利,缓解社会冲突等问题,仍需要公安机关和全市人民的共同努力,以及社会治安建设体系的进一步完善。构建"世界最安全城市"依然任重道远。围绕今后首都社会治安建设重点问题,本文提出以下对策建议。

(一)改革现有户籍制度,科学管理流动人口

2013年,北京重点整治群租房、工地工棚、地下空间、"城中村"、城乡结合部等治安薄弱环节,对流动人口实施动态化管理,成为北京社会治安管理创新

的重要举措之一,取得了一定的社会效果。但这些举措仍属治标之策,仍未脱离传统"管控"思路,需进一步研究治本之策。笔者认为,北京社会治安管理创新首先需要推进管理观念的创新,特别是对原有的户籍制度进行改革。

传统的人口管理方式是"以证管人",即通过管理户籍,进而管理人的衣食住行,控制人口迁移,达到管理社会治安的目的。"以证管人"是新中国成立初期建立起来的社会管理模式,管理的主体是公安机关。随着改革开放三十余年,经济的繁荣和人口大量且频繁的流动,运用户籍管理人口、预防犯罪的功能已弱化。由警察管理户籍的单一方式,影响着流动人口申报"暂住证"或"居住证"的积极性。目前,来京不申报者的比例相当高,增加了北京市对流动人口管理的难度。北京的社会治安管理创新首先需要破除"以证管人"的传统理念,流动人口的申报,以及"暂住证"或"居住证"取得,可考虑逐渐与公安机关的治安防控工作相分离,而与政府服务于百姓的福利制度相链接,与居民和流动人口的权益和福利保障制度相结合。就是说,"暂住证"或"居住证"应当负载众多的服务功能,即与流动人口的医疗、职业培训、就业、子女就学、升学、住房、社会福利等民生和教育问题相结合,使流动人口的申报工作由现在的被迫申报转变为主动申报,因为他们申报的目的不是为了接受"管控",而是为了让自己和家庭享受所在地区更多社会服务。

"暂住证"或"居住证"的申报与流动人口服务功能联动光靠公安机关是无法完成的。北京可以借鉴发达国家的城市管理经验,将公安机关管理户籍逐渐转变为由市区政府内设的户籍管理部门管理。这一管理机制的转变,一方面容易实现与区域社会福利、学校教育、社会教育等的联动,有利于密切政府和市民的联系,也使户籍管理更加人性化;另一方面,户籍管理与警察治安管理相分离,更有利于首都公安系统集中精力做好犯罪的预防和控制,提高警察系统的专业化和快速反应能力,提高破案率。

(二)努力改善流动人口的生存与发展环境

据统计,2012年北京常住外来人口802.7万人[①],占人口总数的38%。一

[①] 《北京常住人口达2114万,常住外来人口802万》,新浪财经,http://finance.sina.com.cn/china/dfjj/20140123/150018060306.shtml。

方面，流动人口为北京城市化建设作出了重要贡献，另一方面，流动人口的犯罪问题日益突出，比如，2011年，北京市检察院第二分院审查受理的重大刑事犯罪案件，来京流动人口占77.4%①。大比例的外来流动人口的街头犯罪，从一个侧面反映出北京在为流动人口提供的生活环境、工作环境、教育环境等方面存在着较严重的问题。我们必须善待外来流动人口和农民工，从"失控"或"管控"，向改善其生存环境方面转变，克服长期以来由"城乡二元结构"造成的城里人对农村人的歧视。通过发展政府廉租房等手段，帮助农民工改善居住条件，使他们摆脱"贫民窟"式的生活方式。因为"贫民窟"式的生活环境容易形成与城市主流文化相抗衡的亚文化，增大外来人口融入北京的难度，甚至滋生犯罪价值观，带来区域性犯罪的增加。

北京市应当积极地接纳外来常住人口的子女，特别是农民工子女就近入学，享受义务教育，让农民工能够安心地把妻子和孩子接到北京，过上正常的家庭生活。这既是一种人本主义的关怀，也是抑制流动人口犯罪的重要手段。另外，目前农民工大潮已制造出7000万农村"留守儿童"，并且每年还制造出15万人次的流浪儿童②，他们正成长在缺少父爱和母爱，缺少良好的家庭教育的环境中，如果不采取有效措施，在不远的将来，我们的社会将为此次城市化付出沉重的代价。北京应为减少农村"留守儿童"和"流浪儿童"的数量承担起相应的社会责任，为农民工子女能够接受国家的义务教育提供条件。这是利在当代、功在千秋的大事。

（三）科技强警与注重人权保护

科技强警是北京社会治安管理创新的重要内容，在利用信息科技控制社会面，加强警察系统的快速反应能力方面北京一直走在全国前列，2013年北京继续加强科技强警的建设，针对治安薄弱环节地区，针对村庄的社区化管理，再增安装监控探头2000余个。不过，随着区域探头数量迅速增加，一些新的问题正在产生。探头具有一功多能的作用，一方面，它能监视犯罪者的行为，

---

① 《政策歧视的代价：流动人口犯罪的另一种解读》，法制网，http://www.legaldaily.com.cn/index_article/content/2012 - 05/23/content_ 3590352. htm？node = 5955。
② 陆学艺主编《北京社会建设60年》，科学出版社，2008，第864页。

增强破案的准确率和警察的快速反应能力；另一方面，也会损害公民的荣誉权、隐私权、肖像权等基本人权。因此，探头设置的范围、探头安装的审批单位、探头资料采集时间、录像录音资料保管和销毁、允许安装探头的公共空间界定等都需要建立和完善严格的法律、法规。特别是内保系统的探头安置更应当考虑对本单位工作人员的人权尊重。否则，探头的安置会与宪法的自由条款相抵触，北京也会在社会秩序刚性稳定的同时，成为一个不宜居住的城市。

（四）创立新型的"群防群治"体系

在社会治安的管理体制上，解放初期我们强调"群防群治"，现在我们强调"综合治理"。"群防群治"是以企业、行政事业单位、街道、村落的治保委员会为基础，广大群众的积极参与治安管理的一种方式，被称为是预防和治理犯罪的"人民战争"。尽管其人力资源的成本较高，但确有实效。改革开放以来，我们确定了"综合治理"基本方针，这是一种强调党委对治安工作的统一领导，公检法司各司其职和治安工作的"以块为主"的单位责任制。2004年9月，公安部发出通知，用三年时间将实施了四十年的"治安联防"制度逐渐取消，传统的"治安联防"逐渐被保安公司提供的专职治安保卫所替代。2003年全国保安公司已发展到1400家，保安人员突破60万人，2005年北京市的保安人员已达7.6万人，超过了警察的数量①。

但是，随着社会治安管理专业化和职业化程度的提高，以及群众"自我保护"意识的增强，群众与警察，群众与治安管理机构的关系却在疏远，群众参与犯罪治理和预防的积极性在降低。其中最明显的变化是群众对犯罪的举报率降低，并带来破案率下降。2011年全国刑事案件破案率仅为41.9%，北京市的刑事案件破案率也不高，1998年和1999年的破案率仅为22.9%和32.4%。无论是发达国家还是发展中国家，也不论国家警察的装备先进和机动程度多高，群众对犯罪行为的检举都是警察立案和破案的重要前提，也是治理和预防犯罪的基本手段。

---

① 《中国400万人从事保安工作　北京保安人数超过警察》，中国新闻网，http://www.chinanews.com/news/2005/2005-12-06/8/661367.shtml。

北京在建设现代都市的过程中，必须考虑如何建立起一个市民与治安机构的新型关系。让群众更多地了解警察与其他治安管理人员的工作性质、工作流程等。社会治安建设的专业化和职业化如果变成了神秘化，变成了普通百姓无法接近的东西，我们的社会治安建设工作就会脱离群众，检举率无法提高，犯罪率难以控制，综合治理工作也无法达到最佳效果。

（五）城市治安管理的机动化和小型化

将公安派出所建在非闹市区的"深宅大楼"里是改革开放前地域封闭，人口流动缓慢，以住地居民的户籍管理为核心，以证管人、管治安工作模式的产物。这种做法已经不适合大规模人口流动的现代都市管理。派出所是分局的派出机构，应当减小机构规模，增加机构数量和机动性，将"治安阵地"建在人口流动量最大的地方。如，主要车站、闹市区、娱乐场所周边等，小型派出所之间的设点距离，应保障在任何条件下，警察到案件现场的平均速度为8分钟以内，以符合国际大都市的治安要求。全市应建立起以110报警服务台为指挥中心，派出所为据点和前沿阵地，在点与点之间以巡警的频繁巡逻为补充的、具有快速反应能力的社会治安体系。在世界警务的"四次革命"（即职业化、专业化、机动化和社区警务）中，北京警察需完成"第三次革命"，即适应北京大都市的快速发展的需要，把警力放在街面上，增强警力机动性，进一步提高警察的快速反应能力。一是为了震慑犯罪；二是为了高效地解决人口频繁流动中，地点和时间的不确定性的各种民事纠纷、冲突、街头犯罪以及突发事件。

（六）强化社区和家庭建设

"社区民警驻区"工作机制是北京社会治安管理创新特色之一。2013年，化解了近4万件次矛盾纠纷，成果显著，今后可进一步考虑提升警察参与社区管理和社区服务的水平。驻区民警参与社区服务、社区咨询、社区讲座、社区培训、社区庆典等，与社区居民委员会协力改善社区的人文环境，指导、协助社区组织积极参与对家庭关系和解、子女教育的指导，推进家庭教育的改善，预防社区青少年犯罪。

在社区建设中，我们应以建设健康家庭为中心，并从以下三个方面开展工

作。①建立健全以社区为依托的调解家庭纠纷，特别是财产纠纷的社会调节机制；②恢复和发扬中国传统家庭的美德，强调人性基本的道德底线，强调长幼有序、尊老爱幼、孝敬父母等。加强关爱生命的教育。③激烈的竞争社会中压力与犯罪的关系日趋紧密，需要在社区建立社会的缓压系统，这一系统包括，行为疏导、心理咨询，及时发现、治疗、管理心理疾病和精神疾病。建立起社区与社会福利机构、医疗机构的联动机制，构建起竞争社会中弱者也可以生存的社会环境，保障社会的和谐稳定。

（七）扩大社会福利的辐射面以控制犯罪增长

改革开放三十多年，我国的经济实力得到了空前的增强。此时拿出资金投入社会建设，特别是社会福利制度建设是适时和必要的。现代社会的福利制度既有扶助贫困，缩小经济差别的功能，也有控制由于"绝对贫困"引发刑事犯罪的功能。北京市应当在地方财政允许的范围内，扩大福利事业辐射的范围，让更多的社会群体受益。构建福利社会，最大限度地减少因贫困引发的犯罪，是现代社会预防和控制犯罪的"治本"方法之一，较之投入大量的人力物力进行"严打斗争"和建造监狱更具有持久稳定社会的功效。

北京市应在国家大的法律框架下，积极建立具有北京特色的地方福利法规，构建科学的地方福利体系。并能在未成年人、流动人口、流浪儿童、刑满释放人员的社会保护方面做出北京的特色。北京地方福利制度的构建和相关政策的实施，将会有效抑制犯罪，逐渐形成以福利制度为依托的预防犯罪的长效机制。

（八）加强犯罪预防与预测工作

"建设世界最安全城市"是一个庞大的社会工程，是以政府、家庭、学校、社区为中心的制度环境的改善工程，包括教育、福利、服务设施、完善法律制度和社会伦理教育及"舆论场"等，需下大力气长期抓下去。同时，根据全国及北京市新的政策或科学技术出台，应进一步提高地方立法水平，提高公检法在解决新发、突发社会治安问题的协作能力和应变能力。以主动的立法、执法等提升解决新的社会矛盾和抑制新型违法犯罪的能力。

根据社会变化的新特点，准确及时地预测犯罪类型和发展走势，及时采取相应措施抑制新的犯罪类型的产生与发展。注重城市的基尼系数、失业率、贫困人口、流动人口、辍学率、夜不归宿未成年人数、刑满释放人员数等与犯罪率变化相关联的数据统计和分析，确定地域的防控重点，及时制定预防犯罪、稳定社会的方略，从预防犯罪的角度多做基础工作，有效地控制犯罪率。

B.18 2013北京互联网舆情分析报告*

鞠春彦**

摘　要： 2013年，北京互联网舆情总体态势平稳，政府主导下的政务微博建设成绩突出，互联网舆情研究队伍日趋职业化、专业化，政府对舆情持监测与引导两手抓战略。互联网的虚拟性受到挤压，其社会情绪减压阀和官民互动润滑剂的作用应得到进一步的重视。

关键词： 互联网舆情　政务微博　职业化专业化　互联网治理

2013年北京互联网普及率进一步提高，达到75.2%，比2012年增加3%，网民人数达到1556万人，网民规模增速为6.7%。北京互联网普及率和网民增速均居全国首位。方便快捷的手机上网是网民规模增长的主要动力。

表1　2008~2013年北京互联网网民规模与互联网普及率

单位：万人，%

年份（年）	北京网民数量	北京互联网普及率	全国互联网普及率	年份（年）	北京网民数量	北京互联网普及率	全国互联网普及率
2008	980	60	22.6	2011	1379	70.3	38.3
2009	1103	65.1	28.9	2012	1458	72.2	42.1
2010	1218	69.4	34.3	2013	1556	75.2	45.8

数据来源：中国互联网信息中心，第23至第33次中国互联网络发展状况统计报告。

---

* 本文获得以下基金项目支持：2012年北京市自然科学基金《网络社会背景下的社会管理模式研究》（项目号9122002）；2013年北京市属高校拔尖人才培育计划项目（CIT&TCD201304056）；2013年北京工业大学人文社科基金项目（X5014102201302）。

** 鞠春彦，北京工业大学社会学系副教授。

在普通网民队伍不断发展壮大的同时,依托信息化技术的网络平台建设也在不断进行技术的升级和观念的调整。在网络化的浪潮中,政府电子政务的发展和政府网站的建设是一道亮丽的风景线。尤其在"互联网已成为思想文化信息的集散地和社会舆论放大器"的大趋势下,在"围观改变中国"的网络生态环境中,在互联网舆情对社会治理"倒逼机制"凸显的社会情景里,政府对于通过网络平台收集社情民意、对于及时有效地监控和引导网络舆情越来越重视,相关的考核评估持续跟进。

表2 2013年省级政府网站评估结果

排名	省(市)	信息公开指数	民生领域服务指数	重点服务指数	互动交流指数	新技术应用指数	网络舆情引导指数	总分
1	北京	0.72	0.91	0.66	0.93	0.80	0.64	79.7
2	上海	0.78	0.76	0.62	0.79	0.66	0.72	72.8
3	四川	0.79	0.70	0.71	0.73	0.70	0.54	71.9
4	福建	0.76	0.84	0.52	0.68	0.70	0.25	69.3
5	湖南	0.73	0.92	0.55	0.76	0.38	0.10	68.2
5	海南	0.76	0.74	0.70	0.82	0.36	0.10	68.2

数据来源:http://2013wzpg.cstc.org.cn/jxpg2013/pgbg.html。

2013年中国政府网站绩效评估中,北京西城区(第1名)、北京东城区(第5名)、北京大兴区(第9名)获得区县政府网站前十名。

表3 2013年区县政府网站评估结果

排名	区县	所属省市	信息公开指数	领域服务指数	重点业务服务指数	互动交流指数	新技术应用指数	总分
1	西城区	北京市	0.75	0.84	0.63	0.84	0.74	77.4
2	罗湖区	深圳市	0.76	0.83	0.54	0.91	0.74	76.2
3	思明区	厦门市	0.70	0.84	0.54	0.89	0.73	74.8
4	禅城区	佛山市	0.68	0.82	0.58	0.76	0.84	73.3
5	东城区	北京市	0.72	0.83	0.49	0.79	0.68	72.3
6	福田区	深圳市	0.72	0.82	0.48	0.77	0.69	71.2
7	武昌区	武汉市	0.66	0.78	0.44	0.77	0.77	67.8
8	崂山区	青岛市	0.74	0.76	0.43	0.86	0.18	66.7
9	大兴区	北京市	0.68	0.73	0.41	0.80	0.69	66.4

数据来源:http://2013wzpg.cstc.org.cn/jxpg2013/pgbg.html。

2013年10月24日,"第三届中国政府门户网站发展论坛"公布了《2013年中国政府网站互联网影响力评估报告》,报告显示,中国政府网站互联网影响力整体偏弱,政府网站影响力前10名的网站分别为:外交部、商务部、财政部、工业和信息化部、农业部、质检总局、统计局、交通运输部、海关总署、公安部。北京在"省级政府网站互联网影响力"综合榜单中排名第3,在"各省内政府网站互联网影响力"的综合平均分排名中名列第8。

政府网站常规建设不断推进的同时,与时俱进的信息化升级也在持续。2013年,政务微博、媒体微博都已进入常态化运营管理阶段。人民网舆情监测室联合新浪共同发布《2013年新浪政务微博报告》显示:2013年党政机构微博与2012年底相比总体增幅为93%,北京跻身前十名排名第7,较2012年排名有所上升。在"TOP200"党政微博方面,北京拥有48个微博数排名第一,较2012年增长了31%。公职人员微博较2012年总体增幅为23.4%,相比机构微博增速较缓的总体情况下,北京公职人员总数为3581,排在第一名;但在公职人员微博影响力"TOP200"排名情况中,北京排在第3位,次于广东和江苏。

一 2013年北京互联网舆情状况描述

从总体情况来看,围绕教育、医疗、住房、交通、就业、食品安全、环境生态、社会管理与社会服务等民生问题的舆情仍是网络热点。其中教育公平、高房价、治堵、雾霾、转基因、人口调控等是关注度颇高的热词。

具体来看,在教育领域中,入园难、小升初、异地高考、高考自主招生、中高考改革等议题持续保持热度。2013年10月21日,北京市教育考试院公布中高考改革方案。降低中高考英语分值、提高语文分值,重点高中名额向一般中学倾斜等成为方案的亮点。2013年12月30日,《北京市随迁子女在京升学考试工作方案正式出台》是"异地高考"舆情中的重要节点。房子的问题在2013年热度依然,突出的事件包括:京五条,以房养老、以房助老,房产证自愿免费加密码,中介新规,禁止群租,作家莫言北京五环外买房花一半诺贝尔奖奖金,五道口学区房10万元一平方米的价格被网友戏称"宇宙的中心",北京人济山庄楼顶别墅"最牛违建",北京又出全国单价地王、楼面低价7.3万元/平方米,首个自住型商品房遭哄抢,清理小产权房等。与百姓生活息息相关的衣食住行中的"行"仍然突出:整治中国式过马路、出租车调价、地铁调价、摇号难摇号新政等方面的舆情关注度很高。基于对生活质量的关注,围绕转基因的崔永元方舟子论战、"雾霾"造词运动等吸引了众多网民的参与。安徽籍女子北京京温服装商城内坠楼、大悦城和家乐福超市罪犯持刀砍人、冀中星T3航站楼制造爆炸、光明楼蛋糕店因燃气事故爆炸、喜隆多商场大火、吉普车冲撞金水桥恐怖袭击事件、老外街头扶摔倒大妈遭讹等突发情况引发的舆情在2013年年度北京互联网舆情场域中占据重要位置。社会治理领域的招聘"闻臭师"、整治网络大V、地铁蝗虫论、封下水道井口与井底人事件等,其他领域的如女子戴假肚皮装扮孕妇骗座、"史上最好卖的保险"——老人意外险"摔倒险"、北京师范大学教授董藩"北京交通拥堵是因为房价不够高"、中国人民大学教授王琪延提出"过劳可耻"建议4天工作制、烹饪催高PM2.5等事项都引发网友广泛关注。

表4和表5分别是上海交大舆情研究实验室"地方舆情"中收录的2013年北京舆情热点和北京市公安局和人民网联手发起"2013首都公安十大最具影响力事件"评选活动结果。

表4 上海交大舆情研究实验室地方舆情2013热点事件

文章标题	日期	点击数
北京警方查明网络大V"薛蛮子"嫖娼且涉嫌聚众淫乱	2013-08-29	21442
北京密云县政协:爆粗口政协委员被撤销资格	2013-02-04	15204
京津冀雾霾检出大量危险含氮有机颗粒物	2013-02-20	7034
北京摔婴案凶手哭求检察官:一定要判我死刑	2013-08-29	4821
北京研究饮用水水质夫妇20年不喝自来水	2013-01-13	4414
北京菜贩乱扔垃圾遭村镇联防队罚5000元	2013-08-08	1609

北京市公安局和人民网联手发起"2013首都公安十大最具影响力事件"评选活动于12月6日正式启动,12月16日活动主办方综合加权了网站投票、微博投票及媒体投票结果,最终评选出10件"2013首都公安最具影响力事件"。此次评选活动得到了广大网友及媒体的高度关注和热情参与,累计共有997万余人次参与了票选活动。

表5 "2013首都公安十大最具影响力事件"名单

排序	影响力事件
1	打击有组织传播谣言,网络推手"秦火火"被刑拘
2	警务公开出新招:市公安局首以发布会形式向市民汇报工作
3	喜隆多商场大火两消防官兵牺牲无一群众伤亡
4	公安局长上街执勤,千余领导干部转变作风,蹲所住队察民意
5	便衣神探张惠领获评"2013年度中国十大法治人物"
6	男子当街摔女童警方18小时擒凶
7	全市6个派出所可办护照,缓解市民办证难
8	本市首条潮汐车道开通,社会车辆速度提高6.7%
9	保护公民信息安全,警方查获28家非法销售窃听窃照器材公司
10	网安启明星工程:"最美女网警"进校园,网络信息安全从娃娃抓起

数据来源:千龙网2013年12月16日讯。

此外,北京作为首都因为十八届三中全会、八项规定、反腐等成为全国舆情关注的热点地区。如:被曝光的"会员卡腐败"案例中,北京比较突出。会员卡消费,号称行走于灰色地带的腐败"新宠",具有一定隐蔽性的变相腐败。整顿会员卡专项开展以来,"你交卡了吗"成为网友调侃各级机关干部和公务人员的网络语言。

二 2013北京互联网舆情特点分析

纵观2013年北京互联网舆情,平稳的态势中热点频出。在政府干预越来越强的大趋势下,网络议程设置下的官民互动在持续磨合中走强,网民的狂欢在网络治理下热度锐减,具有私密性的微信成为网民深度交流新载体。技术的升级与治理的深化同步进行。

(一)议程设置下产生的广泛关注和突发事件衍生的论题是舆情热点的两大主体

相对于以往网络舆情热点在网友爆料后引发的突出特点,2013年北京互联网舆情热点除突发事件外,舆情热点多伴随政府新政的发布而出现。也就是说，议程设置下的舆情热点正在成为互联网舆情的主体，官民互动不断走强。

比如，针对治堵政策的网络热点在北京舆情场域中较为引人注目，每一次新政露面都会引发广泛的关注。北京市交管部门提出多项建议治堵控污，七成网友反对"无车位不能摇号"。新浪发起"是否支持以限购汽车治理堵车和空气污染"，54.5%反对，43.7%支持，1.8%无所谓。针对"外地车高峰时段进车扣3分"的规定，70.2%的网友反对，认为是歧视。

2013年7月5日《北京日报》发布"80平方米两居室住25人"的配图新闻。北京市针对"群租"现象给予高度重视并进行了及时迅速的反应，7月19日北京市住建委等部门联合印发《关于我市出租房屋人均居住面积标准等有关问题的通知》。针对"群租"问题的广泛关注和热议，新浪发起的"怎么看'禁止群租'新规"的调查，调查结果显示：62.1%的网友反对，32.7%的网友支持。

（二）网络环境进一步规范，国家队以技术为支撑实现全覆盖，拟通过技术监管和观念引导的两手抓实现对网络话语的绝对掌控

2013年初，北京市认真贯彻落实全国人大常委会《关于加强网络信息保护的决定》，针对推进网络真实身份管理等议题召开专门会议，研究出台手机实名制管理规定，强化微博客、社交网络、手机报等管理，研究制定北京市互联网发展管理规定。会议有针对性地进行了如下部署："加强网上舆论引导，抓好政务微博、媒体微博、名人微博、网评员微博建设，完善网络发言和协同引导机制，有效应对热点问题，壮大网上主流舆论，改善网络舆论生态。持续开展有害信息和低俗信息专项整治行动，加强IPTV、网络广播电视、手机电视等网络视听节目管理，完善行业自律体系和社会监督机制，着力净化网络环境"[①]。2013年1月17日，北京市委常委、宣传部长、副市长鲁炜要求，首都各区县、各委办局、各传统媒体都要开通法人微博，每一名宣传工作者都要"看微博，开微博、发微博、研究微博"。

2012年4月16日北京市政府微博工作领导小组成立，对微博进行舆情分

---

① 《北京将实施互联网发展行动计划，出台手机实名规定》，《新京报》2013年1月18日。

析、统计分析、筛选处理,并进行制度设计、流程设计、人员培训、系统开发、风险点评等。调查数据显示,微博诉求主要集中在城市管理、公共服务、市政、拆迁问题。2013年3月7日,12345北京市政府服务热线的政务微博@北京12345正式开通,专门处理此类问题。

2013年8月10日"网络名人社会责任论坛",鲁炜在座谈会上提出"六点希望"和"七条底线",引发网络大V的热议,"七条底线"又被多家媒体和网民称为"鲁七条"。大多数网友支持"鲁七条",认为守住言论底线,才能构建网络时代的议事规则。9月1日起,《电话用户真实身份信息登记规定》实施。

2013年,在政府的统一部署下,政务微博迈进了"覆盖式"发展道路,"合纵连横"式的格局形成——多地多部门实现政务微博的垂直覆盖,同一层级政务微博交流互动增强。"覆盖式""集群化"正成为政务微博未来发展的一个趋势①。从政务微博的统计结果来看,在全国党政机构微博部门分布中,团委微博所占比例较上年有较大提升,已经超过公安系统成为党政机构中占比例最高的部门,比例为29.2%,其次为公安部门,所占比例为21%,政府微博占13.4%,名列第三;在影响力"TOP200"中,政府部门所占比例为33%,超过公安部门的28.5%,名列第一;而团委微博只占到6.5%,名列第五,落后其所占全国党政机构微博部门,表明我国团委微博虽然开通的数量较多,但其影响力还有待提高。通过以上数据信息可以看到:针对互联网的传统管控思维正在发生变化,新的格局正在形成,但影响力与效果的发挥有待观察和验证。

(三)网络舆情研究的队伍不断壮大,研究人员走向专业化、职业化,舆情分析日趋精细化、及时化、常态化

人民日报社网络中心舆情监测室是目前网络舆情研究的龙头。人民日报社所属的有关机构自2006年起就开始探索智能搜索引擎和网络舆情研究,并于2008年正式组建人民网舆情监测室(人民日报社网络中心舆情监测室)。舆情

---

① 陈宁:《政务微博迈向"覆盖式"发展道路》,《网络舆情》(内参)2013年第98期。

监测室创办了国家重点新闻网站首家舆情专业频道——人民网舆情频道,出版了国内唯一一份有正式刊号的内参《网络舆情》。2009年开始,舆情监测室定期对外发布"地方应对网络舆情能力推荐榜""网络文化热点排行榜""央企网络舆情应对能力排行榜""舆论信心指数""企业网络舆情应对能力与声誉管理研究报告"、央企网络舆情指数体系等研究成果。自2010年,人民网舆情监测室成立专门企业舆情部,加大对企业舆情的研发力度。2010年,人民网舆情监测室研发并完善了具备个性化、垂直性监测功能的互联网舆情监测系统。该系统基于网络舆情传播规律,及时、全面地监测境内外新闻网站、论坛、报刊、电视、广播和知名博客、微博,并在此基础上进行数据的抓取、挖掘、聚类、分析和研判,方便舆情工作人员迅速获取舆情,提高舆情管理和舆论引导的水平。舆情监测平台涵盖五大舆情支持系统,即部委(纪检)、省(市)级、市(市)级、县(市)级和上市公司、央(国)企、外企、民企舆情支持系统,为客户实现网络声誉管理、舆情监测、敏感信息预警、内部风险管理评估、突发事件实时追踪和宣传工作评估考核等功能。2013年1月8日,人民网旗下自主研发的政务微博导航网站政务通(www.zhengwutong.com)正式上线,旨在以政务微博为切入口促进民众与政府间更顺畅的沟通,这是国内首款专注于政务微博的导航产品。

同类的研究机构和队伍也在不断发展壮大,政法系统是排头兵。为了进一步加强互联网新闻宣传和信息内容安全管理,各地政法战线相继成立了相关部门对社会舆情信息进行监管。2008年北京政法职业学院(北京市政法委直属的高等院校)应用北京拓尔思信息技术股份有限公司(简称TRS)的网络舆情监控系统,建立"网络舆情实验室和舆情监控系统",为北京市政法干线培养网络监管专业人才,为首都政法战线提供舆情监控信息服务。伴随网络的发展,越来越多的科研人员和科研机构转向互联网舆情研究,笔者对相关研究成果做了一个初步统计,见表6。

为了培养合格的网络舆情分析师,规范舆情行业职业秩序,人力资源和社会保障部正式推出了网络舆情分析师职业认证,人民网舆情监测室是《网络舆情分析师职业培训合格证》独家培训机构。2013年10月开始第一期培训。

表6 近年来互联网舆情的相关研究成果统计

成果名称	成果单位	成果形式	成果发布时间	出版单位
网络舆情	人民网舆情监测室	内刊	2009年	人民网
中国互联网分析报告	人民网舆情监测室	社会蓝皮书	2009年	社会科学文献出版社
中国社会舆情年度报告	中国人民大学舆论研究所与百度合作	年度出版研究报告	2010年	中国人民大学 百度
社会舆情指数年度报告	中国传媒大学舆情研究所	年度报告	2010年	中国传媒大学
北京市互联网舆情分析报告	北京工业大学	社会建设蓝皮书	2010年	社会科学文献出版社
舆论指数	人民网舆情监测室	网络发布	2011年	人民网
首都网络文化发展报告	北京市互联网宣传管理办公室、北京市社会科学院	年度出版研究报告	2011年	人民出版社
中国政务微博研究报告	复旦大学舆情与传播研究实验室	年度报告	2011年	复旦大学
新浪政务微博	人民网舆情监测室联合新浪微博	新媒体	2011年	人民网新浪
首都互联网发展报告	北京市互联网信息办公室和北京市社会科学院	年度出版研究报告	2012年	人民出版社
中国社会舆情与危机管理报告	上海交通大学舆情研究实验室、危机管理研究中心	舆情蓝皮书	2012年	社会科学文献出版社
中青月度舆情指数	中国青年报社中青舆情监测室	月度报告	2013年	中国青年报社

三 对2013年北京互联网舆情的思考和建议

（一）技术进步与网络治理的博弈现实存在，大数据时代需要创新互联网舆情治理理念

自微博问政以来，政府举措的与时俱进有目共睹。当前政府取得在网络空间的话语权主要靠技术抢占阵地，以媒介素质赢得网民的能力还有待提升。据人民网舆情监测室研究，"2013年微博净增数：主流媒体微博第一；政务微博

第二；意见领袖末位，只有主流媒体的微博的大约1/3。而博文转评总数：意见领袖第一；主流媒体微博第二；政务微博末位，不足意见领袖影响力的14%；主流媒体微博+政务微博的影响力仍逊色于意见领袖"①。国家队在微博舆论场上的发帖数量已经取得了绝对优势。但正面舆论的说服力、感染力和影响力还有待进一步提高。北京在2013年微博数量排名第1，影响力第3的情况与北京作为首善之区的地位是不相符的。在2013年省级网站评估中，北京名列第1，从分项指标来看，新技术应用指数和互动交流指数高居榜首，民生领域服务指数和重点服务指数位于第2名，信息公开指数的排名在5名以外。依靠技术的互动是深入交流的前提，言之无物空洞的互动会衍生不可预期的后果。这值得警惕，也是需要注意调整的方向。

另外，是否存在微博的布局与网民实际需求不符的情况呢？《2013新浪政务微博报告》显示：在根据微博活跃度、微博传播力和微博引导力三项指标遴选的"十大微博"中："十大医疗卫生微博"中，部委微博4个，北京医疗机构微博5个；"十大交通管理微博"中北京铁路、交通北京、北京地铁入选；"十大环保微博"北京入选2个；"十大气象微博"，北京入选一个；"十大旅游机构微博"，北京未入选。

靠"卖萌"也解决不了问题，会说"微语言"只能抵挡一时。"地铁蝗虫"事件给官方微博敲了很好的一记警钟。2013年11月10日11时，实名认证为"北京地铁公司官方微博"的@北京地铁发布了一张地铁车厢内垃圾遍地的图片，并发微博称："'蝗虫'过后的10号线，一片狼藉……北京首都的宽容大度为人称道，但有时候宽容过了头也招致诟病。对于恶意破坏北京首都的行为，我们只想说'这里不欢迎你'！"该微博发布后被迅速转发并引发热议。当日16时，该博文被删除。这个案例提示：官方微博要慎用民间舆论场中的词汇。

从BBS、博客到微博，再到微信，一轮轮的技术升级不可抵挡。有人说微信正在撬动社会舆论新格局。微信平台的互动性和精准性明显，在微信平台设置敏感词是不现实的，走审查路线根本无法应对大数据，所需的时间、精力、

---

① 祝华新：《网上舆论工作12个关键词》，《网络舆情》（内参）2013年第96期。

能力、人力都是难以逾越的障碍。这也对主流媒体提出新的挑战和要求——不但要与网民互动沟通,还要学会与网民沟通,更要构建"微时代"执政党的话语体系,创新思维和理念。

(二)舆情监测可了解民意走向,治理网络净化环境是为了引导民意,倾听民声,更是为了更好地服务民生

信息化时代,网络是观测民意的重要窗口。网络舆情中的热点讨论都是现实问题的反映。网络手段为快捷地收集民意提供了良好的平台。全国人大代表、教育部部长袁贵仁在2013年3月8日的教育界别联组会上表示,目前高考还不能取消,"完全取消了谁占便宜?当官的、有钱的占便宜,穷人占不到便宜,所以不能取消,但要改革"。据此,凤凰网发起"怎样看'废高考会让权贵获益'说法"的调查,结果:78.3%的参加活动的网民选择"认同,穷人再没有公平竞争环境";12.2%的网民认为"不好说,现阶段先改革为好";9.5%的网民"反对,废高考能发挥个人优势"。2013年4月8日,北京市交管局宣布,要通过纠正、教育、批评和处罚等措施,全面治理行人及非机动车交通违法行为。"整治行人闯红灯,严查'中国式过马路'"成舆论热点。对此人民网推出"北京对行人闯红灯将当场罚款10元,您咋看"的调查,结果显示:39.6%的人认为"经济处罚或是最有效手段了";37.9%的人认为"规划好红绿灯设置才能治本";20.3%的人认为"只罚10元是否太少了?";2.2%的人选择"有话说"。2013年5月,国务院发展研究中心专家表示,北京、上海不能轻易放开户口。中央人民广播经济之声对此发表评论称:户籍制度改革应该有个时间表。据此,人民网推出"您对专家称'北京、上海不能轻易放开户口'咋看"的调查,结果:42%的人支持,41.1%的人反对,15.5%的人"建议推进区域发展的均等化",1.1%的人选择"其他"。[①]

从上面的三则调查结果可以看出:网友已经越来越少激进而多理性了,但他们的思考也越来越深入,不但从理念方面对执政党和政府提出了实现"公平公正"类的高要求,也在具体行动层面上提出了可操作化的现实需求。

---

① 人民网:《网络舆情》(内参)2013年第33期。

如何更好地治理网络环境值得进一步探讨。2013年9月1日，《电话用户真实身份信息登记规定》实施后，新浪网进行了调查，结果显示：41%的网友认为"保障个人信息是头等大事"；29%的网友支持实名登记制度，打击通信犯罪；21%的网友认为"入网影响公民舆论和自由"；9%的网友关注《规定》的实施和问责。过度的规范是"塞"民之口。"围观"效应已不必多谈，网络中不评论的转发行动表达了个人对待某些事的态度和立场。实名制是否会因为违背网络匿名性的属性而限制网民的参与热情的论断有待于进一步观察，但因为网络安全问题而废止网络实名制的韩国前车之鉴值得警醒。目前总体而言，网友对于网络治理的新举措还是持乐观期待的态度。我们相信：不论体制内还是体制外，都有基本的辨别力。我们也期待一些公共话题应该能引起更理性的讨论，宣传者也会在讨论中变得更加理性。

（三）互联网构建的虚拟社会是现实社会的折射，但其自身发展的逻辑应该得到应有的尊重

诸多的实例表明，网络舆情是现实社会的反映，只是表现形式有时会以异于现实世界话语表达出来。如面对雾霾天气的造词"厚德载'雾'，自强不'吸'"，大雾版的《北京北京》等，以诙谐、调侃的语气表达严肃的论题。动画版的"领袖是怎样炼成的"、习版"时间去哪儿了"获得广泛的社会认同，说明了网络时代话语和沟通的创造力、生命力、活力与宣传效果的极大关联性。

互联网时代，政府网站未来发展趋势将是从"知晓"式被动信息发布向"回应式"主动公开转变，从"单向式"互动表达向"融入式"参与决策转变，从"形式化"在线服务向"实质性"网上独立办事转变。这就需要各级政府网站快速准确把握社会热点话题，主动倾听群众意见、呼声和诉求，创新社会关切回应方式，稳步加强政策制定和执行过程中的良性互动，快速提高政府网站的吸引力和影响力。过去两年，网络舆论场最大的变化之一就是大量的政务微博与主流媒体微博的入驻，两个方阵互为补充，逐渐形成了微博上的舆论强势。政务微博也逐步建立"制度性回应"，加强对民意的吸纳、回馈和说理制度。但政府主导凸显对于网络社会空间的挤压也是明显的。虚拟空间的成长只能靠技术升级去支撑吗？如此，技术和治理的较量

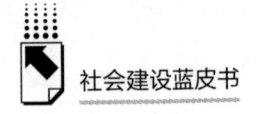

永远僵持并持续，并且政府的治理往往会陷入应对式的境地。倒逼机制是社会转型的副产品之一，社会发展和和谐社会建设更需要在科学规划和理性的指导下多一些前馈控制。

因此，要给网络虚拟社会一定的自主生长空间。互联网仍是社会情绪的减压阀，它能够充当官民互动的润滑剂。互联网的治理不仅要关注整治，更要关注培育。

B.19 北京高校教师弱势心态的根源及应对机制

赵丽琴　范园园*

摘　要：

近年来，高校教师群体普遍呈现出不同程度的弱势心理，表现为阶层地位的认同偏低、强烈的无助感、相对剥夺感和不公平感。高校教师弱势心理的出现与蔓延，与当下社会贫富差距悬殊、普通教师经济地位偏低、高校管理体制的高度行政化与公平公正的缺失等有着密切的关系。教师弱势心理的蔓延，会产生诸多的负面效应，政府部门和高校领导需要予以充分重视，并需要采取切实有效的改革措施以应对这一问题。

关键词：

高校教师　弱势心态　应对机制

2010年人民论坛杂志进行了一项调查，选取党政干部、知识分子（主要为高校、科研、文化机构职员）、公司白领三个典型群体进行，有效调查人数分别为280人、213人和325人。针对知识分子群体的抽样调查表明，高达55.4%的受访知识分子（主要为高校、科研、文化机构职员）自认"弱势"。[①]弱势心理似乎已成当下知识分子群体的普遍心态。

高校教师作为知识传承与创新的主体，拥有较高的职业声望和教育水平，

---

*　赵丽琴：北京工业大学人文学院社会工作系，副教授，博士，主要研究方向：社会心理、心理咨询、学习动机；范园园，北京工业大学社会学系硕士研究生。
[①]　人民论坛问卷调查中心：《"弱势"缘何成了普遍心态——不同群体"弱势"感受对比分析报告》，《人民论坛》2010年第12期上。

为何会表现出强烈的弱势心态？这是当前中国民众社会心态的真实反映，还是这一特殊群体独有的情绪表达？这种弱势心理又会引发怎样的负面效应？政府部门、高等院校应该采取哪些有效措施来应对这一社会问题？这都是本文着重探讨的话题。

一 高校教师弱势心理的表现

传统的"弱势群体"一般是指那些依靠自身力量或能力无法保持个人及其家庭成员最基本的生活水准，需要国家和社会给予支持和帮助的社会群体。不难看出，这一概念阐释关注的是社会个体生存的物质生活状况，而非整体的观察与考量。目前"弱势"的内涵已经突破传统的纯物质生活的范畴，不再与经济贫困画上等号，弱势心理也不再是贫困群体的"专利"。[①] 社会发展转型期贫富分化的加剧使得"弱势心理"在社会生活的各个领域衍生和蔓延，高校教师也不例外。

（一）阶层地位认同偏低

2013年，本研究对北京某市属高校200名教师（有效人数182人）进行了阶层地位认同的调查研究。该调查随机抽取文科类教师41人，占调查人数的22.5%；理工科类教师84人，占调查人数的46.2%；行政类人员57人，占调查人数的31.3%。调查样本中男教师所占比例为58.8%，女教师所占比例为41.2%。调查对象的年龄集中在30~50岁之间，其中30~39岁的调查对象所占的比例最高，为41.2%，见图1、图2。

该研究重点关注教师在"经济收入""职业声望""教育程度""消费水平""综合社会经济地位"各个维度的阶层认同状况。本研究中的阶层水平按"下层""中下层""中间层""中上层""上层"五个层次来划分。如果调查对象认为在某个维度上自身处于"下层"或"中下层"，就视为在该

---

① 赵中源：《"弱势"心理蔓延：社会管理创新需要面对的新课题》，《马克思主义与现实》2011年第5期。

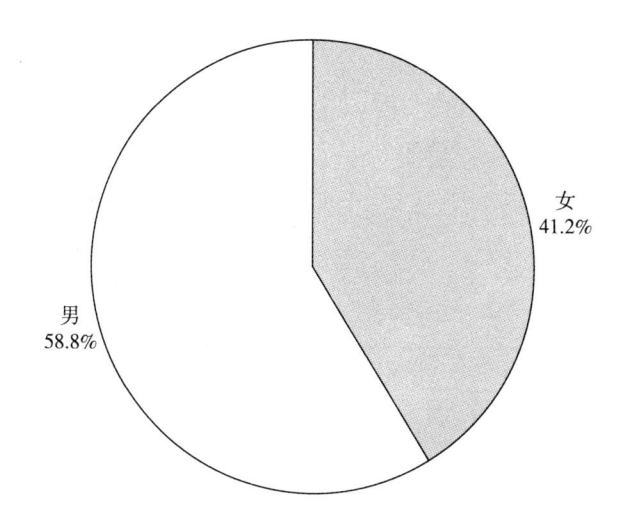

图 1 调查对象的性别比例

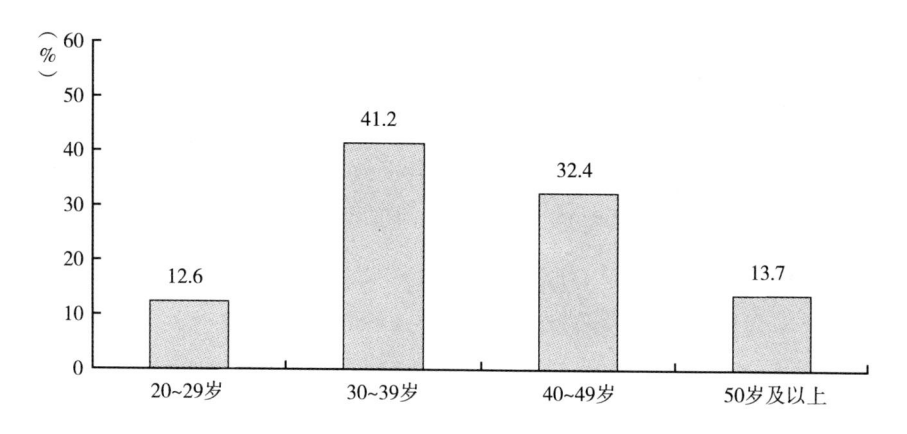

图 2 调查对象的年龄分布

维度上不认同中产阶层的地位；如果调查对象认为在某个维度上处于"中间层""中上层"与"上层"，就视为在该维度上认同中产阶层的地位。具体结果见表 1。可以看出，所调查的高校教师对于自己在经济水平、职业声望、教育程度、消费水平以及综合社会经济地位方面各维度的阶层认同情况有明显差异。调查对象中，认同自身综合社会经济地位属于中产阶层的比例为 45.1%，54.9% 不认同自身综合社会经济地位属于中产阶层。也就是说一半以上的被调查者倾向于认为自身综合社会经济地位处于中下层或下层。

在经济水平、消费水平维度认同自身为中间阶层的比例分别为24.7%、28.0%，其认同度远远低于他们对自身教育程度与职业声望的认同。调查对象更倾向于认同自身的经济地位和消费水平为中下层或下层，教育程度与职业声望为中间层、上层或中上层。见表1。

表1 中产阶层的主观认同状况

单位：%

项目	不认同中产阶层比例	认同为中产阶层的比例
经济水平	75.2	24.7
职业声望	23.6	76.4
教育程度	10.4	89.6
消费水平	72.0	28.0
综合社会经济地位	54.9	45.1

廉思等人于2011年对北京、上海、广州、武汉、西安五个城市的高校40岁以下正式在编青年教师（不包括高校行政人员、工勤人员、辅导员以及校办企业职工）进行了深入调查。该课题组发放问卷5400份，回收有效问卷5138份，涵盖15所"985工程"院校、25所"211工程"院校、60所普通高校、30所专科院校和5所民办高校。此外课题组还采取个别访谈、集体座谈和研讨交流等社会群体研究方法，深度访谈500多人。调查显示（如图3所示），84.5%的受访者认为自己处于社会中层及中层以下，其中，34.8%的受

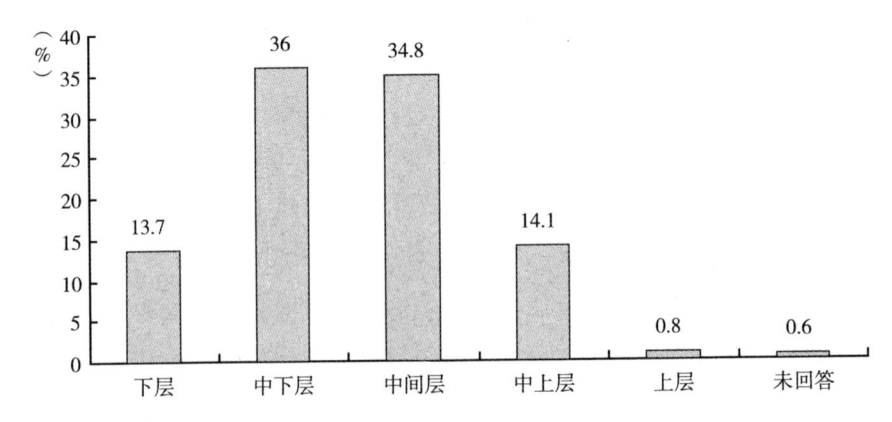

图3 高校青年教师对自身社会地位的认知

下层	中下层	中间层	中上层	上层	未回答
13.7	36	34.8	14.1	0.8	0.6

访者认为自己处于"中间层",36%的人认为自己属于"中下层",13.7%的人认为自己处于"下层"。而仅有14.1%的人认为自己处于"中上层",0.8%的人认为自己处于"上层",近一半(49.7%)的人认为自己属于社会的中下层和下层。可以看出,绝大多数青年教师认为自己处于社会中间层以下,对自身社会地位的认知态度比较消极。①

从现实情况来看,目前北京地区高校教师中高学历人数的比例很高,任课教师大多具有硕士或博士学位,高校教师在社会上也具有较高的职业声望,然而在工作收入、消费水平方面高校教师的确属于偏低的地位,与教师的普遍心理预期有很大差距。虽然近年来一些高校实行了绩效考核等薪酬改革制度,但绝大多数教师的工资收入跟社会民众对教师收入的估计值之间有很大距离。在北京这样房价飙升、教育消费、生活消费水平偏高的地区,许多高校教师的工作收入可谓捉襟见肘。因此,虽然社会上有一种虚假的认知,即高校教师工作悠闲,职业地位高,工作体面,收入不菲,而且许多人有机会去校外兼职创收,但真实的情况是:高校教师中只有少部分人会有这样的机会。因此,教师对自己的社会经济地位的认同出现偏低的倾向。

(二)无助感

弱势心理的另一种表现就是对自己的前途命运和对周围环境的无力感、无助感。高校教师属于知识分子中的精英群体,对社会环境、国家的发展、个人的未来有较高的期望,期望国家繁荣昌盛,社会公正公平,倡导和谐民主,希望能够通过自己的努力在工作中有所成就,获得较高的回报,然而许多教师往往感到自己对许多事物的美好预期都是难以实现的,无论自己如何努力也无法改变当前的生活状况,很多事情都是自己无法控制的,由此便会产生强烈的无助感。

许多高学历的年轻教师,辛苦求学十几年,大多有较高的追求,然而工作收入低,生活压力大,个人发展的无力感、挫败感往往会比较强烈。访谈中一些教师谈到:

---

① 廉思:《我国高校青年教师社会不公平感研究》,《中国青年研究》2012年第9期。

教师A（副教授，男）："辛苦求学这么多年，博士后出站，出了很多成果，SCI的文章也不少，课题经费超过百万，全都符合学校规定的标准，但好多年了职称都没有解决。现在即使评上了都高兴不起来。有些当官的甚至都没上过课，不知道有什么成果，教授、博导全都到手了。在这样的环境下个人发展不是自己能够左右的，让人看不到希望。"

教师B（讲师，女）："有时候真想换个工作，在学校工作收入低，学术环境和人文环境都不是很理想，但自己的专业有局限，不是社会上的热门专业，又没有门路，因此只能在这耗着，很无奈。"

教师C（副教授，男）："我来自农村，博士毕业留在北京工作，家里人都觉得很自豪，亲戚朋友都以为在北京工作收入高，老家人认为我是挣大钱的，甚至认为我一个月能抵上他们一年的收入，我只能苦笑。也希望能为家里人多作点贡献，但心有余而力不足。很苦恼，也很无助。说自己挣得少，人家也不会相信。说自己挣得多，那不是说瞎话吗？"

（三）相对剥夺感

美国社会学家默顿提出的相对剥夺理论认为，当个人将自己的处境与其参照群体中的人相比较并发现自己处于劣势时，就会觉得自己受到了剥夺。

前面提到的对北京市某高校182名教师的调查表明，被调查对象感知到的相对剥夺感偏高。以剥夺感的均值3为参照，教师在单位内感受到的相对剥夺感最为强烈的三个维度为：权力（4.05）、经济收入（3.84）与福利状况（3.82），与单位外相比感受到的相对剥夺感最为强烈的三个维度为：权力（4.02）、经济收入（3.94）与消费水平（3.82）。其中，单位内、外相对剥夺感最强的指标均为权力和经济水平。调查对象中，认为"与单位内同事比，自己的总体状况"偏低或很低的比例为53.6%，认为"相对于整个社会而言，自己的总体状况"偏低或很低的比例为58.6%。由此可以看出，无论是与单位内同事的比较，还是与整个社会的比较，一半以上的教师在横向"社会比较"中都认为自己的总体状况处于较低的位置。

表 2　不同比较导致的相对剥夺感状况

单位：%

项　目	持平、偏高或很高	偏低或很低
与单位内同事比，自己的总体状况	46.4	53.6
相对于整个社会而言，自己的总体状况	41.4	58.6

访谈中有些教师谈到：

教师 A："与自己身边的朋友相比，觉得差距太大了。一位在设计院工作的朋友，年龄相近，人家是本科，我是博士，可是人家的收入是我的 5 倍以上。一位刚参加工作的亲戚，他的收入也是自己的 2~3 倍。身边的同学、朋友几乎都比自己收入高、待遇好。只有在和农民工、超市收银员等行业相比，才觉得自己比他们有优势。"

教师 B："在单位内，有些人各方面条件并不是多好，无论学历、成果还是能力，但就是得了不少好处。职称评定、绩效分配、出国进修、课题申报等方面，处处占优势。很难让人心理平衡。"

教师 C："选择工作时以为北京的环境好，各方面都会走在全国的前列，但事实不是这样。学校之间、院系之间的差别很大，更别说与社会上的高薪阶层相比了。在北京压力大，收入低，有时觉得还不如在地方上的高校好呢。"

（四）不公平感强烈

公平意味着社会生活中的权利、机会、规则与分配的合理与规范。而不公平感则是社会成员进行社会比较时，对于现实社会中自身所应该拥有的各种权利的保障与实现不充分而产生的一种不满意的主观判断。需要指出的是，不公平感来自"比较"差距，但并不是有差距就会有不公平感，现实生活中，人们并不排斥知识、技能和合法创业所导致的收入差距，但在乎非正当方式导致的贫富差距，这种差距超越了人们可以接受的心理预期和心理承受能力的底

线，社会不公平感才会产生。①

廉思等人于2011年对北京、上海、广州、武汉、西安五个城市的高校5138名40岁以下正式在编青年教师（不包括高校行政人员、工勤人员、辅导员以及校办企业职工）的调查结果表明②，高校青年教师对当前社会公平状况的总体判断比较负面，认为当前社会"不公平"和"很不公平"的比例为54.0%，超过了半数，见图4。

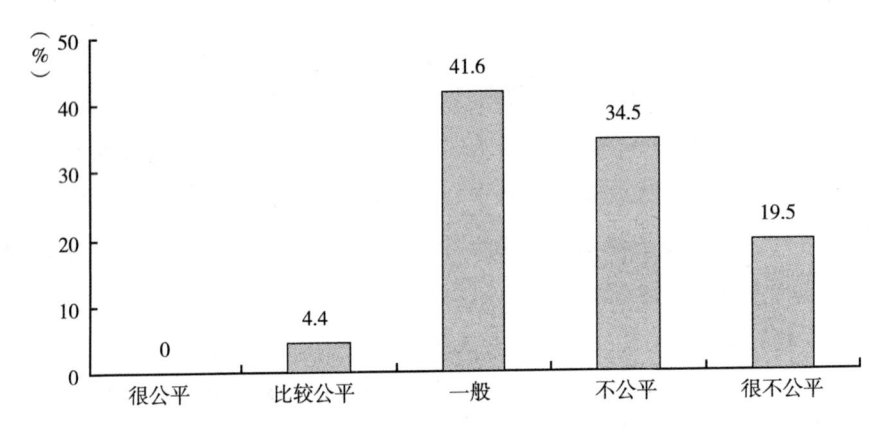

图4 高校教师对当前社会公平状况的认识

廉思的上述研究中，将年工资收入作为青年教师个人财富的一个指标，由高到低进行排序，分为三组：收入排名在前33%的称为高收入组，排名靠后的33%称为低收入组，排在中间的34%为一组，称为中等收入组。考查低收入和高收入两组的社会不公平感水平，结果发现，低收入组的社会不公平感（M=3.77）水平显著高于高收入组（M=3.62），独立样本t检验也表明，这种差异有统计学意义（P<0.05）。这与已有研究结果是一致的，即收入多少是影响个体社会不公平感的一个重要指标，在同一群体中，低收入的个体认为社会更不公平。此外，研究还发现，当个体认为自己的社会地位处于下层（M=4.5）、中下层（M=3.77）时，其不公平感均显著高于处于上层（M=3.6）的

---

① 赵中源：《"弱势"心理蔓延：社会管理创新需要面对的新课题》，《马克思主义与现实》2011年第5期。
② 廉思：《我国高校青年教师社会不公平感研究》，《中国青年研究》2012年第9期。

教师，单因素方差分析结果表明，这种差异具有统计学意义 $[F(5, 5132) = 3.818, P < 0.01]$。这说明，社会地位在很大程度上导致了个体的不公平感的差异，见图5[①]。

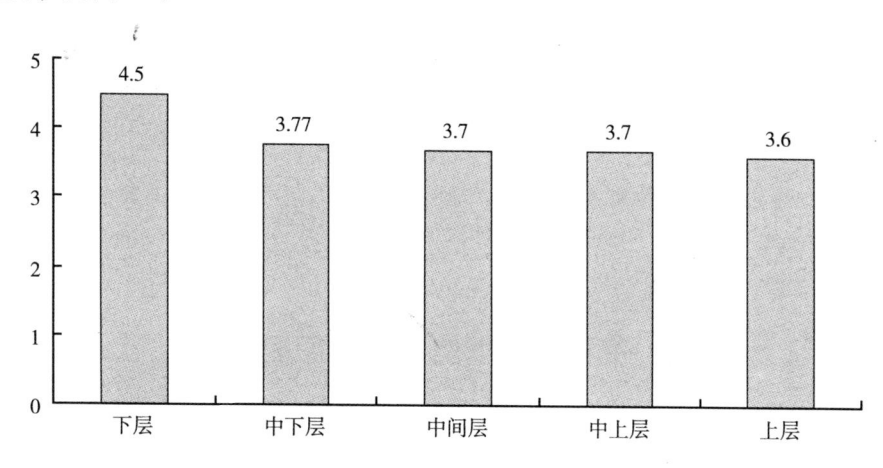

图5　社会地位对不公平感的影响

不公平感的产生不仅来自对整个社会环境的认知，更多的源于切身的感受。大学是社会的缩影，整个社会的不公平也会在大学中显露出来。在岗位聘任、职称评定、课题申请、资源分配、出国进修等方面，具有行政职位的教师往往更具优势，而且很多涉及职工利益的分配制度往往是暗箱操作，缺乏有效的监督约束机制。

笔者对北京某市属高校不同学院、不同专业的教师进行了深入访谈。访谈中一些教师谈到：

教师A："我所有的课题都是自己靠实力从外面争取来的，而学校内部的一些课题基本上轮不到自己。学校的教育教学课题，重点项目绝大多数是给领导准备的，普通教师基本上不大可能申请到。"

教师B："在实行岗位聘任和绩效工资改革之后，感觉身边不少教师的积极性并未调动起来。原因就在于有些人并未做出突出的业绩，岗位级

[①] 廉思：《我国高校青年教师社会不公平感研究》，《中国青年研究》2012年第9期。

别却高人一等；有人业绩突出，却不能在岗位聘任中体现出来。虽然普遍的工资收入都不高，但人们总是有不患寡而患不均的心理，教师的不公平感普遍比较强烈。"

教师C："大学本应是一个很纯净的地方，但是现在也被污染了。学校内部不公平的事情太多了，让人感觉很失望。有些很客观的指标，如教学工作量、科研成果，大家摆出来比较一下就可以看出高低，但有些人无论做得怎样都能得到各种好处。现在只能自己想开些，别去奢求什么。"

二 高校教师弱势心理的原因探究

高校教师作为受过多年教育的高级知识分子，拥有社会认可的光鲜职业，为何要"喊弱""哭穷"？这种弱势心理不仅仅是当下中国社会问题的一个缩影，也折射出目前高校内部管理体制的诸多弊端，还有教师思维方式、价值观、人格等方面的问题。

（一）经济弱势导致的阶层认同偏低

许多研究都发现，影响教师满意度的最主要指标就是工资收入的问题。在以财富论英雄、整个社会弥漫着金钱至上的氛围的时代，在物价上涨、消费支出日益攀升的时代，经济地位的相对低下是让许多教师产生弱势心理的最重要原因。

刘金伟、张荆等人（2011）对北京地区18所高校1697名教师的调查表明，对薪酬评价"比较满意"和"满意"的人数只占13.9%，"很不满意"和"不太满意"的人数比例为49.8%，接近一半，评价为"一般"的人数为36.3%。[①]

张华等对北京地区15所高校907名40岁以下的青年教师的调查表明，74.6%的青年教师月收入为3001～5000元，46.1%人对目前收入"不太满意

[①] 刘金伟、张荆等：《北京高校教师薪酬满意度及其影响因素分析——基于北京地区18所高校教师的抽样调查》，《复旦教育论坛》2012年第1期。

和不满意",感到"满意和比较满意"的仅占12.7%。还有17.4%的青年教师收入不足3000元,且工作年限越短,对收入不满意所占的比例越高。①

前面提及的对北京某高校182名教师(以教学科研岗位为主,占68.7%,行政管理岗位占31.3%)的调查表明,调查对象的个人年收入多集中于5.5万~8万元之间,占到74.7%,8万~13万元的占14.8%,5.5万元以下的比例为4.4%,13万~20万元的比例为1.1%,20万元以上的比例为5%。见图6。

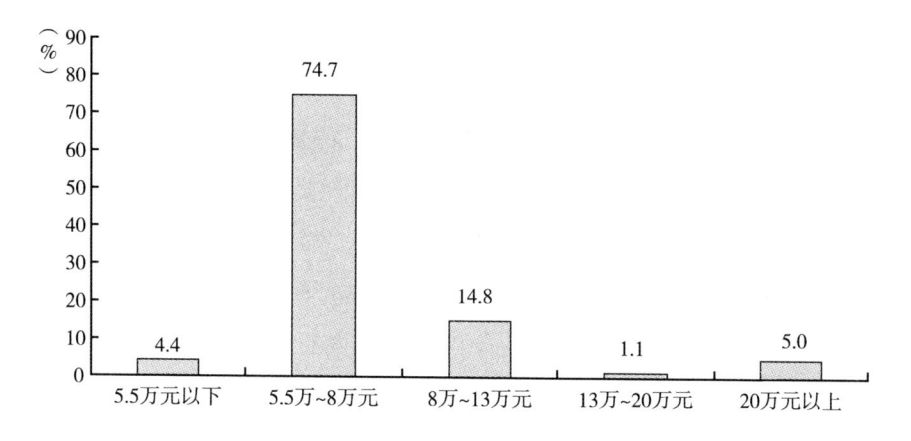

图6 高校教师个人年收入分布图

该研究还表明,教师个人实际年收入位于5.5万~8万元的个体不认同自身为中产阶层的比例为60.3%,而较高收入水平的个体认同自身为中产阶层的比例较高。卡方检验的结果表明,不同经济收入的个体在其阶层认同上具有显著性差异($P<0.05$),见表3。与低收入群体相比,个人实际年收入较高的个体更易认同自身的中产阶层地位。

(二)行政体制管控下的无助感

目前高校行政化管理倾向的问题十分突出,"大学的管理人员官员化,大学用行政的思维和手段解决学术和教育问题。高校考核教师越来越像考核GDP:

---

① 张华、曹洪涛等:《北京高校青年教师心理状况分析与调适》,《首都医科大学学报》(社会科学版)增刊,2010。

表3　中产阶层认同情况与个人实际年收入的交叉表

单位：%

项目		个人实际年收入					合计
		5.5万元以下	5.5万~8万元	8万~13万元	13万~20万元	20万元以上	
认同状况	不认同	50.0	60.3	37.0	0.0	0.0	54.9
	认同	50.0	39.7	63.0	100.0	100.0	45.1
合计		100.0	100.0	100.0	100.0	100.0	100.0

科研论文多少篇、科研经费多少万元、科研项目级别多高……整个环节统一管理、统一标准，却忽略了重要的一点：学术自由和学术精神自由。美国芝加哥大学有句名言'明辨之路是争论，而非顺从'。行政化使大学多了顺从的奴性，扼杀了大学的自由精神与创造性。"① 不少教师在高度行政化的管理体制下，不仅感受到压力重重，而且会产生强烈的无助感。

石秀印、张荆对北京11所市属高校、7所部属院校的1647人（有效问卷）的问卷调查、座谈和深入访谈中发现，高校的行政化表现在两个层面：一是宏观层面，即政府及其主管部门对于高等院校的行政化管理；二是微观层面，即高校内部行政部门对于高校教师的行政化管理。宏观管理依然具有较强的行政化色彩，高校教师因此而收入、地位偏低；微观管理的行政性加强，高校教师的权力、地位、收入偏低；人事管理走向企业化，教师被置于高压力之下②。

近年来，高校去行政化的呼声很高，一些学校也在尝试进行改革，但是成效甚微。沈翀在《半月谈》中的一篇文章中谈到，虽然一些高校实行了学术委员会制度，但所谓学术权力，在一些高校已经蜕变为被少数人垄断、谋取个人和小团体利益的工具。与高校教师和科研人员切身利益密切相关的职称、项目和评奖，都成为学术霸权染指的对象。在某些高校，教授委员会、学术委员会已经蜕变为"学术大佬"的分赃机制：一个教师或者科研人员能否获得职

---

① 《复旦探索"去行政化"破冰之路》，http://news.xinhuanet.com/edu/2011 - 10/09/c_122131161.htm。
② 石秀印、张荆：《高校的行政化导向与教师状态》，《科学中国人》2013年第3期。

称、项目和奖项,关键并不在于他学术水平如何,而在于他是否有某位教授委员会或学术委员会成员支持,是不是属于某一个圈子,或者是不是某个团体自身发展所需。而某些掌握着学术权力的"学术大佬"们,也热衷于通过这种方式培植自己的人,以维护自身和小团体利益。这个"学术江湖"中,同样充满了利益交换、博弈和对弱者的牺牲。①

本研究的深入访谈中,也有一些教师谈到:

教师 A:"大学教师表面上看很自由,但实际上压力很大。教学、科研、生活的压力都不小。尤其是科研方面,发文章、申请科研经费、评奖,把人搞得疲惫不堪。感觉自己被上了紧箍咒。许多考核指标与大学精神完全不符。学术成果的产出是有周期的,而目前要求老师们快马加鞭,过分追求量化的指标,多出成果、快出成果,太急功近利了。咱又不是制定政策的人,能怎么样?"

教师 B:"一些领导对于教师的生存状况漠不关心,主要精力用于为自己捞取政绩,用各种考评制度来给教师施压,甚至认为,不满意可以走人。听以前的退休老师讲,中午吃饭时经常可以看到老校长来食堂吃饭,一边吃一边与普通老师聊天,聊天中发现一些问题很快就解决了,但现在想要跟领导见一面都很难。"

教师 C:"感觉自己所在的学校官僚化作风十分严重,普通老师在学校没有任何地位,没有机会表达自己的诉求,没有机会改变自己的现状,不满又有什么用,只能忍着。要想晋升职称,光靠个人努力是不行的。要有管事的人为你说话,要成为某个圈子里的人才行。有些提拔为领导的人,并不纯粹是靠业务能力,而是有背景。现在学校里提拔干部,很多人都觉得早就内定了,没靠山的想都别想。但有的高校就不是这样。北京有些学校的学术氛围还是很好的,很多老师并不是抢着去当官,很欣赏那样的环境。"

---

① 沈翀:《别走了"官霸",来了"学霸"》,http://www.jyb.cn/opinion/gdjy/201102/t20110225_416010.html。

心理学研究表明，当人们将自己的成功与失败归因为不可控的外在因素时，就会产生无力感。当个体发现仅靠个人的勤奋和努力、靠自己的能力在欠公平、欠公正的环境下无能为力改变自己的命运时，就会强烈感受到自己的渺小和弱势。

（三）贫富差距悬殊带来的相对剥夺感

教师弱势心理的产生首先源于对自身境遇的不满，尤其是对自身经济上的弱势地位的不满。面对当前经济资本与政治资本的联姻甚至转换，大学教师的文化资本显然处于弱势。

马克思曾以比喻的形式说明相对剥夺感问题：一座小房子不管怎样小，在周围的房屋都是这样小的时候，它是能满足社会对住房的一切要求的！但是，一旦在这座小房子近旁耸立起一座宫殿，这座小房子就缩成可怜的茅舍模样了，那么较小房子的居住者就会在那四壁之内越发觉得不舒适，越发不满意，越发被人轻视！当前社会贫富分化日益凸显，人们在社会比较的过程中，习惯于将自己的经济收入、社会地位与自己各方面相似的人或高于自己的人进行比较，当自己的收入地位不如别人时，便会产生相对贫困的判断，进而产生被剥夺的感受。

贫富差距悬殊不仅仅来自高校与其他行业之间的比较，还来自不同高校以及高校内部院系之间、教师之间的相互比较。目前国内行业之间的差距悬殊，就连高校内部教师之间的差距也超出了人们的想象。有些手中掌握资源的人成为开豪车、住别墅、周游世界的富翁，担心的不再是钱少的问题，而是如何去花钱的问题；而有些教师却迫于生活的压力过着蚁族一样的生活。

武汉大学尚重生教授认为，富教授多为一些垄断学科资源的"学霸"，一些由于各种关系积累了人脉资源的所谓"权威"，一些亦官亦学拥有行政与学术双重资源的"学官"，一些在外兼职或直接开公司的"老板"。另外，还有一些被媒体捧红的明星教授，以及各大学靠高薪酬挖来的教授。真正收入偏低的是大多数穷教师，他们得不到、项目、课题、奖金、政府津贴，等等。[①] 贫富差距的凸显让普通教师的相对剥夺感加剧。

---

① 刘尧：《中国高校教师收入偏低问题的认识与思考》，《中国电子教育》2013年第3期。

（四）公平公正竞争机制欠缺导致的不公平感

普通一线教师除了在课堂上有一些自主权之外，对于关系教职工切身利益的重要事情缺乏知情权，更谈不上什么话语权。职称评定、课题申报、各种奖励以及研究基金的分配等方面，缺乏公平公正的竞争机制，缺乏公开透明的评审程序，而大量的资源和利益的分配往往会集中在少数人手中。即使遇到不公平、不公正的事情，教师提出个人异议基本上没有什么效果，甚至会引来许多后顾之忧。在访谈中发现，一些教师常常说自己就是学校里的一名"普通"教师，所谓"普通"隐含着涉及各种利益或资源分配的事情上，自己没有任何优势和话语权。所谓公平、民主已经成为梦想中的天方夜谭。

在面临子女入学、就业等问题上，不少普通教师会深切感受到自己的渺小和无力。既无雄厚的经济实力，又无可以利用的权力资源和人脉关系，在资源有限而又缺乏公平竞争的形势下，子女想要进入理想的学校谈何容易。访谈中一些普通高校的年青教师谈到，自己是北漂，家里没有任何可以利用的资源，孩子只能就近入学，虽然也希望能够上更好一点的学校，但迫于经济薄弱，托人无门，只好如此。而身边一些有钱人、掌握行政资源的人可以随意在孩子入托、小学升初中、考研、出国、子女就业等方面游刃有余。

三 教师弱势心理的后果分析

高校教师作为知识传承与发展的主流群体，其社会心态不仅会影响教师的个人发展和身心健康，而且关系到中国高等教育的长远发展，关系学生的成长乃至整个社会的进步。

（一）工作投入的降低

不公平感、被剥夺感、无助感的增强，会在很大程度上影响教师的工作积极性，从而影响高等教育的教学质量和人才培养。虽然绝大多数教师能够恪守教师的职责，在教学中兢兢业业，努力奉献，但弱势心理的存在的确会削弱一些教师的工作热情。有的教师认为前途无望，即使努力也不会有太多回报，因

此工作中很难有满腔的热情，甚至表现出不同程度的职业倦怠。

学生的培养、教学质量的提升，需要教师精心钻研，不断学习，与时俱进。而教师的消极心态会阻碍他们对教育教学工作的投入。教师厌教、学生厌学，教与学的恶性循环，会严重制约高等教育质量的提升。

知识的创新，文化的发展，需要大批知识分子具有高度的责任感和使命感，需要高度的学术钻研精神，而弱势心态、被剥夺感、不公平感的存在，会让更多知识分子不愿潜心学问，所谓的学术研究也成为谋取利益的工具。

（二）消极心态的课堂传播

廉思的调查研究发现，高校青年教师对自身社会地位的消极认知态度，会无形中在其教学过程中有所流露。一些青年老师将课堂或讲座变成自我价值宣言的场所，将自己的不满在课堂上自觉不自觉地流露出来，或牢骚满腹，或慷慨激昂地表达自己的价值主张。他们的调查发现，超过60%的受访者会在课堂上讲述"自己的生活经历"，超过40%的受访者会"告诉学生社会的阴暗面"。消极的认知态度结合独特的价值观输出方式，虽然对青年教师自身利益实现作用不大，但势必对学生价值观的形成产生很大影响[1]。

现实中我们也发现，学生对未来的职业选择、出国考研等个人发展问题上的态度不同程度会受到教师的影响。一些教师戏称自己是"学术民工"，公开劝说学生不要选择教师这样的职业，也不要选择继续考研或读博士。新的"读书无用论"在学生乃至社会中又一次蔓延。教师的弱势心理，会在潜移默化中感染一批又一批学生，学生的价值观念、学习风气、个性修养在不同程度上都会受到教师言行的影响。

（三）教师身心健康的受损

弱势心理的长期存在，伴随的是教师对职业满意度的评价偏低，幸福指数下降，消极情绪蔓延。不公平感、无助感、被剥夺感的出现，往往伴随着愤懑、不满、无奈、绝望、郁闷、失落等负面情绪。研究表明，许多疾病的发

---

[1] 廉思：《我国高校青年教师社会不公平感研究》，《中国青年研究》2012年第9期。

生、发展都与负面情绪有密切的关系。消极情绪持续时间过久，或表现强度过大，会对个人的身心健康产生极为有害的影响。

不少教师为了摆脱自己的经济弱势地位，为了完成学校制定的各种考核指标，不得不承受着巨大的身心压力，压力的长期存在会对教师的身心健康造成危害。亚健康、职业病、不同程度的心理问题在高校教师群体中较为普遍。

（四）大学精神难以续存

高校知识分子面临着期望与现实的巨大落差，生活在拜金主义和权力至上、学术环境被行政权力左右的环境中，对自身社会地位的消极认知，要让他们坚守知识分子的崇高理想，弘扬大学应有的宝贵精神，谈何容易。荣耀感的丧失、弱势心理的蔓延，会导致可能出现三类不同的群体：一些知识分子成为功名利禄的俘虏，他们可谓识时务者，努力适应当下的环境，通过各种渠道去向官场靠拢，或依附于某些拥有资源的学霸，从而获得利益；一部分人则处于学校和学院的边缘地位，没有任何机会获得任何资源，顺其自然，得过且过；还有一部分人把主要精力用于科研或课外创收，学校的教育教学工作仅仅作为副业而已。

经济上的弱势、无奈的被剥夺感、强烈的不公平心态、无助与不满的情绪让高校知识分子很难担当起知识分子应尽的职责，精心钻研学问似乎已经落伍，而学术钻营、急功近利、不择手段捞取各种学术荣誉成为适应当下体制的"精英"的选择。"学为人师，行为士范"，教师群体中蔓延的各种消极情绪、功利主义的思想、急于求成的作风、浮躁不安的心态，已经让大学校园失去昔日的风采。"青年知识分子一旦失去了对知识的敬畏感，放弃了学术人格，这可能对他们的成长、对民族文化的传承、对社会文明的进步是一个危险的信号"①。

四 高校教师弱势心理的应对机制

高校教师弱势心理的存在和蔓延，是当前高等教育发展过程中不容忽视的社会问题。弱势心态的化解，除了教师个人层面的努力，如学会理性认知、自

---

① 周文慧：《高校青年教师——"学术民工"？》，《粤海风》2013年第3期。

强自立，拥有理性平和、开放包容的社会心态之外，更需要整个社会、高校内部进行制度上的改革与完善。

（一）高校去行政化的改革

去行政化的改革任重而道远，面临重重障碍，但如果不改革，中国高等教育的发展将会出现更大的困境。厦门大学教育研究院别敦荣教授认为，"去行政化"是我国高等教育发展的必由之路。他认为，"去行政化"包含了改革大学权力结构，调整大学权力关系，建立适应高等教育改革与发展新形势和新任务的大学权力结构，形成符合大学本质要求的权力关系。"去行政化"既包括淡化政治色彩，消减行政指令的影响力，也包括减少行政集权，实行分权和放权。行政权力关系的调整重在转变行政工作性质。调整行政权力关系，使大学行政工作的性质符合学术组织本质的要求，变统一管理、绝对服从和强制执行为服务性、协调性和协商性管理，减少行政权力对学术事务的直接干预，使学术在没有行政权力的约束下轻装前进，追求其自身的价值。①

高校管理体制的改革不仅仅是理念的转变，也并非将权力交给谁，其根本在于建立起一套健全合理的机制，让大学内部的管理制度能够有效地服务于大学的功能，能够有效激发与调动广大教师的工作积极性。

（二）改革领导干部的选拔任命与考核机制

目前学校领导的任命基本上由高校的上级主管部门来决定，有人戏称领导往往是"空降"下来的，不需要接地气。在干部的德勤能绩的考核上，教师没有发言权。在领导干部的选拔和考核方面，应该增加一线教师的参与权和发言权。当下高校各级领导干部的考核虽然也在征求老师的意见，让老师参与干部的考核评分，但评分结果的好坏没有任何意义，既不公开考评结果，又不会影响到干部的任免，走过场的做法非常普遍。如果能够在学校各级领导干部的任免上，听取教师代表的心声，让普通教师的评价真正起到反馈、监督和激励的作用，就

---

① 别敦荣、冯昭昭：《论大学权力结构改革——关于"去行政化"的思考》，《清华大学教育研究》2011年第6期。

能对某些不称职干部起到一定的制约作用。同时也可以采取民主推选的方式，选拔那些群众信任、德才兼备、能够真正为普通教师着想、胸怀大志、有领导力和开拓创新能力的教师进入领导岗位，让干部能上能下的制度真正得到落实。

（三）改革不合理的学术评价制度，建立有助于学术发展的管理制度

目前各类高等院校对于科研的过度重视有目共睹，学术评价过度已成为众多有识之士抨击的焦点。用量化的指标要求不同岗位的教师每年发表多少篇论文，出版多少著作，争取到多少数额的科研经费，按照一套似乎科学的评价体系来对教师进行考核。急功近利的考核方式严重违背了科研成果的产出规律，导致教师为了满足考核要求，几乎将多半精力都用于申请课题、出成果，在教育教学、学生培养方面投入的精力会大打折扣。绩效工资的考核也与科研挂钩，按照各类成果予以量化评分。近年来，国内所谓的学术成果数量可观，但大跃进式的科研成果真正有价值的又有几何？粗制滥造、东拼西凑的论文、著作不仅造成人力资源和社会资源的浪费，而且是对学术环境、学术风气的玷污。不合理的学术评价制度不仅让广大教师备感压力，学术风气更为浮躁，而且滋生出许多腐败问题。发表论文、申请课题、成果获奖，不仅需要强有力的人脉系统，而且需要通过各种手段和途径来达到目标，手中掌握学术资源的人身价倍增。一些教师为了发表科研成果，不惜血本去托人找门，滋生了一大批论文发表的代理机构和牟取暴利的人。

知识的输出与创造需要一个周期与过程，违背知识规律的行为势必带来深远而恶劣的社会影响。因此，改革当下不合理的科研评价体系势在必行。在对教师科研成果的评价指标上，不能过分强调科研数量和科研经费的多少，而要重视科研成果的质量；不能过分追求速度，要求在短暂的时间周期内完成规定数量成果；不能过分重视各种奖励，以各种奖励作为学术成果优劣的指标。要尊重学术规律，给予教师适当的学术休假，鼓励原创作品、高水平成果的问世。

（四）关注教师的生存状况，建立相对公平合理的薪酬制度

李克强总理在2014年政府工作报告中指出，收入是民生之源。要深化收

入分配体制改革,努力缩小收入差距。改革机关事业单位工资制度,在事业单位逐步推行绩效工资。高校教师工资制度的改革直接关系到教师的切身利益,影响到教师的工作积极性和对自身社会地位的认知。因此,各类院校的主管领导要有以教师为本的意识,切实关心和重视教师的生存状况,把提高教师的工资待遇当作学校工作的重要议题。高校薪酬制度的改革需要有关部门深入基层,多方听取一线教师的意见和建议。评价工资制度的改革成效的重要指标之一就是要能充分激发绝大多数教师的工作热情,让绝大多数教师感受到制度的公平与公正,让绝大多数教师感受到劳动的付出是能够有回报的。

(五)重视对教师队伍的人文关怀

提高教师的工资收入水平固然重要,但是知识分子还需要在生存环境中获得起码的人格尊严,更多的人文关怀,能够有表达个人心声、释放多重压力的机会。学校各级领导需要在管理方式、工作作风方面加以转变,真正树立以学生为中心的教育理念,以教师为本的管理理念,重视关心一线教师的基本需求,工会、教代会的工作能够紧密围绕教师的教学、科研和实际需要来开展工作,为有特殊需求的教师开展心理疏导工作,组织各种学术沙龙或教师互助沙龙,定期进行学术、思想和生活等方面的深入交流。

五 结语

高校教师承担着知识的传承与创新、培养未来社会人才的重任,教师弱势心理的产生与蔓延是当下中国社会问题的一个缩影,折射出某些规则与制度的缺失,政府主管部门及学校领导需要予以关注。"培育奋发进取、理性平和、开放包容的社会心态,需要个体在自立自强中扬起心灵风帆,更需要社会管理者用规则与制度创造公平发展的空间、共建共享的平台,一个人人肯努力、人人有机会、人人有希望的社会,将会大踏步地走出'弱势心态'的阴影。"[1]

---

[1] 人民日报评论部:《用公平正义消解"弱势心态"》,《人民日报》2011年5月5日第14版。

B.20
北京市居民对中下社会阶层认同状况的调查报告

张胸宽 *

摘　要： 本文通过就北京市居民对中下社会阶层的认同情况进行深入调查，分析处于中下社会阶层的北京居民对生活、工作、价值观等各方面的情况，并针对该阶层居民的发展要求而提出有建设性的对策建议。

关键词： 北京　阶层　认同　培育

当前理论界对社会分层的研究，无论是从客观分层的角度，还是从主观分层的角度，大家都在强调培育中产或中等社会阶层，都在阐述中产或中等社会阶层对社会生活的积极意义，而对位于中产或中等社会阶层之下的其他社会阶层关注度不高。

本研究之所以要从主观社会分层角度关注中下社会阶层，是因为有如此几点考量：第一，中下社会阶层是中等社会阶层的后备库。强调壮大中等社会阶层，其本质也就是让更多的中下及最低社会阶层居民迈入中等社会阶层行列，而最直接、最有可能的则是让更多的中下社会阶层居民往上流动。第二，北京市居民认同中下社会阶层的比例高、基数大。近十年来的调查数据表明北京市居民认同中下社会阶层的比例一直在 34.4% ~ 48.2% 区间徘徊，波动性较大。在所有社会阶层认同中就数中下社会阶层比例最高，他们的所想、所需直接影响

---

* 张胸宽，北京社会心理研究所。

着北京市居民社会心态的发展,所以应该着重研究。第三,中下社会阶层是最低社会阶层居民通往中等社会阶层的跳板、台阶。正如有些学者批评棚户区改造过快而割裂外来务工人员及城市最低社会阶层融入城市的纽带一样,中下社会阶层也是最低社会阶层居民迈入中等社会阶层的关键性一步,也可以说是必由之路。

本次北京社会心理研究所在全市所开展的居民社会心态调查中,采用了教育、职业、收入、财产等7个主观指标的评价体系对北京社会阶层分层加以研究。采取多阶段随机调查法,从全市16个区县抽取100个社区,严格按照2005年全国1%人口抽样所得北京人口分布特点,共发放问卷3200份,回收有效问卷2996份,有效率93.6%,符合抽样目的。

一 居民对中下社会阶层的认同情况

(一)总体情况

本次调查,居民对中上等①、中等、中下等和最低等社会阶层的认同比例分别为3.4%、24.5%、41.2%和19.3%。从近十年数据看来:一方面,居民对中下社会阶层的认同波动起伏性较大。2001年认同率最高,达到48.2%;而2004年和2006年的认同率最低,仅为34.4%;2013年的认同率为41.2%,比2012年有所下降,但仍相对较高。另一方面,居民对最低社会阶层认同比例大幅减少,近两年一直处于20%以下,为中下社会阶层壮大作出了较大贡献。

同时,经对影响社会阶层认同的"教育、职业、收入、财产"等七个因素回归分析后发现:"收入""财产""社会地位"三个因素对社会阶层的认同影响显著。并且,"收入"和"财产"两个因素在2005年、2007年、2012年中一直是影响社会阶层认同的主要因素,而其他因素却时有变化。同时,居民对其收入、财产两因素的评价,总体呈逐年上升的趋势,这也为更多的中下社会阶层居民迈入中等社会阶层打下了良好的心理基础。

---

① 本研究把主观社会分层按照等距量表划分为"上等、中上等、中等、中下等、最低等"五大社会阶层。本次调查中,自我认同为上等社会阶层的居民不够30人,比例仅为0.1%,故将其并入中上等社会阶层。

表 1　北京居民社会阶层认同历年数据比较

单位：%

项目	2000年	2001年	2002年	2004年	2005年	2006年	2007年	2008年	2012年	2013年
中上阶层	2.1	2.5	2.0	2.8	3.9	2.8	2.9	2.1	3.3	3.4
中等阶层	25.6	19.1	27.0	25.1	23.8	20.4	20.1	14.6	29.4	24.5
中下阶层	41.3	48.2	45.2	34.4	38.4	34.4	38.5	43.9	43.9	41.2
最低阶层	26.2	26.9	20.8	27.1	25.4	28.5	28.6	30.0	14.7	19.3
不知道	4.8	3.4	5.0	10.6	8.5	13.9	10.0	9.4	8.6	11.6

表 2　影响居民社会阶层认同的因素多年数据比较

单位：分

项目	2013年			2012年			2007年		2005年	
	收入	财产	社会地位	收入	财产	社会地位	收入	财产	收入	财产
中上	6.6	6.0	7.7	6.0	5.5	7.4	6.2	6.1	6.0	5.6
中等	5.2	5.0	6.5	5.3	4.9	6.9	4.9	4.5	4.7	4.3
中下	3.8	3.6	5.2	3.9	3.6	5.6	3.6	2.3	3.6	3.2
最低	2.3	2.2	3.9	2.7	2.4	4.8	2.2	2.0	1.9	1.9
平均	3.9	3.7	5.3	4.2	3.9	5.9	3.5	3.1	3.5	3.2

（二）居民对中下社会阶层认同的特点

本次认同中下社会阶层的居民群体构成，主要以男性居民居多，"50后""60后""70后"与"80后"居多，国企、私企员工居多，有稳定收入来源的正式工作者及离退休者居多，初中以下文化程度者居多，农业户籍居民居多。还有就是，自身为非独生子女而有其他兄弟姐妹的居民自我认同为"中下等"社会阶层的比例也相对较大。

进一步分析发现，居民对"中下"社会阶层的认同呈现以下几个特点。

1. 主客观大体一致

居民对影响其社会阶层认同因素的主观评价与中下社会阶层的群体客观分布之间存在一致性。居民对影响社会阶层认同因素的主观评价上，凸显重视收入、财产与社会地位三因素。而中下社会阶层在各群体之间的分布也呈现以收入为主要影响因素的分布特点。如"50后""60后""70后""80后"居民其

表3 居民对社会分层的主观评价与客观分布情况对比

项目	主观评价（分）			收入				社会分层（%）			
	收入	财产	社会地位	1400元及以下	1401~5223元	5224~10000元	10001元及以上	中上等	中等	中下等	最低等
40年代及以前	4.3	4.3	5.6	9.5	80.5	9.5	0.5	5.9	31.9	43.1	19.1
50年代	3.8	3.8	5.2	12.1	80.9	5.3	1.7	3.0	22.2	50.1	24.7
60年代	3.7	3.7	5.4	13.4	77.3	8.9	0.4	3.1	28.0	43.5	25.4
70年代	3.9	3.9	5.4	8.1	77.0	12.4	2.4	4.2	23.6	48.6	23.6
80年代	4.2	4.2	5.2	4.7	79.8	13.0	2.6	3.4	28.0	50.0	18.6
90年代	3.0	3.0	5.0	40.1	56.3	3.5	—	6.8	39.0	35.6	18.5
国家公务员	5.3	5.3	6.7	—	52.0	48.0	—	8.2	46.9	42.9	2.0
事业单位工作	4.5	4.5	5.8	4.3	83.2	11.6	0.9	6.2	33.9	45.4	14.5
国企工作人员	4.3	4.3	5.3	2.7	82.0	13.3	2.0	3.7	27.0	50.7	18.6
私企工作人员	4.2	4.2	5.0	3.6	82.7	10.8	2.8	3.1	28.9	48.2	19.9
外企工作人员	5.6	5.6	6.0	—	43.1	38.5	18.5	14.5	27.4	45.2	12.9
外地来京务工	3.1	3.1	4.7	20.6	76.5	2.9	—	1.6	14.5	45.2	38.7
自由职业者	3.4	3.4	4.6	21.6	72.2	5.7	0.6	1.9	21.3	41.3	35.5
其他	3.3	3.3	5.3	16.9	80.2	2.3	0.6	1.8	21.2	49.1	27.9
正式工作	4.3	4.3	5.6	2.4	80.3	14.9	2.4	4.2	30.1	49.8	15.9
临时工作	3.2	3.2	4.7	17.3	79.9	1.9	0.8	1.9	12.3	46.2	39.6

续表

项目	主观评价（分）			收入				社会分层（%）			
	收入	财产	社会地位	1400元及以下	1401~5223元	5224~10000元	10001元及以上	中上等	中等	中下等	最低等
无业失业下岗	2.5	2.5	4.1	67.3	26.5	4.4	1.8	2.5	17.6	31.1	48.7
离退休	4.0	4.0	5.3	5.4	87.8	6.3	0.6	4.3	28.6	48.6	18.6
北京城镇	3.9	3.7	5.3	9.7	78.5	10.2	1.6	4.0	27.6	47.0	21.4
北京农业	3.6	3.7	4.9	18.3	71.8	8.5	1.4	4.8	9.7	53.2	32.3
外地城镇	4.1	3.8	5.5	15.3	66.9	13.6	4.2	4.3	36.5	39.1	20.0
外地农业	3.2	2.8	4.6	19.2	75.6	5.1	—	1.4	19.4	50.0	29.2
初中及以下	3.3	3.2	4.7	26.6	73.0	0.4	—	1.3	17.1	50.0	31.6
中专或职高	3.6	3.5	4.8	12.2	84.1	3.7	—	1.9	27.4	43.3	27.4
高中	3.5	3.4	5.1	19.2	76.4	3.6	0.8	2.4	25.2	43.4	29.0
大专	3.9	3.7	5.4	5.8	84.1	9.1	1.0	4.1	24.7	49.5	21.7
本科	4.2	3.9	5.6	5.4	76.1	15.8	2.7	5.0	32.8	47.4	14.8
研究生	5.2	4.6	6.2	5.0	42.0	42.0	11.0	12.8	40.4	38.3	8.5
男性	4.1	3.8	5.3	9.8	73.6	14.5	2.1	4.4	28.1	46.1	21.4
女性	3.6	3.5	5.3	11.4	81.6	5.7	1.3	3.5	26.9	47.3	22.3
自身为独生	3.9	3.7	5.2	11.1	74.9	12.0	1.9	4.2	30.8	45.7	19.3
自身为非独生	3.9	3.7	5.3	10.2	79.4	8.9	1.5	3.7	25.2	47.8	23.3

月平均收入主要集中于1401~5223元段,并且多面临着工作、家庭、社交的多重压力,导致其对自我收入、财产与社会地位主观评价都一般,所以其认同中下社会阶层的比例相对较高。

2."中下"意味着接近或低于平均

自我认同为"中下"社会阶层的居民对各影响因素的主观评价分接近或低于各因素的总体平均评价分、"中下"社会阶层群体的客观收入水平也是接近或略低于市民平均收入。

数据显示,自我认同为"中下"社会阶层的居民群体对影响其认同因素的主观评价分都要接近或低于各因素的总体平均分。

表4 不同社会阶层对阶层各影响因素的主观评价

单位:分

项目	教育	职业声望	收入	财产	政治参与	社会地位	人格尊严
中上	7.7	7.4	6.6	6.0	6.6	7.7	8.6
中等	6.5	6.2	5.2	5.0	5.5	6.5	7.9
中下	5.7	4.9	3.8	3.6	4.4	5.2	6.8
最低	4.6	3.5	2.3	2.2	3.0	3.9	5.5
平均	5.7	5.0	3.9	3.7	4.4	5.3	6.9

同样,"中下"社会阶层在群体分布上,也是以北京居民平均收入水平(月平均收入5223元)为线,低于平均收入水平的居民对其认同的可能性大。月平均收入处于1401~5223元段的居民对其认同的比例甚至高达51%,月平均收入低于1401元的居民因为有着较大比例认同为"最低"社会阶层,所以对"中下"社会阶层的认同率相应地下降到了37.5%。而高于北京平均收入水平的居民认同"中下"社会阶层的比例也相应降低,月平均收入为10001元以上的居民认同"中下"社会阶层的比例降到了34.9%。

3. 高学历可以改变命运

拥有研究生文化程度能够显著提升其对社会阶层的认同,尽管文化程度不等同于能力。数据显示,拥有研究生文化程度的居民其收入大都处于月平均1401~5223元与5224~10000元段,其对自我收入、财产与社会地位的主观评价都显著高于其他文化程度的居民,所以其对中下社会阶层的认同比例显著

表5 收入水平对居民社会阶层认同的影响

单位：%

项目	1400元及以下	1401~5223元	5224~10000元	10001元以上
中上	2.2	2.5	8.9	25.6
中等	16.1	24.5	51.0	37.2
中下	37.5	51.0	37.4	34.9
最低	44.2	22.1	2.7	2.3

低于于其他文化程度的居民，而其他文化程度的居民占"中下"社会阶层中的比例相当。

4. 城乡"二元"差异

北京居民对"中下"社会阶层的认同也出现城乡之间的差异。数据显示，城镇居民对"中下"社会阶层的认同率明显要低于农村居民，尤其是外地城镇户籍居民，由于其收入水平普遍还高于北京本地城镇户籍居民，对其收入、财产和社会地位的主观评价相应也高，所以其对"中下"社会阶层的认同比例最低。而农业户籍居民因为收入水平低，其对收入、财产与社会地位的主观评价也低，所以对"中下"社会阶层的认同普遍较高，都在50%以上，尤其以北京农业户籍居民比例最高，为53.2%。

同时，数据显示出居民对"中下"社会阶层的认同还具有本、外地"二元"的特点。本地户籍居民对"中下"社会阶层的认同率要显著高于外地户籍居民，本地城镇及农业户籍居民对"中下"社会阶层的认同比例都分别高于外地城镇与农业户籍居民。

5. 收入是否稳定

是否有稳定收入对"中下"社会阶层的认同影响显著。数据显示，有稳定收入来源的居民对"中下"社会阶层的认同比例要明显高于那些无稳定收入来源的居民，前者包括有正式工作及离退休的居民，后者包括临时工及失业、无业与下岗的居民。

同时，不同职业种类也在一定程度上影响着居民对"中下"社会阶层的认同。数据显示，各职业群体对其职业声望的评价已经无明显差异，但对职业的收入水平与社会地位的主观评价差异性还较为明显。外地来京务工人员、自

由职业者因为收入水平相对较低，其主观收入及社会地位的评价也低，所以其认同"最低"社会阶层的比例高，很大程度上拉低了其认同"中下"社会阶层的比例，而其他职业却是因为对高的"中等"及"中上"社会阶层的认同才拉低对"中下"社会阶层的认同。但总体看来，国企工作人员、其他类居民对"中下"社会阶层的认同比例最高。

表6 各职业群体对收入、社会地位的主观评价及收入水平

项目	主观评价（分）		月平均收入占比（%）			
	社会地位	收入	1400元及以下	1401~5223元	5224~10000元	10001元及以上
国家公务员	6.7	5.3	—	52.0	48.0	—
事业单位工作人员	5.8	4.5	4.3	83.2	11.6	0.9
国企工作人员	5.3	4.3	2.7	82.0	13.3	2.0
私企工作人员	5.0	4.2	3.6	82.7	10.8	2.8
外企工作人员	6.0	5.6	—	43.1	38.5	18.5
外地来京务工人员	4.7	3.1	20.6	76.5	2.9	—
自由职业者	4.6	3.4	21.6	72.2	5.7	0.6
其他	5.3	3.3	16.9	80.2	2.3	0.6

二 自我认同为"中下"社会阶层的居民当前生活及心态情况

总体上看来，自我认同为"中下"社会阶层的居民生活压力较大，活得有些累，但其能积极面对生活中的困难与挫折而保持较高水平的幸福感，所以其社会情绪相对理性平和、亲社会行为倾向强，也比较重视社会价值观。在上等阶层与下等阶层居民之间发挥着连接、调解和引导的关键性作用。

1. 普遍感觉压力大、活得累

数据显示，本次自我认同为"中下"社会阶层的居民压力感自评得分为62.2分，高于全社会平均压力分，压力较大，其中认为其压力"较大"与"很大"的居民比例分别为34.7%与16.2%。致使有高达80.3%的自我认同为"中下"社会阶层的居民认为其当前生活有些累。

表 7　北京居民对生活压力感及是否累的自评情况

项目	压力感（分）	压力分段(%)					生活累（%）
		很低	较低	一般	较大	很大	
中上	49.2	12.4	17.5	40.2	20.6	9.3	68.5
中等	52.2	9.9	14.3	41.5	25.6	8.7	70.4
中下	62.5	4.9	7.5	36.7	34.7	16.2	80.3
最低	73.8	2.2	4.4	26.8	29.2	37.5	88.4

2. 能积极面对生活中的困难挫折而保持较高幸福感

中下社会阶层居民尽管有着较大的生活压力，但其在面对这些生活困难挫折时，能采取较为积极有效的方式进行面对。如下表所示，其采用中及高积极应对方式的比例还较高，而采用低积极应对方式的比例仅为2.1%。这就在一定程度上，使得中下社会阶层居民幸福感自评得分为6.0分，达到全社会平均幸福水平，其中分别有36%与3.6%的中下社会阶层居民自认为其幸福程度较高与很高。

表 8　北京居民应对困难挫折方式及幸福感自评情况

项目	积极应对方式(%)			幸福感（分）	幸福感分段(%)				
	低	中	高		很低	较低	一般	较高	很高
中上	4.3	44.1	51.6	7.5	3.1	3.1	24.5	49.0	20.4
中等	0.6	53.6	45.8	7.0	1.3	3.2	35.0	49.4	11.0
中下	2.1	58.3	39.6	6.0	1.4	7.4	51.6	36.0	3.6
最低	4.1	56.2	39.8	4.6	10.0	21.9	42.7	21.9	3.5

3. 社会情绪理性平和、亲社会行为倾向较强

也正因为如此，"中下"社会阶层居民社会情绪保持相对理性平和，亲社会行为倾向较强。数据显示，中下社会阶层居民社会情绪中性的比例最高，为22.1%。其消极社会情绪的比例显著低于最低社会阶层、积极社会情绪的比例又显著高于最低社会阶层。亲社会行为倾向上，其亲社会行为倾向强的（包括较强和很强）的比例达到了78.5%，甚至还高于中上社会阶层亲社会行为倾向强的比例（76.6%）。

表9　北京居民应对困难挫折方式及幸福感自评情况

单位：%

项目	社会情绪			亲社会行为倾向			
	消极	中性	积极	弱	一般	较强	很强
中上	15.3	16.3	68.4	4.3	19.1	48.9	27.7
中等	13.4	21.8	64.8	2.4	19.0	50.7	27.9
中下	24.7	22.1	53.2	2.2	19.3	55.8	22.7
最低	35.9	18.1	46.0	4.4	23.0	52.7	20.0

4. 比较重视社会价值观

按照马斯洛的需求层次理论，"中下"社会阶层居民收入刚刚接近北京平均收入水平，已经能基本满足其生活需求，即心理学上所讲的缺失性需要已经不再强烈，而刚刚开始追求有助于个人全面发展的生长性需要。所以本次调查中，"中下"社会阶层居民对社会价值观的重视程度呈现出仅略高于最低社会阶层而要明显低于中等及中上两社会阶层的特点。

表10　不同社会阶层的居民其社会价值观得分

单位：分

项目	价值观总体	传统价值观	现代价值观	家庭价值观	个人性价值观	社会性价值观
中上	8.6	8.3	9.0	7.3	8.4	8.4
中等	8.3	8.0	8.9	7.0	8.2	8.1
中下	8.1	7.8	8.8	6.7	8.0	7.9
最低	7.9	7.5	8.7	6.4	7.9	7.7

三　影响中下社会阶层向上流动的因素分析

影响中下社会阶层向上流动的因素中，一方面表现为非常直接、非常具体的现实因素。如大部分的中下及最低社会阶层居民其收入都低于北京平均收入水平；城乡二元制使得农村户籍居民得不到与城镇居民收入水平一样的工作机会、享受不到同等的公共服务；地域发展的差别，使得外地人享受不到与北京本地人同等的福利等。

另一方面也与中下社会阶层群体自我的主观因素相关。本次调查数据显示出,中下社会阶层居民以下几方面的主观因素妨碍着其进入中等社会阶层。

1. 对影响自我阶层向上流动因素的认知

数据显示,对影响自我阶层流动的因素认知中,中下及最低两阶层的居民都不约而同地看重"人脉关系""国家政策"和"身体健康"三因素,呈现把自我阶层向上流动寄希望于外在条件而轻自我"个人努力"的倾向。而中上及中等阶层的居民都看重"身体健康"、"人脉关系"和"个人努力"三因素,尽管两阶层对三因素的排序稍有差异,呈现出强调个人的主观能动性与客观实际相结合的特点。

表11 不同社会阶层居民对影响阶层流动的因素排序情况

项目	中上	中等	中下	最低
第一位	身体健康	个人努力	人脉关系	人脉关系
第二位	人脉关系	人脉关系	国家政策	国家政策
第三位	个人努力	身体健康	身体健康	身体健康

2. 对阶层向上流动手段的认知

数据显示,"中下""最低"两阶层居民认为改变命运的主要手段是"勤劳致富",但两阶层中还有相当部分的居民还将命运改变的希望"寄托在下一代",甚至有部分最低社会阶层居民还押宝在"彩票中奖"上。而"中上"与"中等"两阶层居民首选的手段都是"创业",并且重视"读书深造"手段的程度也明显要强于"中下"和"最低"社会阶层居民。课题组认为"中下"、"最低"两阶层居民,特别是"最低"社会阶层在命运改变过程中"墨守成规"与"幻想"意识较多。而"中等"与"中上"两社会阶层居民的"创新"意识稍强,正因为如此,"中等"与"中上"阶层居民对"读书深造"进行自我能力提升看得要比"中下""最低"两阶层居民重。由于对向上流动的行为取向不同,日积月累才导致各社会阶层不同的发展状况。

3. 工作中"追求完美""渴望成功"的自觉性

本次调查数据反映,"中下"与"最低"两阶层的居民工作中"追求完美""渴望成功"的比例要明显低于"中等"与"中上"两阶层的居民(见

表12　不同社会阶层居民对改变自己命运的手段排序

项目	中上	中层	中下	最低
第一位	积极创业	积极创业	勤劳致富	勤劳致富
第二位	读书深造	投资理财	积极创业	寄希望于下一代
第三位	勤劳致富	勤劳致富	寄希望于下一代	彩票中奖
第四位	投资理财	读书深造	投资理财	积极创业

表13）。不追求完美、不渴望成功就意味着工作满足于流程、满足于现状、满足于简单完成任务，甚至是滥竽充数，而不是致力于改进工作方法、提高工作效率、提升工作质量，在一定程度上也将阻碍其进步的步伐。

表13　各阶层居民对造成当前生活累的原因认识

单位：%

项目	中上	中层	中下	最低
家庭负担重	22.2	31.7	40.5	59.2
人际关系复杂	30.9	35.2	33.8	38.9
领导或家人要求高	16.0	21.7	17.6	13.7
工作压力大	45.7	38.5	40.9	43.9
个人健康欠佳	24.7	26.8	32.4	36.2
总觉得自己不如别人	7.4	10.0	17.1	17.9
渴望成功	28.4	21.3	16.9	17.5
追求完美	24.7	16.7	14.2	10.6

4. "总觉得自己不如别人"的自卑心理

本次调查数据显示，"中下"及"最低"两社会阶层居民中存有"总觉得自己不如别人"这种自卑心理的比例分别达到17.1%和17.9%，显著高于"中上"和"中等"两阶层居民。这样心理出现有其客观必然性，但在一定程度上又会妨碍"中下"及"最低"两阶层居民的发展。因为这种心理往往会引发负面的自我暗示，继续发酵则会导致"柯尔效应"，即到一定程度，自我暗示将会主宰个体发展而理性意志却会退避到大脑背后。通俗地讲，就是说一旦个体出现这种严重的"总不如人"的自我暗示，则就会给自己一个逃避努力、逃避现状的理由，认为自己"怎么努力都赶不上别人"，索性就不努力了，从而导致懒于去努力改变现状而形成恶性循环。

四 搭建通往中等社会阶层的梯子

在搭建这个梯子之前,首先我们应该认识到社会分层具有现实的必然性。既然居民个体层面存在性别分男女、身体分强弱、能力分大小、家境分贫富、意识分先后这样的差别;国家层面存在发展有侧重、速度有快慢、地区有不同、行业有差异这样的特点,所以社会分工有不同、社会地位有高低、经济收入有多寡也就是一种使然,出现社会分层也就有了现实必然性。

同时,我们也应该清醒地认识到社会分层是可以通过个人自我与国家多方努力而朝着公平公正的方向改变。改革开放前,我国主要是实行以城乡分割为基础的计划经济,依靠行政权赋予社会成员不同的政治、社会和经济身份,出现了干部、农民、工人等社会分层。改革开放以后,强调市场经济的资源配置性作用,社会阶层开始朝着以能力为分类依据的方向发展,当前社会分层也正因为如此才会朝着橄榄形的社会分层逐渐发展。在此强调能力、强调市场、强调竞争的大环境下,有的人通过自己的努力、抓住了机会,已经实现了自我命运的改变。

(一)国家层面

1. 大力实施积极稳健的就业政策

如前文所分析,有着稳定收入来源的正式工作者其生活压力感低、幸福感高,其社会情绪也更为积极健康,更珍重社会价值观,对社会生活更充满信心。当前,我国经济正面临结构性转型,有不少人免不了因此而丢掉工作,加之大量的高校毕业生进入就业分配市场,使得这些丢掉工作的人就业更加困难。这就需要相关政府部门继续实施积极稳健的就业政策,加大下岗工人的再就业培训力度,加大在职工人的职业培训力度,使其成为发展成符合社会生产需要的人才。

2. 坚持"限高、扩中、提低"的收入分配政策

减少贫富差距,努力提升中下社会阶层居民的生活水平。在北京市社会心理研究所的调查中发现,贫富差距过大与居民生活压力感力大成为了居民阶层

上升的拦路虎。在深度访谈中，不少居民纷纷表示，其工作已经非常努力、生活已经非常节省，但生活质量迟迟得不到改观，居民认为其根本原因还是在于当前的收入分配政策上对中下社会阶层的保护性不够。这就需要政府大力贯彻"限高、扩中、提低"的收入分配政策，在按资本与劳动力等因素分配过程中，适当地保护劳动力的收入水平，逐步减少各因素在分配过程中差距问题，保障与提升中低收入水平居民的基本生活水平。

3. 大力普及心理知识，加强居民自我心理调节能力

社会阶层的自我认同既与居民对其本身收入水平、财产水平等自我主观评价分不开，同时还与居民选取合适的自我评价参照标准分不开，过多地与社会成功人士进行比较会降低其对自我社会阶层的认同水平，这也就是为什么我们在社区调查时，不少居民尽管其收入水平不高，但其认同中等及中上社会阶层的重要原因。选择合作的参照对象，有助于更加正确地认识自我。这就需要政府重视起心理工作，在居民中大力普及心理知识，提升居民自我心理调节能力。

（二）个人层面

对于那些想而还未进入中等社会阶层的居民而言，除了需要国家实施积极的就业政策（上文分析有稳定收入的正式工作者比自由职业者、无业失业下岗者对中等社会阶层认同率要高）、提升居民收入之外，还在于居民自我的调整，具体而言应做到以下几个方面的转变。

1. 转思维

学会"中等""中上"阶层居民的思维方式。转变对社会阶层的认知，学会以一种积极乐观的心态去面对现实。心理学认为，人的认知是具有选择性的，个体会按照自己的兴趣和已有的经验下意识而自觉地选择一部分社会现实加以认知而屏蔽另一部分事实，所以有些心理学家认为我们所看到的其实是我们想见的，所以说不同的人对同一事物的注意点不同，态度也有所不同，态度不同则行动方向不同，这也就在一定程度上导致了人与人之间成就的差异。这就需要我们学会以成功人士的观点来看待与认识问题，尽量做到思想开放、心态积极乐观。

2. 重价值

正所谓"大胜靠德、小胜靠智",上文分析所示,居民认同的阶层越是往上,其越看重价值观。看重价值观,则意味着其行为更符合人们的日常预期,越是能被人们所接受、所认可,这种社会资本是个人发展必不可少的一种无形财富,它对个人的发展起着根本性的或阻碍或促进的作用。

3. 提能力

要想往上发展,改变自己的命运,就需要有真才实学,要有安身立命的本事。而当前在"中下""最低"两阶层居民中普遍流行着"读书无用"的观点,把成功、向上流动寄希望于彩票中奖、外出打工等手段。两阶层居民为了短期的利益,而将自己沦为出卖简单劳动力之流,从长期的发展来看,阻碍了个体命运发生根本性改变的可能。

4. 正心态

本次调查数据显示,"中下""最低"两阶层居民怨天尤人的负面情绪明显要高于"中等""中上"两阶层居民,将造成自己当前局面的原因多归咎于外在因素,而对自己工作不追求完美、自我暗示不如他人等内在原因考虑少。这就需要"中下""最低"两社会阶层居民从正确认识自我开始,调整自己的心态,学会接受现实,再想着去改变现实。

5. 多行动

调查结果显示,"中下""最低"两社会阶层居民社会参与不足、亲社会行为倾向不强,在一定程度上说明这两社会阶层居民的行动意识不强。只有走出去,多与别人交流,多做亲社会、利他人的事,才能得到别人的理解、赏识和帮助。

社会建设评估篇

Report on Assessment of Society-building

B.21
北京郊区县社会建设评估与分析

王丽珂*

摘　要： 与上一年相比，2012年度北京郊区县社会建设绩效产出稳步提高，各地区之间区域结构更加均衡，但各地区社会建设内部的局部均衡性仍然需要加强。总体而言，北京郊区县各地区的经济发展与社会建设在2011年初步协调发展的基础上又呈现分化协调发展的趋势。

关键词： 北京郊区县　社会建设　评估

一　2012年北京郊区县社会建设现状

与2011年相比，北京郊区县在2012年的经济增长速度持续放缓，各地区

---

* 王丽珂，河南农业大学博士后，华北水利水电大学教师。

的财政收入增长速度总体上仍保持下滑态势，但是，北京郊区县各地区的社会建设依然得到了持续推进和长足发展。本文根据《北京区域统计年鉴2013》和《北京统计年鉴2013》，将社会建设二级指标所涉及的主要代表性三级指标进行计算整理，具体指标与权重见表1、表2。

表1 北京郊区县经济发展评价指标体系各级指标及权重

一级指标	二级指标	权重	三级指标	权重	指标性质
北京郊区县经济发展	经济总量指标	0.667	GDP（亿元）	0.200	正指标
			人均GDP（元/人）	0.200	正指标
			地方财政收入（亿元）	0.267	正指标
	经济增速指标	0.333	第三产业增长率（%）	0.067	正指标
			GDP增长率（%）	0.133	正指标
			地方财政收入增速（%）	0.133	正指标

表2 北京郊区县社会建设评价指标体系各级指标及权重

一级指标	二级指标	权重	三级指标	权重	指标性质
北京郊区县社会建设U	就业 U_1	0.143	从业人员（人）U_{11}	0.0215	正指标
			城镇居民平均每一就业者负担人数（人）U_{12}	0.0358	逆指标
			从业人员人均劳动报酬（万元/人）U_{13}	0.0358	正指标
			失业率（%）U_{14}	0.0501	逆指标
	社会保障与社会救助 U_2	0.143	优抚、救济对象人数所占比例（%）U_{21}	0.0357	适度指标
			城乡最低生活保障人数（人）U_{22}	0.0214	适度指标
			社会救济总人数（人）U_{23}	0.0214	适度指标
			人均社会保障支出额（元）U_{24}	0.0643	正指标
	收入分配 U_3	0.143	居民收入占GDP比重（%）U_{31}	0.0429	正指标
			城镇居民人均可支配收入（元）U_{32}	0.0286	正指标
			农村居民人均纯收入（元）U_{33}	0.0286	正指标
			城市农村收入比（倍）U_{34}	0.0429	适度指标
	教育 U_4	0.143	人均教育事业费（元）U_{41}	0.0572	正指标
			中学每一专职教师负担学生数（人）U_{42}	0.0429	适度指标
			小学每一专职教师负担学生数（人）U_{43}	0.0429	适度指标
	医疗卫生 U_5	0.143	人均医疗卫生支出（元）U_{51}	0.0572	正指标
			每千人拥有医院床位数（张）U_{52}	0.0429	正指标
			每千人拥有医护人员数（人）U_{53}	0.0429	正指标

续表

一级指标	二级指标	权重	三级指标	权重	指标性质
北京郊区县社会建设 U	交通 U_6	0.071	人均汽车拥有量(辆) U_{61}	0.0142	适度指标
			经营性停车场车位总数(个) U_{62}	0.0284	正指标
			交通事故直接经济损失(万元) U_{63}	0.0284	逆指标
	环境保护与美化 U_8	0.071	人均环保支出(元) U_{81}	0.0249	正指标
			生活垃圾无害化处理率(%) U_{82}	0.0249	正指标
			林木绿化率(%) U_{83}	0.0213	正指标
	社会治安管理 U_9	0.143	万人刑事案件立案数(件) U_{91}	0.0357	逆指标
			刑事案件立案增长率(%) U_{92}	0.0358	逆指标
			当年刑事案件破案率(%) U_{93}	0.0715	正指标

与中心城区相比，2012年北京郊区县的社会建设主要表现在几个方面的变化：

基本民生主要包含社会保障、收入分配和就业。在社会保障方面，各区县人均社会保障支出额平均为2503元/人，较上一年每人增加了301元，但低于市区平均水平（3270元/人）。在收入分配方面，各区县居民收入占GDP比重平均水平为66.64%，高于全市平均水平（39.01%），各区县城市农村收入比平均为1.99:1，城乡收入差距小于全市水平（2.21:1）。在就业方面，各区县人均从业人员劳动报酬为5.66万元，较上一年增加了0.63万元，但低于全市平均水平（8.38万元），与首都功能核心区（10.54万元）差距更大；各区县平均失业率为1.89%，比上一年平均失业率（1.97%）有所降低，但依然高于全市平均失业率（0.99%），其中，房山、延庆和怀柔的失业率相对较高。

公共事业主要包括教育和医疗卫生两个方面。其中，教育方面，2012年，北京郊区县小学每一专任教师负担学生数与中学每一专任教师负担学生数平均分别为13.80人和8.01人，总体上和上一年水平持平，但低于全市平均水平（15.36人和8.70人）；人均教育事业费平均为2914.64元，比上一年平均增加了529.34元，虽然低于东城和西城首都功能核心区平均水平（3308.47元），但高于朝阳、丰台、石景山和海淀城市功能拓展区平均水平（2602.45

元）。医疗卫生事业方面，各区县每千人拥有医护人员与医院床位数平均分别为 5.08 人和 3.37 张，与全市平均水平（8.57 人和 4.48 张）相比有一定差距；各区县人均医疗卫生支出平均为 1581.12 元，除怀柔外，其他均低于全市平均水平（1973.57 元）。

涉及公益性基础服务的交通与环境保护方面。其中，交通方面，北京郊区县人均私人汽车拥有量为 0.26 辆，仅仅在上一年的水平上增加了 0.01 辆，且和东城和西城功能核心区的水平持平，但低于朝阳、丰台、石景山和海淀城市功能拓展区的平均水平（0.37 辆），各地区交通事故直接经济损失平均为 189.7 万元，和全市平均水平（187.2 万元）基本差不多。环境保护美化方面，各区县人均环保支出平均为 486.40 元，高于中心城区平均水平（325.53 元），9 个郊区县平均林木绿化率为 53.34%，显著高于中心六个城区的平均水平，尤其以生态涵养区四个区县的林木绿化率最为突出，均超过了 66%。

在社会治安管理方面，北京郊区县在 2012 年是实现了较大突破的一年，万人刑事案件立案数为 48.19 件，低于全市平均数（70.42 件），当年刑事案件破案率平均为 78.25%，与往年相比显著提高；更为突出的是，刑事案件立案增长率在 2012 年度首次出现了负增长（-1.30%），刑事案件发生率首次出现了拐点，这标志着北京郊区县的社会治安管理已经出现较大好转。2012 年度北京郊区县社会建设情况主要指标见表 3。

表 3 2012 年北京郊区县社会建设情况

项 目 \ 地 区	房山	通州	顺义	昌平	大兴	怀柔	平谷	密云	延庆
人均教育事业费(千元)	2.66	2.16	3.18	2.63	3.21	3.54	3.31	2.33	3.21
小学每一专任教师负担学生数(人)	14.35	17.60	15.85	17.82	14.08	12.96	8.96	13.05	9.52
中学每一专任教师负担学生数(人)	8.51	8.49	8.78	7.20	7.33	7.23	7.78	9.17	7.63
人均医疗卫生支出(千元)	1.05	1.37	1.57	1.23	1.26	3.15	1.26	1.75	1.59
每千人医护人员(人)	6.21	4.04	4.77	4.06	4.47	6.08	6.30	5.08	4.75
每千人床位(张)	5.45	1.83	2.55	4.70	3.25	3.54	4.09	2.42	2.54
居民收入占 GDP 比重(%)	55.53	72.00	20.61	97.48	98.18	51.43	63.31	60.68	80.51
城市农村收入比(倍)	1.98	1.91	1.91	2.00	2.02	2.03	1.98	2.03	2.03

续表

项目\地区	房山	通州	顺义	昌平	大兴	怀柔	平谷	密云	延庆
人均私人汽车拥有量(辆)	0.21	0.28	0.27	0.52	0.39	0.21	0.16	0.15	0.15
交通事故直接经济损失(万元)	115.7	493.9	334.3	276.5	63.8	42.4	45.0	280.7	55.4
人均环保支出(千元)	0.26	0.38	0.52	0.38	0.29	0.62	0.57	0.74	0.62
林木绿化率(%)	56.46	27.17	28.32	64.07	26.72	76.42	68.10	66.73	66.09
每万人刑事案件立案数(件)	56.43	58.71	60.68	38.67	48.86	44.01	46.79	44.01	35.55
当年刑事案件破案率(%)	59.83	72.34	91.15	80.15	73.95	90.78	85.19	60.40	90.42
刑事案件立案增长率(%)	12.18	-4.15	-12.91	-22.36	-10.19	0.06	17.52	15.57	-7.40
人均社会保障支出额(千元)	2.39	2.30	2.83	2.63	2.19	2.92	2.40	2.17	2.70
人均从业劳动人员报酬(万元)	5.49	5.32	7.04	6.17	7.17	5.75	4.54	4.99	4.46
失业率(%)	3.81	1.64	0.47	1.64	0.70	2.33	1.70	1.90	2.80

数据来源：根据《北京统计年鉴2013》、《北京区域统计年鉴2013》数据计算整理所得，http://www.bjstats.gov.cn/。

二 2012年度北京郊区县经济发展与社会建设评估

(一) 2012年度北京郊区县经济发展评估

2012年度，经济发展综合得分排在前五位的分别是顺义、通州、大兴、昌平和密云，这其中经济总量指标排名前五的分别是顺义、大兴、通州、房山和昌平，经济增速指标排名前五的分别是通州、昌平、密云、延庆和大兴。在经济总量上，排名前五位的依然是规划中的城市发展新区，排名后四位的都是生态涵养区。在经济增速上，北京郊区县九个地区中，除城市发展新区的通州和昌平位列第一和第二外，顺义和房山的经济增速位列第八和第九；生态涵养区的密云和延庆的经济增速位列第三与第四，怀柔和平谷的经济增速位列第六和第七。经济发展后劲不足的地区有顺义和大兴，表现为经济总量虽然位列第一和第二，但经济增速却位列第八和第五；经济发展呈现后发优势的地区有密云和延庆，表现为经济总量虽然位列第七和第九，但经济增速却位列第三和第四。北京郊区县经济发展具体情况见表4。

表4　2012年北京郊区县经济发展排名

单位：分，名

项目	房山	通州	顺义	昌平	大兴	怀柔	平谷	密云	延庆
经济总量	0.3521	0.4167	0.9350	0.3273	0.4913	0.1657	0.1000	0.1193	0.0000
排名	4	3	1	5	2	6	8	7	9
经济增速	0.0714	0.7346	0.4718	0.6599	0.5482	0.5265	0.5231	0.5769	0.5664
排名	9	1	8	2	5	6	7	3	4
综合得分	0.25865	0.52257	0.78073	0.43804	0.51023	0.285811	0.24092	0.27169	0.18863
排名	7	2	1	4	3	6	8	5	9

（二）2012年度北京郊区县社会建设评估

依据对北京郊区县2012年就业、社会保障、收入分配、教育、医疗、交通、环境保护和社会治安管理8个方面的主要指标所进行的综合评估可以看出，社会建设综合得分排名第一位的是顺义，第二位的是怀柔，第三位的是昌平，第四位的是大兴，第五位的是平谷。社会建设综合得分排名前五位的分别是位于城市发展新区的顺义、昌平、大兴和位于远郊生态涵养区的怀柔、平谷。社会建设综合得分排名后四位的依次是延庆、通州、房山和密云，其中位于生态涵养区的延庆和密云分别位列第六名和第九名，位于城市发展新区的通州和房山分别位列第七名和第八名。北京郊区县社会建设具体情况见表5。

表5　2012年北京郊区县社会建设评估排名

单位：分，名

项目	房山	通州	顺义	昌平	大兴	怀柔	平谷	密云	延庆
就业	0.2053	0.4250	0.9868	0.4620	0.9175	0.4347	0.3953	0.3918	0.2152
排名	9	5	1	3	2	4	6	7	8
社保保障	0.2953	0.3981	0.7992	0.8226	0.5372	0.5566	0.3198	0.1446	0.6222
排名	8	6	2	1	5	4	7	9	3
收入分配	0.5076	0.8390	0.6520	0.5832	0.6615	0.2693	0.4984	0.3080	0.2317
排名	5	1	3	4	2	8	6	7	9

续表

项目	房山	通州	顺义	昌平	大兴	怀柔	平谷	密云	延庆
教育	0.3644	0.1118	0.4227	0.4365	0.7098	0.8608	0.8437	0.2104	0.8196
排名	7	9	6	5	4	1	2	8	3
医疗	0.5873	0.0618	0.2558	0.2762	0.2147	0.8131	0.5277	0.3213	0.2570
排名	2	9	7	5	8	1	3	4	6
交通	0.2410	0.6779	0.3885	0.8074	0.3158	0.0568	0.0091	0.2296	0.0120
排名	5	2	3	1	4	7	9	6	8
环境保护	0.5250	0.3608	0.3072	0.4915	0.2524	0.7687	0.8200	0.7999	0.4944
排名	4	7	8	6	9	3	1	2	5
社会治安	0.0758	0.3553	0.6908	0.7933	0.5168	0.7695	0.5432	0.1873	0.8946
排名	9	7	4	2	6	3	5	8	1
综合得分	0.3455	0.3871	0.5938	0.5747	0.5491	0.5883	0.5062	0.2967	0.4707
排名	8	7	1	3	4	2	5	9	6

（三）北京郊区县经济发展和社会建设历史回溯

2011年与2012年的数据比较显示，在经济建设方面，昌平和密云的排名上升了两位，昌平由2011年的第六名上升至2012年的第四名、密云由2011年的第七名上升至2012年的第五名，两地区均超过了怀柔和房山；顺义、通州、大兴、平谷和延庆的排名没有变化，排名下降的地区有怀柔和房山，在排名上分别后退了1位和3位。

在社会建设方面，由于2013版北京郊区县统计年鉴社会建设部分的子项目有细微调整，为便于比较，笔者将社会建设综合得分进行了修正处理，其中调整项目和增减数据还根据2012年数据基数代入计算，得到一个可以和上年度社会建设综合得分比较的数据及排名。按照修正后的结果，北京郊区县社会建设在2012年度排名上升一位的地区分别有通州、顺义和大兴，昌平、怀柔、延庆、密云四地区社会建设排名保持不变，房山和平谷的社会建设排名则分别后退了一位和两位。北京郊区县经济发展和社会建设排名变化具体情况见表6。

表6 北京郊区县社会建设2012年与2011年比较

单位：分，名

项目	房山	通州	顺义	昌平	大兴	怀柔	平谷	密云	延庆
2012年经济发展	0.25865	0.52257	0.78073	0.43804	0.51023	0.285811	0.24092	0.27169	0.18863
2012年排名	7	2	1	4	3	6	8	5	9
2011年经济发展	0.3385	0.3831	0.7600	0.3099	0.3533	0.3141	0.2591	0.2833	0.1197
2011年排名	4	2	1	6	3	5	8	7	9
排名变化	-3	0	0	+2	0	-1	0	+2	0
2012年社会建设修正得分	0.3433*	0.3657*	0.58488	0.5343*	0.5612*	0.6059*	0.5379*	0.2985*	0.5119*
2012年修正排名	8	7	2	5	3	1	4	9	6
2011年社会建设	0.3639	0.3638	0.5478	0.4689	0.5241	0.5624	0.5560	0.3533	0.4641
2011年排名	7	8	3	5	4	1	2	9	6
排名变化	-1	+1	+1	0	+1	0	-2	0	0

* 该数据是为了和前一年数据进行比较而处理了的数据，不能反映2012年北京郊区县社会建设的实际情况。

三 北京郊区县社会建设2012年度评述

（一）北京郊区县社会建设的变化趋势：社会建设总体绩效产出稳步提高，差距稳定

通过对2009~2012年北京郊区县社会建设的数据进行时间序列分析，可以看出其在近年来的发展变化趋势。从总体上看，北京郊区县社会建设综合数据变化呈现上升发展态势，各地区的社会建设绩效产出稳步提高。北京郊区县社会建设变化趋势见图1。

对北京郊区县社会建设总体标志的各项标志值进行描述统计分析可以看出，四个年份的均值变化波动幅度较小，位于0.45~0.55之间，反映离散程

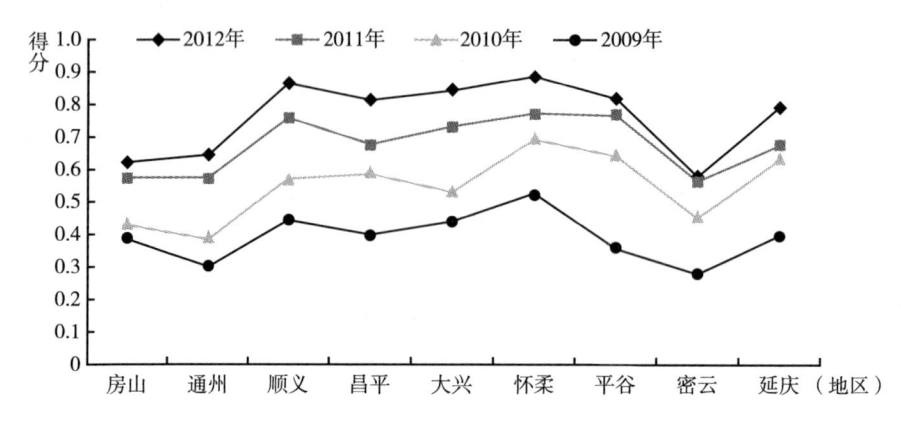

图1 2009~2012年北京郊区县社会建设变化趋势

度的标准差和最大、最小值得分也相对稳定，说明各地区之间社会建设的格局稳定，政府基本民生和基本公共服务水平稳步推进（见表7）。

表7 北京郊区县2009~2012年社会建设描述性统计

指标	均值	标准差	最大值	最小值	最大/最小
2012年社会建设综合指数	0.4791	0.1115	0.5938	0.2967	2.00
2011年社会建设综合指数	0.4671	0.0873	0.5624	0.3533	1.59
2010年社会建设综合指数	0.4761	0.1053	0.6217	0.3136	1.98
2009年社会建设综合指数	0.5348	0.1170	0.7008	0.3208	2.18

数据来源：北京郊区县社会建设指数数据库。

（二）北京郊区县社会建设的区域比较：城市发展新区的社会建设推进速度加快，区域结构更加均衡

从区域结构上看，社会建设综合值得分大于0.5的地区有三个（顺义、昌平、大兴）位于城市发展新区，两个（怀柔、平谷）位于生态涵养区，社会建设综合值得分小于0.5的地区分别有两个（通州、房山）位于城市发展新区，两个（延庆、密云）位于生态涵养区。由此可以看出，与往年相比北京郊区县社会建设的区域结构分布更加均衡。另外，从排名上也可以看出，城市发展新区除房山外，通州、顺义和大兴的排名持续上升，平均排名进一步提高。

表8 北京郊区县社会建设综合值区域比较

地区 \ 分值	综合值≥0.5	综合值<0.5
城市发展新区	3个	2个
生态涵养区	2个	2个

（三）北京郊区县社会建设的重点比较：各地区社会建设内部的局部均衡性有待提高

通过对各地区构成社会建设的要素指标进行雷达图分析可以明显看出，在构成社会建设总指标的八个要素指标中，各地区的发展仍然不够均衡。例如，顺义的就业和社会保障要素得分虽然位列前茅，其医疗和环保要素指标的得分却相对落后；怀柔因其教育、医疗要素优势致使社会建设综合得分位居第二，但其交通和收入分配要素指标的得分却分别位列第七和第八；昌平的社保和交通要素指标虽然得分第一，然而其环境指标得分位列第六，教育和医疗得分也居中；平谷的环境指标得分第一，但其交通指标得分倒数第一；延庆的社会治安综合得分第一，进步最大，但其就业和收入分配指标仍居于末位；通州的收入分配综合得分状况最好，但其教育和医疗的综合得分却最差。由此可以看出，各地区社会建设内部的局部均衡性有待进一步提高才能实现社会建设总体综合指标的统筹兼顾、协调发展。北京郊区县2012年度社会建设要素内部结构情况见图2。

（四）北京郊区县社会建设的协调性：经济发展与社会建设呈分化协调发展趋势

将北京郊区县各地区2012年经济发展情况按照从大到小的顺序依次排列，得到图3所示从顺义到延庆各地区经济发展综合指数呈单调递减状态的分布线，对应的社会建设综合指数分布线虽然呈现出上下波动状态，但结合以前年份各地区经济发展与社会建设的发展趋势可以看出，城市发展新区的大兴、顺义和昌平在经济发展形势下滑的情况下仍然显著加快了社会建设的推进速度，房山虽然社会建设排名落后，但其经济发展也排名靠后，以上四个地区经济发展与社会建设基本协调；生态涵养区的怀柔、平谷和延庆社会建设综合得分领

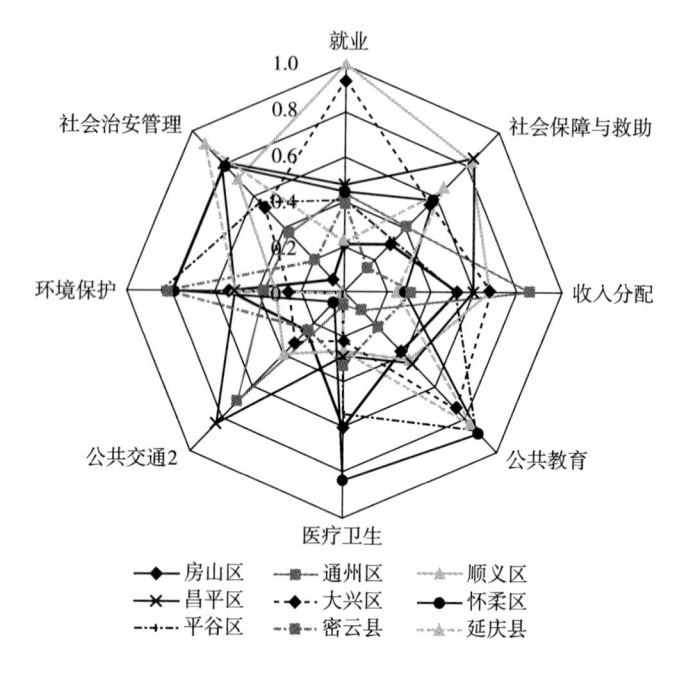

图 2　北京郊区县 2012 年社会建设雷达图

先于其经济发展地位；城市发展新区的通州和生态涵养区的密云，由于历史基础原因两地区的社会建设综合得分均落后于其经济发展地位。总体而言，2012年北京郊区县经济发展与社会建设在2011年初步协调发展的基础上又呈现分化协调发展的趋势（见图3）。

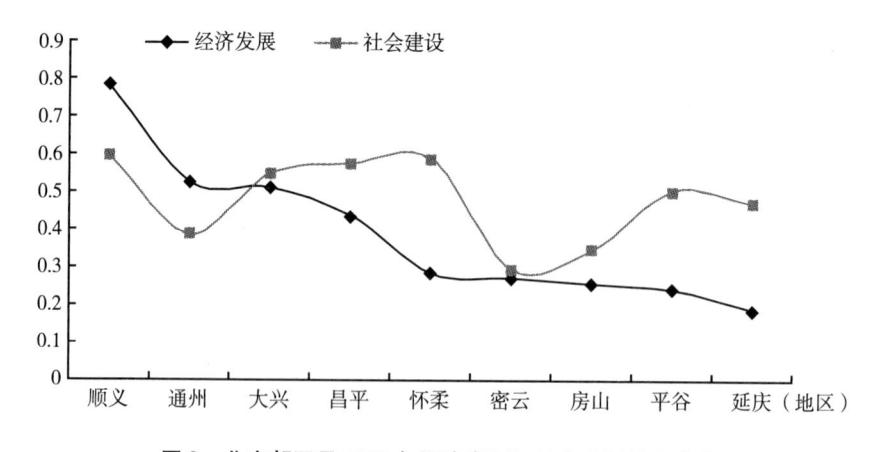

图 3　北京郊区县 2012 年经济发展与社会建设情况分布

（五）北京郊区县社会建设的问题讨论：进一步增强基础薄弱地区的社会建设投入，完善各地区社会建设的内部均衡性

虽然北京郊区县社会建设的总体产出稳步提高且区域结构更加均衡，仍有部分地区由于社会建设基础薄弱、历史欠账多，出现社会建设严重滞后于经济发展的局面，例如通州和密云。北京郊区县社会建设的多项指标与中心城区本来就有一定差距，必须在保持北京郊区县社会建设的总体推进速度上，进一步加大对社会建设落后于经济发展地区基本民生和基本公共服务的投入力度，提高教育、医疗以及社会保障方面建设质量。此外，在各地区内部，社会建设各项要素指标的发展仍然欠缺均衡。这仍要求各地区需结合自身实际，重点增大本地区社会建设体系中弱项指标的投入，缩小差距，从整体上保障社会建设各项指标的均衡发展。

参考文献

北京市统计局：《2013年北京区域统计年鉴》，北京统计信息网，http：//www.bjstats.gov.cn/。

北京市统计局：《2013年北京统计年鉴》，中国统计出版社，2013。

北京市统计局：《2009~2012年北京区域统计年鉴》，同心出版社。

北京市统计局：《2009~2012年北京统计年鉴》，中国统计出版社。

Abstract

The report is the annual report in 2013 to 2014 of the group of "Analysis of Beijing Social-building" of the Beijing University of Technology. This report mainly used the authoritative data released by the Beijing Municipal Government and relevant departments and materials, combined with the observation and research of the group members, comprehensively summarized the main social-building achievements in 2013, analyzed the main problem faced by Beijing social-building. We forecasted in the trend of Beijing social-building in 2014, and proposed the corresponding countermeasures and suggestions.

2013 is the essential year of "the 12 th Five-Year Plan". Under the leadership of the Central Committee, the State Council and the municipal government, Beijing implements the decision of the Eighteenth Party Congress, and "the 12 th Five-Year Plan" is in full operation. In 2013, Beijing has made many achievements in the field of social-building, and promoting the economy developed steadily, social harmony and stability. Firstly, resident income reached a higher level and CPI was basically stable. Secondly, continuously push forward the reform of social construction and the capital residents share the fruits of development further to achieve. Thirdly, housing control efforts continue to mature and differential housing policy system get constantly optimizing. Fourthly, combat illegal behavior fruitful. Finally, environmental governance is placed in a more important position and endowment service system is increasing mature. Of course, in 2013, Beijing Social-building also confronted some problems, the outstanding one is capital population issue, environmental problems caused by air pollution, educational equity issues, etc. In 2014, Beijing Social-building need to be further innovation of social management system, and focus on promoting social security and public services equalization and covering the whole crowd process. From social field to strengthen environmental governance, and further to strengthen basic service facilities.

Keywords: Social-building; Social Management; Harmonious Society; Reform and Development

Contents

B I General Report

B. 1 Deepening Reform and Promoting Social Governance

Research Team / 001

Abstract: 2013 is the third year of "the 12th Five-Year Plan". Under the leadership of the Central Committee, the State Council and the municipal government, Beijing implements the decision of the Eighteenth Party Congress, and "the 12th Five-Year Plan" is in full operation. In 2013, Beijing has made many achievements in the field of social-building, and promoting the economy developed steadily, social harmony and stability. However, there are a lot of problems in social-building, and government must work hard to resolve them. In 2014, deepening reform and promoting social-building is the breakthrough direction of the Capital Social Construction.

Keywords: Beijing; Social-building; Social Governance; Reform

B II Report on Social Management

B. 2 Analysis on the Social – Construction of Beijing in 2013

Song Guilun / 017

Abstract: In 2013, the capital society construction further progress was made in promoting social service, promoting a new breakthrough in social governance, promoting the level of social field party construction work, carry out the party's mass line education practice have made new achievements. In 2014, the capital society construction will thoroughly study and apply the Xi jinping investigation work in Beijing and a series of important speech spirit, the implementation of the third plenary session of the eighteenth and the municipal party committee of the 11th three times, four times, five times the plenum spirit, strengthen the development of the party's mass line education practice, perfecting the social service system, deepen reform of the social system in an all－round way, focus on innovation of social management system, deepen the reform of the social party construction work in the field of innovation, accelerate the social management system and management modernization, in order to make new greater contributions for promote the capital comprehensively deepen reform, scientific development, and social harmony.

Keywords: Social Construction; Social Governance; Social System; Comprehensively Deepen Reform

B.3 The mid－term Evaluation of Social Construction of Beijing in the Period of 12th Five－Year Plan   *Research Team* / 027

Abstract: 2013 is the crucial year forthe implementation of "Twelfth Five Year Plan" period of social construction plan in Beijing. From the mid－term evaluation situation, "Plan" to determine the development goals and the key task to carry out smoothly, Social service management and promote the social construction, system perfection, social reform and innovation at the forefront of the country, the scientific developmentpromoteand the harmonious society make due contributions to. So, to ensure the goal of social construction task is satisfactorily completed, we must deepen the social reform and social service management, strengthen the promotion of requirements, strengthen the coordination and integration of forces, attach importance to basic research, considering the great influence to bring the population, to promote to accomplish a task more difficult, in order to fully grasp the "planning" the implementation.

Keywords: Beijing; 12th Five－Year Plan; Social Construction; The mid－term Evaluation

Contents

B III Report on People's Livelihood

B. 4 Collective Registered Permanent Residence Managed by
Human Resources Centers: A Breakthrough of the Reform
of Household Registration System of Beijing　　*Li Xiaozhuang* / 053

Abstract: Problems of collective registered permanent residence managed by human resources centers has become one of the hot topics of the capital society. By studying on the supply mode of household registration of Beijing, we put forward that speeding up the reform of collective registered permanent residence managed by human resources centers can be regarded as a breakthrough of the reform of household registration system of Beijing. After expounding and analyzing the operational environment, existing problems and the causes of the system of collective registered permanent residence managed by human resources centers, referring to the experiences home and abroad, basing on the central reform policies, we put forward the reform strategy of the system of collective registered permanent residence managed by human resources centers: to realize localized management and service of collective registered permanent residence managed by human resources centers by taking household registration in habitual residence as a basic form and establishing community public household registration.

Keywords: Collective Registered Permanent Residence Managed by Human Resources Centers; Reform of Household Registration System; Supply Mode of Household Registration; Community Public Household Registration; Localized Management and Service

B. 5 Analysis on the Urban-rural Laborers' Employment
Policy in Beijing　　*Wang Fei* / 069

Abstract: Employment is the fundament of people's livelihood. Employment work has not only economical and political meaning, but is also the essential part of social construction. It has remarkable social meaning and this has become a cosmopolitan viewpoint. As the revolution of China's economical system proceeds, the employment policy of the government experiences the course from plan to market. The government, as the employment policy maker of the society plays the functional role of promoting social fair employment and solving the market's malfuntion. This essay summarizes the current policy employment system of Beijing, analysis the situation and problems that our city's employment work faces at present and a period of time later, explores the route and methods that further perfects our city's employment work, and aims to realize abundant and high-quality employment.

Keywords: Beijing; Fair Employment; Expand Employment; Promote Employment; Stabilize Employment

B.6　Analysis on Beijing Social Class Structure　　　　*Li Sheng* / 086

Abstract: This paper will be based on census data, analyze the change path and characteristics of the Beijing social class structure through the three latitude of the industrial structure, occupation structure and employment structure. It is speculated that change of Beijing social structure trend is towards the "Olivary", but can't be ignored the occupation groups of floating population as its important support. In the future, Beijing needs to focus on the groups of floating population for optimization of social class structure.

Keywords: Beijing; Class Structure; "Olivary" Society

B.7　Status of Migrant Workers and their Migration Willingness
　　　in Beijing, Shanghai and Guangzhou　　*Hu Jianguo*, *Pei Yu* / 105

Abstract: Beijing, Shanghai and Guangzhou (the three towns) as a first-tier cities, attracting a large number of migrant workers employed. This article is based on investigation and analysis of more than 1200 migrant workers who live in the three towns. The survey shows that although they engages in manual work and get low wage, but they still hold a strong willingness to settle in the three cities. The survey found that 53.3% of respondents were chose to stay in the three towns, 22.8% said they are unsure and only 23.9% indicated that they will leave the three towns. However, as a first-tier cities, The three cities strictly control the population, which lead to a gap between dream and reality for rural migrant. Under the background of the conflict of control the scale of urban population and strong willingness of settlement intention, megacities how to properly face the reality, is an unavoidable problem about Innovation of Population Management.

Keywords: Rural Migrant; Population Management; Discrimination; Urbanization; Society Construction

B.8　Beijing Migrant Workers Social Insurance Survey in 2013

Yang Guihong, Yang Qi and Jin Yuxi / 121

Abstract: Beijing resident alien population of 802.7 million, of which a large proportion of migrant workers, in 2013. In the background that low-end industrial will be relocated and population inflows will be controlled in Beijing, what about right and interest of migrant workers? In this paper, through the social insurance investigation of migrant workers, analysis how to balance between population control and the interests of migrant workers agis. The survey shows: social insurance of migrant workers is not satisfactory. The research analyze its causes from the perspective of the institutional structure, and proposed to promote the principles of migrant workers social insurance system building.

Keywords: Beijing; Migrant Workers; Social Insurance

B.9　The Change of Housing of Urban and Town
　　　Residents after 2000　　　　　　　　　*Li Junfu, Jin Wei* / 133

Abstract: The real estate and housing construction developed very rapidly after

2000 in Beijing. The average housing level of Beijing urban and town residents improved quickly. Yet, housing differentiation take place among different occupation stratum. Some occupations' housing level just improved a little. The housing difficult household decreased, but the ratio is still relatively large. High housing prices will keep on, so the housing difficult households have to rely on policy housing.

Keywords: Housing; Housing Policy; Livelihood; Housing Price

B.10　An Investigation Report of Beijing Residents' Water Consumption Behavior　　*Zhao Weihua*, *Qiu Hongbo* / 145

Abstract:: Beijing is a metropolis which is seriously short of water resources. Water conservation is very important for the sustainable development of Beijing. Based on the survey data, this paper focuses on the residents' water consumption behavior. There are some factors that affect the family's water consumption, such as income, housing type, family structure, education and so on. There are also some factors that affect the residents' water consumption, for example, gender, education level, age, etc.

Keywords: Beijing; Volume of Residents' Water Use; Water Consumption Residents' Behavior

B.11　Automobile Exhaust and Haze in Beijing　　*Zhu Tao* / 167

Abstract: The haze in Beijing becomes more serious in recent years. The relation between automobile exhaust and haze has been attached grand attentions. Based on the situation of haze in Beijing, this article analyzes some important reasons for haze, especially in the view from automobile exhaust. Then, this article also suggests some advices to help relieve haze and hope to get more public attention on traffic and environmental protection.

Keywords: Haze; Exhaust; Oil Quality; Emission Standard

B Ⅳ Report on Community Governance

B. 12 The Practice Probe of Community Governance
Modernization of Beijing *Li Xiaoting, An Xiaoxu* / 182

Abstract: Modernization of community governance is the development direction of China's community building. The ChaoYang Park community of Beijing has explored its own governance model in practice according to the strong characteristics of internationalization. It is the "union of committee and property" governance model under the led the government. Introduce the property company and the social organizations into the body of community governance. Force the government, market and social together to form the community governance resultant. In this process, to explore the forms of the modernization of community governance which is management innovation, service innovation and cooperation innovation.

Keywords: Community; Governance; Modernization.

B. 13 Research of Beijing Grass-roots Community Collaborative
Governance Mode *Liu Jinwei, Chen Chenggan* / 193

Abstract: Starting from the theoretical perspective of collaborative governance, we explore the grass - roots community collaborative governance mechanism, the effect and influencing factors with taking Chaoyang District Maizidian street "Ask public policy" practice as an example. The result shows that the incentive of national policy, the common interests and obtaining social power are external impetuses and science and rationality of institutional design and facilitative leadership inside the cooperative body are internal impetuses for different social subjects to operate collaboratively. In the structure of grass -roots community collaborative governance, different social subjects play different roles under the function of participation, decision – making, integration, supervision and so on, outputting the obvious synergetic governance effect and promoting harmonious and orderly operation of the social system.

Keywords: Grass –roots Community; Collaborative Governance; "Ask public policy"

B. 14　Analysis on Communities Administration of Commercial Buildings in Beijing　　*Song Guokai* / 206

Abstract: In Beijing's advancing toward an industrialized, information-based, urbanized, market-oriented and internationalized country, the appearance of commercial buildings communities is a new challenge to social service and administration. New train of thoughts and ways to administrate communities are needed to fit in with the new situations. Establishing service station and building the Party are the important means to administrate communities. Jianwai SOHO commercial buildings community in Chaoyang district is a typical one, and its experiences reflect the new progresses of commercial buildings communities in Beijing.

Keywords: Commercial Buildings; Communities Administration; Service Station; Building the Party

B. 15　Investigation and Research on Party Construction in Commercial Office Buildings in Chaoyang District　　*Research Team* / 224

Abstract: Party Construction in Commercial Office Buildings is an important task in social governance in this new area. Chaoyang district has initiated " Chaoyang Experience" which can be beneficial for party construction at Beijing city level and even at national level of China. In the meantime, the Chaoyang Experience still faces some challenges. Based on research, this article puts forward some advices for Chaoyang district's party construction.

Keywords: Party Construction in Commercial Office Buildings; Moving Party Members; Comprehensive View of Party Construction; Regional Party Construction; Governance

B. 16 The Transformation and Practice of Indemnificatory
　　　 Housing Policy in Beijing　　　　　　　　　　　*Han Xiuji* / 239

Abstract: Since the reform and opening-up, China started the housing market-oriented reforms, and created the series of indemnificatory housing matched with the private real estate. In Beijing, the building of indemnificatory housing began in 1998, and expand quickly in 2008 when the price of commercial housing skyrocketed. Today, the multilevel system of indemnificatory housing have been established preliminarily in Beijing. More and more indemnificatory houses are built to support the mid-and-low income groups facing housing difficulties. The building of indemnificatory housing in Beijing lays behind the housing demand, that needs more indemnificatory houses.

Keywords: Indemnificatory Housing; Housing Reform; Effectiveness

B V Report on Social Stability

B. 17　Analysis of Beijing Social Security Situation in 2013
　　　　　　　　　　　　　　　　　　　　Zhang Jing, Ma jie / 253

Abstract: 2013 was the first year of full implementation of the spirit of the 18th CPC National Congress. As China's capital, to achieve the goal of "the world's safest city", Beijing vigorously carried out the management and remediation of the three orders (including traffic, security and environment), "the summer and autumn social security against regulation" hundred-day special action, "cleaning up drug abuse and creating peace" drug control hundred-day special action, "two investigation and one clearance" special action; constantly expanded the channels of communication between the police and citizens by using new media technologies; promoted the capital's social security management innovation and achieved fruitful results. To the contrary, the crime rate of Beijing is still at a high level in the country. Researching in the permanent cure policy while taking temporary solution, related departments should actively reform the existing household registration system; ameliorate the living and developing environment for the floating population; improve the scientific management level; focus on the protection of human rights while strengthening the police by science and technology; further promote the relationship between the police and citizens; found a new system of "mass prevention and mass treatment"; strengthen organizations miniaturization and motorization of social security management, community and family building; extend coverage social welfare; alleviate various social conflicts; reinforce crime prevention and forecasting work to build the long-acting mechanism of social security administration and safeguard a long-term stability of social security in Beijing.

Keywords: Beijing Social Security; Hundred-day Special Action; Floating Population

B.18 Analysis on Internet-based Public in Beijing in 2013

Ju Chunyan / 272

Abstract: The overall trend of internet public opinion is stable in Beijing in 2013, the government under the leadership of the government micro-blog construction achievement, the internet public opinion research team is occupation specialization, the government strategy of public opinion is supervision. The virtual Internet are squeezed, the social emotional pressure reducing valve and the interaction between officials and people lubricant should be further attention.

Keywords: Public Opinion; the Government Micro-blog; Occupation Specialization; Internet Governance

B. 19 Research on the Feeling Beijing Inferior of College Teacher

Zhao Liqin, Fan Yuanyuan / 285

Abstract: In recent years, different levels of inferior feelings appear in the university teachers. They consider their class status to be lower, have a strong sense of helplessness, own the feelings of relative deprivation and injustice. The emergence and spread of the feelings being inferior in university teachers is related to the huge gap between the rich and the poor, ordinary teachers' lower economic status, more and more administration of university management system as well as the lack of fair and justice. The spread of the inferior feelings will produce many negative effects. The government and university leaders should pay more attention to this problem and need to take effective reform measures to cope with it.

Keywords: College Teacher; the Feeling Being Inferior; Coping Mechanism

B. 20 A Study on the Middle and Lower Social Class of Beijing Residents

Zhang Xiongkuan / 305

Abstract: Through study the situation of identification of the middle and lower social class of Beijing residents, we analysis their feeling of living, working, values and so on, and put forward some constructive measures and suggestions about their development requirements.

Keywords: Social Class; Identification; Cultivate

B VI Report on Assessment of Society-building

B. 21 Assessment Report on Beijing Suburban Counties Society-building

Wang Like / 320

Abstract: Compared with the previous year, the performance output of society-building in Beijing suburban counties has showing steadily improvement in 2012.

The gap between indicators of social construction was fixed also. Although there is a more balanced trend towards regional structure, but the inner equilibrium in society-building still should be strengthened. All in all, based on the preliminary coordinated development in 2011, the coordination of society-building and economy-development in Beijing suburban counties is showing a trend of differentiation coordinated development in 2012.

Keywords: Beijing Suburban Counties; Society-building; Assessment

中国皮书网
www.pishu.cn

发布皮书研创资讯，传播皮书精彩内容
引领皮书出版潮流，打造皮书服务平台

栏目设置：

- □ 资讯：皮书动态、皮书观点、皮书数据、皮书报道、皮书新书发布会、电子期刊
- □ 标准：皮书评价、皮书研究、皮书规范、皮书专家、编撰团队
- □ 服务：最新皮书、皮书书目、重点推荐、在线购书
- □ 链接：皮书数据库、皮书博客、皮书微博、出版社首页、在线书城
- □ 搜索：资讯、图书、研究动态
- □ 互动：皮书论坛

中国皮书网依托皮书系列"权威、前沿、原创"的优质内容资源，通过文字、图片、音频、视频等多种元素，在皮书研创者、使用者之间搭建了一个成果展示、资源共享的互动平台。

自2005年12月正式上线以来，中国皮书网的IP访问量、PV浏览量与日俱增，受到海内外研究者、公务人员、商务人士以及专业读者的广泛关注。

2008年、2011年中国皮书网均在全国新闻出版业网站荣誉评选中获得"最具商业价值网站"称号。

2012年，中国皮书网在全国新闻出版业网站系列荣誉评选中获得"出版业网站百强"称号。

皮书数据库

权威报告　热点资讯　海量资源

当代中国与世界发展的高端智库平台

皮书数据库　www.pishu.com.cn

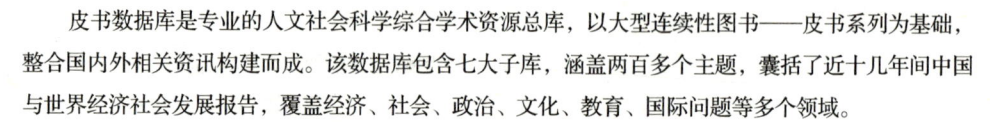

皮书数据库是专业的人文社会科学综合学术资源总库，以大型连续性图书——皮书系列为基础，整合国内外相关资讯构建而成。该数据库包含七大子库，涵盖两百多个主题，囊括了近十几年间中国与世界经济社会发展报告，覆盖经济、社会、政治、文化、教育、国际问题等多个领域。

皮书数据库以篇章为基本单位，方便用户对皮书内容的阅读需求。用户可进行全文检索，也可对文献题目、内容提要、作者名称、作者单位、关键字等基本信息进行检索，还可对检索到的篇章再作二次筛选，进行在线阅读或下载阅读。智能多维度导航，可使用户根据自己熟知的分类标准进行分类导航筛选，使查找和检索更高效、便捷。

权威的研究报告、独特的调研数据、前沿的热点资讯，皮书数据库已发展成为国内最具影响力的关于中国与世界现实问题研究的成果库和资讯库。

皮书俱乐部会员服务指南

1. 谁能成为皮书俱乐部成员？
- 皮书作者自动成为俱乐部会员
- 购买了皮书产品（纸质皮书、电子书）的个人用户

2. 会员可以享受的增值服务
- 加入皮书俱乐部，免费获赠该纸质图书的电子书
- 免费获赠皮书数据库100元充值卡
- 免费定期获赠皮书电子期刊
- 优先参与各类皮书学术活动
- 优先享受皮书产品的最新优惠

卡号：5420331063024419
密码：

3. 如何享受增值服务？

（1）加入皮书俱乐部，获赠该书的电子书

第1步　登录我社官网（www.ssap.com.cn），注册账号；

第2步　登录并进入"会员中心"—"皮书俱乐部"，提交加入皮书俱乐部申请；

第3步　审核通过后，自动进入俱乐部服务环节，填写相关购书信息即可自动兑换相应电子书。

（2）**免费获赠皮书数据库100元充值卡**

100元充值卡只能在皮书数据库中充值和使用

第1步　刮开附赠充值的涂层（左下）；

第2步　登录皮书数据库网站（www.pishu.com.cn），注册账号；

第3步　登录并进入"会员中心"—"在线充值"—"充值卡充值"，充值成功后即可使用。

4. 声明

解释权归社会科学文献出版社所有

皮书俱乐部会员可享受社会科学文献出版社其他相关免费增值服务，有任何疑问，均可与我们联系
联系电话：010-59367227　企业QQ：800045692　邮箱：pishuclub@ssap.cn
欢迎登录社会科学文献出版社官网（www.ssap.com.cn）和中国皮书网（www.pishu.cn）了解更多信息

社会科学文献出版社　**皮书系列**

"皮书"起源于十七、十八世纪的英国，主要指官方或社会组织正式发表的重要文件或报告，多以"白皮书"命名。在中国，"皮书"这一概念被社会广泛接受，并被成功运作、发展成为一种全新的出版形态，则源于中国社会科学院社会科学文献出版社。

皮书是对中国与世界发展状况和热点问题进行年度监测，以专业的角度、专家的视野和实证研究方法，针对某一领域或区域现状与发展态势展开分析和预测，具备权威性、前沿性、原创性、实证性、时效性等特点的连续性公开出版物，由一系列权威研究报告组成。皮书系列是社会科学文献出版社编辑出版的蓝皮书、绿皮书、黄皮书等的统称。

皮书系列的作者以中国社会科学院、著名高校、地方社会科学院的研究人员为主，多为国内一流研究机构的权威专家学者，他们的看法和观点代表了学界对中国与世界的现实和未来最高水平的解读与分析。

自20世纪90年代末推出以《经济蓝皮书》为开端的皮书系列以来，社会科学文献出版社至今已累计出版皮书千余部，内容涵盖经济、社会、政法、文化传媒、行业、地方发展、国际形势等领域。皮书系列已成为社会科学文献出版社的著名图书品牌和中国社会科学院的知名学术品牌。

皮书系列在数字出版和国际出版方面成就斐然。皮书数据库被评为"2008~2009年度数字出版知名品牌";《经济蓝皮书》《社会蓝皮书》等十几种皮书每年还由国外知名学术出版机构出版英文版、俄文版、韩文版和日文版，面向全球发行。

2011年，皮书系列正式列入"十二五"国家重点出版规划项目;2012年，部分重点皮书列入中国社会科学院承担的国家哲学社会科学创新工程项目;2014年，35种院外皮书使用"中国社会科学院创新工程学术出版项目"标识。

法律声明

"皮书系列"（含蓝皮书、绿皮书、黄皮书）由社会科学文献出版社最早使用并对外推广，现已成为中国图书市场上流行的品牌，是社会科学文献出版社的品牌图书。社会科学文献出版社拥有该系列图书的专有出版权和网络传播权，其LOGO（ ）与"经济蓝皮书"、"社会蓝皮书"等皮书名称已在中华人民共和国工商行政管理总局商标局登记注册，社会科学文献出版社合法拥有其商标专用权。

未经社会科学文献出版社的授权和许可，任何复制、模仿或以其他方式侵害"皮书系列"和LOGO（ ）、"经济蓝皮书"、"社会蓝皮书"等皮书名称商标专用权的行为均属于侵权行为，社会科学文献出版社将采取法律手段追究其法律责任，维护合法权益。

欢迎社会各界人士对侵犯社会科学文献出版社上述权利的违法行为进行举报。电话：010-59367121，电子邮箱：fawubu@ssap.cn。

社会科学文献出版社